O **Projeto Apoema** oferece conteúdo completo em todos os sentidos e integra materiais impressos com objetos digitais. Acesse o portal exclusivo do projeto e aproveite o que a **Editora do Brasil** preparou para você.

Portal exclusivo do projeto:
**www.editoradobrasil.com.br/apoema**

### Instruções para acesso aos conteúdos digitais

Acesse o portal exclusivo do projeto (www.editoradobrasil.com.br/apoema) e digite seu e-mail e senha. Caso ainda não os tenha, faça o cadastro. Digite o código abaixo para liberar o acesso:

**2926786A3405198**

Este código libera o acesso dos conteúdos digitais relativos à matéria e ao ano deste livro. Informamos que esse código é pessoal e intransferível. Guarde-o com cuidado, pois é a única forma de acesso ao conteúdo restrito do portal.

# História

Projeto **Apoema**

**9**

### RENATO MOCELLIN
Mestre em Educação
Professor do Ensino Médio

### ROSIANE DE CAMARGO
Pós-graduada em História do Brasil
Professora do Ensino Fundamental e Ensino Médio

Editora do Brasil

**Dados Internacionais de Catalogação na Publicação (CIP)**
**(Câmara Brasileira do Livro, SP, Brasil)**

Mocellin, Renato
  Projeto Apoema história 9 / Renato Mocellin, Rosiane de Camargo. –
1. ed. – São Paulo: Editora do Brasil, 2013.

  ISBN 978-85-10-05426-3 (aluno)
  ISBN 978-85-10-05427-0 (professor)

  1. História (Ensino fundamental) I. Camargo, Rosiane de. II. Título.

13-08959                                                    CDD-372.89

**Índices para catálogo sistemático:**
1. História: Ensino fundamental 372.89

© Editora do Brasil S.A., 2013
*Todos os direitos reservados*

**Direção executiva:** Maria Lúcia Kerr Cavalcante Queiroz

**Direção editorial:** Cibele Mendes Curto Santos
**Supervisão editorial:** Felipe Ramos Poletti
**Supervisão de arte e editoração:** Adelaide Carolina Cerutti
**Supervisão de direitos autorais:** Marilisa Bertolone Mendes
**Supervisão de controle de processos editoriais:** Marta Dias Portero
**Supervisão de revisão:** Dora Helena Feres
**Consultoria de iconografia:** Tempo Composto Col. de Dados Ltda

**Edição:** Priscilla Cerencio
**Edição Guia Didático:** Vanessa Batista Pinto
**Auxílio editorial:** Maíra Bechtold e Rosana Araujo
**Coordenação de revisão:** Otacilio Palareti
**Copidesque:** Ricardo Liberal e Giselia Costa
**Revisão:** Elaine Fares e Ana Laura Gonçalves
**Pesquisa iconográfica:** Léo Burgos. Pesquisa de capa: Léo Burgos
**Coordenação de arte:** Maria Aparecida Alves
**Assistência de arte:** Samira de Souza
**Design gráfico:** José Hailton Santos, Regiane Santana e Alexandre Gusmão
**Capa:** Estudio Sintonia
**Ilustrações:** Estudio Carochinha, Joel Lobo, Paula Radi, Ronaldo Barata e Simone Ziasch
**Produção cartográfica:** DAE (Departamento de Arte e Editoração) e Sonia Vaz
**Coordenação de editoração eletrônica:** Abdonildo José de Lima Santos
**Editoração eletrônica:** N-Publicações
**Licenciamentos de textos:** Cinthya Utiyama
**Controle de processos editoriais:** Leila P. Jungstedt, Carlos Nunes e Eric Araújo

1ª edição / 1ª impressão, 2013
Impresso no parque gráfico da Editora FTD

Rua Conselheiro Nébias, 887 – São Paulo/SP – CEP 01203-001
Fone: (11) 3226-0211 – Fax: (11) 3222-5583
www.editoradobrasil.com.br

Arcangelo Ianelli. Sem título, 1973. Óleo sobre tela, 180 × 130 cm.

**Arcangelo Ianelli** nasceu em São Paulo, em 1922, iniciando-se em desenho como autodidata. Desenvolveu uma pintura figurativa, predominantemente de marinhas e paisagens urbanas, entre 1940 e 1960. Passou por lenta evolução e diferentes fases, dedicando-se à abstração a partir de 1961. Desde a metade da década de 1970 atuou como escultor, criando obras de mármore e de madeira, nas quais retomou questões constantes de sua obra pictórica. Com presença marcante no movimento artístico latino-americano, suas obras fazem parte do acervo de vários museus, nacionais e internacionais. Faleceu em São Paulo no ano de 2009.

# Apresentação

O **Projeto Apoema História** coloca-o em contato com os saberes historicamente produzidos para que você compreenda os diferentes processos históricos, bem como as relações estabelecidas entre os grupos humanos nos diferentes tempos e espaços.

Apresentamos alguns fatos da história do mundo, desde os primórdios até os dias atuais, com o intuito de mostrar os aspectos sociais, políticos e econômicos e o cotidiano dos diferentes sujeitos históricos.

Não se pretende esgotar os assuntos. O objetivo é apresentar um panorama geral da história da humanidade para possibilitar uma interpretação dela, mesmo não sendo a única possível. A História pode sempre ser revista e reinterpretada à luz de novas descobertas e novos estudos de fontes históricas – ou seja, trata-se de um saber que está sempre em processo de construção.

Com base no conhecimento do passado e do presente, o **Projeto Apoema História** oferece subsídios para a compreensão das transformações realizadas pela humanidade. Desse modo, você perceberá que, como sujeitos e agentes da história, todos nós podemos e devemos lutar por uma sociedade mais justa e digna, exercitando a tolerância, a pluralidade e o respeito.

**Apoema** é uma palavra da língua tupi que significa "aquele que vê mais longe". Pretendemos, por meio deste livro, contribuir para o processo de formação de cidadãos críticos, atuantes e preocupados com o mundo que os cerca.

**Os autores**

# CONHEÇA O SEU LIVRO

## Unidade

Este livro é dividido em quatro unidades, organizadas de acordo com os temas e períodos históricos abordados. O tema central é apresentado em um texto introdutório e uma imagem, acompanhados por questões que o farão refletir sobre eles.
O conteúdo dos capítulos é apresentado em linguagem acessível e organizado em diferentes seções. Fotografias, mapas, gráficos e textos de diversos gêneros e autorias integram o texto principal.

## Palavras-chave

**Palavras-chave** traz o significado de palavras e conceitos que aparecem ao longo do livro e que provavelmente você ainda não conhece.

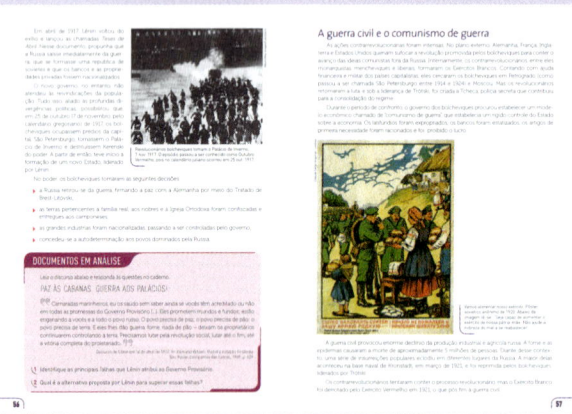

## Documentos em análise

As atividades de **Documentos em análise**, o colocará em contato com a interpretação de fontes primárias por meio de questões diretas.

## Explorando e Conexões

A seção **Explorando** é um espaço reservado para a sugestão de livros, filmes, vídeos, sites, jogos etc. que o ajudarão a completar e fixar o aprendizado dos temas abordados em sala de aula.
Já **Conexões** traz atividades reflexivas para incentivar o debate de temas que, de alguma forma, estão presentes no nosso cotidiano ou relacionados a fatos atuais, promovendo assim a análise e comparação de situações semelhantes em tempos históricos diferentes.

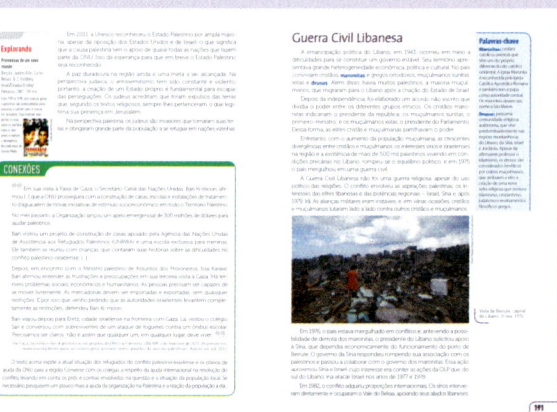

## Curiosidades históricas e Diversificando linguagens

Nesta seção, você conhecerá histórias e fatos curiosos que complementam os temas tratados ao longo do livro. Em **Diversificando linguagens**, você poderá compreender o conteúdo e refletir sobre ele por meio do trabalho com diferentes fontes, como charges, quadrinhos, mapas, textos historiográficos, textos jornalísticos etc.

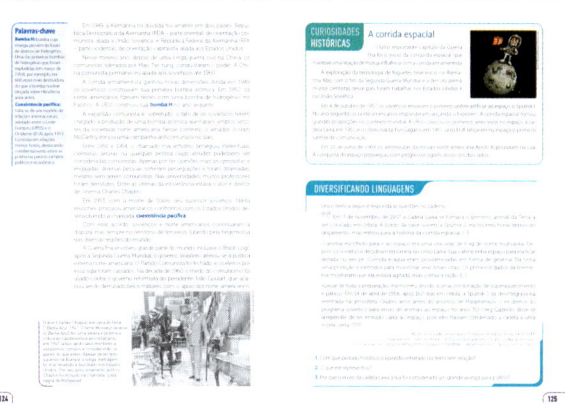

## Conheça o artista

Nesta seção, você terá acesso a informações mais detalhadas sobre obras de arte importantes, que o ajudarão a reconstruir e entender os diversos períodos históricos, e conhecerá ainda seus autores e o contexto em que as obras foram criadas.

## História e cidadania

Aborda temas variados e os relaciona à questão da cidadania, ajudando você a se perceber como sujeito da História e, portanto, responsável pelas transformações sociais.

## Agora é com você e Superando desafios

Essas duas seções são encontradas no final de cada capítulo e trazem atividades que o auxiliarão a sistematizar e fixar os conteúdos desenvolvidos.
As questões de **Superando desafios** foram extraídas dos principais vestibulares do país, preparando-o para as provas.

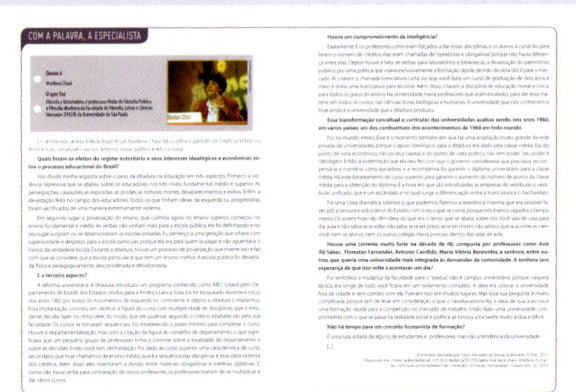

## Com a palavra o/a especialista
Entrevistas realizadas com especialistas nos assuntos que você está estudando, complementando-os e apresentando as versões e opiniões desses profissionais.

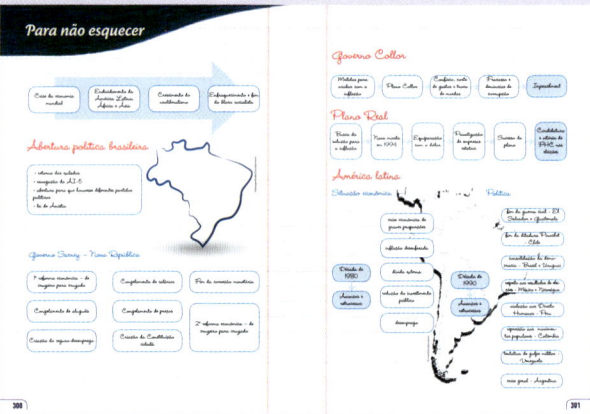

## Para não esquecer
No final de cada unidade, esquemas visuais e organogramas o ajudarão a entender e estudar os conteúdos.

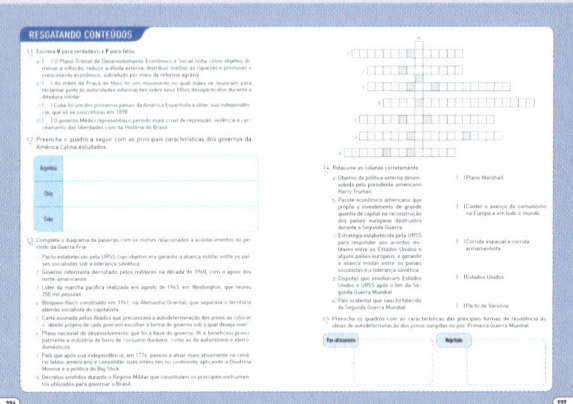

## Resgatando conteúdos
A proposta é retomar os conteúdos abordados por meio de exercícios que o farão relembrar o que aprendeu.

## Bagagem cultural
Apresenta infográficos que complementarão seu aprendizado associando a História a outras disciplinas.

# Sumário

## Unidade 1 — Entre guerras e revoluções ... 10

**CAPÍTULO 1 – A CONSOLIDAÇÃO DA REPÚBLICA NO BRASIL (1894-1930)** ... 12
- O sistema eleitoral ... 13
- A economia ... 16
- Os movimentos sociais ... 20
- O tenentismo ... 35
- A agitação cultural da década de 1920 ... 39
- A crise e o fim da República Oligárquica ... 41
- Agora é com você ... 44
- Superando desafios ... 45

**CAPÍTULO 2 – A GRANDE GUERRA E A REVOLUÇÃO RUSSA** ... 46
- Primeira Guerra Mundial ... 48
- Revolução Russa ... 54
- A União das Repúblicas Socialistas Soviéticas ... 59
- Agora é com você ... 62
- Superando desafios ... 63

**CAPÍTULO 3 – O PERÍODO ENTRE GUERRAS** ... 64
- Ascensão e crise dos Estados Unidos ... 65
- A ascensão do totalitarismo ... 70
- Conheça o artista: Salvador Dalí ... 84
- Agora é com você ... 86
- Superando desafios ... 87

**CAPÍTULO 4 – A SEGUNDA GUERRA MUNDIAL** ... 88
- O conflito ... 90
- Conferência de Potsdam ... 95
- Agora é com você ... 96
- Superando desafios ... 97

**CAPÍTULO 5 – O BRASIL DE GETÚLIO VARGAS** ... 98
- O Movimento Constitucionalista de 1932 ... 100
- O governo constitucional (1934-1937) ... 102
- O golpe de 1937 ... 106
- O Estado Novo (1937-1945) ... 108
- Agora é com você ... 112
- Com a palavra, o especialista: Dennison de Oliveira ... 114
- Para não esquecer ... 116
- Resgatando conteúdos ... 118

## Unidade 2 — O mundo no período da Guerra Fria ... 120

**CAPÍTULO 6 – AS RIVALIDADES DURANTE A GUERRA FRIA** ... 122
- O mundo dividido ... 126
- Guerras durante a Guerra Fria ... 131
- China: revolução e socialismo ... 134
- Conheça o artista: Pablo Picasso ... 140
- Agora é com você ... 142
- Superando desafios ... 143

**CAPÍTULO 7 – LUTAS SOCIAIS E DESCOLONIZAÇÃO NA ÁFRICA E ÁSIA** ... 144
- África: resistência e crise do sistema colonial ... 146
- Descolonização da África ... 150
- Descolonização na Ásia ... 157
- Agora é com você ... 162
- Superando desafios ... 163

**CAPÍTULO 8 – REPÚBLICA DEMOCRÁTICA NO BRASIL** ... 164
- O governo Dutra e a nova Constituição ... 165
- O retorno de Vargas (1951-1954) ... 167
- O governo JK (1956-1961) ... 170
- O breve governo de Jânio Quadros (1961) ... 174
- O governo de Jango (1961-1964) ... 176
- Agora é com você ... 180
- Superando desafios ... 180

**CAPÍTULO 9 – CONFLITOS NO ORIENTE MÉDIO** ... 182
- Conflito árabe-israelense ... 183
- Conflito palestino-israelense ... 186

- Guerra Civil Libanesa ............... 191
- Guerra Irã-Iraque ............... 193
- Guerra do Golfo ............... 195
- **Agora é com você** ............... 196
- **Superando desafios** ............... 197

### CAPÍTULO 10 – BRASIL SOB A DITADURA MILITAR .... 198
- Primeira fase do Regime Militar ............... 199
- A linha dura no poder ............... 202
- A trilha sonora da década de 1960 ............... 204
- Anos de Chumbo ............... 206
- Reações ao Regime Militar ............... 210
- **Agora é com você** ............... 214
- **Superando desafios** ............... 215

### CAPÍTULO 11 – NACIONALISMO E POPULISMO NA AMÉRICA LATINA ............... 216
- Argentina ............... 218
- Chile ............... 222
- Revolução Cubana ............... 225
- História e cidadania: Desaparecidos políticos ............... 229
- **Agora é com você** ............... 230
- **Superando desafios** ............... 231
- Com a palavra, a especialista: Marilena Chaui ............... 232
- Para não esquecer ............... 234
- Resgatando conteúdos ............... 236
- Bagagem cultural ............... 238

## Unidade 3 — Rumo ao Terceiro Milênio — 240

### CAPÍTULO 12 – CRISE MUNDIAL E O FIM DO BLOCO SOCIALISTA ............... 242
- Crise mundial ............... 243
- Os Estados Unidos a partir da década de 1970 ............... 245
- O fim do bloco socialista ............... 248
- **Agora é com você** ............... 258
- **Superando desafios** ............... 259

### CAPÍTULO 13 – O BRASIL DA ABERTURA POLÍTICA ... 260
- Avanços e retrocessos da abertura ............... 261
- O final do Regime Militar ............... 263
- A campanha Diretas Já ............... 265
- Conheça o artista: Cildo Meireles ............... 268
- **Agora é com você** ............... 270
- **Superando desafios** ............... 271

### CAPÍTULO 14 – A REDEMOCRATIZAÇÃO NO BRASIL .. 272
- A Nova República ............... 273
- A Constituição Cidadã ............... 275
- Entre o novo e o maquiado ............... 276
- O governo Collor ............... 277
- Itamar Franco: o vice tornou-se presidente ............... 279
- O governo FHC (1995-2002) ............... 281
- História e cidadania: Objetivos da Cúpula do Milênio ............... 284
- **Agora é com você** ............... 286
- **Superando desafios** ............... 287

### CAPÍTULO 15 – NOVOS RUMOS DA AMÉRICA LATINA. 288
- Economia: sucessos e fracassos ............... 289
- Política ............... 292
- O século XXI ............... 294
- **Agora é com você** ............... 296
- Com a palavra, o especialista: Archibald Haworth Brown ............... 298
- Para não esquecer ............... 300
- Resgatando conteúdos ............... 302

## Unidade 4 — O mundo contemporâneo

**CAPÍTULO 16 – GLOBALIZAÇÃO** .......................... 306
- Um histórico da globalização .................... 307
- Os blocos econômicos ............................... 308
- Aspectos positivos e negativos da globalização ........................................ 310
- A ciranda financeira ................................. 312
- Agora é com você ..................................... 318
- Superando desafios .................................. 319

**CAPÍTULO 17 – OS CONFLITOS ATUAIS** ................. 320
- A guerra sempre presente ........................ 321
- Guerra e mídia ......................................... 324
- Fundamentalismo ..................................... 326
- Guerra ao Terror ...................................... 330
- A Primavera Árabe ................................... 333
- História e cidadania: Islamismo na África . 335
- Agora é com você ..................................... 336
- Superando desafios .................................. 337

**CAPÍTULO 18 – ÁFRICA: UM CONTINENTE DE DESAFIOS** ............................................. 338
- Os Estados Nacionais africanos ................ 342
- Entre a miséria e os conflitos ................... 345
- África e africanidades .............................. 347
- Agora é com você ..................................... 350
- Superando desafios .................................. 351

**CAPÍTULO 19 – RUMOS DO BRASIL CONTEMPORÂNEO** .................................... 352
- Um operário na Presidência ..................... 353
- A primeira mulher presidente do Brasil .... 355
- Os desafios do Brasil contemporâneo ....... 356
- Agora é com você ..................................... 358
- Superando desafios .................................. 359
- Com a palavra, o especialista: Maurício Parada ...................................... 360
- Para não esquecer ................................... 362
- Resgatando conteúdos ............................. 364
- Bagagem cultural ..................................... 366

# UNIDADE 1
# Entre guerras e revoluções

Do início do século XX até quase sua metade (1945), o mundo foi sacudido por guerras e revoluções que afetaram muitos países. Foi um período de intensas mudanças.

O Brasil, também afetado pelas contingências internacionais, foi palco de muitas mudanças, como é natural no processo histórico, sempre marcado por continuidades e rupturas.

A Construção da URSS. Varvara Fyodorovna Stepanova, 67 x 47,5 cm. 1933. Pôster.

1. O que essa imagem representa?
2. Relacione o título desta unidade à sua imagem de abertura e levante hipóteses sobre o que será abordado nos próximos capítulos.

CAPÍTULO 1

# A consolidação da república no Brasil (1894-1930)

Saída dos funcionários da fábrica de fiação e tecidos da Cia. Progresso da Fronteira, Rio Grande do Sul, c. 1916. A década de 1910, principalmente após a Primeira Guerra Mundial (1914-1918), foi bastante significativa para a industrialização no Brasil. O café ainda era o centro da economia, mas a indústria se desenvolvia e proporcionava uma nova realidade urbana.

**Palavras-chave**

**Oligárquico:** pertencente à oligarquia, um pequeno grupo na cúpula de governo ou no trato dos negócios públicos, de forma geral para defender interesses próprios.

**Voto de cabresto:** remete a um voto conduzido, em que o eleitor não tem a liberdade de decidir por conta própria.

Em 1894, o Brasil passou a ser governado por civis. Nesse ano, o grupo **oligárquico** que apoiou o golpe de Estado de 1889, formado pelos cafeicultores paulistas, chegou ao poder com a eleição de Prudente de Morais.

Os oligarcas controlaram o poder político no país entre 1894 e 1930. Costuma-se denominar esse período como "Política do Café com Leite", em razão da união política dos dois estados da federação mais poderosos economicamente: São Paulo, grande produtor de café, e Minas Gerais, que se destacava na pecuária.

No início da década de 1920, o Brasil estava cada vez mais industrializado, e São Paulo se destacava como maior centro industrial do país. A industrialização crescente promoveu a urbanização.

A modernidade, porém, não beneficiava a maioria da população, que permanecia carente de serviços essenciais como água, esgoto, saúde e educação. O sistema político vigente colaborava para que a situação se mantivesse, pois com fraudes e **voto de cabresto**, mantinha-se no poder o grupo oligárquico da Política do Café com Leite.

# O sistema eleitoral

Ao final do império, o Brasil tinha uma população de aproximadamente 12 milhões de habitantes, dos quais cerca de 1% participava das eleições, em razão das restrições da lei eleitoral.

Na república, após a instituição da Constituição de 1891, que acabou com a exigência de renda para ter direito a voto, o número de eleitores aumentou, mas ainda não chegava a 5% da população do país. Muitas pessoas continuavam excluídas desse processo, como mulheres, analfabetos, mendigos, padres e soldados.

O voto era aberto (não secreto) e facultativo (não obrigatório). Para averiguar possíveis irregularidades no processo eleitoral, havia a Comissão Verificadora de Poder, formada por integrantes do Congresso que tinha como função julgar os resultados das eleições. Como seus membros representavam os interesses oligárquicos, a comissão organizava as eleições de modo que garantisse a manutenção da oligarquia.

A fim de conservar esse grupo no poder, a Comissão Verificadora impunha obstáculos para a oposição vencer as eleições. Se mesmo assim isso acontecesse, os opositores eram impedidos de assumir seus cargos. Essa prática ficou conhecida como degola.

Dois partidos revezavam-se no poder ou elegiam políticos aliados: o Partido Republicano Paulista (PRP) e o Partido Republicano Mineiro (PRM).

Alfredo Storni. Charge publicada na revista *Careta*, 29 ago. 1905. Nesta imagem, o autor satiriza a situação política do Brasil – os grupos que se mantinham no poder não permitiam o acesso de representantes de outros estados à Presidência da República.

# O coronelismo

No Período Republicano, a patente de coronel da **Guarda Nacional** não esteve mais relacionada ao exercício de uma função militar e passou a ser usada por chefes políticos locais, geralmente grandes fazendeiros. Por isso, a política exercida por eles foi chamada de coronelismo.

Os coronéis tinham como base político-administrativa os municípios onde viviam e cujo eleitorado local controlavam. O prestígio de um coronel era medido por sua capacidade de trocar favores políticos e econômicos por votos; portanto, era natural que eles fraudassem as eleições, visando aumentar ou conservar seu prestígio.

Para controlar o eleitorado, o coronel utilizava a prestação de favores. Por meio de sua intermediação, eram construídas obras como igrejas, escolas, bancos etc. e providenciados documentos, alojamento, vestuário a seus comandados. A prática gerou os chamados **currais eleitorais**, já que os favorecidos sempre votariam a favor dos candidatos do coronel.

Além da troca de favores, os coronéis utilizavam a violência para alcançar seus objetivos. Eles contratavam exércitos privados, compostos

## Palavras-chave

**Guarda Nacional:** foi uma força paramilitar criada em 1831, durante o período regencial, com a função de manter a ordem pública. Seus membros eram recrutados entre os cidadãos com renda anual superior a 200 mil-réis, nas grandes cidades, e 100 mil-réis nas demais regiões. Os postos de comando dessa força eram ofertados aos fazendeiros, que recebiam o título de coronel. A Guarda Nacional foi extinta em 1918, mas o título de coronel continuou sendo usado por grandes fazendeiros ou chefes políticos locais.

**Curral eleitoral:** representava a área de influência direta de um político ou coronel. Era uma referência ao local onde se cria gado.

**Palavras-chave**

**Jagunço:** homem que serve de guarda-costas ou capanga a fazendeiros ou pessoas influentes, no interior do Brasil.

**Capanga:** pessoa que acompanha outra ou fica a seu serviço para protegê-la como guarda-costas, ou realizando certas tarefas de confiança (negócios, recados, intimidação de adversários etc.).

de **jagunços**, **capangas** e até cangaceiros assalariados, usados para intimidar, ameaçar os eleitores e fazer cumprir as determinações do coronel. Quando detinham o controle da política estadual, utilizavam a Força Pública para obter seus desígnios.

Por não ser secreto, o voto era facilmente controlado pelos coronéis, que também recorriam à fraude.

Uma situação comum era o voto de cabresto, forma pela qual os eleitores eram obrigados a votar no candidato do coronel e, para garantir isso, eram fiscalizados de perto pelos jagunços.

A apuração também permitia fraudes, já que os livros com a contagem dos votos eram manipulados nas casas dos coronéis, situação que garantia, aos candidatos oficiais, grandes vitórias.

Além de tudo isso, nem sempre o candidato que recebia o maior número de votos era eleito, pois havia ainda o julgamento da Comissão Verificadora do Congresso Nacional, que costumava manipular o resultado da eleição em prol do governo.

O coronelismo não era comum a todos os estados do Brasil. De forma geral, no norte e no nordeste, o poder do coronel era bem maior que em outras regiões, assim como o coronel do interior tinha mais força do que o do litoral. Nos estados de São Paulo, Minas Gerais e Rio Grande do Sul, o poder concentrava-se em outras estruturas, como os partidos políticos.

## DOCUMENTOS EM ANÁLISE

Observe as imagens a seguir e responda às questões no caderno.

**DOCUMENTO 1**

K. Lixto. Charge *O eleitorado "fantasma"*, publicada na revista *Fon-Fon!*, 1907.

**DOCUMENTO 2**

Charge criada por Alfredo Storni e publicada na revista *Careta*, 19 fev. 1927. A imagem mostra um eleitor sendo levado pelo cabresto para votar.

1. Descreva as imagens relacionando-as ao sistema político-eleitoral do Brasil no início do século XX.

2. Explique cada uma das questões políticas satirizadas nas imagens.

# Política dos governadores

Durante o mandato de Campos Sales (1898-1902) foi estabelecida a chamada política dos governadores. Esse sistema, assim como o coronelismo, baseava-se na troca de favores, o que assegurava ao presidente a maioria no Congresso e, com isso, a aprovação dos projetos de lei federais. Os governadores de estado garantiam, por meio das ações dos coronéis, a eleição de deputados e senadores favoráveis ao presidente. Em contrapartida, os governadores recebiam verbas para realizar obras, **ajutórios** e continuar a política de favores em seus respectivos estados. Eles também asseguravam empregos a seus apadrinhados políticos, aliados e familiares.

A Comissão Verificadora do Senado tinha papel importante, já que por meio dela o candidato poderia ser diplomado e assumir ou não o cargo.

A política dos governadores reproduzia em âmbito federal a mesma rede de favorecimentos e clientelismo que ligava os governadores aos coronéis e estes aos eleitores.

> **Palavra-chave**
> **Ajutório:** auxílio, ajuda.

## DIVERSIFICANDO LINGUAGENS

Leia o texto a seguir e responda às questões no caderno.

> Na história republicana brasileira, o governo de Campos Sales representa o início da rotinização do regime, ou seja, o estabelecimento das normas de funcionamento político da República Velha, que tinha na alternância de presidentes entre Minas e São Paulo e no voto de cabresto seus maiores exemplos. Embora tenha cabido ao presidente Floriano Peixoto (1891-4) a fama de Consolidador da República, em função da neutralização das ameaças de restauração da monarquia ocorridas em seu governo, coube ao governo de Campos Sales estabelecer as rotinas políticas e institucionais da nova ordem.
>
> O sistema político, embora já configurado em termos formais pela Carta de 1891 – que estabelecia, como dispositivos fundamentais, a República como forma de governo, o presidencialismo como sistema de governo, o federalismo e a divisão dos poderes –, ganha contornos mais concretos através de um pacto não escrito entre o presidente e os chefes políticos estaduais. A formulação desse pacto trazia o reconhecimento, por parte de Campos Sales, da preexistência de uma distribuição natural do poder na sociedade brasileira. Embora as bases legais do poder político tenham sido estabelecidas pela Constituição de 1891, importava a Campos Sales considerar as suas bases reais, segundo ele contidas nos estados e em seus chefes políticos.
>
> Renato Lessa. O pacto dos estados. *Revista de História da Biblioteca Nacional.* Disponível em: <www.revistadehistoria.com.br/secao/capa/o-pacto-dos-estados>. Acesso em: jul. 2013.

1. De acordo com o texto, em que momento da História do Brasil ocorreu o governo de Campos Sales?
2. Qual foi o sistema político instituído no período?
3. O que foi estabelecido pelo governo de Campos Salles?

15

## Palavra-chave

**Látex:** substância líquida de aparência leitosa, mas também amarela, alaranjada, vermelha, presente no caule ou nas folhas de alguns vegetais. Neste caso, refere-se ao líquido branco retirado de seringueiras, árvore comum na região amazônica.

# A economia

A economia do início da república manteve o modelo agroexportador e a maioria da população vivia na área rural.

A borracha (cultivada na região amazônica) e o cacau (cultivado no sul da Bahia) foram importantes produtos de exportação no período.

O **látex** usado para produção da borracha natural foi explorado principalmente entre os anos de 1870 e 1920, levando muita prosperidade a cidades como Manaus (AM) e Belém (PA). Neste período o Brasil chegou a ser o maior exportador de borracha para os Estados Unidos e indústrias europeias.

Mas o café continuava como principal produto da economia, sendo São Paulo o maior centro produtor, seguido de Minas Gerais, Rio de Janeiro e Paraná. No início do século XX, o café chegou a representar mais de 70% das exportações. Em 1895 o país produzia em torno de 6 milhões de sacas de café ao ano; em 1900, a produção chegou a 11 milhões e, em 1907, alcançou a cifra de 20 milhões de sacas.

Com o aumento excessivo na produção cafeeira, houve muito mais oferta do que procura. Como consequência, os preços caíram, o que causou grandes prejuízos aos cafeicultores. Diante disso, os produtores de café e representantes do governo se reuniram em 1906 no Convênio de Taubaté, realizado na cidade paulista de mesmo nome.

Lavradores italianos trabalhando na colheita do café no interior de São Paulo, c. 1890.

Nesse encontro, ficou decidido que o governo compraria o excedente do produto para impedir que o preço do café caísse ainda mais. Em troca, os cafeicultores se comprometiam a incentivar o consumo interno e não aumentar as áreas cultivadas.

A administração federal, porém, não dispunha de capital para comprar o excedente de café. A solução foi fazer empréstimos em bancos internacionais. Com isso, os cafeicultores resolveram seu problema, mas a dívida externa do Brasil aumentou.

Nos anos seguintes o governo manteve sua parte do acordo, comprando o excedente e aumentando o estoque. Mas os cafeicultores, aproveitando a alta do café no mercado internacional, aumentaram as áreas de plantio, especialmente no interior de São Paulo, Minas Gerais e Espírito Santo.

Assim, os produtores aumentavam seus lucros e alguns deles investiram na industrialização o capital obtido.

## A Questão do Acre

No período de extração maciça da borracha, muitos brasileiros ocuparam o território do atual estado do Acre, que na época pertencia à Bolívia. Com isso, brasileiros e bolivianos passaram a disputar a região.

Em 1902, os bolivianos arrendaram a região para a empresa Bolivian Syndicate of New York, que explorava borracha. A situação desagradou os habitantes, que iniciaram uma rebelião. Sob o comando de Plácido de Castro – um gaúcho que havia participado da Revolução Federalista –, os brasileiros decretaram o Estado Independente do Acre. Enquanto a luta prosseguia, o barão do Rio Branco (ministro das Relações Exteriores entre 1902 e 1912) procurava resolver a questão diplomaticamente.

Em 1903, o Brasil assinou com os bolivianos e peruanos o Tratado de Petrópolis, pelo qual comprava o Acre por 2 milhões de libras esterlinas e se comprometia a construir a Estrada de Ferro Madeira-Mamoré, que permitiria o escoamento e a exportação da borracha pelos portos de Manaus e Belém. O Acre foi então incorporado ao Brasil no ano seguinte.

> **Palavras-chave**
>
> **Formiga-de-fogo:** é uma formiga nativa da América do Sul considerada uma das maiores pragas invasoras da região.
>
> **Beribéri:** é uma doença provocada pela falta de vitamina B1 no organismo humano, geralmente associada à presença de um fungo que inibe a absorção do nutriente.
>
> **Malária:** é uma doença infecciosa causada por um protozoário transmitido pela picada do mosquito Anapheles.

A ferrovia Madeira-Mamoré, ligando Guajará-Mirim (Mato Grosso, na época) a Porto Velho, foi construída pela empresa norte-americana May, Jekyll & Randolph, subsidiária da Madeira-Mamoré Railway, fundada por Percival Farquhar. Os enxames de mosquitos, as **formigas-de-fogo**, o **beribéri**, a **malária** e as flechas dos índios caripunas ceifaram a vida de cerca de 6 mil trabalhadores durante a obra, que teve também muitos acidentes de trabalho.

Os 366 quilômetros da Madeira-Mamoré, entregues em 1912, pouco foram utilizados, em razão do fim do ciclo da borracha. A ferrovia nunca foi inteiramente concluída.

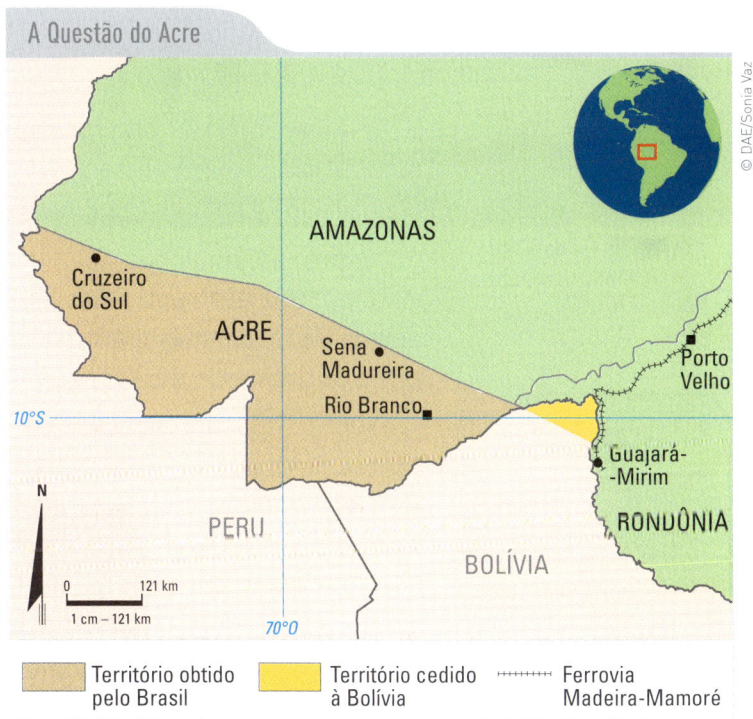

Fonte: José Jobson de A. Arruda. *Atlas histórico básico*. 17. ed. São Paulo: Ática, 2011.

## A indústria

A abolição da escravatura (1888) deu um grande impulso ao desenvolvimento industrial, pois o trabalho assalariado possibilitou o crescimento do consumo, ampliando o mercado interno. O capital que financiava a industrialização vinha principalmente da cafeicultura e de investimentos estrangeiros.

## Explorando

**Memorial do imigrante**

O *site* disponibiliza um acervo digital com fotos, textos e vídeos que contam um pouco mais sobre os imigrantes que chegaram ao Brasil no fim do século XIX e início do século XX para trabalhar nas lavouras.

Até 1914, o país importava quase todos os produtos manufaturados que consumia. Mas, com o início da **Primeira Guerra Mundial**, foi necessário diversificar a produção industrial e passou-se a produzir localmente o que já não podia ser importado, como ferro, cimento, papel e aço, além de bens de consumo, com destaque para os setores têxtil, de alimentos, de bebidas e de calçados. Os anos de 1915 a 1919 foram os de maior impulso, pois surgiram cerca de 6 mil novas indústrias.

O desenvolvimento industrial ocorreu principalmente em São Paulo e no Rio de Janeiro, mas também beneficiou outros estados, como Minas Gerais, Rio Grande do Sul, Pernambuco, Paraná e Bahia.

## A imigração e o operariado

De 1890 até 1920, entraram no país aproximadamente 3,6 milhões de imigrantes. A maioria deles eram italianos, mas também chegaram portugueses, espanhóis, poloneses, alemães, sírios, libaneses, japoneses, ucranianos e russos.

Muitos imigrantes vieram para trabalhar na lavoura, principalmente a cafeeira. Alguns, porém, começaram a mudar para as cidades em busca de melhores condições de vida.

Fábrica de fósforos da família Matarazzo, São Paulo, 1906.

Assim, as indústrias absorviam os imigrantes recém-chegados ou vindos das áreas rurais. Em 1920, por exemplo, 81% dos operários da cidade de São Paulo eram italianos. Havia, contudo, muitos brasileiros entre os operários das fábricas.

Sem legislação trabalhista, homens, mulheres e crianças enfrentavam uma rotina de várias horas de trabalho e baixos salários. Jornadas de 10 a 16 horas diárias eram comuns, e os ambientes fabris eram **insalubres**. Os operários sofriam castigos corporais e pagavam multas como punição. Frequentemente não tinham dia de descanso, nem mesmo em feriados. Por isso, houve diversos protestos.

## Palavras-chave

**Primeira Guerra Mundial:** como veremos mais adiante, a Primeira Guerra Mundial foi um conflito global centrado no território europeu que ocorreu de julho de 1914 até novembro de 1918. Envolveu países como Reino Unido, França, Império Russo, Alemanha, Império Austro-Húngaro e Itália, que disputavam, entre outras coisas, o domínio imperialista de diversos territórios.

**Insalubre:** exposto a locais e condições de trabalho prejudiciais à saúde.

Trabalhadores em fábrica de bebidas. São Paulo, c. 1910. Era comum o trabalho de crianças nas fábricas. Elas geralmente recebiam salários mais baixos, mas executavam tarefas semelhantes às dos adultos. Um inquérito de 1901 constatou que crianças de 5 anos atuavam como operários.

# DOCUMENTOS EM ANÁLISE

Leia os textos a seguir e responda às questões no caderno.

**DOCUMENTO 1**

> Itália bela, mostre-se gentil e os filhos seus não a abandonarão, senão, vão todos para o Brasil, e não se lembrarão de retornar. Aqui mesmo ter-se-ia no que trabalhar sem ser preciso para a América emigrar.
>
> O século presente já nos deixa, o mil e novecentos se aproxima. A fome está estampada em nossa cara e para curá-la remédio não há. A todo momento se ouve dizer: eu vou lá, onde existe a colheita do café.

Da canção Italia bella, mostrati gentile, de 1899.

**DOCUMENTO 2**

> [...] de todas as promessas que nos fazem na Hospedaria dos Imigrantes, nem a décima parte é verdade.
>
> Aqueles que estão bem na Itália, como vocês, meus filhos, não devem deixá-la, digo-lhes isto como pai [...], não acreditem naqueles que falam bem da América, porque são todos embrulhões que arruinaram muitas famílias.
>
> É preferível estar numa prisão na Itália do que numa fazenda aqui.

E. Franzina. Merica! Merica!<br>Emigrazione e Colonizzazione nelle Lettere dei Contadini Veneti in<br>America Latina 1876-1902.

**DOCUMENTO 3**

> [...] dois ou três comerciantes atacadistas, possuidores de um certo capital e crédito [...] fornecem trabalho, e normalmente meios a um número considerável de vendedores ambulantes.
>
> Estes, tendo crédito de um atacadista italiano, uma certa quantidade de mercadorias e gêneros dos mais variados, passam da cidade ao campo, de colônia em colônia [...] vendendo as mercadorias nos lugares mais distantes, não retornando enquanto não tenham terminado todo o estoque, para pagar o comerciante e reabastecer-se para uma nova viagem [...]. A maior parte dos nossos comerciantes começaram assim a fazer fortuna.

Antonio Francheschini. Citados por: Zuleika M. F. Alvim Brava gente!<br>Os italianos em São Paulo. São Paulo: Brasiliense, 1986. p. 86.

1. Analise as informações e responda: todos os imigrantes eram unânimes em enaltecer as qualidades de sua nova realidade no Brasil?

2. Pesquise sobre a imigração em seu estado: como e quando ocorreu, quais os motivos que trouxeram os imigrantes, onde se estabeleceram, quais os principais grupos e a influência local.

## Palavras-chave

**Messianismo:** é um tipo de movimento em que a crença na mudança social é motivada por um líder carismático. Os movimentos messiânicos pregam a crença em um líder que seria enviado por uma entidade superior para trazer a vitória do bem sobre o mal e corrigir o mundo, tornando-o melhor. Antônio Conselheiro (Canudos) e José Maria (Contestado) foram líderes messiânicos.

**Milenarismo:** crença na ocorrência de grandes catástrofes como prenúncio da transição para uma época de paz, felicidade e justiça.

**Utopia:** qualquer concepção ou descrição de uma sociedade justa, sem desequilíbrios sociais e econômicos, na qual todo o povo usufrui de boas condições de vida.

**Pregação:** divulgação de sermão.

**Alcunha:** apelido.

**Palhoça:** casa coberta de palha.

# Os movimentos sociais

Movimentos sociais são ações, formas de luta, manifestações da sociedade em busca de mudanças políticas, econômicas e sociais. Na História do Brasil, tanto no meio rural como no urbano, aconteceram movimentos sociais em busca de mudanças, de melhorias, de garantias e de direitos.

Ao longo do século XIX e nas primeiras décadas do século XX, surgiram alguns movimentos, principalmente na zona rural, que podem ser classificados como **messiânicos**. Encaixam-se nessa classificação as revoltas de Canudos e do Contestado.

Os movimentos messiânicos tiveram enredos parecidos: o povo pobre e sofrido seguiu um líder carismático; organizou-se em comunidades em busca de um reino celeste na Terra e com a crença no fim dos tempos (**milenarismo**), representada pela volta de Cristo. Essas comunidades – cujos membros eram considerados "fanáticos" por políticos, Igreja, imprensa e parte da sociedade – foram atacadas e destruídas.

Os movimentos messiânicos traziam uma **utopia** social muito próxima dos movimentos revolucionários, ou seja, de mudança das estruturas econômicas e sociais para criar uma ordem que acabasse com as injustiças.

Nas duas primeiras décadas do século XX, o espaço urbano também foi palco de lutas sociais, como a Revolta da Vacina, a Revolta da Chibata e as reivindicações trabalhistas.

# Canudos (1893-1897)

Na segunda metade do século XIX, a economia nordestina passou por profunda depressão, em virtude da decadência da lavoura açucareira. As secas, tão comuns, ajudavam a intensificar o quadro de miséria.

Neste contexto nasceu Antônio Vicente Mendes Maciel, em 1828, na cidade de Quixeramobim, na província do Ceará. A intensa religiosidade, a miséria local e as injustiças sociais marcaram sua vida, e com isso ele passou a fazer **pregações** em algumas regiões do sertão nordestino, o que lhe garantiu a **alcunha** de Antônio Conselheiro.

No sertão da Bahia, Conselheiro fundou o arraial de Belo Monte, que ficou conhecido como Canudos. Quando ali chegou, em 1893, o local era uma velha fazenda abandonada, com **palhoças** de pau a pique, às margens do Rio Vaza-Barris.

Morador em frente à sua casa no Arraial de Canudos. Fotografia de Flávio de Barros, c. 1897.

Em Belo Monte, os sertanejos se organizaram e formaram uma comunidade onde cultivavam diversas espécies de frutas e legumes, criavam gado, exportavam couro e produziam rapadura. Tudo de forma compartilhada. Além disso, não havia cobrança de tributos e eram proibidas a prostituição, a venda e o consumo de bebidas alcoólicas.

Estima-se que a comunidade chegou a reunir entre 20 e 30 mil habitantes, que seguiam regras próprias, distintas da realidade sertaneja. Belo Monte pode ser considerada uma sociedade alternativa, na qual os sertanejos lutavam contra a dominação e a exploração dos coronéis. A forma comunitária de ocupação da terra e a independência política do local, que não se subordinava ao governo e aos coronéis, representavam uma ameaça. As autoridades da época temiam que essa comunidade servisse de modelo para outras.

D. Urpia. *Vista de Canudos em 1897*. Gravura. No sopé do Morro da Favela, pode-se ver a praça das igrejas do arraial.

Para desmoralizar o povoado, difundia-se a ideia de que lá viviam apenas fanáticos religiosos e que seu líder era um monarquista, pois pregava que as mazelas sociais vividas pelos sertanejos eram consequência da república. Antônio Conselheiro, como religioso, também condenava o casamento civil e os novos impostos instituídos pela república. Portanto, o povoado, de acordo com as autoridades e os jornais da época, era uma ameaça à república e precisava ser destruído.

Iniciou-se, assim, a chamada Guerra de Canudos.

Em 1896 foi organizada pelo governo estadual, em conjunto com os coronéis locais, a primeira expedição, composta de pouco mais de 100 homens, enviada para destruir Canudos. A tropa foi facilmente repelida pelos sertanejos.

O governo federal entrou na batalha, organizando mais duas expedições. Ambas fracassaram, pois os sertanejos colocaram em prática uma bem-sucedida guerra de guerrilhas.

A derrota das forças do governo repercutiu intensamente em todo o país. Diante dessa situação, em 1897 se organizou mais uma expedição, constituída por mais de 5 mil homens, enviada para destruir o Arraial de Canudos.

Em 5 de outubro de 1897, após longo cerco, o arraial foi destruído. Antônio Conselheiro havia falecido dias antes, em 22 de setembro, de causas ainda não totalmente esclarecidas. Há indícios de que uma forte caminheira (como era chamada a diarreia na região) tenha causado desidratação, que o teria levado à morte. Ele também pode ter morrido ao ser atingido por estilhaços de granada nos combates. A fome, a sede, a falta de munição e o cerco total tornaram impossível a resistência dos sertanejos. Ainda assim, eles não se renderam e foram massacrados pelas forças do Exército federal.

Pesquisas revelaram que muitos moradores e até alguns líderes do movimento conseguiram fugir.

## CURIOSIDADES HISTÓRICAS

### CANUDOS E A IMPRENSA

❝ Canudos foi também a primeira guerra brasileira a ter presentes nos campos de batalha correspondentes dos mais importantes jornais do país, principalmente após a morte do Coronel Moreira César na terceira expedição militar. Ao local do conflito foram enviados repórteres dos principais jornais da época, o Jornal do Comércio, A Notícia, O País, Gazeta de Notícias, O Jornal do Brasil, O República, O Diário de Notícias, Jornal de Notícias, O Estado de São Paulo, entre outros. Ao todo, doze periódicos enviaram correspondentes para Canudos. A imprensa começava a modernizar-se e a cobertura no local da guerra tornou-se possível graças à instalação de linhas telegráficas. Só na Bahia, entre 1811 e 1899, existiam cerca de setenta periódicos. O jornal O País, do Rio de Janeiro se declara, nesta época, o jornal de maior circulação da América Latina e dedica centenas de páginas à cobertura da guerra. Canudos, nesta fase de desenvolvimento da imprensa moderna no Brasil e de consolidação da república, recebeu os mais diversos tratamentos, dependendo da linha editorial de cada jornal. ❞

Vanessa Sattamini Varão Monteiro. *Canudos: as crianças do sertão como butim de guerra*. Disponível em: <www2.dbd.puc-rio.br/pergamum/tesesabertas/0510855_07_cap_02.pdf>. Acesso em: jun. 2012.

### Explorando

**Cidadela de Deus: a saga de Canudos**
Gilberto Martins, Editora Moderna.

O livro relata a história de Antônio Dantas, que viaja a Belo Monte para se juntar aos seguidores de Antônio Conselheiro depois de ter seus pais assassinados no sertão da Bahia.

## DOCUMENTOS EM ANÁLISE

No documento a seguir, o escritor Euclides da Cunha descreve o fim de Canudos. Leia-o e responda às questões no caderno.

❝ Canudos não se rendeu. Exemplo único em toda a história, resistiu até o esgotamento completo. **Expugnado palmo** a palmo, na precisão integral do termo, caiu no dia 5, ao entardecer, quando caíram os seus últimos defensores, que todos morreram. Eram quatro apenas: um velho, dois homens feitos e uma criança, na frente dos quais rugiam, raivosamente, cinco mil soldados.

Caiu o arraial a 5. No dia 6 acabaram de o destruir desmanchando-lhe as casas, 5 200, cuidadosamente contadas. ❞

Euclides da Cunha. *Os sertões*. São Paulo: Abril, 2003. p. 433.

### Palavras-chave

**Expugnado:** conquistado.
**Palmo:** antiga unidade de medida de comprimento que correspondia aproximadamente ao comprimento de uma mão aberta, entre as extremidades dos dedos polegar e mínimo.

1. Como os defensores de Canudos são descritos no documento?

2. Como Euclides da Cunha descreve as forças do governo?

3. De acordo com seus conhecimentos, cite a razão pela qual o arraial de Canudos foi totalmente destruído.

# A Revolta da Vacina

No início do século XX, o Rio de Janeiro, capital da república, era uma cidade cheia de problemas. Faltava saneamento básico, as condições de saúde e habitação eram péssimas, expondo a população a diversas doenças, como a varíola, a febre amarela e a peste bubônica.

Foi nesse contexto que Rodrigues Alves assumiu a Presidência (1902-1906), motivo pelo qual propôs obras de remodelação da cidade e um programa de saneamento. Entretanto, para executar os planos, o governo tomou decisões de forma autoritária, sem informar a população nem estabelecer diálogo.

Diversos **cortiços** e casebres foram derrubados. Com isso os preços dos aluguéis subiram bastante e a população pobre passou a fixar-se nos morros, o que originou as favelas da cidade.

Nesse programa de melhorias, o sanitarista Oswaldo Cruz, diretor da Saúde Pública, procurou acabar com a febre amarela usando os chamados matadores de mosquitos, cuja missão era eliminar o mosquito transmissor da doença. Para combater a peste bubônica, foi espalhado raticida, o lixo foi removido e o governo chegou até a pagar a população para que caçasse ratos.

Em 1904, o governo solicitou ao Congresso a aprovação de uma lei de vacinação obrigatória contra a varíola. A população, porém, não foi esclarecida sobre os benefícios da vacina e isso gerou grande descontentamento, que culminou na chamada Revolta da Vacina.

A **carestia**, a falta de habitação (causada pela reurbanização do Rio de Janeiro), a impopularidade do governo e a obrigatoriedade da vacina foram estopins da revolta geral.

Em novembro de 1904, ocorreram enfrentamentos com a polícia, bondes foram virados, lojas depredadas, houve tiroteios nas ruas, mortos e feridos, e muitas prisões. Diante disso, o governo revogou a obrigatoriedade da vacina.

A repressão policial foi dura. Diversos participantes foram presos e deportados para o Acre. Estima-se que houve cerca de 50 mortos e mais de 100 feridos.

## Palavras-chave

**Cortiço:** casa de habitação coletiva destinada a pessoas de baixa renda.

**Carestia:** encarecimento do custo de vida.

## Explorando

**A Revolta da Vacina**
Nicolau Sevcenko, Editora Cosac Naify.

Além de abordar a insatisfação popular durante a campanha de vacinação obrigatória contra a varíola, o autor revela outros aspectos da vida social do período, como a exclusão social, a especulação imobiliária e o uso autoritário da ciência em nome da saúde pública.

Bonde virado na esquina da Praça da República com a Rua da Alfândega em razão dos protestos contra a obrigatoriedade da vacina. Rio de Janeiro, nov. 1904. Entre os dias 10 e 13 de novembro a cidade do Rio de Janeiro foi tomada por manifestantes. Houve barricadas nas ruas do centro e os policiais foram atacados com pedras.

## DOCUMENTOS EM ANÁLISE

Os documentos abaixo mostram charges referentes à "Revolta da Vacina" veiculadas em publicações da época. Analise as charges e, no caderno, faça o que se pede.

**DOCUMENTO 1**

Charge sobre a Revolta da Vacina. Publicada na *Revista da Semana*, 2 out. 1904.

**DOCUMENTO 2**

O espeto obrigatório. Charge publicada no periódico *A Avenida*, out. 1904.

**1** Descreva as imagens, abordando o sentimento de revolta da população e o porquê da não aceitação da vacinação obrigatória.

# A Revolta da Chibata (1910)

No início do século XX, o Brasil tinha uma Armada (Marinha de Guerra) bastante moderna para os padrões da época. Essa modernidade, porém, não se estendia ao recrutamento, à direção e ao tratamento dado aos marujos.

Os marinheiros trabalhavam em condições insalubres e, para a manutenção da disciplina, prevalecia o regime da **chibata**, que poderia ser feita com uma corda de linho molhada, atravessada por agulhas de aço. Os marinheiros **faltosos** eram açoitados, e o castigo era assistido pelos demais.

Em novembro de 1910, após esse castigo ser aplicado a um marinheiro (que recebeu 250 chibatadas), seus companheiros do encouraçado Minas Gerais, liderados pelo cabo João Cândido, rebelaram-se. Marinheiros de outros encouraçados, todos ancorados na Baía de Guanabara no Rio de Janeiro – denominados São Paulo, Barroso e Bahia – também aderiram ao movimento.

Os revoltosos exigiam melhores condições de trabalho, o fim do regime da chibata e a anistia aos rebeldes.

## Palavras-chave

**Chibata:** vara fina e comprida usada para golpear e dirigir cavalgaduras ou para bater em pessoas durante castigos corporais.

**Faltoso:** indivíduo que desobedeceu às regras.

**Alienado:** pessoa que sofre de perturbação mental que provoca afastamento da realidade, confusão ou perda de identidade cultural, que torna o indivíduo inapto para a vida social.

## Explorando

**Chibata!**
Hemetério e Olinto Gadelha, Editora Conrad.

Conheça mais sobre a Revolta da Chibata nesta história em quadrinhos que conta como os marinheiros revoltosos tomaram o controle dos principais navios do país e desafiaram o governo do marechal Hermes da Fonseca, liderados por João Cândido, o Almirante Negro.

João Cândido lendo o *Diário Oficial*, 1910. João Cândido, o Almirante Negro, como passou a ser chamado, passou dois anos na prisão, sendo depois internado num hospital de **alienados**. De volta à prisão, ganhou a liberdade alguns anos depois.

Após negociações entre o Congresso e os marinheiros, o governo aceitou as reivindicações e os rebeldes se renderam. Porém, o governo não cumpriu o acordo, causando, no início de dezembro, novas punições a marinheiros, o que resultou em outra revolta na Ilha das Cobras. A repressão foi violenta. Muitos marinheiros foram fuzilados, outros enviados ao Acre. João Cândido e mais 17 companheiros foram jogados na masmorra da Ilha das Cobras, onde 16 foram asfixiados.

## DOCUMENTOS EM ANÁLISE

O poeta e escritor Oswald de Andrade descreve a rebelião dos marinheiros e seu desfecho no texto a seguir. Leia-o e responda às questões no caderno.

> Acordei em meio duma maravilhosa aurora de verão. A baía esplendia com seus morros e enseadas. Seriam talvez quatro horas da manhã. E vi imediatamente na baía, frente a mim, navios de guerra, todos de aço, que se dirigiam em fila para a saída do porto. Reconheci o encouraçado Minas Gerais que abria a marcha. Seguiam-no o São Paulo e mais outro. E todos ostentavam, numa **verga** do mastro dianteiro, uma pequenina bandeira triangular vermelha. Eu estava diante da revolução. Seria toda revolução uma aurora? [...] de repente vi acender-se um ponto no Costado do Minas e um estrondo ecoou perto de mim, acordando a cidade. Novo ponto de fogo, novo estrondo. Um estilhaço de granada bateu perto [...] Era terrível o segundo que mediava entre o ponto aceso no canhão e o estrondo do disparo. Meus olhos faziam linha reta com a boca de fogo que atirava. Naquele minuto-século, esperava me ver soterrado, pois parecia ser eu a própria mira do bombardeio. [...] Era contra a chibata e a carne podre que se levantavam os soldados do mar. O seu chefe, o negro João Cândido, imediatamente **guindado** ao posto de almirante, tinha se revelado um hábil condutor de navios. [...] A revolta de 1910 teve o mais **infame** dos desfechos. Foi solenemente votada pelo Congresso a anistia aos rebeldes, mas uma vez entregues e presos, foram eles quase todos massacrados e mortos. Escapou o Almirante João Cândido e quando, na década de 30, o jornalista Aporelli tentou publicar uma crônica do feito, foi miseravelmente assaltado por oficiais da nossa Marinha de Guerra que o deixaram nu e surrado numa rua de Copacabana.

Oswald de Andrade. *Um homem sem profissão – Memórias e confissões. Sob as ordens de mamãe.* São Paulo: Globo, 2002. p. 93-96.

### Palavras-chave
**Verga:** pedaço de madeira ou metal cruzado no mastro, ao qual se prendem as velas do navio.
**Guindado:** promovido, elevado.
**Infame:** condenável, indigno.

1. Oswald de Andrade relata o acontecimento sob o olhar de um morador do Rio de Janeiro. Como ele descreve a revolta?

2. Oswald de Andrade emite sua opinião sobre o acontecimento? Explique.

3. O que significa dizer que "a revolta de 1910 teve o mais infame dos desfechos"? Explique.

4. De acordo com Oswald de Andrade, é possível concluir que foi proibido fazer referência ao ocorrido em 1910? Explique.

# Contestado (1912-1916)

Entre 1912 e 1916, ocorreu, na região de fronteira entre Paraná e Santa Catarina, um movimento messiânico que levou a conflitos armados, a chamada Guerra do **Contestado**. Essa não foi uma guerra entre paranaenses e catarinenses, mas sim uma reação de sertanejos locais contra situações de injustiça social.

Na região entre Paraná e Santa Catarina havia um grande número de sertanejos que viviam da extração de erva-mate, de madeira e da criação de gado.

A partir de 1890, com o início da construção da estrada de ferro São Paulo-Rio Grande do Sul, que cortava a área contestada, muitos deles foram expulsos de suas terras, perdendo sua condição de sobrevivência.

> **Palavra-chave**
>
> **Contestado:** foi o nome dado ao conflito que ocorreu em uma região contestada (disputada) entre Paraná e Santa Catarina. Era uma área de 48 000 km², onde se cultivava erva-mate. A disputa, que durou até 1916, terminou quando foram cedidos ao Paraná 20 mil km² e à Santa Catarina 28 mil km².

Fonte: Eduardo José Afonso. *O contestado*. São Paulo: Ática, 1994.

A expulsão ocorreu devido à concessão de extensas áreas de terras ao grupo do norte-americano Percival Farquhar, a Brazil Railway Company, que começou a construir a ferrovia em 1908. Uma empresa madeireira ligada ao grupo Farquhar passou a atuar na região, autorizada pelo governo a explorar a madeira na faixa de terreno desapropriada por ele.

O local já era ocupado por sertanejos pobres e explorados. A situação se agravou a partir de 1910, quando a construção da ferrovia terminou. A Brazil Railway demitiu todos os funcionários que participaram da obra (cerca de 8 mil homens, a maioria oriunda de outros estados). Sem emprego nem condições de retorno a seu estado natal, passaram a vagar pela região, muitos deles saqueando, invadindo propriedades e se oferecendo como jagunços aos grandes fazendeiros.

## Palavras-chave

**Monge José Maria:** foi o terceiro líder religioso na região. Antes dele, João Maria de Agostinho e João Maria de Jesus atraíram sertanejos com suas pregações. A população acreditava que eles tinham poderes sobrenaturais. Os três circularam na região em períodos diferentes e marcaram profundamente a vida dos habitantes.

**Irmandade:** eram comunidades criadas que relacionavam-se com as crenças messiânicas da vinda de um messias salvador do mundo. O povo que se reunia nessas comunidades, enquanto esperava a chegada do messias, vivia sob ordens comuns, realizando vários rituais de fé. Durante o conflito armado, a irmandade passou a ter caráter também militar, na luta pelos ideais espirituais e em defesa de suas terras.

## Explorando

**Os guerrilheiros do Contestado**
Renato Mocellin, Editora do Brasil.

O livro aborda a Guerra do Contestado, onde os sertanejos que viviam da extração das ervas nativas da região se rebelaram contra a exploração dos "coronéis", dando início ao violento conflito, que durou de 1912 a 1916.

---

Na época era comum a passagem de monges e beatos que atravessavam a zona rural catarinense promovendo novenas, benzendo, dando receitas, fixando cruzes e apoiando religiosamente o povo, que os recebia como santos. Sem terra e insatisfeitos com a dura realidade em que viviam, os sertanejos da área do Contestado começaram a se organizar em torno desses líderes religiosos. Por volta de 1911, na região de Campos Novos (SC) destacou-se o **monge José Maria**, cujo nome verdadeiro era Miguel Lucena de Boaventura.

Expulsos de suas terras e insatisfeitos com a dura realidade em que viviam, os sertanejos passaram a acompanhar o monge José Maria e com ele fundaram alguns povoados – um deles em Taquaruçu, próximo a Curitibanos. Como em Canudos, este e outros povoados tinham governo próprio. O monge declarava que nesses povoados todos eram parte de uma grande **irmandade**, chamada de Monarquia Celeste.

Por não seguirem as ordens do governo republicano, os membros das irmandades passaram a ser considerados perigosos, como tinha ocorrido em Canudos.

Perseguidos e atacados por forças militares, em outubro de 1912 deslocaram-se para os campos de Irani, próximos a Palmas (PR). No entanto, como a região estava na área contestada, o governo paranaense considerou que se tratava de uma invasão de catarinenses.

Comandados pelo coronel João Gualberto, as tropas do regimento de segurança do Paraná atacaram os sertanejos. No combate, o monge e o comandante das tropas paranaenses foram mortos. Os sertanejos sobreviventes se dispersaram, mas se espalhou a crença de que o monge e todos os que morreram em defesa da "santa religião" ressuscitariam.

Em dezembro de 1913, os sertanejos voltaram a se reunir formando uma comunidade em Taquaruçu (SC). Ali foram atacados por tropas catarinenses, em fevereiro de 1914, num confronto que resultou em grande número de mortos.

Por divergências internas, outro grupo havia se estabelecido em Caraguatá. Ali radicalizaram suas posições e, quando os governistas foram negociar, eles exigiram, como condição básica, o retorno da monarquia. Para eles a monarquia era um bom regime, pois nunca os expulsara de suas terras. Estima-se que chegaram a ocupar uma área de 28 mil km² e formaram uma população de 30 mil habitantes. Adotando táticas de guerrilha, atacaram povoados e fazendas, lutando pela terra que ocupavam.

Embora constantemente atacados por forças militares, os redutos resistiram. Diante das derrotas sofridas pelas tropas catarinenses e paranaenses, o governo federal enviou à região, em 1915, o general Setembrino de Carvalho, acompanhado de uma tropa de cerca de 7 mil homens fortemente armados. Essa força destruiu os acampamentos e matou milhares de pessoas.

Com a prisão de Adeodato Ramos — o último líder dos sertanejos —, em janeiro de 1916, os rebeldes dispersaram-se. Em agosto de 1916, após o fim dos conflitos, os governadores do Paraná e de Santa Catarina assinaram um "Acordo de Limites", dividindo entre si o território contestado.

Fotografia de hangar em União Vitória (PR), 1915. Para mapear a área dos conflitos, foram usados aviões de pequeno porte, o que inaugurou a utilização de aeronaves em operações de guerra no país.

## DOCUMENTOS EM ANÁLISE

Leia os documentos a seguir e responda às questões no caderno.

**DOCUMENTO 1**

Com a palavra, o sertanejo:*

"Nos estava em Taquarussú tratando da noça devoção e não matava nem robava, o Hermes mandou sua força covardemente nos bombardear onde mataram mulheres e crianças portanto o causante de tudo isto é o bandido do Hermes e portanto nos queremos a lei de Deus que é a monarchia.

O guverno da Republica toca os filhos brasileiros dos terreno que pertence a nação e vende para o estrangeiro, nos agora estemo disposto a faser prevalecer os noços direito."

Bilhete escrito a lápis e deixado na estação de São João em 1914. In: Demerval Peixoto. *Campanha do Contestado: raízes da rebeldia.* Curitiba: Fundação Cultural, 1995. p. 64-65.

*Foi mantida a grafia original.

**DOCUMENTO 2**

Com a palavra, o capitão:

"Os jagunços queixam-se de que o coronel Arthur de Paula e outros chefes políticos lhes tomaram as terras que habitavam e agora lhes impedem de recorrer às terras devolutas do governo, por se terem apossado delas pessoas conhecidas e que têm facilidade de obter dos governos grandes territórios nos dois estados."

Capitão João Teixeira de Mattos Costa, morto pelos próprios jagunços em 1913. In: Demerval Peixoto. *Campanha do Contestado: raízes da rebeldia.* Curitiba: Fundação Cultural, 1995. p. 156.

1. Os documentos apresentam explicações com pontos de vista diferentes para os conflitos. Quais são elas?

2. De acordo com as informações anteriores, quais razões, além da posse da terra, motivaram a Guerra do Contestado?

## Palavras-chave

**Cangaço:** este termo em suas origens faz referência à palavra "canga", peça de madeira geralmente colocada em muares ou animais de transporte que prende o animal à carroça. O termo se refere aos utensílios que grupos armados do sertão nordestino traziam no corpo.

**Flagelado:** pessoa vítima de flagelo, ou seja, de uma calamidade; que carrega grande sofrimento.

# O cangaço

Nas décadas finais do século XVIII está a origem do **cangaço**.

Por volta de 1877, após um período de grande seca que assolou a região do sertão nordestino, os grandes fazendeiros passaram a contratar jagunços para evitar que os **flagelados** invadissem suas fazendas. A contratação de jagunços já era comum para evitar ataques de grupos indígenas. Eles também serviam de guarda-costas de seus patrões e praticavam atos criminosos a mando destes.

Com o passar do tempo, os jagunços, muitas vezes sem conseguir novos trabalhos ou buscando independência, passaram a vagar pela região praticando roubos, assaltos e outras formas de violência, que incluíam estupros e mortes. Agindo geralmente em grupos, ficaram conhecidos como cangaceiros.

Ao final do século XIX e início do século XX, a situação de miséria e a estrutura econômica e social precária no nordeste possibilitaram um ambiente favorável para esses grupos armados. Considerados justiceiros por muitos sertanejos, temidos e odiados pelas autoridades, os cangaceiros conquistaram espaço e desafiaram a ordem vigente.

O auge do cangaço ocorreu entre 1919 e 1927, quando havia pelo menos 25 grupos armados circulando pelo sertão. Os grupos eram organizados em torno de líderes, muitos dos quais ficaram famosos por suas ações, entre eles Antonio Silvino (1875-1944) e Virgulino Ferreira (c. 1897-1938), conhecido como Lampião, que foi considerado o "rei do cangaço".

Lampião entrou para o cangaço por volta dos 18 anos e logo se tornou líder de bando. Pelos estudos até agora, ele teria sido o cangaceiro que permaneceu por mais tempo em atividade. Sua mulher, Maria Bonita, também se tornou famosa por sua vida no cangaço.

Lampião e Maria Bonita. Fotografia de Benjamin Abrahão Botto, c. 1936.

Lampião e seu bando foram massacrados pela polícia em 1938. Estima-se que o último grande líder cangaceiro tenha sido Corisco (Cristiano Gomes da Silva Cleto), morto em 1940.

# Padre Cícero, de Juazeiro

O padre Cícero Romão Baptista (1844-1934) talvez seja o mais controvertido líder do sertão brasileiro. Era **capelão** de Juazeiro, uma vila pobre na região do Cariri, sul do Ceará, lugar fértil e que, por isso, atraía uma numerosa população de flagelados fugidos da seca. O padre Cícero ficou muito conhecido por sua dedicação aos mais necessitados.

Ele se tornou famoso a partir de 1889, quando um suposto milagre teria ocorrido em sua capela: ao dar a comunhão a uma de suas beatas, Maria de Araújo, a hóstia teria se transformado em sangue. Passou a ser considerado "santo milagreiro" pelo povo.

A Igreja Católica enviou uma comissão à região para analisar o suposto milagre e declarou que se tratava de uma fraude. Diante disso, em 1892, o padre foi impedido de pregar e ouvir confissões. Essa atitude serviu para unir ainda mais o povo ao religioso, que passou a ser perseguido pela Igreja Católica. Juazeiro começou a receber grande quantidade de sertanejos, desejosos de ver e ouvir o santo padre Cícero.

Inicialmente, os fazendeiros ficaram assustados com o aumento da popularidade do padre. Temiam que ele repetisse o que Antônio Conselheiro vinha fazendo na Bahia. A intensificação das peregrinações fez com que a Igreja Católica excomungasse o religioso em 1916.

O padre Cícero, porém, não trilhou os caminhos de Antônio Conselheiro. Em vez de denunciar a miséria e a fome em que vivia aquele povo, optou pelo poder. Aliou-se aos coronéis e se tornou, inclusive, um deles. Foi prefeito de Juazeiro, vice-governador do estado e deputado federal, e soube usar seu prestígio entre os sertanejos – e o temor que isso infundia nos coronéis – para se tornar uma das figuras políticas mais influentes de todo o nordeste durante a República Oligárquica.

Os sertanejos viam na figura mítica do padre Cícero a possibilidade de encontrar o alento que buscavam em uma vida de miséria e sofrimento. Bondoso e carismático, ele entendia o sofrimento dos sertanejos e também das pessoas que tinham posses mas viviam angustiadas. Não somente a miséria explica o fenômeno do religioso, pois sua mensagem de esperança cativava a muitos.

Padre Cícero morreu em 1934, aos 90 anos, tentando provar que o milagre atribuído a ele tinha realmente acontecido.

> **Palavra-chave**
> **Capelão:** padre encarregado de dirigir uma capela.

Estátua de padre Cícero no Morro do Horto, em Juazeiro do Norte (CE), 2010. Até hoje milhares de pessoas visitam anualmente a cidade de Juazeiro e atribuem milagres ao padre Cícero. Idolatrado pelo povo, é chamado carinhosamente de Padim Ciço.

## O movimento operário

No início do século XX, a falta de legislação trabalhista possibilitava que os empresários explorassem muito os empregados. Além de péssimas condições de trabalho e uma rotina diária média de 12 horas, os salários eram muito baixos. Mulheres e crianças também trabalhavam e com salários ainda menores que os dos homens na execução de serviços idênticos.

Em geral, a jornada de trabalho era de sete dias por semana, ou seja, sem folgas. Os operários estavam sujeitos a acidentes de trabalho e podiam ser demitidos sem receber nenhum benefício.

Diante desse quadro, inspirados em movimentos bem-sucedidos ocorridos em outros países, os operários começaram a se unir e a se organizar em mobilizações de luta por seus direitos. Foram criadas ligas operárias e sindicatos, que reivindicavam melhores salários, diminuição da jornada de trabalho, assistência aos trabalhadores nos casos de doenças e demissão, melhores condições de trabalho e regulamentação de trabalho de mulheres e crianças.

Havia ainda uma busca pela valorização da atividade braçal realizada pelos operários, já que na época esse tipo de ocupação era desprezível. Essa visão era fruto da abundância de mão de obra e da mentalidade escravagista, que considerava natural a exploração do trabalho alheio.

> **Palavra-chave**
>
> **Anarquista:** no sentido político, a palavra anarquia (de origem grega) significa ausência de governo, de autoridade, de poder. Para os anarquistas, a presença de um governo significava a opressão de toda a sociedade. Eles acreditavam que a sociedade funcionaria melhor e de forma mais justa sem governantes, com cooperação entre todas as pessoas. Pregavam uma sociedade de indivíduos livres. Para o operariado ligado ao movimento anarquista, os patrões eram os grandes exploradores dos operários.

Trabalhadores da empresa paulista Indústrias Reunidas Francesco Matarazzo (IRFM), em São Paulo, 1910.

## O anarquismo

A ideologia **anarquista** foi trazida para o Brasil por imigrantes italianos e espanhóis. No início do século XX, espalhou-se em meio à classe operária brasileira. Os militantes anarquistas não aceitavam a intermediação dos políticos, e sua experiência vinha de lutas na Europa. Almejavam derrubar toda forma de opressão, o que incluía o regime capitalista.

Os anarquistas acreditavam que as greves eram a forma mais direta de os operários conseguirem melhorias para sua condição.

Em 1906, foi realizado o I Congresso Operário Brasileiro. Em 1908, surgiu a Confederação Operária Brasileira (COB), que reuniu 50 associações de classe de todo o país, e era de orientação anarquista.

Além de fundar sindicatos, os anarquistas divulgavam suas ideias em periódicos como *La Battaglia, O Amigo do Povo, O Livre Pensador, A Plebe, A Guerra Social, Spartacus* e *A Lanterna*.

Diante do crescimento do movimento anarquista, o Congresso Nacional aprovou, em 1907, a Lei Adolfo Gordo, que autorizava a expulsão de todos os "agitadores estrangeiros". No primeiro ano de vigência da lei, o governo expediu 132 ordens de expulsão.

## O socialismo e o comunismo

Charge de J. Carlos, publicada na revista *Careta*, 1907. Nesta charge o operário italiano fala ao brasileiro sobre a situação em que se encontram e o convoca a largar sua ferramenta e fazer a revolução. O brasileiro mostra-se alheio à questão. O autor da charge faz uma alusão à liderança estrangeira e à acomodação dos brasileiros à situação de exploração vigente.

Após 1917, a ideologia anarquista foi perdendo terreno. Isso se deu porque a revolução que ocorreu na Rússia nesse mesmo ano foi amplamente difundida no mundo e trouxe ao Brasil as ideias **socialistas** e **comunistas**.

Surgiram no Brasil vários partidos e sindicatos que defendiam a ideologia socialista. Suas ideias eram divulgadas principalmente por meio de periódicos como *O Combate, Avanti, A Razão, Echo Operário* e *A Voz do Povo*.

Uma das estratégias socialistas era eleger representantes de seus partidos para que pudessem aprovar leis que beneficiassem o operariado e toda a sociedade. Entretanto, os operários eram, na maioria, imigrantes, que, segundo a legislação, não tinham direito a voto.

Em 1922 foi fundado o Partido Comunista do Brasil (PCB), cuja meta era fazer uma revolução proletária para tomar o poder. O partido foi constantemente perseguido pelos grupos políticos dominantes, pois representava perigo à manutenção da ordem estabelecida.

## As primeiras greves do século XX

As duas primeiras décadas do século XX foram palco de várias reivindicações dos trabalhadores em razão de sua maior articulação política. A partir de 1915, o movimento grevista foi ficando cada vez mais articulado. Em 1917 estourou em São Paulo a primeira greve geral da História do Brasil.

**Palavras-chave**

**Socialismo:** conjunto de doutrinas que propõe a propriedade coletiva dos meios de produção. Nesse sistema ainda haveria necessidade da presença do Estado como mediador e protetor.

**Comunismo:** regime político, social e econômico no qual, além da coletivização dos meios de produção, também não haveria mais a necessidade do Estado nem a divisão em classes sociais. Assim, o socialismo seria uma etapa inicial na transição para o comunismo.

Leia no texto a seguir como e por que ocorreu essa greve.

> Ela tem início em São Paulo no bairro da Mooca, onde se localiza a fábrica de tecidos Crespi. Os operários entram em greve por aumento salarial e também em protesto contra a ampliação de jornada do trabalho noturno. No mesmo mês de junho (mês de início da greve), trabalhadores de outra empresa têxtil – estamparia Ipiranga – entram em greve. Em julho a cervejaria Antarctica, também na Mooca, adere ao movimento.
>
> A greve se alastra e a repressão policial passa a ser constante. O assassinato do sapateiro José Martinez pela repressão acirra os acontecimentos. O enterro do sapateiro leva uma multidão ao centro de São Paulo. A greve já era total em toda a cidade. A paralisação havia atingido 35 empresas e cerca de 35 mil trabalhadores.
>
> O movimento grevista se alastrou, atingiu o interior do estado e a capital da república. Durante a segunda quinzena do mês de julho, cerca de 60 mil trabalhadores estavam em greve no Rio de Janeiro.
>
> Ampliavam-se também as reivindicações: jornada de oito horas, semana de cinco dias e meio, fim ao trabalho do menor, segurança no trabalho, pontualidade no pagamento e, ainda, reivindicações junto ao governo como redução do preço dos aluguéis e do custo de gêneros fundamentais, medidas que impedissem a venda de mercadorias adulteradas, respeito ao direito de sindicalização, libertação dos operários presos durante a greve e recontratação dos grevistas.
>
> O Estado e os industriais foram obrigados a negociar com os operários. [...]
>
> Claudia Moraes de Souza e Ana Claudia Machado. *Movimentos sociais no Brasil contemporâneo.* São Paulo: Loyola, 2001. p. 69-70.

Grevistas descem a ladeira do Carmo, em direção ao bairro do Brás, acompanhando o cortejo fúnebre do operário Martinez. São Paulo, 1917.

O movimento operário permaneceu atuante durante toda a década de 1920, sempre com reivindicações de melhorias para o proletariado e enfrentando a resistência de patrões e governantes. O movimento operário era sempre tratado como "caso de polícia", ou seja, a força e a violência policial eram a resposta das autoridades às reivindicações.

Alguns ganhos foram conquistados, mas uma legislação trabalhista só foi efetivada em 1943 com a criação da Consolidação das Leis do Trabalho (CLT), em vigor até hoje (com modificações).

# O tenentismo

No início da década de 1920, o descontentamento dos jovens oficiais do Exército era muito grande. Os militares não aceitavam a corrupção do governo federal, visível nas fraudes eleitorais e sustentada pela política dos governadores e pelo coronelismo.

Desde o início da república oligárquica o Exército enfrentou pequenas rebeliões e **motins** entre a baixa oficialidade (tenentes e capitães), que também não aceitava a situação de abandono da instituição pelo governo federal. A política federal, regida pelos favorecimentos, refletia-se na política do Exército e dificultava a ascensão daqueles que não fossem apadrinhados.

Em meio a esse quadro de insatisfação e ressentimento, foram realizadas as eleições presidenciais de 1922. Naquele ano, a oligarquia dominante se preparou para eleger o mineiro Artur Bernardes, mas pela primeira vez se deparou com um forte movimento oposicionista. Os opositores se uniram em torno da candidatura de Nilo Peçanha, e entre seus apoiadores estavam os jovens oficiais do Exército.

Esses oficiais, chamados "tenentes", defendiam o voto secreto, a moralização política e administrativa (o fim das fraudes, do voto de cabresto, do clientelismo), o fim das oligarquias no poder, um papel mais atuante do Exército na política nacional, além de reivindicações sociais como ensino público e gratuito.

Em março de 1922, em eleições novamente fraudulentas, Artur Bernardes saiu vitorioso. Diante disso, os tenentes se opuseram à sua posse, marcada para novembro daquele ano. Em um quadro de instabilidade, em 2 de julho, o governo mandou fechar o Clube Militar e prender seu presidente. Esses acontecimentos constituíram o estopim para o início do movimento que ficou conhecido como tenentismo.

Os militares revoltosos tramaram rebeliões em todo o país, mas a falta de organização desarticulou os movimentos. Somente no Forte de Copacabana, no Rio de Janeiro, houve uma rebelião que se iniciou no dia 5 de julho.

Pouco mais de 300 militares se **sublevaram**. O governo reagiu enviando cerca de 3 mil soldados, que cercaram o Forte. Diante disso, a maioria dos tenentes se rendeu, e no dia 6 de julho, 17 militares e um civil, que depois ficaram conhecidos como Os 18 do Forte, decidiram permanecer lutando. Saíram então a pé do quartel pela praia de Copacabana em direção ao Palácio do Catete, sede do governo federal. O que se viu a seguir foi um massacre: somente dois deles sobreviveram, os tenentes Eduardo Gomes e Siqueira Campos.

> **Palavras-chave**
> **Motim:** ato de insurreição contra autoridade civil ou militar, caracterizado por desobediência e revolta, geralmente acompanhado de desordem, levante de armas e tumultos.
>
> **Sublevar:** entrar em revolta, participar de rebelião ou motim.

Marcha dos tenentes revolucionários (Os 18 do Forte) na Avenida Atlântica, Rio de Janeiro, 1922. Da esquerda para a direita, vê-se os tenentes Eduardo Gomes, Siqueira Campos, Nílton Prado e o civil Otávio Correa.

A Revolta do Forte de Copacabana foi a primeira, mas não a única, reação dos militares. Mesmo fracassada, marcou o início da luta dos tenentes contra os oligarcas no poder.

A reação do governo foi decretar estado de sítio por quatro anos; além disso, houve censura à imprensa. Mas nada disso conseguiu acabar com a reação tenentista.

## Revolução Paulista de 1924

O descontentamento dos tenentes se estendia para além da capital federal. Entre 1923 e 1924 eclodiram movimentos no Rio Grande do Sul, em Sergipe, no Amazonas, no Mato Grosso e em São Paulo.

O levante tenentista de São Paulo teve início em 5 de julho de 1924, e por três semanas a cidade ficou sob controle dos rebeldes. Os revoltosos pretendiam estender o movimento por todo o país a fim de derrubar o Presidente da República. No comando do movimento estava o general da reserva Isidoro Dias Lopes, com o auxílio do capitão Miguel Costa.

Tropas do governo transportando armamentos. Fotografia de Gustavo Prugner, 1924.

A reação do governo federal foi violenta. A cidade foi cercada e houve intenso combate. Muitas pessoas fugiram e ocorreram mais de 500 mortes. Acuados, os revoltosos se retiraram e partiram rumo ao interior do estado ou para o Paraná, na direção da fronteira com o Paraguai e a Argentina.

Em outubro de 1924, eclodiu no Rio Grande do Sul uma revolta tenentista chefiada por Luís Carlos Prestes e Siqueira Campos. Lá também a reação do governo foi violenta e os revoltosos fugiram para Foz do Iguaçu, no Paraná, a fim de encontrar o grupo de paulistas.

Em abril de 1925, as duas colunas tenentistas se encontraram e essa união deu origem à Coluna Prestes-Miguel Costa.

# A Coluna Prestes

O encontro da Coluna Paulista com a Coluna Gaúcha deu origem à chamada Coluna Prestes, que foi a expressão máxima do tenentismo.

**Coluna Prestes (1924-1927)**

Legenda:
- Estados que se rebelaram na década de 1920
- Estados em estado de sítio
- **Coluna Prestes**
  - do Paraná a Minas Gerais (dezembro de 1924 a abril de 1925)
  - de Minas Gerais à Bolívia (abril de 1926 a fevereiro de 1927)
- 1924 – Ano em que o estado se rebelou

Fonte: Flávio de Campos e Miriam Dolhnikoff. *Atlas-História do Brasil*. 3. ed. São Paulo: Scipione, 2006.

Por sugestão de Luís Carlos Prestes, os rebeldes dividiram-se em dois grupos. Um deles, comandado pelo general Isidoro, seguiu à procura de refúgio na Argentina e no Paraguai. Já o grupo liderado por Prestes e por Miguel Costa continuou em luta.

Contando com cerca de 1500 homens, o grupo de Prestes percorreu mais de 25 mil quilômetros pelo interior do Brasil, enfrentando forças do governo, polícias estaduais, jagunços assalariados e até cangaceiros.

A marcha empreendida pela Coluna por mais de dois anos, que passou por diversos estados, não era uma retirada militar, como o governo federal divulgava, mas uma maneira de manter acesa a chama revolucionária, propagando-a por onde passava.

Em 1927, os sobreviventes da Coluna e seu líder buscaram refúgio na Bolívia.

Prestes tornou-se praticamente um herói nacional e desfrutou de prestígio e admiração, mesmo após o fim da Coluna. Prestes era chamado de Cavaleiro da Esperança pelos grupos que compartilhavam com ele a aversão ao sistema oligárquico.

## DIVERSIFICANDO LINGUAGENS

Leia o texto a seguir e responda às questões no caderno.

### VIVANDEIRAS EM MARCHA

❝ Quem diria que mulheres pudessem suportar as fadigas daquela campanha, quando a virilidade do homem às vezes fraquejava? No entanto, cerca de cinquenta mulheres, representantes do belo sexo, compartilharam todas as peripécias da longa marcha, seguiam maridos ou amásios, rivalizando com eles até em bravura [...] Apesar da conformação física mais fraca e mesmo da inferioridade biológica, elas nunca demonstraram fraqueza. É que a alma simples da mulher brasileira é feita de sacrifícios e de martírios [...] é esse o sentimento que fez das **vivandeiras** umas **abnegadas**.

Assim o capitão Ítalo Landucci, integrante da Coluna Prestes, via as mulheres que acompanhavam a marcha de militares por treze estados brasileiros, entre 1924 e 1927. Há poucos registros históricos sobre as vivandeiras, termo que vem do francês *vivandière* e designa a pessoa que negocia **víveres** nas feiras, nos arraiais ou nos acampamentos militares, especialmente as mulheres que acompanhavam, com essa finalidade, tropas em marcha. [...]

Em julho de 1924, a participação das mulheres na rebelião de São Paulo, que daria início à marcha, foi ousada. [...] Durante os dias da revolta, mulheres conspiravam nas trincheiras e escreviam artigos em jornais ressaltando a causa revolucionária; outras, com extrema convicção política, militavam pelas ruas, colando cartazes, incitando soldados legalistas a aderirem às tropas rebeldes. Muitas acompanharam os feitos da Coluna Prestes e o seu vaivém pelo jornal clandestino *5 de julho*, pregando cópias dos comunicados **mimeografados** em postes.

[...]

Os jornais as retratavam de formas variadas: 'bandoleiras', 'amazonas', 'piedosa enfermeira', 'mulheres **à la garçonne**', 'revoltosas', 'criminosas rebeldes' e 'mulheres guerreiras'.

Nessa trajetória de 25 mil quilômetros pelos sertões do Brasil, as mulheres se fizeram presentes e desempenharam atividades variadas. Algumas chegaram ao exílio, outras morreram em situações trágicas. Caminharam, cavalgaram, pegaram em armas, espionaram, cuidaram dos feridos, deram e receberam amor, tiveram filhos, salvaram vidas e venceram a hostilidade dos companheiros. ❞

Maria Meire de Carvalho. Vivandeiras em marcha. *Revista de História da Biblioteca Nacional*, ano 1, n. 11, p. 78-80 e 82 (trechos), ago. 2006.

> **Palavras-chave**
>
> **Vivandeira:** mulher que acompanha tropas em marcha e fornece alimentos, bebidas e outros gêneros aos soldados.
>
> **Abnegado:** pessoa que se desprendeu de seus próprios desejos em prol de uma causa.
>
> **Víveres:** alimentos usados para a subsistência.
>
> **Mimeografado:** que foi copiado em mimeógrafo – aparelho que imprime cópias de textos datilografados ou manuscritos e desenhos feitos sobre um papel especial chamado estêncil.
>
> **À la garçonne:** estilo de vestimenta e corte de cabelo masculinos.

1. Qual foi a participação feminina na revolução tenentista em São Paulo?
2. Além das adversidades enfrentadas por todos, as vivandeiras também enfrentaram a hostilidade de seus companheiros. O que isso significa?
3. De acordo com o relato de um de seus companheiros, como as mulheres eram vistas? Essa visão demonstra preconceito?

# A agitação cultural da década de 1920

Na década de 1920, além das manifestações de caráter político, econômico e social, também houve importantes manifestações culturais.

A prosperidade gerada pelo café proporcionou à elite brasileira passar longas temporadas na Europa, e, com isso, trazer de lá novas ideias, que influenciaram a moda, a arquitetura, o comércio e, principalmente, as manifestações artísticas brasileiras.

Em 1917, uma exposição da pintora Anita Malfatti deu impulso à busca de uma cultura artística própria. Até o início do século XX, os pintores ainda se baseavam em telas, desenhos e escritos europeus. Após a Primeira Guerra Mundial, porém, alguns artistas brasileiros começaram a pensar de modo diferente, inovando em termos estéticos, mas procurando raízes culturais próprias. Era o início do movimento modernista ou **Modernismo**.

> **Palavra-chave**
>
> **Modernismo:** foi um conjunto de movimentos na literatura, nas artes plásticas, na música e na arquitetura que, a partir do fim do século XIX até a década de 1930, rompeu com as tradições acadêmicas. No Brasil o movimento iniciado com a Semana de Arte Moderna (1922), refletiu-se na busca de meios de expressão autenticamente brasileiros, fugindo dos tradicionais modelos europeus.

Anita Malfatti. *A estudante russa*, c. 1915. Óleo sobre tela, 76 × 61 cm. Essa é uma das obras produzidas no auge da trajetória da artista. O quadro, que retrata uma modelo anônima sentada em cadeira escolar, foi pintado com tinta a óleo muito fluida, com poucas deformações da figura e elaborado uso de cores, que conferiram muita expressividade ao desenho. Para alguns, trata-se de um autorretrato. A obra foi adquirida por Mário de Andrade (1893-1945), que descrevia o trabalho como muito sensível. Atualmente, o quadro encontra-se no acervo da Coleção de Artes Visuais do Instituto de Estudos Brasileiros – USP (São Paulo).

## A Semana de Arte Moderna de 1922

No ano da comemoração do Centenário da Independência do Brasil, a Semana de Arte Moderna aconteceu no Teatro Municipal de São Paulo, nos dias 13, 15 e 17 de fevereiro de 1922, como parte das festividades. O evento apresentou diversas atividades, como leitura de poemas, concertos musicais, espetáculos de dança e exposição de artes plásticas. Como manifestação coletiva procurou representar temáticas nacionais, a fim de resgatar a cultura local em oposição à predominância europeia que vigorava nas artes em geral.

Entre os principais participantes da Semana de Arte Moderna estavam:

- na literatura e na poesia: Mário de Andrade, Oswald de Andrade, Menotti Del Picchia, Manuel Bandeira, Graça Aranha, Guilherme de Almeida e Cassiano Ricardo;

- na música: Heitor Villa-Lobos e Guiomar Novaes;

- na pintura: Anita Malfatti, Di Cavalcanti, Lasar Segall, Candido Portinari, Tarsila do Amaral, Vicente do Rego Monteiro, John Graz, Zina Aita, Yan de Almeida Prado e Antônio Paim Vieira;

- na escultura: Victor Brecheret, Wilhelm Haarberg e Hildegardo Velloso.

Tarsila do Amaral. *Abaporu*, 1928. Óleo sobre tela, 85 × 73 cm. *Abaporu* (1928) retrata um homem nu, de cabeça minúscula, braços e pernas enormes, sentado, tendo ao fundo um pequeno sol e um cacto. A figura surgiu do inconsciente da artista, que na infância ouvia histórias de monstros que comiam gente. O título escolhido significa "o homem que come carne humana", em tupi, e inspirou o Movimento Antropofágico – iniciado por Oswald de Andrade e Raul Bopp – que pretendia "engolir" a cultura europeia e transformá-la em algo brasileiro.

No entanto, a reação do público não foi das melhores. Mas mesmo sob vaias e críticas, a Semana de Arte Moderna marcou a cultura nacional. Foi um movimento que contestou a política e as rígidas regras sociais que predominavam naquele momento.

## TRABALHO EM EQUIPE

Escolham o nome de um dos artistas que participaram da Semana de Arte Moderna de 1922. Pesquisem em livros, enciclopédias ou na internet a biografia dessa pessoa e como ela contribuiu para o evento. Elaborem um cartaz com as informações obtidas e apresentem-nas para os colegas em sala de aula.

# A crise e o fim da República Oligárquica

Quando os integrantes da Coluna Prestes se exilaram na Bolívia, o Brasil era governado por Washington Luís. Ao assumir o governo, ele adotou medidas de liberalização do regime: suspendeu o estado de sítio, restaurou a liberdade de imprensa e suspendeu as perseguições ao movimento sindical. No entanto, não concedeu anistia aos tenentes exilados e revogou a liberdade de imprensa recém-outorgada pela Lei Celerada de 1927. Visava, com isso, reprimir especialmente os sindicatos e também a oposição tenentista. O PCB foi colocado na ilegalidade. Com o lema "Governar é construir estradas", seu mandato foi marcado por várias obras de infraestrutura, principalmente rodovias, destinadas a articular os diferentes setores produtivos do Brasil, considerando a crescente industrialização, e permitir o melhor escoamento da produção.

Durante o governo Washington Luís, ocorreu a **quebra da Bolsa de Valores de Nova York**, em 1929, que abalou a economia norte-americana e afetou muito o Brasil. Muitas fábricas fecharam, causando o aumento do desemprego. Os que se mantiveram no emprego sofreram com a redução dos salários.

Para o Brasil, a consequência mais grave da Crise de 1929 foi a queda dos preços do café no mercado internacional. Essa crise levou à diminuição do consumo de produtos não essenciais; entre eles estava o café, o produto mais importante da economia brasileira na época. Isso abalou a economia nacional, causando a falência de diversos cafeicultores.

Os cafeicultores recorreram ao governo federal, que negou auxílio argumentando que a queda dos preços seria superada pelo aumento no volume das exportações. Isso, no entanto, não aconteceu.

A instabilidade política se agravou, pois os cafeicultores, base de sustentação do governo, ficaram insatisfeitos.

> **Palavra-chave**
> **Quebra da Bolsa de Valores de Nova York:** como veremos mais adiante, a Primeira Guerra Mundial acabou impulsionando a economia norte-americana devido ao aumento da exportação de todo tipo de produtos para os países europeus. Neste período, ações de diversos segmentos foram negociadas na Bolsa de Valores de Nova York. No entanto, com o fim do conflito na Europa, os países deixaram de comprar os produtos exportados pelos Estados Unidos, o que provocou a desvalorização das ações na bolsa, ocasionando sua quebra e, consequentemente, a falência de muitas empresas, além de uma grande crise econômica no país.

Caldeira de locomotiva a vapor sendo abastecida com uma mistura de café e alcatrão, Brasil, 1932. O uso do café como combustível é reflexo da Crise de 1929.

## A sucessão presidencial

Em meio a essa crise econômica, chegaram as eleições de 1930. O presidente Washington Luís anunciou seu candidato à sucessão, o paulista Júlio Prestes. De acordo com a Política do Café com Leite, um mineiro deveria ser o sucessor. Com essa ação, Washington Luís rompeu as relações políticas com Minas Gerais.

Inconformados com a situação, os representantes do Partido Republicano Mineiro se uniram aos partidos de oposição: o Republicano e Libertador do Rio Grande do Sul, o Democrático de São Paulo e o Republicano da Paraíba. Esses partidos juntos formaram a Aliança Liberal.

A Aliança Liberal lançou a candidatura de Getúlio Vargas, então presidente do estado do Rio Grande do Sul, tendo como vice João Pessoa, presidente do estado da Paraíba.

Ela contava com o apoio da classe média e de grande parte do operariado, além de alguns tenentes, e tinha como propostas: voto secreto, reformas trabalhistas, independência do judiciário, anistia aos tenentes, reformas sociais e incentivo a outros produtos econômicos, para que a economia nacional não fosse tão dependente da cafeicultura.

Mesmo contando com apoio significativo, a Aliança Liberal foi derrotada nas eleições de março de 1930. Seus líderes alegaram fraude, e iniciaram um movimento de contestação ao pleito. A articulação da oposição resultou na chamada Revolução de 1930.

Manifestação popular em frente ao Teatro Municipal, na Cinelândia, em apoio aos candidatos da Aliança Liberal, Rio de Janeiro, 1929.

### DIVERSIFICANDO LINGUAGENS

Leia o texto a seguir e responda às questões no caderno.

❞❞ Foi a vitória do candidato governista Júlio Prestes nas eleições de março de 1930, derrotando a candidatura de Getúlio Vargas, que era apoiada pela Aliança Liberal, que deu início a uma nova rearticulação de forças de oposição que culminou na Revolução de 1930. Os revolucionários de 30 tinham como objetivo comum impedir a posse de Júlio Prestes e derrubar o governo de Washington Luís, mas entre eles havia posições distintas quanto ao que isso representava e quais seriam as consequências futuras. [...]

Além de derrubar o governo, esses líderes pretendiam reformular o sistema político vigente. Dos tenentes que haviam participado do movimento tenentista, os nomes de maior destaque eram Juarez Távora, João Alberto e Miguel Costa. A meta particular desse grupo era a introdução de reformas sociais e a centralização do poder. Havia ainda uma ala dissidente da velha oligarquia, que via no movimento revolucionário um meio de aumentar seu poder pessoal. [...]

Por sua vez, o ex-líder da Coluna Prestes, Luís Carlos Prestes, optou por um caminho mais radical. Crítico da união dos jovens políticos com a dissidência oligárquica, Prestes decidiu não participar da revolução e lançou seu próprio Manifesto Revolucionário. Declarava-se socialista e sustentava que a mera troca de homens no poder não atenderia às reais necessidades da população brasileira.

Intermináveis negociações preliminares retardaram as ações militares dos conspiradores contra o governo de Washington Luís. Finalmente, em 26 de julho, o inesperado assassinato de João Pessoa, presidente da Paraíba e candidato derrotado à vice-presidência na chapa da Aliança Liberal, estimulou as adesões e acelerou os preparativos para a deflagração da revolução.

[...] a 3 de outubro, sob a liderança civil do gaúcho Getúlio Vargas e sob a chefia militar do tenente-coronel Góes Monteiro, começaram as diversas ações militares. Simultaneamente deu-se início à revolução no Rio Grande do Sul, à revolução em Minas Gerais e à revolução no Nordeste, os três pilares do movimento.

Com a ocupação de capitais estratégicas como Porto Alegre e Belo Horizonte e de diversas cidades do Nordeste, e com o deslocamento das forças revolucionárias gaúchas em direção a São Paulo, o presidente Washington Luís recebeu um ultimato de um grupo de oficiais-generais, liderados por Augusto Tasso Fragoso. O grupo exigiu a renúncia do presidente. Diante de sua negativa, os militares determinaram sua prisão e o cerco do palácio Guanabara, no dia 24 de outubro. A seguir, formou-se a Junta Provisória de governo, composta pelos generais Tasso Fragoso e João de Deus Mena Barreto e o almirante Isaías de Noronha.

Em virtude do maior peso político que os gaúchos detinham no movimento e sob pressão das forças revolucionárias, a Junta finalmente decidiu transmitir o poder a Getúlio Vargas. [...] Em 3 de novembro chegava ao fim a Primeira República e começava um novo período da história política brasileira, com Getúlio Vargas à frente do Governo Provisório. [...]

*A revolução de 1930*. Disponível em: <cpdoc.fgv.br/producao/dossies/AEraVargas1/anos20/Revolucao30>.
Acesso em: jul. 2013.

**1.** Que acontecimento deu início à Revolução de 1930?
**2.** O que os revolucionários pretendiam?
**3.** Que fato instituiu oficialmente o novo governo?
**4.** Por que a escolha de Getúlio Vargas para a presidência?

# AGORA É COM VOCÊ

1. Preencha o quadro com as informações sobre alguns dos movimentos sociais ocorridos na República Oligárquica.

| Movimento | Local e período | Tipo de movimento e liderança principal | Características principais | Desfecho |
|---|---|---|---|---|
| Canudos | | | | |
| Contestado | | | | |
| Revolta da Vacina | | | | |
| Revolta da Chibata | | | | |

2. Complete as lacunas com as palavras do quadro referente à economia do Brasil durante a Primeira República.

> bens de consumo    cacau    Rio de Janeiro
> agroexportador    borracha    indústria    São Paulo    café

O modelo econômico da república oligárquica era _____, tendo o _____ como principal produto. Os lucros obtidos com a exportação do café alimentavam outro setor econômico, a _____. Outros produtos também foram importantes na economia do período como a produção de _____ na região amazônica e de _____ na Bahia.

Após a Primeira Guerra Mundial, a industrialização teve impulso com a produção de _____. Dentre as cidades mais industrializadas do período estão _____ e _____.

3 Assinale as alternativas corretas. Depois, no espaço abaixo, reescreva as frases incorretas corrigindo-as.

   a) ( ) Houve um grande fluxo imigratório entre 1890 e 1920 e os imigrantes foram trabalhar na lavoura cafeeira e depois nas indústrias.

   b) ( ) Durante a República Oligárquica, havia legislação trabalhista no Brasil. Os imigrantes tinham jornada diária de 8 horas e não havia multas ou punições ligadas a ações em seu trabalho.

   c) ( ) Os imigrantes trouxeram para o Brasil ideias políticas que influenciaram na formação do movimento operário.

   d) ( ) No Brasil, durante as primeiras décadas do século XX, os operários, sem organização, não faziam reivindicações e aceitavam passivamente a situação a que eram submetidos nas indústrias.

   _____
   _____
   _____
   _____
   _____

4 Estabeleça a relação entre as colunas.

   (1) Tenentismo

   ( ) Percorreu o interior do Brasil buscando o fim do regime oligárquico.

   ( ) Movimento de descontentamento dos jovens oficiais do exército.

   ( ) Levante ocorrido em São Paulo para derrubar o governo federal.

   (2) Revolução Paulista de 1924

   ( ) Foi formada pelo encontro da coluna de tenentes paulista e a coluna gaúcha.

   ( ) Defendiam voto secreto, moralização política e administrativa, fim das oligarquias, maior participação do exército na política e em questões sociais.

   (3) Coluna Prestes

   ( ) Os revoltosos foram acuados pelo governo e tiveram que fugir para o interior e para o Paraná.

## SUPERANDO DESAFIOS

1 (UFAM) a maior parte do capital aplicado na industrialização brasileira, a partir de 1930, teve origem nos lucros obtidos com a exportação de:
   a) soja
   b) açúcar
   c) café
   d) petróleo
   e) carvão

# CAPÍTULO 2
# A Grande Guerra e a Revolução Russa

Entrada das tropas prussianas em Paris. Gravura anônima, 1871. Os acontecimentos que desencadearam a Primeira Guerra Mundial, deflagrada em 1914, remetem ao fim do século XIX e são variados. Entre eles está a derrota da França na Guerra Franco-Prussiana e o sentimento nacionalista fortalecido a partir de então. Humilhados pela derrota imposta pelas tropas prussianas, os franceses aguardavam o momento de recuperar não apenas o território perdido, mas também o orgulho.

A unificação da Alemanha e a da Itália no final do século XIX provocaram grandes mudanças no cenário econômico e político europeu. O surgimento de duas novas forças econômicas desequilibrou a corrida imperialista. Inglaterra e França, que até então dominavam a política e a economia internacionais, foram pressionadas para que houvesse uma nova divisão colonial, o que colocava em risco a hegemonia desses países como potências coloniais.

Para os britânicos, a corrida imperialista representava uma possibilidade de aumentar os lucros em uma economia que exigia novos e constantes investimentos para a renovação de seu parque industrial. Nesse contexto, a interdependência entre as nações aumentava graças ao comércio e ao desenvolvimento na área de comunicações.

A situação da França era um pouco diferente. Os franceses haviam sido derrotados na Guerra Franco-Prussiana. Sua indústria foi atingida por essa derrota em pelo menos dois aspectos: o pagamento da dívida de guerra, que diminuía os investimentos no setor, e a perda da região da

Alsácia-Lorena, rica em minério. Desde o fim do conflito, havia entre os franceses um forte sentimento de **revanchismo**.

Além dos motivos já citados, havia ainda alguns aspectos que elevavam a tensão:

▸ o sentimento **autonomista** de diversas nacionalidades submetidas a velhos impérios;

▸ o interesse das grandes potências em partilhar os despojos do decadente Império Otomano;

▸ a ambição sérvia de anexar Montenegro e as regiões da Bósnia-Herzegovina, da Croácia e da Eslovênia (pertencentes ao Império Austro-húngaro) e formar uma "Grande Sérvia";

▸ o interesse do Japão e dos Estados Unidos em se fortalecer e ampliar seu domínio mundial.

A partir de 1900, a situação internacional caracterizava-se pela chamada paz armada. Embora não houvesse ainda um conflito armado, os Estados investiam em material bélico e na formação de seus exércitos, além de estabelecer um sistema de alianças entre as nações com interesses comuns.

Em 1905, estourou a **crise marroquina**, que quase levou a França e a Alemanha à guerra. Em 1911, a questão voltou a ser lembrada, e novamente foi solucionada por vias diplomáticas. Apesar disso, os ressentimentos permaneceram.

Em 1908, com interesses imperialistas, a Áustria anexou a Bósnia-Herzegovina, ferindo os interesses da Sérvia e da Rússia, que com sua política expansionista pretendia manter sob sua influência as **nações eslavas** da Península Balcânica.

Mais tarde, entre 1912 e 1913, várias nações balcânicas se uniram contra a Turquia, modificando o mapa político balcânico. Esse fato desagradou a Áustria, que também tinha pretensões nas regiões balcânicas.

Com o objetivo de combater os austríacos que ocupavam a Bósnia-Herzegovina, surgiram organizações clandestinas pró-Sérvia nos territórios ocupados.

Os movimentos nacionalistas eram muito fortes na Europa e fora dela. O nacionalismo sérvio se relacionava com o pan-eslavismo, que consistia na luta dos eslavos contra alemães, austríacos e húngaros, aos quais estavam subordinados.

Em contrapartida, o pangermanismo fundamentava-se na luta dos alemães para incorporar todos os povos da Europa central. O pangermanismo acreditava que a etnia alemã seria superior às demais, por isso seu destino era controlar o mundo.

---

## Palavras-chave

**Revanchismo:** atitude de procurar a reparação, às vezes violenta, de ofensa ou prejuízo causado por outrem.

**Autonomista:** não submisso a outros países, que quer governar por leis próprias e manter a independência sobre um território.

**Crise Marroquina:** refere-se ao conflito ocorrido entre Marrocos e França. No início do século XX, conflitos internos levaram o Marrocos a uma guerra civil. Vendo nisso uma oportunidade, a França buscou fazer acordos principalmente com os ingleses para dominar a região, o que foi estabelecido pela chamada Entente Cordiale. Em 1905 a Alemanha, sentindo-se prejudicada, desafiou o acordo e apoiou a independência marroquina, com a intenção de eliminar o domínio francês e isolar a França no cenário mundial. Embora a independência do Marrocos tenha de fato ocorrido em 1905, a França continuou exercendo influência no país.

**Nações eslavas:** são aquelas que têm em comum o grupo linguístico eslavo. Desse grupo fazem parte russos, ucranianos, poloneses, tchecos, sérvios, croatas, entre outros.

# Primeira Guerra Mundial

Diante da instabilidade política, formaram-se alianças políticas e militares cujo objetivo era garantir o auxílio mútuo em caso de guerra, entre outros.

Uma dessas alianças, foi a Tríplice Entente, formada por Inglaterra, França e Rússia, que tiveram de abandonar rivalidades anteriores e se unir para conter o avanço alemão. Mais tarde, essa aliança se ampliou com a adesão de vários outros países, como Romênia, Sérvia, Japão, China e Estados Unidos, que constituíram os chamados Aliados.

Alemanha, Império Austro-Húngaro e Itália formaram a Tríplice Aliança, que se transformou nas Potências Centrais: Alemanha, Império Austro-Húngaro, Império Otomano e Bulgária. Esse grupo se opunha diretamente à divisão do mundo existente na época e reivindicava uma nova divisão.

Os italianos, em razão de promessas territoriais no continente africano, romperam com a Tríplice Aliança e lutaram, a partir de 1915, ao lado dos Aliados.

Alianças políticas na Europa em 1914

Fonte: José Jobson de A. Arruda. *Atlas histórico básico*. 17. ed. São Paulo: Ática, 2011.

## Atentado de Sarajevo: o estopim da guerra

Em 28 de junho de 1914, o herdeiro do trono austro-húngaro, o arquiduque Francisco Ferdinando, visitava Sarajevo, capital da Bósnia, atitude considerada ofensiva para os sentimentos nacionalistas dos eslavos. Durante a visita, Francisco Ferdinando e sua esposa, Sofia, foram assassinados por um nacionalista sérvio. Estava aceso o estopim da Primeira Guerra Mundial.

O assassinato do arquiduque Francisco Ferdinando e de sua mulher. Gravura colorida publicada no jornal italiano *Corriere della Sera*, em 1914. O militante nacionalista da sociedade secreta Jovem Bósnia, Gravilo Princip, aparece atirando no casal nessa imagem idealizada da ação.

Após o atentado de Sarajevo, a Áustria enviou um ultimato ao governo sérvio, exigindo a apuração dos fatos. Diante da negativa, no dia 28 de julho de 1914 a Áustria declarou guerra à Sérvia, levando ao confronto os países da Tríplice Aliança e da Tríplice Entente, com exceção da Itália, que permaneceu neutra até 1915.

## O conflito

O início da guerra desencadeou em diversos países um grande entusiasmo popular. O movimento socialista operário internacional preparou manifestações para conter a adesão da população, mas não foi capaz de reprimir a onda nacionalista quando a guerra começou.

Os alemães acreditavam numa guerra que duraria poucos meses. Entendiam que seria tempo suficiente para aniquilar a França antes que a Rússia pudesse concentrar suas tropas na fronteira.

Após uma devastadora **guerra de movimentos**, com a contenção do avanço alemão, o que predominou na Primeira Guerra Mundial foi a chamada "**guerra de trincheiras**". As trincheiras eram longas valetas cavadas na terra e protegidas por arame farpado e toras de madeira. A lama, o frio, os piolhos e as doenças tornavam esses buracos mortíferos. As trincheiras ocupavam duas linhas que iam da costa do Canal da Mancha, na França, até a Suíça.

O texto e a imagem a seguir mostram um pouco do cotidiano dos soldados nas trincheiras. Eles ficavam meses tentando avançar e alcançar os inimigos. Nessa situação, momentos de solidariedade surgiam diante dos horrores a que os soldados estavam submetidos.

O relato é do Tenente Arthur Conway Young, França, em 16 de setembro de 1916:

> " Ao ouvir alguns gemidos quando eu ia para as trincheiras, olhei para um abrigo ou buraco cavado ao lado e achei nele um jovem alemão. Ele não podia se mover porque suas pernas estavam quebradas.
>
> Implorou-me que lhe desse água, eu corri atrás de alguma coisa e encontrei um pouco de café que logo lhe dei para beber. Ele dizia todo o tempo Danke, Kamerad, danke, danke (Obrigado, Camarada, obrigado, obrigado). Por mais que odeie os **boches**, quando você está combatendo, a primeira reação que ocorre ao vê-los caídos por terra e feridos é sentir pena [...]. Nossos homens são muito bons para com os alemães feridos. Na verdade, gentileza e compaixão com os feridos foram talvez as únicas coisas decentes que vi na guerra. Não é raro ver um soldado inglês e outro alemão lado a lado num mesmo buraco, cuidando um do outro, fumando calmamente. "
>
> Tenente Arthur Conway Young, França, 16 de setembro de 1916. In: Adhemar Marques, Flávio Beruti e Ricardo Faria. *História contemporânea através de textos*. São Paulo: Contexto, 2003. p. 120.

### Palavras-chave

**Guerra de movimentos:** foi o período da Primeira Guerra Mundial marcado pelo grande deslocamento dos exércitos envolvidos no conflito, em especial o alemão e o russo.

**Guerra de trincheiras:** foi o período da Primeira Guerra Mundial em que os exércitos se protegiam dos ataques inimigos em trincheiras – que são uma espécie de túnel – cavadas pelos próprios combatentes.

**Boche:** gíria de origem francesa que designa o alemão de forma insultuosa.

### Explorando

**Barão Vermelho**
Direção: Nikolai Müllerschön. Alemanha, 2008, 106 min.

O mais temido piloto da força aérea alemã é o jovem barão Manfred von Richthofen, que trata os combates aéreos como competições esportivas, ignorando as terríveis consequências que a guerra pode ter. Mas, depois de se apaixonar pela enfermeira Käte Otersdorf, descobre que o Império Alemão o quer apenas para fins de propaganda. Com isso, passa a desprezar a guerra, mas sente-se responsável pelos homens de seu esquadrão e continua pilotando.

Ainda no contexto da guerra, em março de 1917 estourou a Revolução Russa. No processo revolucionário, o czar Nicolau II foi derrubado e um governo provisório assumiu o poder. Oficialmente, a Rússia continuou na guerra contra a Alemanha, mas seus soldados estavam esgotados e desmoralizados. Isso poderia permitir aos alemães que deslocassem tropas para a frente ocidental a fim de derrotar definitivamente ingleses e franceses. Em 1918, o governo revolucionário firmou com os alemães o Tratado de Brest-Litóvski para que pudesse sair da guerra. De acordo com esse tratado, a Rússia perdeu parte de seu território, mas ganhou fôlego para consolidar a revolução.

Soldado sérvio barbeando seu companheiro de trincheira durante a guerra. Fotografia tirada na Sérvia, 1915.

A saída da Rússia beneficiou a Alemanha e provocou um desequilíbrio de forças.

## DIVERSIFICANDO LINGUAGENS

Os textos a seguir descrevem sentimentos entre o início e o decorrer da guerra. Leia-os e responda às questões no caderno.

**TEXTO 1**

> [...] Multidões agitando bandeiras nas praças, com músicas e paradas militares; a partida de abarrotados trens de soldados com civis aplaudindo nas estações e nas estradas de ferro; cantos, efusões, beijos, votos de boa sorte [...]. Trata-se de um período muito curto, feito de esquecimento e ilusões, na fronteira entre o mundo da guerra e o da paz, e destinado a desaparecer com os primeiros tiros de canhão e com a realidade das primeiras mortes.

Mário Isnenghi. *História da Primeira Guerra Mundial*. São Paulo: Ática, 1995. p. 27.

**TEXTO 2**

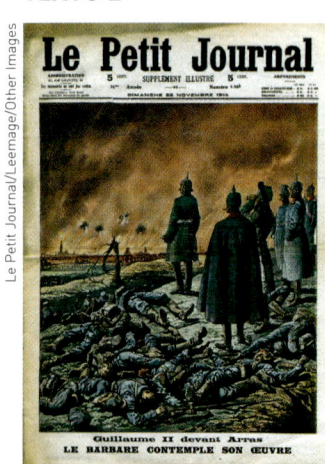

1. O texto 1 descreve sentimentos distintos entre o início e o decorrer da guerra. Quais sentimentos podem ser identificados no texto?
2. De que forma a imagem se relaciona com o texto?
3. O que justifica a diferença de sentimentos no início e no decorrer da guerra?

Capa do periódico francês *Le Petit Journal*, 23 nov. 1914. A gravura retrata o kaiser Guilherme II ao chegar à cidade de Arras, na França.

## Os Estados Unidos entram na guerra

Em 1914, o então presidente norte-americano, Thomas Woodrow Wilson, proclamara a neutralidade dos Estados Unidos no conflito, embora o país lucrasse negociando armas, suprimentos e munição com os demais países envolvidos. Mas, com o acirramento da guerra e o ataque da frota de submarinos alemães às embarcações estadunidenses, essa situação chegou ao fim.

A entrada dos Estados Unidos na guerra, em 1917 – com tropas bem armadas e descansadas e grandes recursos econômicos –, desequilibrou-a, tornando cada vez mais crítica a situação das Potências Centrais.

Em meio a uma revolução social (que tinha entre seus principais motivos a recusa do povo alemão de continuar na guerra, como havia acontecido com a Rússia), a Alemanha ainda tentou uma ofensiva contra franceses e ingleses antes da chegada das tropas americanas, mas não foi mais possível evitar a vitória dos Aliados.

Pressionado pela população e pelas sucessivas derrotas, o kaiser Guilherme II abdicou em 9 de novembro de 1918. O novo governo aceitou a rendição proposta pelos Aliados. No dia 11, o armistício foi assinado. Estava terminada a guerra.

## Os tratados pós-guerra

Após a rendição alemã, as nações vencedoras da guerra, sob a liderança dos Estados Unidos, da Inglaterra e da França, reuniram-se e tomaram algumas decisões. Conhecido como Tratado de Versalhes, o conjunto de condições e restrições imposto à Alemanha estabelecia, entre outras providências, que:

- a Alemanha perderia todas as suas colônias e parte de seu território, tendo de entregar, à França, a Alsácia-Lorena; à Bélgica, Eupen e Malmedy; à Dinamarca, Schleswig; e trechos da Posnânia e da Prússia Ocidental à Polônia;

- as minas de carvão da bacia do Rio Sarre seriam entregues à França, que poderia explorá-las por 15 anos;

- a Prússia Oriental ficaria separada da Alemanha pelo **Corredor Polonês**, que daria à recém-criada Polônia acesso ao mar;

- a Alemanha ficaria proibida de fabricar armas, perderia grande parte de sua frota e teria de assumir uma pesada dívida a título de indenizações de guerra.

Outros tratados também foram assinados no pós-guerra:

- Neuilly (1919): por esse tratado, a Bulgária perdeu parte de seu território para a Iugoslávia, a Romênia e a Grécia.

### Explorando

**Flyboys**
Direção: Tony Bill.
EUA/França, 2006, 139 min.

Conheça os jovens americanos que se juntaram à Esquadrilha Lafayette, durante a Primeira Guerra Mundial, e se tornaram os primeiros pilotos de guerra dos Estados Unidos. Inexperientes e aventureiros, esses jovens aprenderam a lutar e descobriram que apenas a coragem e a honra poderiam mantê-los unidos.

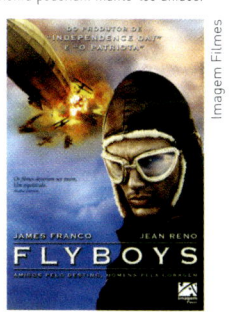

### Palavra-chave

**Corredor Polonês:** nome dado à faixa de terra que a Alemanha foi obrigada a transferir à Polônia após a assinatura do Tratado de Versalhes, o que garantia ao país o acesso ao Mar Báltico. A maior parte da população desse território era de origem polonesa porque a região já havia sido possessão polonesa tanto entre os séculos X e XIV quanto entre os séculos XV e XVIII.

- Saint-Germain (1919): impunha à Áustria o reconhecimento da Independência da Hungria, da Tchecoslováquia, da Iugoslávia e da Polônia. Além disso, os austríacos perderam parte de seu território para a Itália.

- Trianon (1920): a Hungria perdeu a Croácia para a Iugoslávia, a Eslováquia para a Tchecoslováquia e a Transilvânia para a Romênia.

- Sèvres (1920): esse tratado provocou o desmembramento do Império Otomano e grandes perdas territoriais. Mais tarde, com a queda do sultão e a tomada do poder pelo nacionalista Mustafá Kemal, o Tratado de Sèvres foi revisto em Lausanne (1923), e os turcos receberam, de volta, parte do território que haviam perdido.

Observe e compare os mapas da Europa antes e depois da guerra com a aplicação dos tratados.

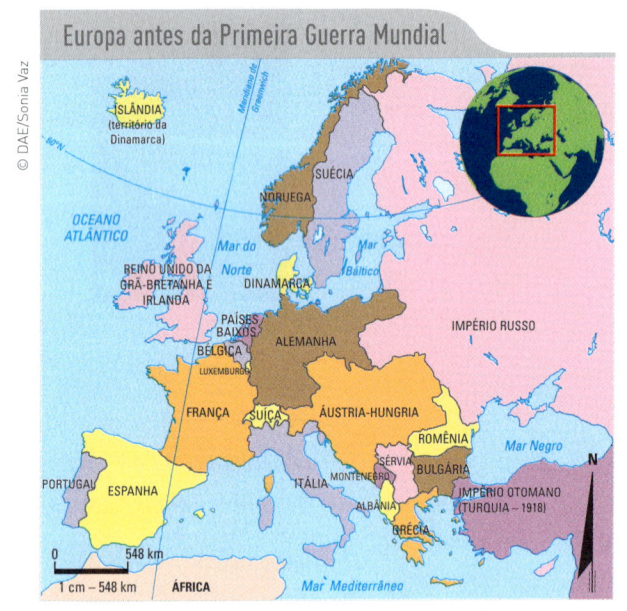

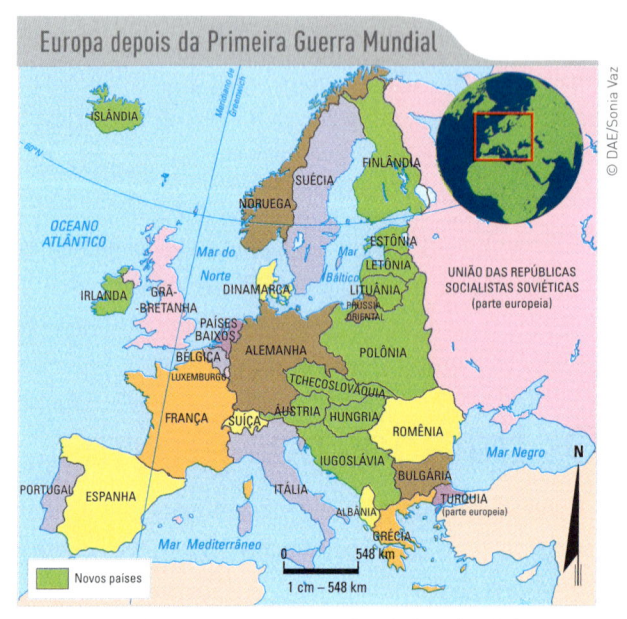

Fonte: José Jobson de A. Arruda. *Atlas histórico básico*. 17. ed. São Paulo: Ática, 2011.

Fonte: José Jobson de A. Arruda. *Atlas histórico básico*. 17. ed. São Paulo: Ática, 2011.

## Repercussões

Estima-se que a Primeira Guerra Mundial tenha provocado cerca de 10 milhões de mortes entre militares e civis. Os feridos e mutilados somaram mais de 20 milhões de pessoas.

Com os investimentos concentrados no esforço da guerra, a indústria, a agricultura e o comércio europeu sofreram um forte abalo. A França, a Inglaterra, a Alemanha e a Itália aumentaram muito suas dívidas externas, especialmente para os Estados Unidos. Em virtude da crise, as moedas nacionais sofreram forte desvalorização e a inflação subiu.

No terreno político, surgiram países, mas populações continuaram sendo vítimas da violência. É o caso dos armênios, que não conseguiram a criação de seu Estado. Esse povo sofreu um genocídio: mais de 1 milhão de pessoas foram mortas no conflito com a Turquia, ou foram vítimas de marchas forçadas, da fome e de doenças.

Outra consequência da Primeira Guerra Mundial foi a consolidação da influência econômica dos Estados Unidos e o declínio das antigas potências europeias. Os Estados Unidos converteram-se em credores dos países europeus e se firmaram nos mercados da América Latina e da Ásia.

No fim da Primeira Guerra Mundial, surgiu uma violenta epidemia de gripe, chamada de "gripe espanhola". Várias foram as causas da rápida disseminação da epidemia, por exemplo, o fato de a população estar enfraquecida e carente de alimentos, e as péssimas condições de sobrevivência encontradas nas frentes de batalha. Supõe-se que a gripe espanhola tenha causado entre 25 e 50 milhões de mortes.

A gripe espanhola afetou vários lugares e matou milhões de pessoas. Na fotografia, é possível observar um grande número de infectados em um hospital militar de emergência, em Kansas, nos Estados Unidos, 1918.

## DOCUMENTOS EM ANÁLISE

Leia o depoimento abaixo e responda às questões no caderno.

### A DEPORTAÇÃO DOS ARMÊNIOS

❝ Toda manhã os carros iam gemendo para fora da cidade carregados de mulheres e crianças, misturadas com um homem aqui e ali que havia escapado das precedentes deportações. As mulheres e as crianças iam todas vestidas à turca para não ficarem expostas aos olhares dos carroceiros e **gendarmes**, gente brutal trazida de outras regiões. O pânico na cidade era terrível. O povo compreendia que o governo estava determinado a exterminar a raça armênia e que esta não tinha os meios de lhe resistir. O povo sabia também que estavam sendo assassinados os homens e raptadas as mulheres. Muitos dos forçados das prisões tinham sido postos em liberdade e as montanhas em volta achavam-se cheias de bandos de **facínoras**. A maioria dos armênios do distrito achava-se sem meio algum de se defender. Muitos diziam que era pior do que um massacre. Ninguém sabia o que estava por vir, mas todos tinham pressentimento de que se aproximava o final. Os próprios ministros e chefes não tinham palavras de esperança para animá-los. Muitos começaram a duvidar da existência do próprio Deus. Vítimas desta exaltação de espírito, muitos perderam o uso da razão, alguns deles para sempre. ❞

Depoimento citado em: Arnold Toynbee e Lorde James Bryce. *Atrocidades turcas na Armênia*. Rio de Janeiro: Paz e Terra, 2003. p. 39. (A edição original é de 1916.)

**Palavras-chave**
**Gendarme:** soldado de uma corporação encarregado de manter a ordem pública.
**Facínora:** criminoso perverso.

1 Descreva a deportação dos armênios.

2 Explique o significado das afirmações: "Muitos começaram a duvidar da existência do próprio Deus. Vítimas desta exaltação de espírito, muitos perderam o uso da razão, alguns deles para sempre".

# Revolução Russa

> **Palavra-chave**
>
> **Ditadura do proletariado:** um termo cunhado por Karl Marx e Friedrich Engels, criadores do chamado socialismo científico, no qual propunham a organização do proletariado contra a burguesia, como forma de eliminar a exploração capitalista. Segundo eles, somente o proletariado (trabalhadores assalariados) poderia extinguir o capitalismo por meio de uma revolução. A partir daí, seria estabelecida a ditadura do proletariado, fase intermediária rumo à sociedade sem classes, na qual as terras, as máquinas e as fábricas passariam ao controle dos operários. Depois de eliminada a luta de classes pelo fim da desigualdade social e da propriedade privada, a sociedade não precisaria mais do Estado e seria alcançado então o estágio final do desenvolvimento social: o comunismo, ou a sociedade sem classes.

No século XIX, a Rússia era um dos países mais atrasados da Europa do ponto de vista do desenvolvimento capitalista. Governada por uma monarquia absolutista, sua economia era essencialmente agrária e a sociedade, hierarquizada entre a nobreza, o clero ortodoxo e os camponeses. Maioria da população, estes últimos viviam em regime de servidão: impedidos de deixar as terras em que trabalhavam, eram obrigados a pagar ao nobre, dono das terras, uma série de tributos, o que os mantinha em situação de miséria.

Em 1861, o czar Alexandre II aboliu o regime de servidão, mas os camponeses continuaram sem a posse da terra. Livres da servidão, muitos deles foram para as cidades à procura de melhores condições de vida. Esse êxodo rural disponibilizou grandes contingentes de mão de obra barata para a indústria.

O processo de industrialização na Rússia teve início em fins do século XIX. Isso só foi possível graças ao incentivo estatal, à disponibilidade de mão de obra barata e aos investimentos estrangeiros, principalmente franceses, ingleses e belgas.

Entretanto, o processo de modernização e o crescimento da economia não beneficiaram toda a população. Os operários viviam na pobreza, padecendo com baixos salários, péssimas condições de moradia e jornadas de trabalho muito extensas. Diante dessas condições, a classe operária começou a se organizar. Na classe operária russa, as ideias de Karl Marx e Friedrich Engels eram difundidas por intelectuais da classe média, sobretudo jovens que tinham formação universitária e acesso às ideias que circulavam na França e na Alemanha. No fim do século XIX, foi criado o Partido Social-Democrata, cujos líderes, George Plekhanov, Vladimir Lênin, Leon Trótski e Julius Martov, encontravam-se no exílio.

Em 1903, houve a cisão do partido. De um lado, um grupo liderado por Martov entendia que o proletariado podia melhorar sua situação por meio da luta grevista, e deveria se limitar a lutar por seus interesses econômicos. De outro, o grupo liderado por Lênin considerava que a revolução socialista e o estabelecimento da **ditadura do proletariado** deveriam ser os principais objetivos. Os partidários de Lênin conquistaram a maioria, e eram chamados bolcheviques (isto é, majoritários), enquanto os adversários de Lênin passaram a ser chamados mencheviques (minoritários).

Servos russos retirando a palha dos telhados para alimentar seus animais. A xilogravura anônima de 1890 retrata a precária situação da população rural na Rússia czarista durante o século XIX.

# O "Ensaio Geral" de 1905

Outro fator que expôs ainda mais a fragilidade do Império Russo foi a Guerra Russo-Japonesa, entre 1904 e 1905, pela posse dos territórios da Manchúria e Coreia, em que os japoneses derrotaram os russos.

Em 9 de janeiro (22 de janeiro, de acordo com o calendário gregoriano, pois os russos adotavam o calendário juliano), uma multidão de 200 mil pessoas, desarmadas, dirigiu-se ao Palácio de Inverno, em São Petersburgo, para entregar ao czar Nicolau II petição com uma série de reivindicações: redução da jornada diária de trabalho para oito horas (chegava a ser de 12 a 14 horas), salário mínimo e a eleição de uma Constituinte por sufrágio universal, direto e secreto. A manifestação foi violentamente reprimida. Os soldados do czar receberam ordens de atirar contra os manifestantes. O saldo oficial foi de 92 mortos e um pouco mais de 1 000 feridos.

Cossacos armados avançam sobre a população desarmada que protestava em frente ao palácio do czar. Gravura anônima de 1905.

Esse episódio ficou conhecido como Domingo Sangrento e desencadeou uma série de greves nas cidades, além de reações violentas no campo. No Mar Negro, os marinheiros do encouraçado Potemkin se rebelaram contra os castigos e a fome impostos pelos oficiais do czar, porém acabaram derrotados.

Em relação aos trabalhadores, houve a criação dos sovietes, conselhos de operários que surgiram em 1905 em várias cidades da Rússia, durante as primeiras lutas contra o poder czarista.

Mesmo reprimindo duramente as diversas revoltas lideradas pelos sovietes, o czar cedeu à pressão e permitiu a eleição da Duma (Parlamento), que elaborou uma Constituição para a Rússia czarista.

# As revoluções

No início de 1917, as derrotas na Primeira Guerra Mundial, a crise econômica e social e a insatisfação da sociedade atingiram o ápice. Estima-se que, nesse período, os salários podiam comprar menos de 45% dos gêneros que eram adquiridos em 1913. No *front*, o número de desertores chegou a 1,5 milhão. Houve racionamento de alimentos. Diante dessa situação, o czar abdicou em março daquele ano.

Com a abdicação do czar, a Rússia transformou-se em uma república parlamentarista. Foi organizado um governo provisório, liderado por George Lvov, um príncipe liberal, e, mais tarde, pelo líder político Alexandre Kerenski, ligado aos mencheviques. O governo provisório adotou medidas que visavam conter a onda de insatisfação que assolava o país, como a permissão do retorno dos exilados políticos e a concessão de liberdade de imprensa.

## Explorando

**O encouraçado Potemkin**
Direção: Sergei Eisenstein.
Rússia, 1925, 74 min.

O filme conta a história do motim ocorrido no navio de guerra russo Potemkin, em 1905. Os marinheiros, vivendo em condições sub-humanas levantam-se contra os oficiais do regime czarista quando estes lhes oferecem carne podre para comer. Os revoltosos tomam conta do navio e desejam levar a revolução até o Porto de Odessa. Mas os soldados do czar estão prontos para derrubá-los, e assim tem início uma grande tragédia.

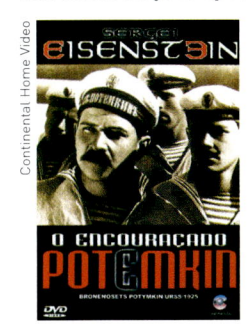

Em abril de 1917, Lênin voltou do exílio e lançou as chamadas *Teses de Abril*. Nesse documento, propunha que a Rússia saísse imediatamente da guerra, que se formasse uma república de sovietes e que os bancos e as propriedades privadas fossem nacionalizados.

O novo governo, no entanto, não atendeu às reivindicações da população. Tudo isso, aliado às profundas divergências políticas, possibilitou que, em 25 de outubro (7 de novembro, pelo calendário gregoriano) de 1917, os bolcheviques ocupassem prédios da capital, São Petersburgo, tomassem o Palácio de Inverno e destituíssem Kerenski do poder. A partir de então, teve início a formação de um novo Estado, liderado por Lênin.

Revolucionários bolcheviques tomam o Palácio de Inverno, 7 nov. 1917. O episódio passou a ser conhecido como Outubro Vermelho, pois no calendário juliano ocorreu em 25 out. 1917.

No poder, os bolcheviques tomaram as seguintes decisões:

▶ a Rússia retirou-se da guerra, firmando a paz com a Alemanha por meio do Tratado de Brest-Litóvski;

▶ as terras pertencentes à família real, aos nobres e à Igreja Ortodoxa foram confiscadas e entregues aos camponeses;

▶ as grandes indústrias foram nacionalizadas, passando a ser controladas pelo governo;

▶ concedeu-se a autodeterminação aos povos dominados pela Rússia.

## DOCUMENTOS EM ANÁLISE

Leia o discurso abaixo e responda às questões no caderno.

### PAZ ÀS CABANAS. GUERRA AOS PALÁCIOS!

❞ Camaradas marinheiros, eu os saúdo sem saber ainda se vocês têm acreditado ou não em todas as promessas do Governo Provisório [...]. Eles prometem mundos e fundos; estão enganando a vocês e a todo o povo russo. O povo precisa de paz; o povo precisa de pão; o povo precisa de terra. E eles lhes dão guerra, fome, nada de pão – deixam os proprietários continuarem controlando a terra. Precisamos lutar pela revolução social, lutar até o fim, até a vitória completa do proletariado. ❞

Discurso de Lênin em 16 de abril de 1917. In: Edmund Wilson. *Rumo à estação Finlândia*. São Paulo: Companhia das Letras, 1989. p. 459.

1. Identifique as principais falhas que Lênin atribui ao Governo Provisório.

2. Qual é a alternativa proposta por Lênin para superar essas falhas?

# A guerra civil e o comunismo de guerra

As ações contrarrevolucionárias foram intensas. No plano externo, Alemanha, França, Inglaterra e Estados Unidos queriam sufocar a revolução promovida pelos bolcheviques para conter o avanço das ideias comunistas fora da Rússia. Internamente, os contrarrevolucionários, entre eles monarquistas, mencheviques e liberais, formaram os Exércitos Brancos. Contando com ajuda financeira e militar dos países capitalistas, eles cercaram os bolcheviques em Petrogrado (como passou a ser chamada São Petersburgo entre 1914 e 1924) e Moscou. Mas os revolucionários retomaram a luta, e sob a liderança de Trótski, foi criada a Tcheca, polícia secreta que contribuiu para a consolidação do regime.

Durante o período de confronto, o governo dos bolcheviques procurou estabelecer um modelo econômico chamado de "comunismo de guerra", que estabelecia um rígido controle do Estado sobre a economia. Os latifúndios foram expropriados, os bancos foram estatizados, os artigos de primeira necessidade foram racionados e foi proibido o lucro.

*Vamos alimentar nosso exército.* Pôster soviético anônimo de 1920. Abaixo da imagem lê-se: "Seja capaz de alimentar o exército de nossa pátria-mãe. Não ajude a nobreza do mal a se reabastecer".

A guerra civil provocou enorme declínio da produção industrial e agrícola russa. A fome e as epidemias causaram a morte de aproximadamente 5 milhões de pessoas. Diante desse contexto, uma série de insurreições populares eclodiu em diferentes lugares da Rússia. A maior delas aconteceu na base naval de Kronstadt, em março de 1921, e foi reprimida pelos bolcheviques, liderados por Trótski.

Os contrarrevolucionários tentaram conter o processo revolucionário, mas o Exército Branco foi derrotado pelo Exército Vermelho em 1921, o que pôs fim à guerra civil.

## A Nova Política Econômica (NPE)

Com o objetivo de evitar o colapso da economia após a guerra civil, Lênin instituiu em 1921 a Nova Política Econômica (NPE), que restaurou parcialmente a economia de mercado.

A NPE procurava flexibilizar a economia com a adoção de algumas medidas:

- permissão de entrada de capitais estrangeiros por meio de empréstimos e investimentos, sob rígido controle do Estado;

- incentivo para a formação de pequenas e médias indústrias privadas com crédito fornecido e supervisionado pelo Estado;

- permissão aos camponeses para que, após pagarem tributos ao Estado, vendessem os excedentes da produção livremente no mercado interno;

- direito de arrendar terra e contratar mão de obra, desde que para fins voltados à produção.

Apesar dessas medidas, o Estado continuava com o controle da indústria de base, das comunicações, dos transportes e do sistema bancário.

Em aspectos econômicos e sociais, a NPE teve grande êxito, pois favoreceu a base produtiva industrial, promoveu a melhora da produtividade no campo e combateu problemas herdados do regime czarista, como a fome.

### DIVERSIFICANDO LINGUAGENS

Leia o texto a seguir e responda às questões no caderno.

> O fato é que, alcançada uma recuperação básica, vencida a fome, restava o grande desafio de como seguir adiante, para além do ponto a que se chegara. [...] como seria possível romper com o *atraso* multissecular que asfixiava a sociedade? Como mobilizar recursos para o desenvolvimento econômico e para a construção de uma modernidade socialista?
>
> Acumulavam-se problemas. Nas cidades, um desespero relativamente alto, crianças na rua, mendigos. E a presença de todo tipo de tráficos, principalmente dos comerciantes, os *nepmen*, enriquecendo-se com manobras especulativas. No aparelho de Estado, a máquina burocrática fazia pensar, às vezes, na sociedade **tsarista**, com suas proverbiais ineficiência e corrupção. [...] Nas áreas rurais, havia denúncias de que camponeses mais empreendedores, os *kulaks*, ao arrepio da lei, começavam, na prática, a arrendar terras e a assalariar braços, rompendo o pacto igualitarista da revolução agrária.
>
> Muitos se perguntavam: fora para isso que se consentiram tantos sacrifícios e se fizera a revolução?

Daniel Aarão Reis Filho. *As Revoluções Russas e o Socialismo Soviético.* São Paulo: Editora Unesp, 2003. p. 79.

**Palavra-chave**

**Tsarista:** aquele que defende um sistema político autocrático; o mesmo que czarista.

1. Apesar do alcance da recuperação básica, como se encontrava a sociedade russa após a implantação da NPE?

2. Como se encontravam as cidades e a população russas neste período? Por quê?

3. Qual era a impressão da população quanto à Revolução Russa neste período?

# A União das Repúblicas Socialistas Soviéticas

Com o Tratado de Brest-Litóvski, a Rússia perdeu 700 mil km² de território. A Polônia tornara-se independente, e se formaram outros Estados, que até então haviam feito parte do Império Russo: Lituânia, Letônia, Estônia e Finlândia. A Romênia anexou a Bessarábia.

Em dezembro de 1922, durante um Congresso Soviete, que reuniu populações de várias partes da Rússia, surgiu a União das Repúblicas Socialistas Soviéticas (URSS), que compreendia quatro repúblicas: Rússia, Ucrânia, Bielorrússia e Transcaucásia (que compreende as repúblicas atuais da Armênia, Geórgia e Azerbaijão). Mais tarde, em 1924, foi a vez de Uzbequistão e Turcomênia integrarem-se e, em 1929, o Tajiquistão. O governo passou a ser formado por membros dessas repúblicas, sob a liderança da Rússia.

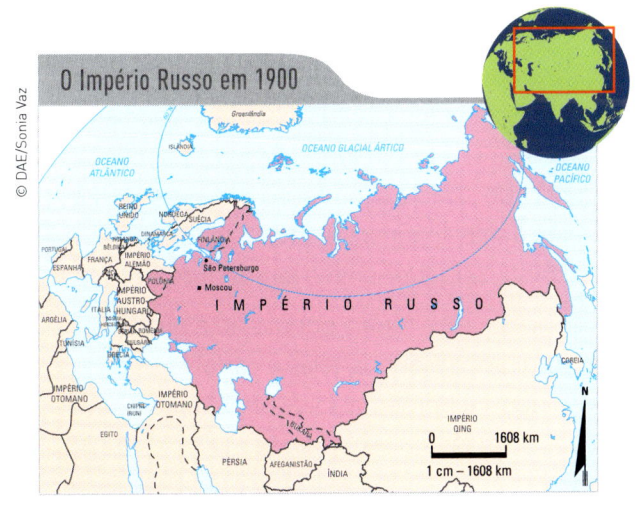

Fonte: *World history atlas*. Londres: Dorling Kindersley, 2008.

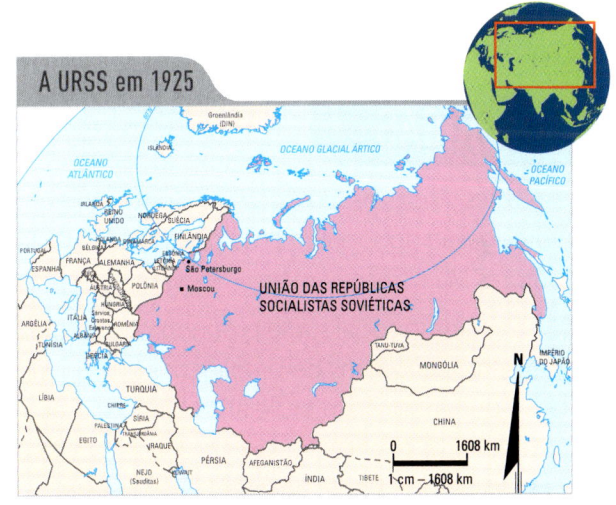

Fonte: *World history atlas*. Londres: Dorling Kindersley, 2008.

## DOCUMENTOS EM ANÁLISE

Rosa Luxemburgo (1871-1919) foi uma filósofa e economista marxista. Leia o texto abaixo escrito por ela e responda às questões no caderno.

> Lênin e Trótski apresentaram os sovietes como a única representação verdadeira das massas trabalhadoras em lugar de corpos representativos nascidos de eleições populares gerais. Mas, se a vida política no país é sufocada, a paralisia atinge obrigatoriamente a vida dos sovietes. Sem eleições gerais, sem liberdade de imprensa e de reunião ilimitada, sem uma luta de opinião livre, a vida se enfraquece em todas as instituições públicas, ela vegeta e a burocracia se torna o único elemento ativo. A vida pública adormece aos poucos; algumas dezenas de chefes de partido, animados por uma energia inesgotável e um idealismo sem limites, dirigem e governam; o poder real se encontra nas mãos de uma dúzia deles, dotados de uma inteligência eminente; e a elite operária é convidada de tempos em tempos a às reuniões para aplaudir os discursos dos dirigentes e votar em unanimidade as resoluções propostas; no fundo, portanto, um governo de 'panelinha' [...].
>
> Rosa Luxemburgo. In: Antonella Salomoni. *Lênin e a Revolução Russa*. São Paulo: Ática, 1995. p. 95.

1. Qual é a crítica de Rosa Luxemburgo aos bolcheviques?

2. Explique a expressão "governo de panelinha" utilizada pela autora.

## A luta pelo poder

Com a morte de Lênin, em 1924, desencadeou-se uma luta pelo poder: de um lado, Trótski, comissário de Defesa, de outro, Josef Stálin, secretário-geral do Partido Comunista. Trótski acreditava que a revolução deveria se propagar por todos os países, pois essa seria a única forma de proteger a União Soviética das potências capitalistas. Stálin defendia a tese da consolidação do socialismo na União Soviética, para somente depois disseminá-lo por outros países.

Por meio de sucessivas manobras políticas, Stálin conseguiu destituir Trótski do cargo de comissário em 1925; em 1927, Trótski foi expulso do partido e, em 1929, expulso da União Soviética. Exilado, ele foi assassinado por um agente da polícia stalinista, no México, em 1940.

Stálin permaneceu no poder até a morte, em 1953.

### CURIOSIDADES HISTÓRICAS

Com o triunfo da revolução, a arte oficial passou a fazer referência à linha ideológica do Partido Comunista. Na área cultural, surgiu o chamado "realismo socialista", cuja proposta definia que o teatro, a literatura, a música e as artes visuais deveriam assumir um compromisso com a educação e a formação das massas para a divulgação do socialismo no país. Muitos artistas passaram a trabalhar para o novo Estado, como os pintores Marc Chagall e Vassily Kandinsky, os poetas Maiakóvski, Sergei Yesenin e tantos outros.

O realismo socialista se propunha a criar obras de arte acessíveis a toda a população e que transmitissem mensagens de propaganda do regime. Assim surgiram desenhos, telas e cartazes publicitários que mostravam proletários, camponeses, soldados, líderes e heróis nacionais, frequentemente idealizados, e celebravam-se os movimentos sociais e feitos políticos.

Pôster realista de autoria desconhecida, publicado em 1948, exaltando a juventude do Partido Comunista (Komsomol), seu líder (Stálin) e o idealizador da Revolução Russa (Lênin). Abaixo da imagem, lê-se: "Viva a geração Komsomol Stálin!".

## O governo de Stálin

De 1924 até 1953, Stálin governou a União Soviética. Economicamente o país agrário se transformou em um dos mais industrializados do mundo. O governo de Stálin criou e implantou os Planos Quinquenais, que previam uma série de metas e estabeleciam controle do mercado, com o objetivo de aumentar a produção, modernizar a indústria e consolidar a União Soviética como potência industrial socialista. Os planos tiveram efeitos imediatos positivos, como o crescimento de 700% da indústria de base e de 400% da indústria de bens de consumo, em relação a 1928. Essas medidas trouxeram consideráveis melhoras à vida dos trabalhadores soviéticos, pois conforme a capacidade econômica do país se expandia, havia maiores investimentos em transporte público, moradia, saúde, educação e alimentação.

No entanto, politicamente havia muita repressão contra aqueles que discordavam do regime de Stálin e se opunham a ele. Houve muitos **expurgos**. Antigos revolucionários foram executados e milhares de opositores ao regime foram presos ou exilados. Assim, Stálin centralizou e concentrou ainda mais o poder em suas mãos. Nesse período formou-se uma elite de funcionários governamentais que, gozando da confiança e da conivência do chefe de Estado, passou a desfrutar de uma série de privilégios e regalias.

> **Palavra-chave**
>
> **Expurgo:** ação de expelir, expulsar, exilar alguém, a fim de se desfazer de um problema. Em política a palavra é utilizada para descrever os recursos utilizados por partidos, sindicatos e movimentos para remover de seus quadros militantes que tenham ferido as regras ou os princípios do grupo.

Lênin discursando para a população na Praça Sverdlov, Moscou, 5 maio 1920. Ao lado esquerdo, encostado no palanque, vê-se Leon Trótski.

As perseguições políticas da cúpula stalinista ocorreram das mais diversas formas. Trótski, maior adversário de Stálin, por exemplo, foi eliminado dos registros revolucionários, como nesta fotografia. Nota-se que a imagem foi posteriormente alterada e há a ausência de Trótski ao lado de Lênin, contrastando com a fotografia original ao lado.

## DIVERSIFICANDO LINGUAGENS

Leia o texto a seguir e responda às questões no caderno.

> A cartada que Stálin jogaria para conter Lênin surgiu nesse período, que foi dominado por uma disputa bastante estéril sobre o papel dos sindicatos entre a minoria liderada por Trótsky e a maioria de Lênin. [...]
>
> Estar ao lado de Lênin contra [...] Trótsky parecia a Stálin uma boa maneira de manipular a primeiro. [...] É possível que essas maquinações – e o ressentimento de Stálin contra o próprio Lênin – tenham surgido antes, durante a Guerra Civil, mas passaram despercebidas devido às urgentes tarefas militares e ao fato de que o alvo principal das intrigas de Stálin naquela época era Trótsky. A total falta de respeito de Stálin por Lênin e, logo depois, o ódio que lhe dedicou [...] eram alimentados indiretamente por sua obsessiva raiva de Trótsky, que atrapalhava seu caminho para atingir a imagem pretendida, como grande estrategista militar e estadista.

Moshe Lewin. O século soviético. Rio de Janeiro: Record, 2007. p. 32.

**1.** De acordo com o texto, que divergência entre Trótsky e Lênin foi utilizada por Stálin para autopromover-se?

**2.** O que levava Stálin a se opor tanto a Trótsky?

## AGORA É COM VOCÊ

**1** Complete as frases com as palavras do quadro.

> europeias    indenização    Estados Unidos
> Europa    consequências    Alemanha

a) O Tratado de Versalhes estabelecia e impunha condições à _____, dentre elas uma pesada _____ de guerra.

b) Ao fim da Primeira Guerra Mundial, o mapa da _____ foi bastante modificado com o surgimento de novos países.

c) Dentre as _____ da guerra está um grande número de mortos, feridos e mutilados.

d) Após o fim da guerra, aconteceu a consolidação da influência econômica dos _____ e o declínio das potências _____.

**2** Encontre no diagrama os termos que respondem às questões abaixo.

1. Líder do governo soviético que instituiu a NPE.
2. Capital permitido para empréstimos e investimentos na NPE.
3. Sigla do novo Estado formado a partir de 1922, na região do antigo Império Russo.
4. Adversário de Stálin na luta pelo poder após a morte de Lênin.
5. Chefe de Estado da União Soviética entre 1924 e 1953.
6. Regime político implantado na URSS após a revolução.

| Ê | A | Á | U | E | Ó | Ç | Ê | T | L | U | Á | Ó | L | E | I | L | N | U |
|---|---|---|---|---|---|---|---|---|---|---|---|---|---|---|---|---|---|---|
| I | L | T | I | U | A | I | R | R | I | R | C | U | R | Ê | A | Ó | M | Ê |
| R | L | N | Ê | U | K | U | Á | L | Ê | N | I | N | R | O | U | T | V | Ó |
| U | Ó | Á | N | L | A | O | Ç | T | O | M | I | U | N | Á | M | R | Á | R |
| Á | A | I | N | C | Á | I | U | Ê | Á | R | E | K | N | U | C | Ó | T | L |
| E | U | K | U | R | S | S | E | T | U | K | R | Ó | C | L | I | T | A | K |
| Ê | I | O | Á | U | U | R | I | R | Ó | N | O | C | Ê | C | U | S | I | Ê |
| N | R | U | L | N | Ê | O | N | I | L | C | M | Á | M | E | M | K | A | U |
| I | E | S | T | R | A | N | G | E | I | R | O | N | L | I | R | I | C | Ó |
| T | A | Á | U | K | U | A | Ê | R | O | T | L | U | V | S | Á | C | K | N |
| Ó | E | A | L | R | M | U | K | N | Á | T | M | Ê | K | T | N | U | C | E |
| L | K | Ê | O | I | Ó | N | L | O | K | Ó | K | N | U | Á | O | M | Ê | N |
| Á | U | S | O | C | I | A | L | I | S | M | O | M | I | L | C | Á | U | M |
| R | T | O | N | R | O | Ç | Ó | N | I | T | L | N | U | I | R | N | Ó | C |
| E | Ê | R | U | Ó | N | U | R | O | C | Ê | U | K | W | N | E | C | K | E |
| M | T | Á | L | K | M | I | Á | M | E | Ó | R | V | C | G | O | Á | M | X |
| Á | C | K | M | R | C | Ê | U | N | I | C | O | Á | N | Ó | L | W | Ê | M |

3. Coloque a numeração correta: **1** para afirmativas verdadeiras e **2** para afirmativas falsas sobre a Revolução Russa.

a) (   ) A Rússia, no início do século XX, era governada por uma monarquia absolutista e era pouco desenvolvida economicamente.

b) (   ) Não houve influência das ideias de Marx e Engels sobre a classe operária russa no contexto pré-revolucionário.

c) (   ) A Rússia não teve guerra civil.

d) (   ) A primeira manifestação dos russos contra a situação de penúria que viviam teve como desfecho um episódio denominado Domingo Sangrento, que, duramente reprimido pelo czar, deixou vários mortos e feridos.

e) (   ) Com as derrotas na Primeira Guerra Mundial e uma vasta crise econômica e social, o czar abdicou e a Rússia tornou-se república parlamentarista.

f) (   ) Os bolcheviques, liderados por Lênin, tomaram o poder na Rússia em 1917.

## SUPERANDO DESAFIOS

1. (Unifap) Sarajevo foi o estopim de um conflito conhecido por:
   a) Revolução Russa.
   b) I Guerra Mundial.
   c) Revolução Francesa.
   d) Guerra entre os Aliados e o Eixo.
   e) Guerra civil do Império Austro-Húngaro.

2. Até o ano de 1917, o império da Rússia foi governado pelo sistema de:
   a) república.
   b) república parlamentarista.
   c) monarquias parlamentaristas.
   d) monarquias absolutistas.
   e) república socialista.

3. (CESGRANRIO) Leon Trótski argumentava em 1904 que a tese política defendida por Lênin poderia "conduzir a organização do partido a substituir o partido, o Comitê central a substituir a organização do partido, e finalmente um ditador a substituir o Comitê central".

   Trótski, "NOSSAS TAREFAS POLÍTICAS",
   Brochura redigida e publicada em 1904, em Genebra.

4. Assinale a alternativa com o nome do responsável pelo regime que, na prática, confirmou a previsão de Trótski:
   a) Bukharin
   b) Stálin
   c) Kalinin
   d) Brejnev
   e) Molotov

# CAPÍTULO 3
# O Período Entreguerras

Propaganda do Partido Nazista publicada em 1933.

Após a Primeira Guerra Mundial, a Europa estava devastada e os países envolvidos no conflito enfrentavam a difícil situação de reconstrução. Essa situação levou muitos países a buscarem capital ligando-se aos Estados Unidos, que emergiram como grande potência econômica e militar e se tornaram o maior credor mundial.

Essa situação, porém, foi abalada pela Crise de 1929, que gerou a chamada Grande Depressão. Essa crise repercutiu em grande parte do mundo, desencadeando crises econômicas e políticas em vários outros países, entre eles o Brasil. Os Estados Unidos, portanto, passaram por um período de ascensão e crise.

Ainda no contexto das consequências da Primeira Guerra Mundial, houve a ascensão dos regimes totalitários, destacadamente o fascismo italiano e o nazismo alemão.

A ideologia que movia os regimes totalitários, fundamentada no nacionalismo, no corporativismo, em ideias e ações racistas, surgiu no contexto da crise do capitalismo e na miséria dos países europeus no pós-guerra.

# Ascensão e crise dos Estados Unidos

A participação dos Estados Unidos na Primeira Guerra Mundial aumentou a prosperidade do país, que já vivia um período de crescimento econômico e de desenvolvimento industrial. A economia foi dinamizada com o fornecimento de armas, recursos e empréstimos aos europeus. Foi possível também ampliar o mercado tanto para a exportação quanto para o consumo interno de produtos norte-americanos. Os altos preços dos produtos agrícolas durante a Primeira Guerra Mundial estimularam ainda mais a economia.

Essa prosperidade gerou otimismo e confiança na população. Agricultores compraram grandes áreas de terra, na esperança de obter lucros rapidamente. Com o crescimento econômico, aumentaram também os investimentos e o consumo.

Norman Rockwell. *Costurando a bandeira*, 1922. Óleo sobre tela, 116 × 90 cm.
*Costurando a bandeira* (1922) foi elaborada para a capa da revista *Literary Digest*, edição publicada no sábado anterior ao Memorial Day, feriado comemorado na última segunda-feira de maio, no qual os norte-americanos homenageiam os mortos em ações militares colocando a bandeira do país em frente de suas casas e em cima dos túmulos. A ilustração evoca valores patrióticos e familiares ao retratar uma mulher idosa consertando as franjas douradas de uma bandeira americana, enquanto, em cima da mesa, repousa um chapéu de oficial, possivelmente usado na Guerra de Secessão (1861-1865), já que o costume data dessa época.

O desenvolvimento era facilmente percebido por meio da observação dos hábitos de consumo dos norte-americanos. A indústria automobilística cresceu exponencialmente na década de 1920. Além disso, as famílias compravam diversos aparelhos domésticos e produtos industriais dos mais variados.

A economia aquecida criava novas e ilimitadas necessidades e, com isso, mudava hábitos de consumo e produção.

Foi um período de euforia, de consumo e otimismo. Esse estilo de vida ficou conhecido como *American way of life* (modo de vida americano). Parecia que nada poderia conter o país naquele momento.

Conclusão do décimo quinto milionésimo (15.000.000º) veículo do modelo Ford T na linha de produção da fábrica de Dearborn, Michigan (EUA), 26 maio 1927. Na década de 1920, os Estados Unidos tornaram-se uma grande potência. O desenvolvimento das indústrias era crescente, principalmente a produção de automóveis, com uma nova forma de produzir por meio de linha de montagem, desenvolvida por Henry Ford (o fordismo).

## Palavras-chave

**Xenofobia:** aversão, rejeição a pessoas e coisas estrangeiras e também antipatia ou temor por pessoas estranhas a seu meio ou pelo que é incomum.

**Ku Klux Klan:** organização fundada em 1866 após a Guerra Civil Americana, defendia a supremacia branca e o protestantismo em detrimento das outras etnias e religiões. Durante a década de 1920, chegou a ter 4 milhões de adeptos, incluindo personalidades públicas e membros do alto escalão político.

## Explorando

**O modo americano de viver**
Sheila Schvarzman, Editora Atual.

Neste livro é abordado o modo de vida norte-americano e como se formaram os valores éticos e morais que serviram de modelo a outras sociedades.

Um aspecto importante a ser considerado eram as contradições dessa sociedade. Mesmo no período em que a economia era favorável, muitos ainda viviam em situação de pobreza.

Em meio à prosperidade aparente, o moralismo, o racismo e a **xenofobia** avançavam. O ensino da teoria da evolução de Darwin chegou a ser proibido em algumas escolas, e foi proibida a entrada dos japoneses nos Estados Unidos.

A **Ku Klux Klan** voltou a atuar intensamente nos estados do Sul. Os afro-americanos eram marginalizados. Viviam em bairros miseráveis, em péssimas condições, e realizavam os mais desgastantes e mal remunerados trabalhos. Além disso, a perseguição da Ku Klux Klan acontecia de forma violenta, incendiando moradias e matando seus habitantes.

Além disso, em 1920, foi adotada a chamada Lei Seca, que proibia a fabricação e a venda de bebidas alcoólicas. Suas principais motivações residiam na crença de que o consumo de álcool era o principal desencadeador das mazelas que assolavam o país, a criminalidade e os problemas de saúde, além de prejudicar a produção industrial, pois diminuía o rendimento no trabalho. No entanto, grupos mafiosos passaram a produzir e a contrabandear bebidas alcoólicas, montando um aparato de produção, proteção e corrupção. Enquanto algumas autoridades eram subornadas para não agir, grupos rivais entravam em guerra pela disputa da venda e distribuição de bebidas nas cidades. Muitas pessoas enriqueceram com o contrabando. A criminalidade, principalmente os homicídios, aumentou consideravelmente, e os problemas de saúde relacionados à produção clandestina de bebidas tornaram-se, então, muito mais preocupantes.

Bebida clandestina despejada no esgoto, Nova York (EUA), 1921.

# A Crise de 1929

Com o restabelecimento da paz no continente europeu após o fim da Primeira Guerra Mundial, a atividade produtiva econômica foi aos poucos retomada e a importação de mercadorias diminuiu gradativamente. Em consequência, os produtos norte-americanos perderam mercado, principalmente devido ao menor custo de produzir na localidade em vez de importar.

As empresas norte-americanas, porém, tinham sido muito valorizadas no pós-guerra. Suas **ações** foram negociadas a um valor cada vez maior. Muitas empresas chegaram a falsificar documentos para manter em alta seus papéis. O crédito foi ampliado e facilitado, e muitas pessoas passaram a investir na Bolsa de Valores, que na época gerava bons lucros. Com o aumento da procura, o preço das ações tendia a subir, acarretando, então, uma valorização ainda mais artificial dos papéis. Esse fenômeno é chamado de especulação.

No entanto, em 24 de outubro de 1929, devido à grande demanda de venda de ações, iniciou-se o pânico que levou à quebra da Bolsa de Valores de Nova York. Isso ocorreu porque os estoques das fábricas começaram a aumentar muito e não havia mais procura por esses produtos, então, as empresas passaram a cortar gastos, como os empregos, e a diminuir os preços dos produtos. Quando os investidores perceberam o que estava ocorrendo, principalmente com a descoberta da falsificação de documentos, houve uma corrida para vender ações enquanto ainda estavam valorizadas. O excesso de oferta de ações fez com que seus preços caíssem drasticamente. Com isso, investidores perderam a maior parte de suas aplicações; as empresas não conseguiam vender seus estoques e tiveram de demitir funcionários; o desemprego atingiu cerca de 25% da população; os baixos salários impediam a recuperação do consumo interno; as pessoas que contraíram empréstimos não conseguiam honrar seus compromissos, o que gerou uma crise bancária.

> **Palavra-chave**
>
> **Ações:** são papéis de empresas vendidos nas Bolsas de Valores que dão o direito ao indivíduo que os comprou de participar dos lucros da empresa. Em troca, a empresa recebe o dinheiro da compra e, geralmente, investe na expansão e otimização da produção.

Suprimentos distribuídos à população de Nova York em 1929, logo após o acirramento dos efeitos depressivos causados pela quebra da Bolsa de Valores.

A falência de empresas nos Estados Unidos deflagrou uma crise financeira mundial sem precedentes, pois já havia se estabelecido certa dependência econômica entre os países. Por exemplo, o Japão, um dos maiores produtores de seda da época, vendia matéria-prima para o setor têxtil dos Estados Unidos, que, por sua vez, durante a guerra e nos anos seguintes, encontrava um grande mercado na Europa. A grande demanda estimulou a produção nos Estados Unidos e no Japão, o que gerou novos empregos nesses países. Quando o mercado europeu retomou a produção de têxteis, não havia mais a mesma demanda, e houve uma crise de superprodução que ocasionou falências e desemprego nos Estados Unidos e no Japão.

A Europa, mesmo parcialmente restabelecida da destruição causada pela Primeira Guerra Mundial, ainda recebia investimentos norte-americanos para a reconstrução do continente. Com a deflagração da crise nos Estados Unidos, esse investimento foi interrompido, o que obrigou os governos europeus a cortar gastos, gerando mais desemprego e crises em setores fundamentais. Ademais, muitos investidores no mercado de ações norte-americano eram europeus. Em todo o mundo os efeitos da crise foram sentidos. No Brasil, por exemplo, ocorreu queda drástica do preço do café, considerado pelos importadores um gênero de consumo dispensável em uma época de recessão.

## New Deal: intervenção estatal nos Estados Unidos

Com a crise, o então presidente Herbert Clark Hoover perdeu as eleições de 1932 para o democrata Franklin Delano Roosevelt, que prometeu durante a campanha eleitoral adotar medidas enérgicas para combater a crise econômica.

Nos Estados Unidos, até 1929, havia predominado o capitalismo liberal, em que o Estado não intervinha na economia. Para contornar a crise, Roosevelt, em parceria com um grupo de intelectuais, inspirados nas ideias do economista inglês John Maynard Keynes, estabeleceu a partir de 1933 uma nova diretriz econômica que ficou conhecida como New Deal (Novo Acordo), por meio da qual o Estado passou a intervir mais na economia, estabelecendo salário mínimo, incentivando a indústria e o comércio, e investindo em obras de infraestrutura capazes de oferecer trabalho e condições de vida à população.

Com relação à agricultura, inicialmente procurou-se diminuir a dívida dos pequenos produtores e, em seguida, criou-se o Agricultural Adjustment Act (Lei de Ajuste Agrícola), que tinha como um de seus objetivos reduzir as áreas cultivadas com gêneros de primeira necessidade e conceder créditos aos agricultores. Assim, diminuindo a oferta desses gêneros, pretendia-se forçar uma alta nos preços, compelindo ao aumento da renda do agricultor e, consequentemente, da verba para ser investida na geração de novos empregos.

Foi criado o Civilian Conservation Corp, e vários projetos de conservação e infraestrutura foram realizados, como o reflorestamento, o combate à erosão do solo, a construção de estradas de rodagem, a eletrificação rural, a criação de usinas geradoras de energia e a construção de escolas e hospitais. Tudo isso com o objetivo de resolver ou amenizar o problema do desemprego.

Os recursos para a execução de muitos desses projetos foram obtidos, a partir de 1933, pelo National Industrial Recovery

Propaganda de 1935 sobre a criação de uma agência para prestar assistência financeira aos agricultores atingidos pela Depressão. No alto do cartaz lê-se: "Anos de poeira" e abaixo: "Administração de reassentamento – Resgata vítimas – Restaura a terra para o uso adequado".

Act (Lei de Recuperação da Indústria Nacional). Essa lei instituía a National Recovery Administration (Administração Nacional de Recuperação), cujo objetivo principal era impedir a superprodução e a concorrência excessiva.

Entre outras medidas, foi revogada a Lei Seca, o que pôs fim ao comércio ilegal de bebidas e estimulou a indústria.

O New Deal, porém, não recuperou totalmente o país da depressão gerada pela crise, apenas manteve alguma estabilidade. Quando a Segunda Guerra Mundial teve início, em 1939, milhões de trabalhadores ainda encontravam-se desempregados.

A Segunda Guerra Mundial veio restabelecer a prosperidade econômica dos EUA. A produção de armas e demais suprimentos e a convocação de soldados para a guerra conseguiram suprir a demanda de mão de obra. E, à medida que o país vencia no campo de batalha, a economia interna também apresentava sinais de recuperação.

### Explorando

**A noite dos desesperados**
Direção: Sydney Pollack.
Estados Unidos, 1970, 120 min.

Gloria vive no auge da Grande Depressão e sonha com a carreira de atriz. Em Hollywood, conhece Robert, que deseja se tornar um diretor de cinema. Juntos decidem participar de um concurso de dança, que leva os competidores ao extremo do cansaço físico e emocional em troca de comida, roupas e algum dinheiro.

## DIVERSIFICANDO LINGUAGENS

Leia o texto a seguir e responda às questões no caderno.

> [...] protecionismo alfandegário, desvalorização monetária, subvenções governamentais a empresas privadas e aumento dos gastos públicos. Nos Estados Unidos, especificamente, o *New Deal* significou medidas intervencionistas visando a atenuar a crise, atuando com um caráter emergencial.
>
> Foi com base na Lei de Guerra de 1917 que foi proclamado o fechamento de todos os bancos. Durante as férias bancárias, o Tesouro elaborou a *Emergency Banking Act*, negociada com os grandes monopólios, para contrabalançar o peso da ala intervencionista do governo, que reclamava a nacionalização de todo o sistema do crédito.
>
> Roosevelt fez aprovar o *New Deal* [...], fornecendo ajuda social às famílias e pessoas que necessitassem e criando empregos por meio de parcerias entre o governo, empresas e consumidores. Nos anos seguintes, diversas agências governamentais foram criadas para administrar os programas de ajuda social.
>
> O papel do regime de Roosevelt consistiu em salvar temporariamente o capitalismo, abandonando o tradicional liberalismo econômico americano. Usou os recursos financeiros do Estado para socorrer as empresas bancárias e comerciais e fez votar as leis que restringiram a concorrência e permitiram a alta dos preços, favorecendo o capital monopolista. Manteve o descontentamento das massas trabalhadoras urbanas e rurais sob controle dentro de uma política de concessões, como um sistema de aposentadorias e de seguro-desemprego.

Osvaldo Coggiola. À beira do abismo. *Revista História Viva*.
Disponível em: <www2.uol.com.br/historiaviva/reportagens/a_beira_do_abismo.html>. Acesso em: jul. 2013.

1. Segundo o texto, quais foram as medidas tomadas para resolver os problemas econômicos dos Estados Unidos?
2. Qual era a intenção da implantação do New Deal?
3. Ainda de acordo com o texto, qual foi o papel do governo de Roosevelt?

# A ascensão do totalitarismo

Os regimes totalitários, por definição, mantêm governos nos quais um único indivíduo ou partido determinam todas as instâncias e intervêm diretamente na vida cotidiana da população. Eles despontaram no mundo contemporâneo após a Primeira Guerra Mundial, em uma época marcada pela crise em grande parte da Europa.

Na economia, os regimes totalitários adotam uma posição intervencionista, ou seja, há um significativo número de empresas estatais e a iniciativa privada é controlada.

Além disso, esse tipo de regime exerce o controle e a repressão dos partidos políticos e há o estímulo ao sistema unipartidário. Medidas como violência física, censura e exílio são comuns, bem como o uso da polícia e das Forças Armadas para submeter a população.

A propaganda é amplamente utilizada como forma de exaltação ao líder e ao regime. Um recurso muito adotado foi a construção da imagem de um passado glorioso, como forma de justificar a busca de um futuro próspero e soberano, e para ocultar a política repressora.

Benito Mussolini, líder do fascismo italiano, e Adolf Hitler (líder nazista na Alemanha), Munique, Alemanha, 1937.

O fascismo na Itália e o nazismo na Alemanha foram regimes totalitários que causaram grande impacto na história mundial.

## O fascismo italiano

A Itália saiu da Primeira Guerra Mundial ao lado das potências vitoriosas, mas teve enormes perdas materiais e humanas, com o sacrifício de aproximadamente 600 mil vidas.

O país foi beneficiado com os tratados em que os territórios dos derrotados foram partilhados, mas a parte que coube aos italianos foi pequena em relação aos outros países. Isso fez surgir um sentimento de frustração e revolta entre os italianos.

As consequências da guerra – inflação, desemprego, greves, invasões de terras e endividamento externo – anunciavam graves problemas econômicos e sociais. Nesse contexto, o movimento operário ganhou força e o número de adeptos dos partidos de esquerda (socialistas e comunistas) aumentou. O crescimento do Partido Socialista Italiano (PSI), das organizações sindicais e, a partir de 1921, do Partido Comunista da Itália (PCI), amedrontavam a classe dominante.

A Itália era uma monarquia parlamentarista, e tinha como rei Vítor Emanuel III. As medidas adotadas pelo governo não surtiam efeito imediato na recuperação da economia do país, o que gerou instabilidade.

Com sucessivas greves, ocupação de fábricas e invasões de terras, as elites temiam que a Itália seguisse o exemplo da Rússia bolchevista. Na visão desses grupos, para restabelecer a ordem, era necessário um governo forte e estável. Daí o sucesso do líder político Benito Mussolini.

Em março de 1919, o jornalista e político Benito Mussolini fundou o movimento Fascio di Combattimento (Grupos de Combate), que tinha um programa nacionalista e adotava práticas violentas.

Apesar do fracasso nas eleições que ocorreram naquele mesmo ano, os fascistas ganharam a simpatia de burgueses, latifundiários e setores da Igreja Católica, todos amedrontados pelo "perigo vermelho". Detentor de uma notável oratória, Mussolini utilizou argumentos xenofóbicos, intolerantes e anticomunistas para conquistar o apoio de segmentos das camadas populares e justificar a difícil situação econômica e social da Itália.

Em 1921, o Fascio di Combattimento deixou de ser um movimento e tornou-se um partido político. Assim nasceu o Partido Nacional Fascista, que, em pouco tempo, conquistou mais de 200 mil filiados e ganhou cada vez mais força, alternando ações políticas com atos violentos contra os adversários.

A violência dos ataques das milícias do partido e a grande adesão popular enfraqueceram o movimento operário e os partidos de esquerda. Por não contar com uma organização militar para conquistar o poder pela violência, Mussolini optou por pressionar o governo a fim de conquistar mais espaço político.

Em outubro de 1922, foi realizada a Marcha sobre Roma, quando milhares de militantes fascistas dirigiram-se à capital e ocuparam prédios públicos e estações ferroviárias. O rei Vítor Emanuel III recusou-se a decretar estado de sítio, e, em 28 de outubro de 1922, cedendo à pressão popular, encarregou Mussolini de formar um novo governo.

Benito Mussolini e demais líderes do Partido Fascista durante a Marcha sobre Roma, 28 out. 1922.

No poder, Mussolini gradativamente implantou um sistema de governo totalitário, centrado na figura do líder, o **Duce**.

O regime fascista caracterizou-se pela intensa intervenção do Estado na economia e pela subordinação da classe operária ao Estado. Por meio da Carta del Lavoro (1927), estabeleceu-se o chamado corporativismo (subordinação da mão de obra e suas organizações, as corporações, ao Estado). O Estado fascista criou mecanismos que aparente-

### Palavra-chave

**Duce :** palavra italiana que se refere a "chefe", "comandante". Era assim chamado o líder fascista Benito Mussolini.

> **Palavra-chave**
> **Belicismo:** prática de resolver questões políticas por meio de guerras.

mente atendiam às reivindicações populares, conquistando o apoio dos trabalhadores com promessas de melhoria de vida.

Desde a unificação italiana, a Igreja Católica não reconhecia as anexações dos territórios que outrora pertenceram aos Estados Pontifícios. Em 1929, Mussolini e o Papa Pio XI colocaram fim ao impasse e firmaram o Tratado de Latrão, que estabeleceu a criação do Estado do Vaticano, território politicamente controlado pela Igreja; o catolicismo tornou-se a religião oficial do Estado italiano; o ensino religioso passou a ser obrigatório nas escolas; e a Igreja recebeu uma considerável indenização pelos territórios que perdera. Dessa forma, o regime fascista ganhou o apoio e a legitimação da Igreja Católica, religião da maioria dos italianos e uma importante formadora de opinião na época.

No aspecto político, Mussolini, assim como Adolf Hitler na Alemanha, utilizava propaganda e técnicas de convencimento das massas. Assim, é interessante observar o símbolo máximo do fascismo italiano, ou seja, o *fascio*, que representa um feixe composto de pequenas varetas. Simbolicamente, o *fascio* ressalta a fragilidade do indivíduo sozinho em contraste com a força que a união proporciona, pois um feixe composto de vários gravetos é muito mais sólido que uma única vareta. Assim, nas paradas militares ou nos comícios do Duce, o sentimento que os fascistas divulgavam era o de coletividade, pois cada indivíduo constituía a parte de um todo sólido, o fascismo.

Mussolini ansiava por fazer da Itália um grande império, como anteriormente fora o Império Romano, por isso passou a armar o país e investir em uma política agressiva na conquista de territórios. Esses territórios eram fundamentais para a expansão do capital italiano (principal base de apoio do regime fascista), pois neles havia matérias-primas e grandes possibilidades de negócios. Em 1935, os italianos invadiram a Abissínia (atual Etiópia); em 1936, intervieram na Guerra Civil Espanhola; e, em 1939, anexaram a Albânia.

Nesse contexto **belicista**, ocorreu a aliança com Hitler, oficializada pelo Pacto de Aço, firmado em maio de 1939. O pacto estabelecia ajuda mútua entre italianos e alemães em caso de conflitos internacionais, além de colaboração militar. O Pacto de Aço colocou a Itália na órbita da influência alemã, o que, como veremos adiante, acabaria arrastando os italianos para a Segunda Guerra Mundial.

Cartaz de propaganda fascista, 1926.
Símbolo que representa o *fascio* ao lado de um camisa-negra. Lê-se na imagem: "Cidadãos!... façam o vosso dever".

## DOCUMENTOS EM ANÁLISE

Observe os documentos a seguir e, no caderno, faça o que se pede.

**DOCUMENTO 1**

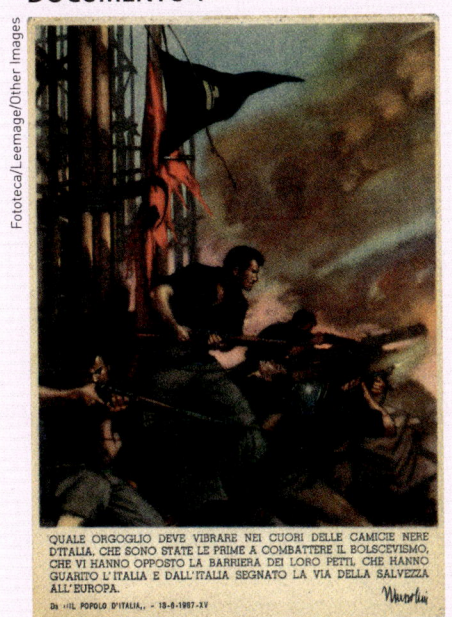

Cartão-postal de propaganda fascista, criado por Gino Boccasile, com pequeno trecho de um discurso de Mussolini. Lê-se: "Quanto orgulho deve vibrar nos corações dos camisas-negras italianos, que foram os primeiros a combater o comunismo, se opuseram à barreira de seus ideais, que recuperaram a Itália e da Itália indicaram o caminho de salvação da Europa". Imagem publicada em *Il Popolo d'Italia*, 13 jun. 1937.

**DOCUMENTO 2**

### SLOGANS FASCISTAS

"Quem tem aço, tem pão!"

"Nada jamais foi ganho na História sem derramamento de sangue!"

"É melhor um dia de leão do que cem anos de carneiro!"

"A guerra é para o homem enquanto a maternidade é para a mulher!"

"Um minuto no campo de batalha vale por uma vida inteira de paz!"

*História do século XX*. São Paulo: Abril Cultural, 1974. v. 3. p. 1181.

1. Relacione a imagem aos *slogans*.

2. Quais características do fascismo italiano ficam evidenciadas nos documentos?

# O nazismo

Para os alemães, 1918 foi um ano marcado pela crise econômica, pelo desemprego, por um cenário de miséria, instabilidade política e, sobretudo, pela derrota na Primeira Guerra Mundial. Em novembro desse mesmo ano, o kaiser Guilherme II abdicou, e a república foi estabelecida em um contexto de instabilidade.

O governo alemão passou a ser controlado pelo Partido Social-Democrata, que defendia a aplicação de um programa de reformas sociais moderadas. Os comunistas não aceitavam essas reformas moderadas, pois ambicionavam extinguir o capitalismo na Alemanha. Com o fortalecimento do Partido Comunista Alemão, que ganhou adesões nesse contexto de insatisfação pública, aconteceram diversas tentativas de tomar o poder em diferentes regiões da Alemanha. Em Berlim, a sublevação armada deflagrada pelos comunistas foi sufocada, e seus líderes, Karl Liebknecht e Rosa Luxemburgo, foram assassinados na chamada Semana Sangrenta, ocorrida entre 10 e 17 de janeiro de 1919. Outras rebeliões comunistas foram dominadas, e a repressão tornou-se violenta.

Nesse clima agitado, foram realizadas eleições para a formação de uma Assembleia Nacional Constituinte. Diante da falta de segurança na capital, Berlim, os constituintes passaram a se reunir na pequena cidade de Weimar, por isso convencionou-se chamar o período de 1919 a 1933 de República de Weimar.

A Constituição de Weimar tinha características democráticas, garantia o direito de voto à mulher, o pluripartidarismo, a proteção às classes desfavorecidas e ampla liberdade de expressão. Entretanto, a democratização do país não garantia estabilidade, pois a crise política crescia em meio às dificuldades econômicas.

A falta de credibilidade no exterior, a diminuição da produção industrial, as dívidas de guerra (os franceses chegaram a ocupar o Vale do Ruhr para garantir o recebimento de seus créditos), o déficit orçamentário e a inflação desenfreada levaram a Alemanha a uma crise sem precedentes. A hiperinflação, ocorrida em 1923, era assustadora. Em janeiro daquele ano, 1 dólar equivalia a 22 mil marcos, que era a moeda alemã na época; no fim de abril, 40 mil marcos; em fins de agosto, 1 milhão; em 10 de novembro, 1 dólar valia 1 bilhão de marcos.

O desemprego aumentou de forma drástica, bem como a miséria e a radicalização política. O salário dos trabalhadores e aposentados era reajustado todos os dias, mas não se repunha o poder aquisitivo, o que empobrecia a população.

A ampla reforma financeira realizada pelo governo de Gustav Stresemann (13 de agosto de 1923 a 23 de novembro de 1923 – permaneceu ministro dos Negócios Estrangeiros nos sucessivos governos até sua morte em 1929), a ajuda norte-americana e inglesa e a retirada das tropas francesas da região do Ruhr permitiram à Alemanha relativa recuperação econômica que perdurou até a Crise de 1929.

Entre 1924 e 1929, a situação econômica equiparava-se à de antes da guerra, mas isso não pôs fim à instabilidade política vivida pelos alemães.

Neste contexto de crise, entrou em cena Adolf Hitler. Nascido na Áustria, ele tentou sem sucesso seguir a carreira de pintor. Autodidata, assimilou ideias antissemitas. Combateu na Primeira Guerra no exército alemão e, em 1919, entrou na vida política alemã.

Em 1923, em Munique, os nazistas tentaram dar um golpe de Estado e tomar o poder, mas fracassaram. Dezesseis militantes morreram e os líderes foram presos. Adolf Hitler, então diretor do Partido Nacional Socialista dos Trabalhadores Alemães, conhecido como Partido Nazista, foi condenado a cinco anos de prisão, mas recebeu a **anistia** nove meses depois de ser preso. Nesse período, escreveu uma obra autobiográfica, *Mein Kampf* (Minha luta), na qual expôs suas ideias políticas e teorias racistas, como a da superioridade da raça ariana, da qual acreditava que os alemães descendiam.

O período no cárcere também serviu para que Hitler analisasse a situação do país. Ele concluiu que a melhor maneira para chegar ao poder não seria por meio de um golpe de Estado, mas sim pela forma legal, eleitoral e parlamentar.

Mulher alemã alimentando o fogo com papel-moeda durante a crise inflacionária. Berlim, 1923.
A desvalorização do marco era tão grande que as pessoas acumulavam muito papel-moeda, que logo perdia a utilidade econômica.

### Palavra-chave

**Anistia:** perdão ou anulação de um débito ou pena cedido pelo Poder Legislativo.

Até 1930, o Partido Nazista cresceu pouco. No entanto, com a Crise de 1929, que gerou falências, desemprego e miséria, o medo do comunismo, o desejo da classe média de pôr fim às agitações, o apoio de industriais e banqueiros, a utilização de organizações **paramilitares** (a SA – em alemão Sturmabteilung, as Tropas de Assalto – e a SS – Schutzstaffel, as Tropas de Proteção), o carisma de Hitler e a propaganda fizeram com que os nazistas ganhassem força e expressividade política.

Nas eleições de 1932, Hitler se candidatou ao cargo de presidente da República. Obteve 37% dos votos, perdendo para o marechal Paul von Hindenburg. Apesar da derrota nas eleições presidenciais, o Partido Nazista elegeu a segunda maior bancada no Parlamento, constituindo-se assim numa respeitável força política.

O presidente Hindenburg convidou Hitler para ser chanceler (primeiro-ministro) de um **governo de coalizão**. Contando com o apoio da classe média, e a conivência de políticos e setores da Igreja (tanto a Luterana quanto a Católica), Hitler foi paulatinamente implantando um regime ditatorial. Aproveitando-se do incêndio do Reichstag (Parlamento alemão) em 27 de fevereiro de 1933, atribuído aos comunistas, Hitler orientou o presidente a declarar estado de emergência e limitar a liberdade de imprensa. Os comunistas passaram então a ser perseguidos pelas SA e SS. Em 2 de agosto de 1934, com a morte do presidente Hindenburg, Hitler passou a acumular os dois cargos (o de presidente e o de primeiro-ministro) depois de um plebiscito e recebeu então o título de Führer (guia, condutor).

### Palavras-chave

**Paramilitares:** diz-se de organizações civis que, armadas, exercem funções militares, sem, contudo, fazer parte das forças militares do país.

**Governo de coalizão:** aquele em que os partidos não fazem oposição ao governo ou ao chefe de Estado. Para que isso ocorra, é necessário que a maioria dos membros defenda a adoção de programas políticos semelhantes.

Hitler recebendo saudações nazistas durante discurso no Reichstag, 1934.

## Palavra-chave

**Campos de concentração:** constituem confinamentos militares utilizados, geralmente em tempos de guerra, para a detenção de condenados por infringir a legislação de um país. Por definição são instalações provisórias, com capacidade para abrigar grande número de pessoas, normalmente prisioneiros de guerra, que podem servir como moeda de troca com o inimigo, ou permanecer presos até o fim do conflito.

De 1934 a 1939, a política interna de Hitler obteve grandes sucessos econômicos e sociais, mas foi acompanhada de extrema repressão. Hitler instaurou um governo de intolerância, com perseguição a judeus, homossexuais, ciganos e oponentes políticos.

Para os judeus – considerados racialmente inferiores –, a repressão teve início logo que os nazistas chegaram ao poder. Em 1935, pelas Leis de Nuremberg, foram proibidos os casamentos mistos e o exercício de certas profissões pelos judeus, como a de médico.

Na madrugada de 9 para 10 de novembro de 1938, ocorreu a chamada Kristallnacht (Noite de Cristal), em Berlim, uma manifestação organizada pela Gestapo (polícia secreta), em que milhares de nazistas destruíram sinagogas, incendiaram lojas e agrediram judeus. Milhares de judeus foram enviados para os **campos de concentração** alemães de Buchenwald, Dachau e Sachsenhausen.

O antissemitismo moderno não foi uma invenção de Hitler; surgiu no fim do século XIX, de teorias que consideravam os judeus inferiores e sua existência um perigo para as "raças superiores." Entretanto, foi o nazismo capitaneado por Hitler que levou essa teoria às últimas consequências, realizando o extermínio de cerca de 6 milhões de judeus.

Campo de concentração de Bergen-Belsen, localizado no distrito alemão de Celle, 1945.

## Explorando

**Holocausto: crime contra a humanidade**
Maria Luiza Tucci Carneiro, Editora Ática.

A autora propõe uma reflexão sobre direitos humanos e a responsabilidade do Estado na preservação da vida dos cidadãos. Ela demonstra que é possível conscientizar a humanidade pela análise das teorias racistas do nazismo, para que os erros do passado não se repitam.

O governo nazista interveio diretamente na economia, controlou a inflação do período anterior, reduziu o desemprego com investimentos na expansão da indústria, em grandes obras públicas de infraestrutura e na admissão de um grande contingente no exército alemão. Essas medidas possibilitaram o aumento do consumo interno, que voltou aos níveis anteriores à Primeira Guerra Mundial. A política trabalhista era semelhante à do fascismo italiano, pois controlava os movimentos sociais, como os sindicatos, e disseminava a propaganda ideológica. Hitler também violou os dispositivos do Tratado de Versalhes: remilitarizou a Renânia, anexou a Áustria (Anschluss) e incorporou a região dos Sudetos, pertencente à Tchecoslováquia (atuais Eslováquia e República Tcheca).

## CURIOSIDADES HISTÓRICAS

Berlim foi a sede dos Jogos Olímpicos de 1936. Nessa ocasião, Hitler queria mostrar ao mundo toda a força de seu país. Embora a Alemanha nazista tenha investido milhões na construção da estrutura que abrigaria o evento e tenha terminado a competição liderando no quadro de medalhas, os Jogos Olímpicos confirmaram que suas teorias racistas eram completamente infundadas.

Derrotados em diversas modalidades, os alemães tiveram ainda de assistir ao atleta norte-americano Jesse Owens ganhar quatro medalhas de ouro, entre elas a da prova dos 100 metros rasos.

Assim como Owens, diversos atletas afro-americanos venceram as provas de atletismo e atraíram para si o brilho da festa.

O americano Jesse Owens durante a prova de 100 metros rasos nos Jogos Olímpicos de Berlim, 1936.

## DIVERSIFICANDO LINGUAGENS

No filme *O grande ditador*, lançado em 1940, Charles Chaplin faz uma sátira ao totalitarismo alemão. Leia a seguir o último discurso do personagem principal do filme e responda às questões no caderno.

> Todos nós desejamos ajudar uns aos outros. Os seres humanos são assim. Desejamos viver para a felicidade do próximo – não para o seu infortúnio. Por que havemos de odiar e desprezar uns aos outros? Neste mundo há espaço para todos. A terra, que é boa e rica, pode prover a todas as nossas necessidades.

O caminho da vida pode ser o da liberdade e da beleza, porém nos extraviamos. A cobiça envenenou a alma dos homens... levantou no mundo as muralhas do ódio... e tem-nos feito marchar a passo de ganso para a miséria e os morticínios. Criamos a época da velocidade, mas nos sentimos enclausurados dentro dela. A máquina, que produz abundância, tem-nos deixado em penúria. Nossos conhecimentos fizeram-nos céticos, nossa inteligência, empedernidos e cruéis. Pensamos em demasia e sentimos bem pouco. Mais do que de máquinas, precisamos de humanidade. Mais do que de inteligência, precisamos de afeição e doçura. Sem essas virtudes, a vida será de violência e tudo será perdido.

A aviação e o rádio aproximaram-nos muito mais. A própria natureza dessas coisas é um apelo eloquente à bondade do homem... um apelo à fraternidade universal... à união de todos nós. Neste mesmo instante a minha voz chega a milhares de pessoas pelo mundo afora... milhões de desesperados, homens, mulheres, criancinhas... vítimas de um sistema que tortura seres humanos e encarcera inocentes. Aos que me podem ouvir eu digo: Não desespereis! A desgraça que tem caído sobre nós não é mais do que o produto da cobiça em agonia... da amargura de homens que temem o avanço do progresso humano. Os homens que odeiam desaparecerão, os ditadores sucumbem e o poder que do povo arrebataram há de retornar ao povo. E assim, enquanto morrem homens, a liberdade nunca perecerá.

*Soldados! Não vos entregueis a esses brutais... que vos desprezam... que vos escravizam... que arregimentam as vossas vidas... que ditam os vossos atos, as vossas ideias e os vossos sentimentos! Que vos fazem marchar no mesmo passo, que vos submetem a uma alimentação regrada, que vos tratam como gado humano e que vos utilizam como bucha de canhão! Não sois máquina! Homens é que sois! E com o amor da humanidade em vossas almas! Não odieis! Só odeiam os que não se fazem amar... os que não se fazem amar e os inumanos!*

*Soldados! Não batalheis pela escravidão! Lutai pela liberdade! No décimo sétimo capítulo de São Lucas está escrito que o Reino de Deus está dentro do homem – não de um só homem ou grupo de homens, mas dos homens todos! Está em vós! Vós, o povo, tendes o poder – o poder de criar máquinas. O poder de criar felicidade! Vós, o povo, tendes o poder de tornar esta vida livre e bela... de faze-la uma aventura maravilhosa. Portanto – em nome da democracia – usemos desse poder, unamo-nos todos nós. Lutemos por um mundo novo... um mundo bom que a todos assegure o ensejo de trabalho, que dê futuro à mocidade e segurança à velhice.*

*É pela promessa de tais coisas que desalmados têm subido ao poder. Mas, só mistificam!*

*Não cumprem o que prometem. Jamais o cumprirão! Os ditadores liberam-se, porém escravizam o povo. Lutemos agora para libertar o mundo, abater as fronteiras nacionais, dar fim à ganância, ao ódio e à prepotência. Lutemos por um mundo de razão, um mundo em que a ciência e o progresso conduzam à ventura de todos nós. Soldados, em nome da democracia, unamo-nos!*

*Hannah, estás me ouvindo? Onde te encontrares, levanta os olhos! Vês, Hannah? O sol vai rompendo as nuvens que se dispersam! Estamos saindo da treva para a luz! Vamos entrando num mundo novo – um mundo melhor, em que os homens estarão acima da cobiça, do ódio e da brutalidade. Ergue os olhos, Hannah! A alma do homem ganhou asas e afinal começa a voar. Voa para o arco-íris, para a luz da esperança. Ergue os olhos, Hannah! Ergue os olhos!* 💬

José Geraldo Simões Jr. *O pensamento vivo de Charles Chaplin*. São Paulo: Martin Claret, 1984. p. 13-15.

**1.** O texto apresenta um claro posicionamento político. De que forma Chaplin chama as pessoas a se oporem ao totalitarismo?

**2.** O discurso de Chaplin se mantém atual? Justifique.

# O salazarismo português

Em 1910, grupos liberais e republicanos derrubaram a monarquia portuguesa. Esses grupos estavam insatisfeitos com o regime monárquico, que atuava de maneira conservadora na economia e na política, além de ser amplamente influenciado pela Igreja Católica. Diversos setores da sociedade exigiam a modernização e o estabelecimento de um diálogo democrático.

Mas já em seus primeiros anos, a república enfrentou diversas dificuldades econômicas e financeiras, consequência do excesso de gastos do período monárquico, da Primeira Guerra Mundial e do atraso industrial português em relação ao restante da Europa.

Durante a Primeira Guerra Mundial, Portugal lutou ao lado da Inglaterra e da França. Os efeitos da guerra, como a instabilidade política e econômica, também foram sentidos em países

Gravura da capa do periódico francês *Le Petit Journal*, publicado em 23 de outubro de 1910, ilustrando a queda da monarquia portuguesa ocorrida no dia 5 do mesmo mês. Na imagem, vemos a partida do rei de Portugal, Manuel II.

que importavam os gêneros portugueses, como o azeite e o pescado. O agravamento da crise econômica e social, a instabilidade política, o descontentamento popular e a oposição da Igreja aos governantes liberais suscitou o golpe de Estado da direita conservadora. O golpe foi uma manobra dos militares, ocorrido em 1926, que derrubou a chamada Primeira República, como ficou conhecido esse período da História de Portugal.

Auxiliando os militares, estava o economista Antônio de Oliveira Salazar, que controlou o poder de várias formas até adoecer em 1968.

Apontado por Salazar como uma "revolução nacional" com propósitos essencialmente populares, o golpe seria, segundo ele, a única saída para a desordem social, política e econômica que Portugal vivia. Entre 1926 e 1933, estabeleceu-se um regime ditatorial com características antiliberais. O repúdio aos liberais, semelhante ao da Espanha, da Alemanha e da Itália, fundamentava-se em atribuir-lhes a culpa pela Primeira Guerra Mundial e pela Crise de 1929.

Em 1933, uma nova Constituição e o Estatuto do Trabalho Nacional (ETN) declararam Portugal uma "República unitária e corporativa".

Salazar, por meio da Constituição do Estado Novo em 1933, criou um regime muito parecido com o da Itália fascista. Eliminou os partidos políticos de oposição e oficializou como único partido a União Nacional, que apoiava o governo. Também estabeleceu o diálogo direto entre trabalhadores e o Estado, impedindo a ação dos sindicatos. Para garantir a base de apoio à ideologia oficial, Salazar também investiu em propaganda e adotou medidas violentas contra os opositores do regime, como a prisão e a deportação.

O regime beneficiava grandes empresas, o que lhe garantia importante apoio desses grupos. Além disso, contava com o apoio da Igreja Católica e dos grandes proprietários do sul.

Salazar manteve Portugal neutro na Segunda Guerra Mundial, concentrando-se na continuidade de seu sistema de alianças. Em 1949, Portugal integrou-se à Otan (Organização do Tratado do Atlântico Norte), aliando-se aos Estados Unidos e aos países da Europa Ocidental. A partir da década de 1960, tiveram início as guerras de independência na África, e Salazar empenhou-se em manter as colônias portuguesas naquele continente, com a intenção de levar Portugal ao caminho do desenvolvimento com base na política de exploração colonial. A manutenção da estrutura colonial, porém, gerou muitos custos e poucos resultados. Os portugueses viram suas demandas produtivas ser relevadas em favor de uma guerra que só gerava custos e beneficiava apenas uma pequena parcela da sociedade portuguesa, o que gerou grande insatisfação popular.

## Explorando

**Sostiene Pereira**
Direção: Roberto Faenza.
Itália/França/Portugal, 1996,
104 min.

Sostiene Pereira é editor de um jornal durante o regime ditatorial de Salazar, em Portugal. Sua maior preocupação é seu trabalho, escrever biografias de escritores famosos e traduzir romances franceses. Ele ignora o que está acontecendo a seu redor até contratar Monteiro Rossi, um jovem idealista e revolucionário. Relutante, Sostiene ajuda Rossi e sua namorada em atividades subversivas, e acaba se comprometendo com a luta pela defesa da liberdade de expressão.

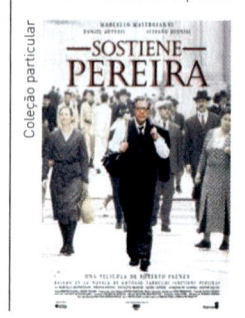

Salazar afastou-se do poder em 1968 e faleceu em 1970. Entre os anos de 1968 e 1974, a manutenção do Estado Novo ficou a cargo do primeiro-ministro Marcello Caetano, que procurou dar continuidade ao modo salazarista de governar o país.

No início da década de 1970, Portugal mantinha suas colônias com muita dificuldade. O país continuava pouco desenvolvido economicamente, a oposição política crescia, bem como a insatisfação social. No entanto, em 1974, liderada por militares progressistas e com amplo apoio popular, ocorreu a Revolução dos Cravos, golpe de Estado que pôs fim ao regime salazarista. O novo governo possibilitou a rápida descolonização de Angola, Moçambique e Guiné-Bissau.

Militares e civis portugueses comemorando o sucesso da Revolução dos Cravos, que pôs fim ao regime salazarista. Lisboa, 1º maio 1974.

### DOCUMENTOS EM ANÁLISE

Leia a declaração de Antônio Salazar e, no caderno, responda à pergunta.

> O Estado Novo não está subordinado a nenhuma classe. Ao contrário, no Estado Novo todas as classes estão subordinadas e harmonizadas ao supremo interesse da Nação.
>
> Salazar. In: Francesco Ricciu. *História do século XX*. São Paulo: Abril Cultural, 1975, v. 4, p. 1708.

1. Qual é a justificativa de Salazar para subordinar as classes?

# A Guerra Civil Espanhola

Em 1931, foi proclamada a república na Espanha. O rei Alfonso XIII foi afastado em virtude de pressões sociais que exigiam a democratização do regime e uma série de medidas econômicas de cunho modernizante.

O primeiro período republicano (1931-1933) caracterizou-se por um governo reformista, que pretendia transformar a Espanha em um Estado democrático e tinha como meta profundas mudanças sociais.

Com a elaboração de uma nova Constituição, em 9 de dezembro de 1931, instituiu-se a separação entre o Estado e a Igreja Católica, a restrição dos poderes do clero e o voto tornou-se universal e secreto. Pela primeira vez as mulheres poderiam participar.

Nesse contexto, as terras da Igreja Católica foram confiscadas; o ensino religioso, suspenso; a educação passou a ser controlada pelo Estado; e o divórcio foi legalizado. Essas medidas, somadas à Lei Agrária, que possibilitava a expropriação das grandes propriedades, amedrontaram setores tradicionalistas da sociedade espanhola.

Primeira página do periódico *Le Petit Journal*, 26 abr. 1931.
Abaixo da gravura, lê-se: "uma república chega... um reino se vai...".

O governo republicano – constituído majoritariamente por liberais – era cada vez mais atacado pelas forças conservadoras privilegiadas no Antigo Regime (latifundiários, militares e setores da Igreja Católica), contrárias às reformas, e também por comunistas e anarquistas, que consideravam as reformas tímidas, já que mudaram muito pouco as condições de vida da classe trabalhadora.

Os latifundiários e a Igreja, sentindo-se prejudicados com a nova Constituição, criaram partidos políticos que procuravam atender a seus interesses. Assim surgiu a Confederación de Derechas Autónomas (Confederação de Direitas Autônomas), que em novembro de 1933, concorrendo com uma esquerda dividida, venceu as eleições.

O novo governo adotou uma política repressiva. Militares golpistas foram anistiados; muitos liberais, comunistas e anarquistas foram presos, e reformas que haviam sido realizadas no governo anterior, revogadas.

Entretanto, a crise econômica, suas consequências e as disputas políticas atingiram também o novo governo, o que gerou insatisfação e forçou a convocação de eleições parlamentares.

Percebendo que só a união de forças poderia deter os partidários do governo, a oposição uniu-se e, nas eleições de 1936, a chamada Frente Popular, composta de republicanos, liberais, socialistas e comunistas, obteve uma grande vitória.

O novo governo liderado por Manuel Azaña e Francisco Largo Caballero foi eleito e implementou as leis de aumento salarial dos trabalhadores e a lei de reforma agrária, que haviam sido aprovadas no governo anterior.

O avanço da esquerda republicana provocou a reação da direita monarquista e criou bases para a Guerra Civil. Militares com o apoio dos latifundiários e da Igreja passaram a tramar um golpe. Em junho de 1936, ocorreu uma rebelião militar no Marrocos espanhol. O exército da África espanhola, sob a liderança do general Francisco Franco y Bahamonde, percebeu a oportunidade gerada pela revolta e aderiu aos rebelados.

Em 17 de julho eclodiram rebeliões nas cidades de Ceuta, Melilla e Tetúan. A agitação se estendeu por toda a Espanha.

Ao perceber que seriam derrotados pelos milicianos de Madri, principal centro do movimento republicano, os generais Emilio Mola e Francisco Franco, pediram apoio a Hitler e Mussolini, que viram na Guerra Civil Espanhola uma oportunidade de consolidar relações políticas e comerciais em troca da ajuda. Desse modo, o nazifascismo enviou materiais bélicos, conselheiros militares e voluntários para combater pelos chamados "nacionalistas".

Os republicanos receberam a ajuda das brigadas internacionais, compostas de dezenas de milhares de voluntários de todo o mundo, que contaram até com a participação, inclusive, de brasileiros.

No entanto, a ala que defendia a república estava fragmentada, e em outubro de 1937 a vitória do general Franco e dos nacionalistas parecia inevitável, pois já controlavam dois terços do território espanhol.

Por fim, em 1º de abril de 1939, os nacionalistas triunfaram. Quase 1 milhão de pessoas morreram. A morte de outros líderes durante a guerra criou a oportunidade para o general Franco ascender ao poder. Iniciava-se na Espanha o regime totalitário franquista.

Militantes republicanas no *front* de Extremadura, 1936.
As mulheres anarquistas tiveram participação relevante na Guerra Civil Espanhola. Propunham a independência econômica da mulher, criticavam a conduta moral rígida e lutavam por uma sociedade livre e justa.

## O franquismo

O regime estabelecido pelo general Franco tinha o apoio do exército, da Igreja Católica, dos fazendeiros e de pequenos proprietários do norte, dos grandes latifundiários do sul, das classes proprietárias e industriais urbanas.

Às classes proprietárias, o novo governo oferecia segurança, e aos que se engajaram no chamado Movimento Nacional, o Estado oferecia empregos. A Igreja Católica voltou a ter o controle da educação. Os altos cargos eram ocupados por pessoas oriundas das classes privilegiadas, já as organizações das classes desfavorecidas eram reprimidas.

Como estratégia política, Franco instaurou um regime repressivo com tribunais militares, tortura, assassinatos, confisco de bens e execuções em massa.

Apesar do apoio que recebeu de Hitler e de Mussolini, Franco manteve a Espanha neutra durante a Segunda Guerra Mundial. Nos anos seguintes, em razão de seu caráter anticomunista, obteve ajuda econômica e militar dos Estados Unidos, apoio fundamental para que a Espanha fosse aceita na comunidade internacional.

Ao final da década de 1950, graças aos investimentos externos, ao acúmulo de capitais locais e à expansão da economia mundial, a Espanha obteve um relativo sucesso econômico. Iniciou-se a abertura das fronteiras e dos mercados, a expansão do turismo; o cinema, a televisão e a literatura traziam valores modernos.

### Explorando

**A língua das mariposas**
Direção: José Luis Cuerda.
Espanha, 1999, 96 min.

Moncho está em seu primeiro ano na escola, tem um professor maravilhoso e está descobrindo as amizades e o amor. Mas nesse mesmo ano começa a Guerra Civil Espanhola. Durante uma viagem com a banda de seu irmão mais velho, o menino também descobre o medo, a violência e a traição, à medida que presencia as consequências do conflito.

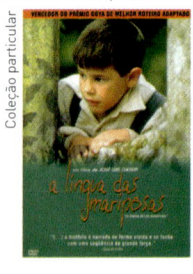

Após a morte de Franco, em 1975, Juan Carlos de Bourbon tornou-se rei da Espanha e, nos anos seguintes, consolidou-se uma democracia parlamentar pluripartidária.

Vigília organizada pelo grupo Plataforma contra a impunidade dos crimes praticados durante o franquismo. Madri, 26 jun. 2010.
Ainda hoje, há 113 mil famílias procurando por parentes que desapareceram durante o regime.

## DIVERSIFICANDO LINGUAGENS

Leia o texto a seguir e responda às questões no caderno.

Cabe esclarecer que, o regime franquista, tomou o poder com o final da Guerra Civil, em abril de 1939. Por sua vez, o General Franco se autoproclamou "Caudillo de España por la Gracia de Dios", ao ter conseguido sufocar os republicanos, com o auxílio externo, e ter tomado as principais cidades esquerdistas espanholas (Madri, Barcelona, Valencia, Murcia e Alicante). O regime possuía características peculiares que o aproximava da Alemanha de Hitler e da Itália de Mussolini, sintetizando o que ficou conhecido por "franquismo".

Ao longo da década de 40, o regime praticou uma forte repressão contra os opositores da ditadura. Manteve uma política econômica de mercado, porém, autárquica, provocada pela Segunda Guerra Mundial e pelo isolamento posterior da Espanha – promovido pela ONU, devido à simpatia espanhola pelos regimes nazi-fascistas perdurou por mais algumas décadas, tendo de se adequar às novas realidades mundiais e aliar-se com outras potências, até seu fim em 1975. [...]

Bruno Kloss Hypólito. O Labirinto do Fauno: o embate político-ideológico entre duas concepções de Espanha. In: Janete Abrão (Org.) *Espanha: política e cultura*. Porto Alegre: EdiPUCRS, 2010. p. 66-67.

**1.** Como o general Franco consolidou seu domínio na Espanha?
**2.** Como foi o período em que Franco governou?

## CONHEÇA O ARTISTA

**Salvador Dalí.**
*Premonição da Guerra Civil*, 1936.
Óleo sobre tela, 1 × 1 m.

Museu de Arte Filadelfia, Filadelfia

### Salvador Dalí

Salvador Dalí (1904-1989) nasceu em Figueras, Espanha. Começou a pintar aos 10 anos e, aos 18, ingressou na Academia São Fernando, em Madri. Em 1929, mudou-se para Paris, onde se juntou aos surrealistas e conheceu Gala, que se tornou sua mulher e musa por 53 anos. Ainda em 1929, produziu com Luis Buñuel o primeiro filme surrealista, intitulado *Um cão andaluz*. Suas teorias e inventividade injetaram novas ideias no movimento surrealista, mas por diferenças políticas acabou sendo expulso do grupo em 1934. Quando a Guerra Civil Espanhola (1936-1939) eclodiu, Dalí se recusou a alinhar-se a qualquer grupo. Hitler invadiu a França em 1940, e Dalí mudou-se com Gala para os Estados Unidos, onde começou seu período clássico e sua obra passou a ter temas religiosos, científicos e históricos.

Representando a Espanha, um corpo humano gigantesco, separado em partes monstruosas, com braços e pernas que se agridem.

Ao fundo, o artista retratou uma paisagem árida e infértil, o que fortalece a mensagem do quadro sobre os horrores da guerra.

O rosto da figura demonstra grande sofrimento, prevendo a dor que o conflito causaria ao país.

*Premonição da Guerra Civil* (1936) retrata um gigante, representando a Espanha, que agride a si mesmo com a Guerra Civil. O artista não era otimista quanto às consequências da guerra. O quadro foi pintado durante o primeiro ano do conflito, o que justifica o uso da palavra **premonição** no título.

1 Qual era a opinião do artista em relação à Guerra Civil Espanhola?

2 Como a Espanha é representada no quadro?

3 O que o rosto da figura demonstra?

## AGORA É COM VOCÊ

1. Assinale as alternativas corretas com relação ao período de ascensão dos Estados Unidos e, no espaço abaixo, reescreva as incorretas corrigindo-as.

    a) (   ) A participação dos Estados Unidos na Primeira Guerra Mundial não se refletiu no crescimento econômico da nação.

    b) (   ) Na década de 1920, a indústria automobilística cresceu bastante nos Estados Unidos.

    c) (   ) O estilo de vida de consumismo e euforia nos Estados Unidos foi denominado de *American way of life*.

    d) (   ) A grande prosperidade norte-americana pôs fim a problemas como racismo e xenofobia.

    e) (   ) A Lei Seca proibia a fabricação e comércio de bebidas alcoólicas na década de 1920, visando minimizar mazelas como criminalidade e problemas de saúde decorrentes do alcoolismo.

    _____
    _____
    _____
    _____

2. Complete o quadro com as informações pedidas.

| | O que foi | Características principais |
|---|---|---|
| Crise de 1929 | | |
| New Deal | | |

3. Faça a correspondência correta entre o regime e algumas de suas características.

    a) nazismo

    b) fascismo

    c) salazarismo

    d) franquismo

    e) todos os regimes

    (   ) Liderado por Benito Mussolini, o Duce.
    (   ) Violência e repressão.
    (   ) Liderado por Salazar.
    (   ) Antissemitismo.
    (   ) Liderado pelo general Franco.
    (   ) Liderado por Adolf Hitler.
    (   ) Propaganda para convencer as massas.

4. Circule os termos que se relacionam às características gerais dos regimes totalitários.

    intervencionismo    democracia    exaltação ao líder    política liberal

    repressão    sistema unipartidário    liberdade de expressão    censura

## SUPERANDO DESAFIOS

**1. (Enem)** Leia um texto publicado no jornal Gazeta Mercantil. Esse texto é parte de um artigo que analisa algumas situações de crise no mundo, entre elas, a quebra da Bolsa de Nova Iorque em 1929, e foi publicado na época de uma iminente crise financeira no Brasil.

> Deu no que deu. No dia 29 de outubro de 1929, uma terça-feira, praticamente não havia compradores no pregão de Nova Iorque, só vendedores. Seguiu-se uma crise incomparável: o Produto Interno Bruto dos Estados Unidos caiu de 104 bilhões de dólares em 1929, para 56 bilhões em 1933, coisa inimaginável em nossos dias. O valor do dólar caiu a quase metade. O desemprego elevou-se de 1,5 milhão para 12,5 milhões de trabalhadores – cerca de 25% da população ativa – entre 1929 e 1933. A construção civil caiu 90%. Nove milhões de aplicações, tipo caderneta de poupança, perderam-se com o fechamento dos bancos. Oitenta e cinco mil firmas faliram. Houve saques e norte-americanos que passaram fome.
>
> Gazeta Mercantil, 05/01/1999.

Ao citar dados referentes à crise ocorrida em 1929, em um artigo jornalístico atual, pode-se atribuir ao jornalista a seguinte intenção:

a) questionar a interpretação da crise.
b) comunicar sobre o desemprego.
c) instruir o leitor sobre aplicações em bolsa de valores.
d) relacionar os fatos passados e presentes.
e) analisar dados financeiros americanos.

**2. (Espm-SP)** Um ex-líder do grupo Ku-Klux-Klan foi preso anteontem acusado de ter matado, há quarenta anos, três jovens no estado americano do Mississipi. O crime ficou famoso graças ao filme "Mississipi em Chamas", do diretor Alan Parker. Edgar Rey Killen, setenta e nove anos, foi apresentado ontem à Justiça e se declarou inocente. O caso foi reaberto em 1999.

"Folha de São Paulo", 08/01/2005.

A Ku-Klux-Klan surgiu ao final da Guerra de Secessão, como uma sociedade secreta. Aponte a alternativa que apresenta o tipo de atuação desenvolvida por essa sociedade secreta:

a) Promoviam a intolerância contra os negros e contra os brancos que com eles simpatizavam.
b) Lutavam para garantir a integração dos negros como homens livres, com direitos defendidos por lei.
c) Nascida na cidade de Nashville, no sul dos Estados Unidos, foi extinta em 1915 tendo desaparecido definitivamente.
d) A atuação dessa sociedade demonstra que a Guerra de Secessão sepultou qualquer tipo de intolerância nos Estados Unidos.
e) A atuação dessa sociedade ficou sempre restrita ao sul dos Estados Unidos e limitada a ação contra os negros.

# CAPÍTULO 4
# A Segunda Guerra Mundial

Monumento do Soldado Desconhecido, Moscou, Rússia, 2007.
Em diversas localidades do mundo, monumentos foram construídos para homenagear os milhões de combatentes mortos e desaparecidos durante a Segunda Guerra Mundial.

O período entre o final da Primeira Guerra e o início da Segunda Guerra Mundial foi marcado por diversas transformações.

O Tratado de Versalhes, assinado em 1919, não foi capaz de estabelecer a paz de forma sólida e duradoura na Europa. Ao contrário, agravou oposições, revanchismos e contradições entre os países. As medidas punitivas impostas à Alemanha fomentaram a ascensão do nazismo. Aos poucos, o regime liderado por Adolf Hitler foi deixando de cumprir as restrições do Tratado de Versalhes, organizou o exército alemão e investiu na indústria bélica.

Na década de 1920, surgiu o fascismo na Itália, também impulsionado pelas crises econômicas e sociais geradas na Primeira Guerra Mundial e pela indignação decorrente da partilha desigual das colônias.

O triunfo dos bolcheviques na Rússia, a partir de 1922, preocupou as democracias ocidentais, sobretudo os Estados Unidos e a Inglaterra, que passaram a considerar o socialismo uma ameaça ao capitalismo vigente. A Crise de 1929 também contribuiu para fundamentar esse receio. Nos países capitalistas que passavam por inúmeras dificuldades geradas pela Crise de 1929, era comum o crescimento e a adesão à ideologia socialista, principalmente entre as camadas mais populares, que consideravam o comunismo a melhor alternativa para superar a crise. Por outro lado, as classes dominantes, com receio de ter seu patrimônio ameaçado, passaram a temer e a combater esse ideal.

Nesse contexto consolidou-se o nazifascismo, uma ideologia política baseada na xenofobia, no sentimento revanchista e no anticomunismo, que atuava junto às classes dominantes para superar a crise econômica e manter o controle social. Desse modo, as grandes potências preferiram ser coniventes com os regimes totalitários para impedir a disseminação do comunismo.

No plano econômico mundial, a indústria nazifascista, principalmente a alemã, havia consolidado sua posição em mercados tradicionalmente dominados pelas democracias ocidentais, que ainda se recuperavam da Crise de 1929.

No Extremo Oriente, o expansionismo japonês chocava-se com os interesses dos Estados Unidos na região, pois os norte-americanos tinham intensas relações comerciais com os países da região do Pacífico. A invasão da Manchúria (território pertencente à China), em 1931, pelo Japão complicou as relações entre norte-americanos e nipônicos. Em 1937, com a invasão japonesa à China, o conflito entre Japão e Estados Unidos tornou-se iminente.

Na Espanha, a Guerra Civil serviu como experiência em menor escala para os nazifascistas. Em 1938, teve início a política expansionista nazista, com a anexação da Áustria à Alemanha. Além disso, Hitler anexou a região dos Sudetos, pertencente à Tchecoslováquia, e logo em seguida a Boêmia e a Morávia (atualmente parte da República Tcheca). Já Mussolini ocupou a Albânia.

As relações internacionais estavam fragilizadas. A Liga das Nações, criada em 1920 para assegurar a paz e as leis internacionais, não exercia de fato grande influência. Exemplo disso foi a invasão da Manchúria pelos japoneses. Condenado pela invasão, o Japão simplesmente se retirou da Liga.

A corrida imperialista por territórios e mercados contribuiu decisivamente para a guerra. Alemanha, Itália e Japão, de um lado, e Inglaterra, França e Estados Unidos, de outro, divergiam em vários aspectos políticos e econômicos.

Em 23 de agosto de 1939, em meio à situação de tensão em que a Europa se encontrava, alemães e soviéticos assinaram um pacto comercial e de amizade. O chamado Pacto Nazi-Soviético estabelecia a não agressão se um dos dois países se envolvesse diretamente em guerra, garantia o fornecimento de petróleo e diversos produtos russos aos alemães e continha cláusulas secretas que dariam à URSS parte da Polônia em caso de invasão alemã naquele país.

O comissário soviético de Relações Exteriores, Vyacheslav Molotov, assina tratado de amizade e estabelecimento de fronteiras entre Alemanha e URSS. Atrás dele, Joachim von Ribbentrop, Josef Stálin, Oleg V. Pavlov e Dr. Friedrich W. Gaus, 28 set. 1939. Além do Pacto Nazi-Soviético, outros acordos foram assinados entre alemães e soviéticos.

# O conflito

**Palavra-chave**

**Expatriado:** aquele que foi obrigado a sair de sua pátria, voluntariamente ou não, e vive fora de seu país.

Pelo Tratado de Versalhes, os alemães perderam territórios para a recém-criada Polônia. Em alguns deles, a população era majoritariamente germânica, e a política adotada pelos poloneses era repressiva em relação a esses alemães **expatriados**.

Aproveitando-se dessa situação, Hitler exigiu que os poloneses devolvessem a cidade portuária de Dantzig e o chamado "corredor polonês".

Acreditando que seriam protegidos pela França e pela Inglaterra, os poloneses resistiram. Após garantir a neutralidade da União Soviética, o ditador alemão pôs em ação o Plano Branco, dando início, na madrugada de 1º de setembro de 1939, à invasão da Polônia. A Luftwaffe (Força Aérea Alemã) realizou intensos bombardeios aéreos, debilitando a resistência polonesa e abrindo caminho para que as Panzerdivisionem (divisões de tanques) aniquilassem o exército polonês. Em menos de um mês, a Polônia foi vencida por uma tática de guerra que ficou conhecida como *blitzkrieg* (guerra-relâmpago).

Os soviéticos ocuparam o leste da Polônia e, no ano seguinte, tomaram e anexaram os países bálticos. Quando a Polônia foi invadida pelos alemães, a Inglaterra e a França, já atemorizadas pela expansão do nazifascismo, declararam guerra aos nazistas.

Em abril de 1940, os alemães invadiram a Noruega e a Dinamarca. A estratégia de Hitler era garantir o controle das riquezas naturais desses países, como o fluxo de minério de ferro, e consolidar a presença nazista no Mar Báltico e no Mar do Norte, zonas de influência inglesa.

Em maio, foi a vez de Bélgica, Holanda e Luxemburgo, países cuja localização geográfica também era estratégica para os alemães, caírem sob domínio nazista. Então os alemães partiram para a invasão da França, que foi surpreendida pela rapidez e eficácia do ataque.

Paris foi dominada pelos nazistas, e a França foi dividida em duas áreas: uma ocupada pelos alemães, com a capital em Paris, e outra mantida com um governo colaboracionista, com a capital em Vichy.

Adolf Hitler caminhando em frente à Torre Eiffel, acompanhado do alto-comando da SS e SA e dos arquitetos Hermann Giesler e Albert Speer, durante a dominação alemã de Paris, 23 jun. 1940.

# A resistência britânica e o conflito com a União Soviética

O objetivo seguinte dos alemães era a invasão da Grã-Bretanha. A estratégia inicial era bombardear as principais cidades e centros industriais ingleses para, assim, afetar diretamente a economia interna do país.

Escoltados pelos aviões de caça da Luftwaffe, bombardeiros alemães despejaram, dia e noite, toneladas de bombas sobre as principais cidades do Reino Unido. Entretanto, apesar do grande número de mortos e feridos e dos prejuízos materiais, os britânicos, sob a liderança de Winston Churchill, resistiram, e a RAF (Royal Air Force – Força Aérea Real) impôs severas perdas aos alemães, o que impediu a invasão. O mito da invencibilidade alemã, construído em torno dos sucessos da *blitzkrieg*, começava a ser rompido.

Região em Londres afetada pelos bombardeios alemães em setembro de 1940. Na imagem, vemos que apenas a Catedral de São Paulo permaneceu intacta.

Nos Bálcãs, diante das sucessivas vitórias dos alemães, Mussolini entrou no conflito atacando a Grécia e depois o Norte da África, com o objetivo de conquistar as colônias das potências imperialistas tão logo fossem derrotadas por Hitler. Entretanto, após algumas vitórias, os italianos passaram a sofrer grandes perdas no conflito com os britânicos. Somente com o apoio alemão, os italianos continuaram ocupando alguns pontos importantes nos Bálcãs e no continente africano. Em abril de 1941, os alemães atacaram a Iugoslávia e a Grécia e dominaram as respectivas capitais, Belgrado e Atenas.

A essa altura, o exército alemão já sentia os efeitos de suas primeiras derrotas. Muitos recursos essenciais tornaram-se escassos, principalmente o petróleo. Para conseguir mais petróleo, necessário para a manutenção da guerra, a Alemanha tinha duas alternativas: arriscar-se em uma investida no Oriente Médio ou na União Soviética. Os nazistas preferiram romper o Pacto Nazi-Soviético pelos seguintes motivos: uma campanha na União Soviética parecia ser menos arriscada do que uma investida ao Oriente Médio; a natureza xenófoba do nazismo considerava povos eslavos inferiores; aliados dos alemães (finlandeses, búlgaros, turcos e romenos) temiam o expansionismo soviético, e os nazistas combateriam os comunistas, a quem o regime sempre condenara.

Na madrugada do dia 22 de junho de 1941, os alemães puseram em prática a chamada **Operação Barbarossa**, um maciço ataque à União Soviética. A ofensiva alemã foi bem-sucedida no início. Em poucos dias, um amplo território da União Soviética estava ocupado, e os alemães se aproximavam de Moscou e de Leningrado. Os soviéticos tentaram resistir até a chegada do inverno, ao qual estavam acostumados.

Para dificultar a ofensiva alemã, os soviéticos praticaram a política da terra arrasada (emigração da população e destruição de todos os recursos da região que estava prestes a ser invadida, como plantações e reservatórios de água), que foi a forma de resistência mais imediata. Em dezembro, com a chegada do inverno e das tropas vindas da Sibéria,

### Palavra-chave

**Operação Barbarossa:** operação que recebeu este nome em homenagem a Frederico Hohentaufen, imperador do Sacro Império Romano-Germânico no século XII, que era chamado de "barbarossa" (barba ruiva) pelos italianos. Os nazistas o consideravam um herói.

bem-adaptadas ao frio, a União Soviética desencadeou uma contraofensiva, que manteve os inimigos a uma boa distância de Moscou.

A situação dos alemães tornou-se então difícil, pois além da contraofensiva militar, os soldados estavam despreparados para um clima tão rigoroso. O ambiente hostil causou fome, doenças (tifo, disenteria etc.) e mortes por congelamento. Os veículos não funcionavam, e as metralhadoras refrigeradas a água emperravam. Ainda assim, o exército continuou avançando. No entanto, as vitórias soviéticas nas batalhas de Stalingrado (1942-1943) e Kursk (1943) determinaram o revés desse conflito.

Soldados alemães capturados pelo Exército Vermelho russo. Eles se mantêm todos juntos para conservar o corpo quente, 23 jun. 1942.

O cerco alemão a Leningrado durou 900 dias, mas os soviéticos resistiram e conseguiram rompê-lo em janeiro de 1944.

## Os Estados Unidos na guerra

As relações diplomáticas entre Estados Unidos e Japão estavam abaladas desde a agressão japonesa à China. A causa principal das tensões entre nipônicos e norte-americanos era a disputa pelo domínio das fontes de matérias-primas e dos mercados na região do Pacífico.

Com o objetivo de prejudicar as relações comerciais japonesas, os norte-americanos congelaram os créditos japoneses e impuseram o embargo ao petróleo. Em resposta a essas ações, o primeiro-ministro japonês, general Hideki Tojo, convenceu o imperador Hitohito a atacar Pearl Harbor, principal base dos Estados Unidos no Pacífico. Assim, na manhã de 7 de dezembro de 1941 ocorreu o ataque. Os norte-americanos consideraram esse ataque uma traição, servindo de justificativa ao presidente Franklin Delano Roosevelt para obter do Congresso uma declaração de guerra ao Japão. Alemanha e Itália, aliadas do Japão, declararam guerra aos Estados Unidos. A guerra tornara-se mundial, pois atingira todos os continentes.

Em poucos meses, os japoneses ocuparam Hong Kong, Cingapura, Malásia, Filipinas, ou seja, grande parte do Extremo Oriente. Mas, a partir de 1942, a guerra mudou de rumo com o avanço da contraofensiva aliada. As sucessivas vitórias norte-americanas puseram fim à ofensiva japonesa.

Fotografia do bombardeio de Pearl Harbor tirada por um piloto japonês, 1941.

O primeiro país do Eixo a se retirar da aliança foi a Itália. Mussolini foi destituído e, mais tarde, fuzilado pelos próprios italianos. A ocupação da Itália pelos Aliados, em 1943, foi estratégica para a penetração das tropas na Europa pelo Mediterrâneo e a paulatina retomada dos territórios invadidos pelos nazistas. Em 6 de junho de 1944, ocorreu o estratégico e decisivo desembarque dos Aliados na Normandia, conhecido como Dia D. Unindo forças, os Aliados libertaram Paris em 25 de agosto de 1944. A ofensiva culminou com a libertação de toda a França. Em janeiro de 1945, os soviéticos ocuparam a Polônia. Em 30 de abril, ao ver as tropas soviéticas aproximarem-se de Berlim, Hitler suicidou-se. Em 2 de maio, os Aliados tomaram Berlim. Logo depois, em 8 de maio, a Alemanha rendeu-se incondicionalmente.

Na frente oriental, no Pacífico, as tropas norte-americanas seguiam realizando importantes conquistas. A União Soviética também declarou guerra ao Japão e contribuiu para a rápida derrocada japonesa.

Em 1945, após enviar um ultimato ao governo japonês, os Estados Unidos lançaram bombas atômicas em Hiroshima, em 6 de agosto, e em Nagasaki, em 9 de agosto. Só em Hiroshima, estima-se que mais de 140 mil pessoas tenham morrido de imediato. Hoje sabe-se que outros milhares de pessoas morreram ou sofreram danos irreversíveis à saúde causados pela exposição à radiação. Em 2 de setembro, os japoneses assinaram a rendição incondicional. Era o fim do maior conflito da história mundial.

Fotografia não datada de Hiroshima, tirada pelo exército dos Estados Unidos.
Podemos observar a capacidade de devastação da bomba, que destruiu cerca de 90% dos prédios da cidade e causou a morte instantânea de milhares de pessoas.

## DIVERSIFICANDO LINGUAGENS

Leia o poema abaixo e responda às questões no caderno.

### ROSA DE HIROSHIMA

" Pensem nas crianças

Mudas telepáticas

Pensem nas meninas

Cegas inexatas

Pensem nas mulheres

Rotas alteradas

Pensem nas feridas

Como rosas cálidas

Mas oh não se esqueçam

Da rosa da rosa

Da rosa de Hiroshima

A rosa hereditária

A rosa radioativa

Estúpida e inválida

A rosa com cirrose

A antirrosa atômica

Sem cor sem perfume

Sem rosa sem nada "

© Vinicius de Moraes. A Rosa de Hiroshima. In: *Antologia poética*. São Paulo: Companhia das Letras, Editora Schwarcz Ltda., 1992. p. 196.

Crianças usando máscaras protetoras e segurando guarda-chuvas após o ataque à cidade Hiroshima, 8 out. 1945.

1. Em sua opinião, qual mensagem o poeta quis transmitir?
2. Faça uma pesquisa e relacione os efeitos da bomba que só foram descobertos tempos depois da explosão.

# Conferência de Potsdam

Em julho de 1945, em Potsdam, uma cidade próxima de Berlim, foi realizada uma importante conferência com a participação dos líderes da União Soviética, dos Estados Unidos e da Inglaterra. Nessa conferência foram estabelecidas as seguintes medidas:

- pagamento de uma indenização de 20 bilhões de dólares pela Alemanha;
- suspensão da indústria bélica alemã;
- efetivação da divisão da Alemanha em quatro zonas de ocupação entre os países aliados;
- julgamento dos líderes nazistas pelo Tribunal de Nuremberg, estabelecido na Alemanha para julgar crimes de guerra;
- separação de Áustria e Alemanha.

## As consequências do conflito

Os Estados Unidos e a União Soviética, apesar de adotarem sistemas políticos e, sobretudo, concepções ideológicas diferentes – o primeiro capitalista e o segundo socialista – uniram-se contra as nações do Eixo. Mas mesmo antes de a guerra terminar, as divergências entre eles afloraram. Pouco a pouco, os dois grandes vencedores do conflito foram estabelecendo suas esferas de influência. O Leste Europeu tornou-se área de influência soviética, enquanto o Japão e a Europa Ocidental passavam a gravitar em torno dos Estados Unidos.

O enfraquecimento da Europa fez os movimentos nacionalistas na Ásia e mais tarde na África ganharem força, de tal maneira que, entre 1945 e 1960, muitos países que eram colônias europeias tornaram-se independentes.

Além disso, o conflito levou ao surgimento de instituições de âmbito mundial. A criação da Organização das Nações Unidas (ONU) tinha como objetivo assegurar a paz mundial.

### DOCUMENTOS EM ANÁLISE

Observe as imagens a seguir e responda às questões no caderno.

Veículos soviéticos blindados em ação na batalha de Kursk (1943), durante a Segunda Guerra Mundial.

Vista da cidade alemã de Dresden após o bombardeio sofrido em 14 e 15 de fevereiro de 1945.

1. Analisando as imagens, é possível ter uma visão geral da Segunda Guerra Mundial? Qual?

2. Além das consequências políticas e econômicas, quais foram os outros efeitos do conflito?

## AGORA É COM VOCÊ

1. Leia as frases e classifique-as como verdadeira **V** ou falsa **F**.

   a) ( ) Entre as causas da Segunda Guerra Mundial não estão o crescimento do nazifascismo e o expansionismo japonês.

   b) ( ) A corrida imperialista por territórios e mercados está entre as causas da Segunda Guerra Mundial.

   c) ( ) O Tratado de Versalhes agravou oposições e revanchismo entre alguns países europeus, o que contribuiu para a deflagração da Segunda Guerra Mundial.

   d) ( ) Alemães e soviéticos assinaram pacto de agressão em caso de guerra, o que iniciou um conflito direto.

   e) ( ) Os alemães não respeitaram as determinações do Tratado de Versalhes, tendo o governo de Hitler organizado o exército e investido em armas.

2. Complete o diagrama de palavras com os termos que correspondem às definições abaixo.

   1. Tipo de guerra usada pelos alemães no ataque à Polônia.
   2. País invadido pelos alemães em 1940.
   3. Cidade francesa dominada pelos nazistas.
   4. Sobrenome do líder da resistência dos britânicos aos alemães.
   5. Nome da operação dos nazistas contra a União Soviética.
   6. Cidade soviética que resistiu ao cerco alemão por 900 dias.
   7. Primeira cidade japonesa atingida pela bomba atômica lançada pelos Estados Unidos.
   8. Conferência que estabeleceu as medidas de punição aos perdedores da Segunda Guerra Mundial.

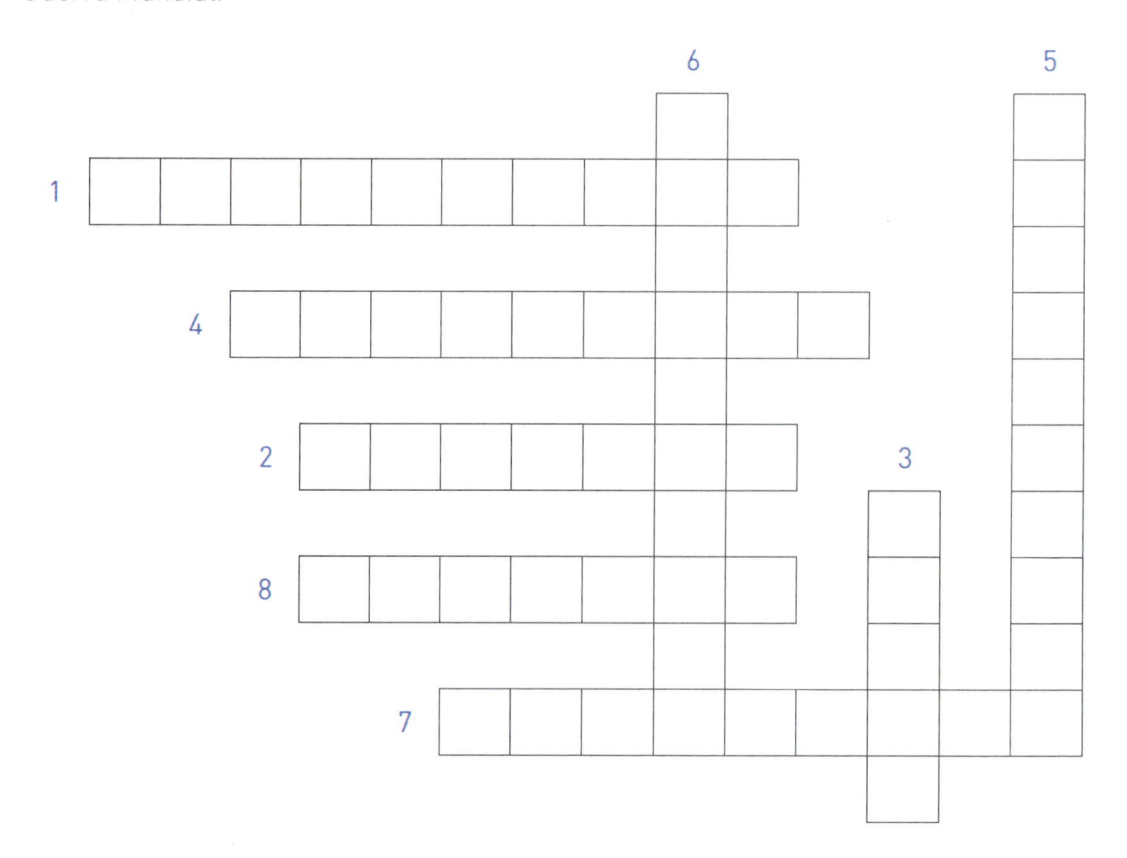

**3** Complete as frases com informações sobre a participação dos Estados Unidos na Segunda Guerra Mundial.

a) Os _____ atacaram os Estados Unidos em 1941, na base americana de Pearl Harbor.

b) O ataque japonês serviu de justificativa para o presidente norte-americano obter do Congresso a _____ ao Japão.

c) Com a entrada dos _____, a guerra tornou-se efetivamente mundial.

d) O chamado _____ foi o do desembarque dos Aliados na Normandia.

e) Após ultimato ao governo japonês, os Estados Unidos lançaram _____ _____ nas cidades de Hiroshima e Nagasaki, em agosto de 1945.

f) Em setembro de 1945, os japoneses assinaram a _____ incondicional, acabando de vez com o conflito mundial.

## SUPERANDO DESAFIOS

**1** (UERJ) Durante a Conferência de Potsdam, realizada nos subúrbios de Berlim, em agosto de 1945, os líderes Stalin, Harry Truman e Clement Attlee decidiram pela adoção de um processo de desnazificação da Alemanha, que consistia na adoção de várias medidas de enfraquecimento do poderio econômico e militar alemão.

Entretanto, a medida mais célebre de combate ao nazismo foi a:

a) Divisão da Alemanha em quatro zonas de ocupação.

b) Divisão de Berlim em quatro zonas de ocupação.

c) Criação do Tribunal de Nuremberg, para julgar os criminosos de guerra.

d) esmilitarização da Alemanha.

**2** (UFMG) Os Estados Unidos iniciaram sua participação na Segunda Guerra Mundial motivados pelo (a):
a) ataque japonês à base naval americana de Pearl Harbor
b) invasão da França por tropas italianas
c) política de implantação do Plano Marshall, que favorecia a industrialização do país
d) apoio dado pela ONU aos países latino americanos participantes do conflito
e) afundamento, no Oceano Pacífico, de navios de países aliados, como o Brasil

**3** (Unitau-SP) O fato concreto que desencadeou a Segunda Guerra Mundial foi:
a) a invasão da Polônia por tropas nazistas e a ação da Inglaterra e da França em socorro de sua aliada, declarando guerra ao Terceiro Reich
b) a efetivação do "Anschluss", que desmembrou a Áustria da Alemanha
c) a invasão da Polônia por tropas alemãs, quebrando o Pacto Germano-Soviético
d) a saída dos invasores alemães do território dos Sudetos, na Checoslováquia
e) a tomada do "Corredor Polonês" que desembocava na cidade-livre de Dantzig (atual Gdanki), pelos italianos

# CAPÍTULO 5
# O Brasil de Getúlio Vargas

Getúlio Vargas (ao centro) ao lado de Luiz Simões Lopes e Assis Brasil, entre outros, durante sua posse como chefe do governo provisório, no Palácio do Catete, 1930.

Em julho de 1930, um acontecimento que não estava diretamente ligado às eleições presidenciais agravou a crise política no Brasil: o assassinato de João Pessoa, candidato a vice-presidente na chapa derrotada. O fato estava ligado a questões pessoais e políticas locais do presidente da Paraíba, mas, como causou grande comoção popular, foi utilizado pelos opositores do governo federal para unir forças e depor o governo oligárquico.

Vendo a agitação popular que tomou conta do país, o presidente de Minas Gerais teria pronunciado a seguinte frase: "Façamos a revolução antes que o povo a faça". E com este argumento, em outubro de 1930, eclodiram levantes no Rio Grande do Sul e em Minas Gerais, que se expandiram para Pernambuco, Paraíba e outros estados do Nordeste.

Diante da possibilidade de uma guerra civil, oficiais do Exército e da Marinha depuseram o presidente Washington Luís e formaram uma Junta Militar de governo. Quando as tropas rebeldes chegaram ao Rio de Janeiro, a Junta entregou o poder provisoriamente a Getúlio Vargas, em 3 de novembro de 1930.

Getúlio Dorneles Vargas se tornou chefe do governo provisório. Seu mandato deveria durar até a convocação da Assembleia Constituinte.

Assim que tomou posse, Getúlio aboliu a Constituição de 1891 e dissolveu o Congresso Nacional, as Assembleias Legislativas e as Câmaras Municipais. Para os estados foram nomeados **interventores federais**, mantendo-se no cargo apenas o governante de Minas Gerais, Olegário Maciel, aliado político de Vargas.

### Palavra-chave

**Interventores federais:** eram pessoas escolhidas pelo presidente da República para assumir os governos dos estados. Neste caso, quase todos os escolhidos eram ligados ao movimento tenentista. Isso desestabilizava o poder dos coronéis.

Getúlio Vargas governava por **decretos-lei**. Entre seus primeiros atos, foram criados dois novos ministérios: o do Trabalho, Indústria e Comércio e o da Educação e Saúde Pública. O governo provisório procurou atender às principais demandas dos trabalhadores e das camadas médias, providenciando melhorias nos serviços básicos de saúde e educação e criando leis de proteção ao trabalhador.

Na economia, Vargas herdara os problemas advindos da Crise de 1929. Para resolver a crise do setor cafeeiro, o governo criou o Conselho Nacional do Café (CNC) e reeditou a política anterior de compra do produto para regulagem de estoque.

O contexto internacional, porém, era de superprodução, o que acabou gerando imensos estoques. O governo federal mandou então queimá-los. Entre 1931 e 1934, foram queimados milhões de sacas de café.

### Palavra-chave

**Decreto-lei:** é um decreto com força de lei, assinado pelo presidente da República, quando ele acumula funções legislativas. Neste caso, com a dissolução do Legislativo, Vargas controlava os poderes Executivo e Legislativo.

## DOCUMENTOS EM ANÁLISE

Leia o trecho do discurso de posse de Getúlio Vargas em novembro de 1930 e responda às questões no caderno.

> O movimento revolucionário, iniciado, vitoriosamente, a 3 de outubro, no sul, centro e norte do país, e triunfante a 24, nesta Capital, foi a afirmação mais positiva que, até hoje, tivemos da nossa existência como nacionalidade. Em toda a nossa história política, não há, sob esse aspecto, acontecimento semelhante. Ele é, efetivamente, a expressão viva e palpitante da vontade do povo brasileiro, afinal senhor de seus destinos e supremo árbitro de suas finalidades coletivas.
>
> No fundo e na forma, a revolução escapou, por isso mesmo, ao exclusivismo de determinadas classes. Nem os elementos civis venceram as classes armadas, nem essas impuseram àqueles o fato consumado. Todas as categorias sociais, de alto e baixo nível, sem diferença de idade ou de sexo, comungaram em um idêntico pensamento fraterno e dominador – a construção de uma Pátria nova, igualmente acolhedora para grandes e pequenos, aberta à colaboração de todos os seus filhos. [...]
>
> Realizamos, pois, um movimento eminentemente nacional. [...]
>
> Senhores da Junta Governativa: Assumo, provisoriamente, o Governo da República, como delegado da Revolução, em nome do Exército, da Marinha e do povo brasileiro, e agradeço os inesquecíveis serviços que prestastes à Nação, com a vossa nobre e corajosa atitude, correspondendo, assim, aos altos destinos da Pátria.

In: João Bosco Bezerra Bonfim. *Palavra de presidente – discursos de posse de Deodoro a Lula.* Brasília: LGE, 2004. p. 203.

### Explorando

**A revolução de 1930**
Júlio José Chiavenato, Editora Ática.

O fim da República Velha veio quando o Brasil passava por um período de grande insatisfação popular e grave crise econômica. O desemprego era muito alto, e o valor dos salários diminuía cada vez mais. Este livro narra esses acontecimentos por meio de personagens históricos e fictícios, até a eclosão da Revolução de 1930.

1. Em seu discurso, Getúlio Vargas afirma que a tomada de poder em 1930 foi uma revolução? Explique.
2. Para Vargas, quem foram os atores da revolução?
3. Considerando as divergências de opinião sobre a Revolução de 1930, qual foi o significado desse acontecimento?
4. O que esse acontecimento representa para a História do Brasil?

**Palavra-chave**

**Legalidade:** qualidade ou estado do que está de acordo com a lei, legitimidade.

# O Movimento Constitucionalista de 1932

Com a designação dos interventores, houve atrito com os políticos paulistas, pois o presidente nomeou um pernambucano como interventor em São Paulo. Mesmo depois de substituí-lo por um paulista, a tensão permaneceu, pois os paulistas não aceitavam o governo de Vargas e visavam à retomada do poder.

Assim, em 1932, sob pretexto de manter a **legalidade**, a oligarquia paulista, contando com o apoio de amplas parcelas da população do estado, formou uma frente de oposição a Vargas. A chamada Frente Única Paulista reivindicava a volta da legalidade por meio da reconstitucionalização do país, já que Getúlio Vargas continuava como governante provisório. Com essa bandeira ocorreram as primeiras manifestações populares em São Paulo.

Em maio desse ano, numa das manifestações, quatro estudantes foram mortos pelas tropas federais. O acontecimento foi amplamente divulgado pelos meios de comunicação e se tornou o estopim para que se deflagrasse a luta armada.

Em 9 de julho, teve início o evento que passou a ser denominado de Revolução Constitucionalista. Os revoltosos se organizaram e contaram com o alistamento voluntário dos jovens e a doação de dinheiro e joias pela população para obter armas e material bélico. Mesmo bem equipadas, as tropas paulistas, sem apoio externo, não tinham como resistir ao governo federal.

A Marinha, em apoio a Vargas, bloqueou os portos e impediu a entrada de armamentos. Assim, restou aos combatentes paulistas a produção local, que não foi suficiente para garantir a resistência.

Foram três meses de combate até a rendição dos paulistas.

Propaganda de alistamento com soldado constitucionalista. A sigla MMDC foi composta com as iniciais dos nomes dos estudantes paulistas (Miragaia, Martins, Dráusio e Camargo) mortos em 23 de maio de 1932.

## A legalização do regime

Em fevereiro de 1932, entrou em vigor um Código Eleitoral, que trouxe inovações como o voto secreto, o voto feminino e a instituição da Justiça Eleitoral.

O voto também se estendia aos maiores de 18 anos (e não mais 21, como na Constituição anterior), e foi instituída a figura dos deputados classistas, que deveriam ser eleitos pelos sindicatos. Com isso, assegurava-se a eleição de operários para o Poder Legislativo.

Promulgada em julho de 1934, a nova Constituição garantia:

▸ direitos políticos — mantinha os direitos adquiridos com o Código Eleitoral de 1932, mas continuavam sem direito a voto analfabetos, mendigos e militares (até o posto de sargento); as eleições para presidente seriam diretas, exceto a próxima, na qual o presidente seria escolhido pela própria Assembleia Constituinte;

▸ direitos sociais — ensino primário gratuito e obrigatório (corresponde hoje ao Ensino Fundamental do 1º ao 5º ano);

▸ direitos trabalhistas — Justiça do Trabalho, instituição da Previdência Social, salário mínimo, jornada de trabalho de oito horas, férias anuais remuneradas, proibição de trabalho de menores de 14 anos etc.

Nas eleições de 1933, uma mulher se elegeu: a médica Carlota Pereira de Queirós (ao centro), única representante feminina na Assembleia Constituinte de 1934.

A Constituição também previa medidas nacionalistas, como a proteção das riquezas do subsolo e a nacionalização dos bancos e empresas de seguro.

No dia seguinte à promulgação da Constituição, Getúlio legalizou seu regime. Foi eleito indiretamente presidente constitucional do Brasil. Começava a segunda fase do governo Vargas, o governo constitucional (1934-1937).

## DIVERSIFICANDO LINGUAGENS

Leia o texto a seguir e responda às questões no caderno.

❝ O Código Eleitoral promulgado em fevereiro de 1932 concedeu pela primeira vez o direito de voto às mulheres. Antes disso, é conhecido um caso de participação política feminina: em 1928, no Rio Grande do Norte, foi eleita a primeira prefeita da América do Sul, Alzira Soriano.

Muitas mulheres se candidataram à Constituinte de 1934, como Berta Lutz e Leolinda de Figueiredo Daltro, mas apenas Carlota Pereira de Queirós conseguiu se eleger por São Paulo. [...] No discurso que pronunciou na Assembleia em 13 de março de 1934, a deputada Carlota Pereira de Queirós enfatizou a colaboração imprescindível da mulher no processo de reconstitucionalização do país.

Em 1933, Berta Lutz, líder da Federação Brasileira pelo Progresso Feminino, publicara *A nacionalidade da mulher casada*, obra em que defendia os direitos jurídicos da mulher. Foi convidada pela deputada Carlota Pereira de Queirós para elaborarem em conjunto um trabalho para a Constituinte de 1934. [...] Vários artigos da Constituição de 1934 iriam de fato beneficiar a mulher, entre eles os que estabeleciam a regulamentação do trabalho feminino, a igualdade salarial e a proibição de demissão por gravidez. ❞

Disponível em: <http://cpdoc.fgv.br/producao/dossies/AEraVargas1/anos30-37/Constituicao1934/ParticipacaoFeminina>. Acesso em: jan. 2012.

**1.** O que representou para as mulheres a eleição de Carlota Pereira de Queirós?

**2.** Como é a participação política feminina hoje? O que diz a Constituição atual sobre isso?

# O governo constitucional (1934-1937)

Durante o governo constitucional de Getúlio Vargas, os debates políticos foram retomados. Regimes antidemocráticos, como o fascismo italiano, o nazismo alemão e o comunismo russo, consolidavam-se, e essas ideologias ganhavam adeptos em nosso país.

Os anos seguintes foram de mobilização e agitação políticas, motivadas principalmente pelo surgimento de movimentos antagônicos: a Ação Integralista Brasileira (AIB) e a Aliança Nacional Libertadora (ANL).

## Ação Integralista Brasileira (AIB)

Surgido em 1932, esse movimento político foi inspirado no fascismo italiano. Defendia um Estado forte e centralizado, e seu principal líder era Plínio Salgado.

O integralismo rapidamente angariou adeptos na classe média, em certos segmentos da classe trabalhadora e no clero católico, setores tradicionalmente conservadores e opositores ao comunismo. A força do integralismo concentrava-se no interior e, principalmente, nos estados do Sul.

Os integralistas tinham símbolos que os identificavam: usavam uma braçadeira com a letra grega sigma (Σ), faziam uma saudação em que levantavam o braço direito e proferiam a palavra de origem tupi anauê, que significa "salve". Eram práticas semelhantes às dos regimes totalitários europeus. A saudação nazista era "Heil Hitler!" (Viva Hitler!) e a fascista era "Ave Duce!" (Viva o Duce!). Os integralistas vestiam-se com camisas verdes (numa alusão às tropas de Mussolini, que usavam camisas pretas). O lema do grupo era "Deus, Pátria e Família".

Congresso integralista, Blumenau, 1935.

Ideologicamente, os integralistas combatiam o liberalismo, o capitalismo internacional e as sociedades secretas vinculadas ao judaísmo e à maçonaria. A exemplo dos demais regimes totalitários, a doutrina integralista também se mostrava intolerante, xenófoba e violenta. Combatiam fervorosamente o comunismo com divulgação de informações errôneas que amedrontavam a população, como as descritas neste documento, escrito por um integralista:

> O comunismo é uma porção de homens que também querem tomar conta do governo do Brasil, para judiar dos seus pais e desrespeitar a sua mãe e as suas irmãs. Se o comunismo vencer, você não será mais de seu pai. Pertencerá ao governo. Não morará mais em sua casa, não viverá com seus irmãos, não poderá tomar a bênção de seu Pai e de sua Mãe. O comunismo acabará com sua Família.
>
> J. Wenceslau Jr. *O integralismo ao alcance de todos*. São Paulo: Sociedade Impressora Brasileira, 1936. p. 87.

Os integralistas defendiam o princípio do partido único (a própria AIB) e o sindicato único (controlado pela AIB).

Quando Getúlio dissolveu a AIB (em 2 de dezembro de 1937), os integralistas tinham milhares de escolas de alfabetização, bibliotecas, praças de esportes, 4 mil centros de estudos, oito jornais, 100 periódicos e a revista Anauê!.

**CURIOSIDADES HISTÓRICAS**

A letra grega sigma é utilizada na Matemática para representar somatória. Para os integralistas, tinha o significado de totalidade, pois acreditavam que seu grupo político integrava todas as forças sociais do país e formava um todo, a unidade nacional.

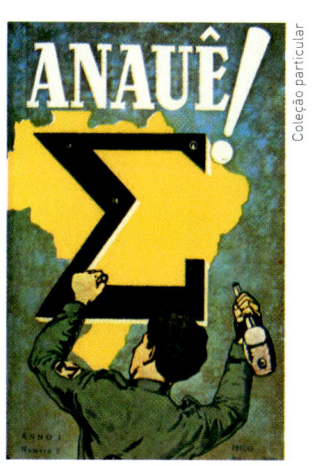

Capa da revista *Anauê!*, publicação da AIB, de maio de 1935.

## Aliança Nacional Libertadora (ANL)

O avanço das tendências totalitárias de direita, notadamente dos integralistas, possibilitou a coligação de todas as forças de esquerda – social-democratas, socialistas e até comunistas –, que procuravam formar uma oposição.

Em março de 1935, no Rio de Janeiro, realizou-se a oficialização da Aliança Nacional Libertadora (ANL). Em razão de sua popularidade, Luís Carlos Prestes, que se tornara comunista e retornara clandestinamente ao país após o período de exílio, foi aclamado presidente de honra.

O programa básico da ANL apresentava uma série de reformas estruturais de cunho nacionalista, destacando-se a reforma agrária, a suspensão do pagamento da dívida externa e a nacionalização das empresas estrangeiras.

**Explorando**

**O integralismo**
Armando Filho, Editora do Brasil.

Conheça melhor a década de 1930, quando o mundo enfrentava as consequências de movimentos totalitários, como o fascismo de Benito Mussolini na Itália e o nazismo de Hitler na Alemanha. O livro enfoca a influência dessas ideologias no Brasil e o surgimento da Ação Integralista Brasileira, movimento liderado por Plínio Salgado que defendia o nacionalismo autoritário de inspiração fascista.

Apresentando uma composição social variada (operários, militares, intelectuais, classe média urbana etc.), em grande parte preocupada com a expansão do nazifascismo e a possibilidade de uma guerra mundial, a ANL cresceu muito. Isso assustou aqueles que estavam no poder. Getúlio Vargas então alegou que a organização era subversiva e decretou sua ilegalidade em julho de 1935.

Após o fechamento das sedes da ANL, o Partido Comunista Brasileiro (PCB) passou a controlar a agremiação. Prestes pregava abertamente a rebelião popular para derrubar o governo.

Luís Carlos Prestes discursando na sede da Aliança Nacional Libertadora, Rio de Janeiro, 5 jul. 1935.

## Explorando

**Olga**
Direção: Jayme Monjardim. Brasil, 2004, 141 min.

Olga Benário foi uma militante comunista alemã, responsável por acompanhar Luís Carlos Prestes ao Brasil para liderar a Intentona Comunista, em 1935. Olga e Prestes se apaixonam, mas a revolução fracassa e ambos são presos. Grávida, Olga é deportada para a Alemanha nazista e tem a filha na prisão. Afastada da filha, Olga é enviada ao campo de concentração de Ravensbrück.

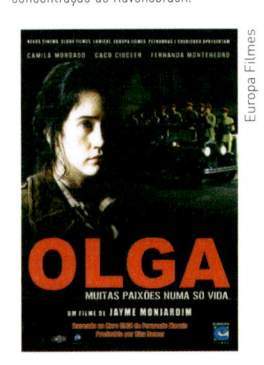

Liderados pelo PCB, que era diretamente auxiliado e financiado pelos soviéticos, os aliancistas deflagraram, em novembro de 1935, rebeliões comunistas em Natal (RN) – onde os rebeldes chegaram a ocupar o poder por alguns dias –, no Recife (PE) e no Rio de Janeiro. Essa ação ficou conhecida como Intentona Comunista. O movimento, porém, foi rapidamente derrotado.

A rebelião de 1935 acabou prejudicando o Partido Comunista, pois o episódio desencadeou uma gigantesca onda repressiva às forças de esquerda, e também serviu de pretexto para que o governo elaborasse uma série de medidas de cunho autoritário, como a instauração do estado de sítio e a criação de órgãos de repressão, como o Tribunal de Segurança Nacional. Milhares de pessoas foram presas e torturadas.

No início de 1936, Luís Carlos Prestes foi preso, junto com sua esposa, a judia alemã Olga Benário, que estava grávida. Olga foi entregue à Gestapo – polícia secreta de Hitler – e morreu em um campo de concentração na Alemanha nazista. Antes, deu à luz uma menina, que foi trazida para o Brasil, após intensa campanha da mãe de Prestes pela libertação da criança.

## DIVERSIFICANDO LINGUAGENS

O escritor Graciliano Ramos foi preso sob a acusação de envolvimento com ações comunistas. Sem acusação formal e sem processo, ficou na cadeia de março de 1936 a janeiro de 1937. No livro *Memórias do cárcere*, conta as arbitrariedades do período. Leia a seguir um trecho do livro e depois responda às questões no caderno. Procure no dicionário as palavras que desconhece para facilitar a compreensão do texto.

❝ Uma noite chegaram-nos gritos medonhos do Pavilhão dos Primários, informações confusas de vozes numerosas. Aplicando o ouvido, percebemos que Olga Prestes e Elisa Berger iam ser entregues à Gestapo: àquela hora tentavam arrancá-las da sala 4. As mulheres resistiam, e perto os homens se desmandavam em terrível barulho. Tinham recebido aviso, e daí o furioso protesto, embora a polícia jurasse que haveria apenas mudança de prisão.

– Mudança de prisão para a Alemanha, bandidos.

Frases incompletas erguiam-se no tumulto, suspenso às vezes com a transmissão de pormenores. Isso durou muito. [...]

Na Sala da Capela um rumor de cortiço zangado cresceu rápido, aumentou a algazarra. Apesar da manifestação ruidosa, inclinava-me a recusar a notícia: inadmissível. Sentado na cama, pensei com horror em campos de concentração, fornos crematórios, câmaras de gases. Iriam à semelhante miséria? A exaltação dominava os espíritos em redor de mim. Brados lamentosos, gestos desvairados, raiva impotente, desespero, rostos convulsos na indignação. Um pequeno tenente soluçava, em tremura espasmódica:

– Vão levar Olga Prestes. [...]

Em roda entraram a sacudir as persianas velhas, jogaram no pátio as moringas: privaram-nos de água. Os tamancos batiam firmes no chão movediço. Doía-me saber que essas rijas manifestações não teriam nenhum efeito no exterior. As duas mulheres sairiam do Brasil se a covardia nacional as quisesse entregar ao assassino estrangeiro. [...]

Em duro silêncio, fumando sem descontinuar, sentia na alma um frio desalento. [...] Olga Prestes, casada com brasileiro, estava grávida. Teria filho entre inimigos, numa cadeia. Ou talvez morresse antes do parto. [...]

As horas arrastavam-se, vagarosas, a balbúrdia aumentava um pouco, diminuía. Em frente à sala 4, a polícia jurava que as duas vítimas não sairiam do Brasil. A promessa nos era transmitida com hiatos, abafada e rouca. [...]

Tarde, a matilha sugeriu um acordo: Olga e Elisa seriam acompanhadas por amigos, nenhum mal lhes fariam. Aceita a proposta, arrumaram a bagagem, partiram juntas a Campos da Paz Filho e Maria Werneck. Ardil grosseiro. Apartaram-nos lá fora. Campos da Paz e Maria Werneck regressaram logo ao Pavilhão dos Primários. Olga Prestes e Elisa Berger nunca mais foram vistas. Soubemos depois que tinham sido assassinadas num campo de concentração na Alemanha. ❞

Graciliano Ramos. *Memórias do cárcere*. São Paulo: Record, 1984. p. 274-278.

1. A que situação este trecho do livro faz referência?
2. Como a situação é descrita?
3. Pela descrição, é possível perceber algum tipo de reação dos presos?
4. A quem o autor chama de matilha? Levante hipóteses sobre o porquê do uso desse coletivo.
5. Qual foi a promessa feita pela força policial para acalmar os presos? Ela foi cumprida? Explique.

# O golpe de 1937

As revoltas de novembro de 1935 serviram para que Vargas endurecesse o regime. Sob a alegação de ameaça comunista, declarou, com apoio do Congresso Nacional, estado de sítio e, mais tarde, estado de guerra, que foi prorrogado até 1937. Foram tempos de forte repressão política.

Estavam marcadas eleições presidenciais para 1938. A Constituição determinava que Getúlio cumpriria seu mandato e não poderia se candidatar à reeleição.

Getúlio Vargas, porém, tinha planos de continuidade: anunciava que cumpriria a Constituição, mas articulava formas de se manter na Presidência, principalmente porque os candidatos mais populares não agradavam à cúpula getulista, como o integralista Plínio Salgado.

Para que a ideia de permanecer no poder fosse efetivada, foi elaborado um plano secreto, colocado em prática em setembro de 1937.

No dia 30 de setembro, o governo divulgou que havia descoberto o **Plano Cohen**, nome dado a um suposto plano com o qual os comunistas pretendiam tomar o poder no Brasil.

No programa de rádio *Hora do Brasil*, o suposto plano foi anunciado e lido para os ouvintes. Também foi divulgado nos jornais, o que causou insegurança na população. Estava concretizado o desejo do presidente: se o perigo ameaçava o Brasil, Vargas não podia deixar o governo. Os detalhes do suposto plano foram amplamente divulgados. De acordo com as notícias, o plano seria executado mediante greves gerais, manifestações populares, incêndios de prédios públicos, saques, depredações e atentados contra a vida de autoridades civis e militares.

De acordo com o governo, esse plano teria sido preparado pela Internacional Comunista, e sua execução acabaria com a democracia no Brasil.

O plano, na verdade, fora elaborado pelo capitão do Exército Olympio Mourão Filho, que desempenhava em 1937 a função de chefe do Estado-Maior da **AIB**. O referido documento foi entregue ao chefe do Estado-Maior do Exército, general Góes Monteiro, que o apresentou ao ministro da Guerra e a Getúlio Vargas. A fraude somente foi descoberta em 1945, quando o general Góes Monteiro a denunciou e isentou-se de qualquer culpa no caso.

A farsa assustou a burguesia e as Forças Armadas, dando a Vargas o apoio de que necessitava para o golpe de Estado de 1937.

Para assegurar o sucesso do golpe, Getúlio procurou obter o apoio dos governadores.

No dia 10 de novembro, Getúlio decretou o fechamento do Congresso e implementou uma Carta Constitucional. Em 3 de dezembro, os partidos políticos, inclusive a AIB, que apoiara o golpe, foram dissolvidos. Estava instaurado o chamado Estado Novo.

Como o plano havia sido cuidadosamente articulado, a nova Constituição já estava pronta.

---

**Palavras-chave**

**Plano Cohen:** nome dado ao plano em alusão ao político comunista húngaro Bela Kun, que governou a Hungria em 1919. O nome Kun acabou sendo usado como Cohen no Brasil.

**AIB:** Ação Integralista Brasileira, grupo político formado pelos adeptos do integralismo, abertamente influenciados pelos ideais do fascismo italiano.

A Constituição de 1937, **outorgada** por Getúlio, tinha como principais características:

- poder centralizado no presidente (Executivo), com mandato de seis anos. Não havia o cargo de vice-presidente;
- extinção dos partidos políticos;
- restrição da liberdade de imprensa e de manifestação;
- fim da autonomia dos estados, que passaram a ser governados novamente por interventores nomeados pelo presidente;
- instituição do estado de emergência, pelo qual o presidente podia mandar prender e exilar pessoas ou invadir domicílios;
- decretos-lei, por meio dos quais o presidente governaria.

> **Palavra-chave**
> **Outorgar:** quando se refere à Constituição, significa que foi imposta de forma unilateral, ou seja, sem consulta, por decisão do governante. Uma Constituição já havia sido outorgada no Brasil por Dom Pedro I, em 1824.

## DIVERSIFICANDO LINGUAGENS

Leia o texto a seguir e responda as questões em seu caderno.

> O regime político das massas é o da ditadura (...). Não há hoje um povo que não clame por um César.' Era assim que o jurista Francisco Campos (1891-1968), em *O Estado Nacional* (1939), definia o espírito do seu tempo. Redator da Constituição de 1937, que fundamentou a ditadura do Estado Novo de Getúlio Vargas, o jurista concebeu uma peculiar forma democrática para o Brasil. Apresentando o argumento de que a democracia liberal não passava de um regime fantasioso e insuficiente para a solução dos problemas da época, ele defendeu o autoritarismo como a única solução viável para a crescente sociedade de massas.
>
> Campos não estava muito enganado quando julgou o clamor por um César, um líder forte e autoritário, como uma tendência do seu tempo. Os 20 anos que separam o fim da Primeira Guerra Mundial (1919) e o começo da Segunda (1939) foram marcados pelo descrédito dos sistemas liberais representativos e o crescimento avassalador de alternativas autoritárias.
>
> O fascismo italiano, em 1922, e o nazismo alemão, em 1933, são apenas os casos mais emblemáticos dessa tendência. Aos poucos, a descrença no modelo liberal de democracia se espalhava. Na Europa, os únicos países europeus com instituições políticas democráticas durante todo o entre guerras foram Tchecoslováquia, Inglaterra, Finlândia, Irlanda, Suécia e Suíça. O resto do continente, mais cedo ou mais tarde, seria controlado por líderes e partidos convencidos do fracasso do sistema representativo do liberalismo. A grande maioria desses grupos políticos desapareceu após a Segunda Guerra Mundial. A exceção fica por conta especialmente dos regimes de Portugal e Espanha. Antônio Salazar, em 1933, e Francisco Franco, em 1939, criaram regimes autoritários que só terminariam na metade da década de 1970.

Bruno Garcia. O outono da democracia. *Revista de História da Biblioteca Nacional*. Disponível em: <www.revistadehistoria.com.br/secao/capa/o-outono-da-democracia>. Acesso em: jul. 2013.

1. De acordo com o texto, a Constituição de 1937 e o Estado Novo seguiam que tendências políticas?
2. Qual era a crença de Francisco Campos, redator da Constituição de 1937, a respeito dos regimes democráticos?

# O Estado Novo (1937-1945)

Durante o Estado Novo, Getúlio procurou centralizar ao máximo o poder em suas mãos e reprimir manifestações ou organizações que contrariassem seu modo de governar. Por isso, pode-se considerar o Estado Novo autoritário.

Nesse período, o governo teve o apoio dos latifundiários e da burguesia industrial. Essa aliança modernizou diversos setores produtivos do país, mas isso foi realizado de cima para baixo, com a intervenção ostensiva do Estado para dotar o país de uma infraestrutura indispensável à expansão industrial.

A fundação da Companhia Siderúrgica Nacional, a instalação da Companhia Vale do Rio Doce e a organização do Conselho Nacional do Petróleo foram medidas que marcaram o período.

Com a deflagração da Segunda Guerra Mundial (1939-1945), a economia brasileira sofreu forte impacto. Aumentaram as exportações e diminuíram as importações, o que gerou saldos positivos na balança comercial. Durante a guerra, aumentou o preço das mercadorias exportadas e os produtos tradicionalmente importados encareceram consideravelmente, o que estimulou a produção nacional.

Na política estadual prevaleceu o sistema de interventoria, mas a maioria dos interventores era natural dos próprios estados e tendia a pactuar com as oligarquias tradicionais. Vargas também pôs em prática o rodízio dos interventores (houve exceção: no Paraná, Manoel Ribas ficou no poder de 1932 a 1945), impedindo seu enraizamento nos estados.

O trabalhismo também foi uma marca forte do governo Vargas. Com a sistematização da Consolidação das Leis do Trabalho (CLT), em 1943, que se baseava em leis já conquistadas pelos trabalhadores anteriormente, o governo formalizou uma política trabalhista que beneficiava o operariado e, ao mesmo tempo, o mantinha sob rígido controle. As greves eram proibidas e também qualquer outra forma de reivindicação trabalhista.

Getúlio Vargas e concentração trabalhista em frente ao Ministério da Fazenda, no dia em que a CLT foi assinada, Rio de Janeiro, 11 out. 1943.

A CLT assegurava direito a férias remuneradas, igualdade salarial de homens e mulheres e jornada de oito horas diárias de trabalho. Mas isso só valia para os trabalhadores urbanos. Os trabalhadores rurais continuavam sem ter nenhuma lei que os amparasse.

Nessa época, um grande número de operários era de origem rural, sem qualificação nem experiência de luta ou organização, e eles foram atraídos para a cidade em busca de melhores condições de vida no meio urbano e pela oferta de emprego gerada pela industrialização promovida por Vargas. Isso facilitou o enquadramento e o controle do proletariado por parte do governo, pois, para essa nova classe operária vinda do campo, as garantias sociais oferecidas por Vargas representavam enorme avanço. Daí a popularidade de Vargas como protetor das classes menos favorecidas, o Pai dos Pobres, como era chamado.

## O controle do Estado

Com a instauração do Estado Novo, o país viveu um período ditatorial. Os meios de comunicação estiveram sob severa censura.

Os funcionários do Departamento de Imprensa e Propaganda (DIP) determinavam o que podia ou não ser divulgado. Jornais, revistas, programas das emissoras de rádio, tudo era acompanhado por funcionários do DIP, que anotavam todas as possíveis transgressões à ordem estadonovista.

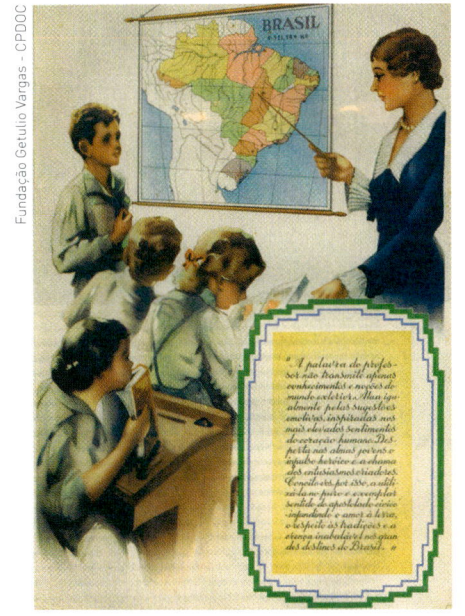

Para fazer propaganda do governo, existia a *Hora do Brasil*, programa de rádio transmitido para todo o país. Além do rádio, o governo de Vargas também utilizava folhetos ou cartilhas de propaganda, que eram distribuídos em escolas, sindicatos e clubes, mostrando como o presidente governava, sempre buscando o melhor para o povo. Nas cartilhas escolares, os alunos eram chamados a contribuir, pelo estudo e pelo trabalho, para o crescimento do Brasil.

A repressão ideológica, que já ocorria desde a revolta de novembro de 1935, intensificou-se ainda mais. Filinto Müller, chefe da Polícia do Distrito Federal entre 1933 e 1942, praticou atos de violência contra todos os que ousassem se posicionar contra o regime. Quem assim o fizesse era preso e torturado.

A estrutura montada para a repressão incluía o DIP e seu braço armado, a Polícia Secreta Federal, e também as polícias dos estados que, juntas, protegiam todos os interesses do regime, a qualquer preço.

Página da cartilha *A juventude no Estado Novo – textos do presidente Getúlio Vargas extraídos de discursos, manifestos e entrevistas à imprensa*, publicada pelo DIP, entre 1937 e 1945.

## O Brasil na Segunda Guerra Mundial

Getúlio Vargas mantinha boas relações com os regimes totalitários da Europa, o nazismo alemão e o fascismo italiano.

Quando a Segunda Guerra Mundial começou, o Brasil estabelecia intensas relações comerciais com a Alemanha, exportando, entre outros produtos, café, algodão, couro, tabaco e carne. Os Estados Unidos, porém, procuravam extinguir essa aproximação, pois tinham interesse nas matérias-primas e no mercado consumidor brasileiro. Para isso, adotaram uma política da boa vizinhança e estreitaram as relações com o Brasil.

O Brasil manteve-se neutro no início da guerra, porém mais próximo aos países aliados. Isso podia ser visto em ações como a permissão de instalação de tropas norte-americanas no Nordeste. Em 1942, após o afundamento de navios brasileiros atribuído a submarinos alemães, precisou se posicionar. O povo, em manifestações de rua, exigiu a declaração de guerra.

O Brasil então entrou na guerra ao lado dos Aliados (Inglaterra, França e Estados Unidos) e contra as potências do Eixo (Alemanha, Itália e Japão).

Em 1943, foi organizada a Força Expedicionária Brasileira (FEB), composta de soldados brasileiros que seguiram para a frente de combate na Europa. Eles foram carinhosamente apelidados de "pracinhas".

Em 1944, partiram para a guerra pouco mais de 25 mil brasileiros para lutar em território italiano, sob o comando do general Mascarenhas de Morais, que era subordinado ao 5º Exército Norte-Americano. Porém, desse total nem todos chegaram a combater.

Os soldados brasileiros participaram de diversas batalhas na Itália, como as de Monte Castelo, Castelnuovo, Montese, Collechio e Fornovo. As principais vitórias brasileiras foram em Monte Castelo e Montese. O número de mortos entre os brasileiros foi de 451 soldados.

Houve também a participação da Força Aérea Brasileira (FAB).

Apesar do apoio inicial da população, a participação do Brasil na Segunda Guerra Mundial apressou a queda de Getúlio, pois não se admitia que nossos soldados morressem lutando contra os regimes totalitários enquanto internamente vivíamos sob uma ditadura.

## A queda de Getúlio

A partir de 1943, o Estado Novo entrou em decadência. Em todo o país surgiram diversas manifestações que demonstravam o desejo da maioria do povo de restabelecer um regime democrático.

Primeira Divisão da Força Expedicionária Brasileira marchando em Nápoles, Itália, 16 jul. 1944.

Com o fim da Segunda Guerra Mundial, em 1945, as pressões internas e externas aumentaram. Getúlio, percebendo a insatisfação, sabia que era preciso promover as chamadas aberturas democráticas. Assim, marcou eleições para dezembro de 1945, reorganizou os partidos políticos, anistiou os presos políticos e extinguiu o DIP.

Os partidos políticos naquele momento eram: Partido Social-Democratico (PSD), formado por industriais, banqueiros e oligarquias estaduais; União Democrática Nacional (UDN), que reunia forças conservadoras; Partido Trabalhista Brasileiro (PTB), formado por Getúlio e ligado ao sindicalismo; e Partido Comunista Brasileiro (PCB), que voltou à legalidade e era liderado por Luís Carlos Prestes. Foram organizados outros partidos, porém de menor expressão.

Vargas ainda contava com grande prestígio popular e, acreditando nessa força e em seus aliados, incitou um movimento denominado de queremismo (Queremos Getúlio), que defendia sua continuidade no poder. Alguns partidos e segmentos aderiram ao Queremismo; o mais relevante deles foi o PCB. Esse fato gerou temores nas elites e nos Estados Unidos, que confundiam as políticas nacionalistas com comunistas.

Temendo que Vargas fizesse alguma manobra para se manter no poder e observando o avanço do populismo na Argentina, alguns políticos e militares se articularam e forçaram Getúlio a renunciar à Presidência em 29 de outubro de 1945. Era o fim do Estado Novo.

O presidente do Supremo Tribunal Federal, José Linhares, assumiu provisoriamente o governo até as eleições, que aconteceram em 2 de dezembro de 1945.

Getúlio deixou a Presidência, mas ainda manteve-se ligado ao poder. Apoiou o marechal Eurico Gaspar Dutra, que venceu as eleições para presidente, em parte graças ao prestígio do chamado "Pai dos Pobres".

Estudantes da Faculdade de Direito da Universidade de São Paulo, no Largo São Francisco, em São Paulo, comemorando a queda de Getúlio Vargas.

## DIVERSIFICANDO LINGUAGENS

Leia o texto a seguir e responda às questões no caderno.

Notadamente a partir de 1942, com a tomada de posição do Brasil pró-Aliados, na Segunda Guerra Mundial, a meteorologia política previa chuvas e trovoadas para a ditadura estado-novista. Ao investir na pregação trabalhista e nos apelos à sindicalização massiva, fazendo-os acompanhar de providências no campo legislativo, o governo Vargas objetivava, no mínimo, formar uma "reserva de mobilização". Em função do "dever de gratidão" dos trabalhadores para com seu "protetor", esperava-se dessa "força-tarefa" que, se convocada a intervir politicamente sob as ordens do ditador, ela saísse na defesa do regime e/ou de seu representante-mor. Paralelamente, entretanto, o governo mergulhava numa contradição insolúvel. Nessa conjuntura, como já foi ressaltado, muitos direitos sociais caíram por terra, na prática, o que servia de combustível para a propagação do descontentamento entre diferentes setores dos trabalhadores. [...]

Quando segmentos das classes dominantes, das classes médias e setores militares urdiram o golpe de Estado de 1945, o regime e Vargas não tiveram o respaldo necessário para opor-se a essa arremetida. Apesar de o "queremismo" (o movimento pró-Constituinte com Getúlio) ganhar as ruas, ele foi, no fundo, um grito parado no ar.

Adalberto Paranhos. *Antídoto para a luta de classes*. Disponível em: <www2.uol.com.br/historiaviva/reportagens/antidoto_para_a_luta_de_classes_7.html>. Acesso em: jul. 2013.

**1.** De acordo com o texto, que fato foi marcante no processo de decadência do Estado Novo?

**2.** Qual era a contradição do apoio do Estado Novo aos Aliados na Segunda Guerra Mundial?

**3.** O que o autor do texto quer dizer quando afirma que o queremismo foi um grito no ar?

## AGORA É COM VOCÊ

**1** Complete a segunda coluna conforme as definições apresentadas na primeira coluna.

| | |
|---|---|
| Acontecimento que não estava diretamente relacionado à eleição de 1930, mas que agravou a crise política. | |
| Frase pronunciada pelo governador de Minas Gerais que deflagrou os levantes que levaram à deposição do presidente Washington Luís. | |
| Nome do político que assumiu o governo do Brasil com a revolução de 1930. | |
| Ações iniciais de Vargas no poder. | |

**2** Identifique nos quadros e copie na tabela apenas as informações corretas sobre a Revolução Constitucionalista de 1932.

> Teve como causa a nomeação de um interventor de Pernambuco para São Paulo.
>
> Foi chamada de constitucionalista, pois iniciou com a abolição da Constituição de São Paulo.
>
> Foi deflagrada pela oligarquia paulista com apoio da população, alegando a legalidade.
>
> Não teve apoio popular, devido às ações contra o governo de Vargas.
>
> Terminou com a vitória dos paulistas.
>
> Exigia a reconstitucionalização do país.
>
> Após três meses de combate e sem ter como resistir, os paulistas se renderam.

| Revolução Constitucionalista de 1932 ||||
|---|---|---|---|
| | | | |

**3** Faça as associações corretas sobre as fases do governo de Vargas.

(1) Governo provisório

(2) Governo constitucional

(3) Estado Novo

( ) Surgimento da AIB e da ANL.

( ) Golpe de Estado e endurecimento do regime após o suposto Plano Cohen.

( ) Novo Código Eleitoral com voto secreto e voto feminino.

( ) Período de governo ditatorial com destaque para as leis trabalhistas.

( ) Após revolução comunista foram presos Luís Carlos Prestes e Olga Benário, esta última entregue à policia secreta de Hitler.

( ) Constituição de 1934 previa medidas nacionalistas e vários direitos sociais, políticos e trabalhistas.

4 Complete as frases de acordo com os conhecimentos anteriores.

a) Durante o Estado Novo, o controle das publicações e divulgações em meios de comunicação era realizado pelo _____.

b) A propagando do governo ditatorial de Vargas era feita em _____ e também no rádio, por meio do programa _____.

c) Filinto Müller chefiava a _____ e era responsável por punir quem fosse contrário ao regime.

## SUPERANDO DESAFIOS

1 (Fuvest) O Estado de compromisso, expressão do reajuste nas relações internas das classes dominantes, corresponde, por outro lado, a uma nova forma do Estado, que se caracteriza pela maior centralização, o intervencionismo ampliado e não restrito apenas à área do café, o estabelecimento de uma certa racionalização no uso de algumas fontes fundamentais de riqueza pelo capitalismo internacional (...).

Boris Fausto. *A revolução de 1930*. Historiografia e história. São Paulo: Brasiliense, 1987. p. 109-110.

Segundo o texto, o Estado de compromisso correspondeu, no Brasil do período posterior a 1930,

a) à retomada do comando político pela elite cafeicultora do sudeste brasileiro.

b) ao primeiro momento de intervenção governamental na economia brasileira.

c) à reorientação da política econômica, com maior presença do Estado na economia.

d) ao esforço de eliminar os problemas sociais internos gerados pelo capitalismo internacional.

e) à ampla democratização nas relações políticas, trabalhistas e sociais.

2 (UFTM) Entre os motivos alegados por Getúlio Vargas para decretar o Estado Novo, em novembro de 1937, pode-se citar

a) a iminência do início da 2ª Guerra Mundial e a necessidade de proteger as nossas fronteiras.

b) as greves operárias, os saques e as depredações que tomaram conta do país no período.

c) a descoberta de uma suposta insurreição comunista, o chamado Plano Cohen.

d) as denúncias de fraudes no processo de escolha do seu sucessor, publicadas pela imprensa.

e) a insatisfação da elite paulista com o regime, que ameaçava separar-se do restante do país.

3 (Uespi) Em 1943, foi publicada a Consolidação das Leis do Trabalho (CLT), que passou a regulamentar, no Brasil, de forma sistematizada, as relações de trabalho entre patrões e empregados. Essa publicação ocorreu durante:

a) o período de redemocratização do país no governo de Jânio Quadros.

b) a presidência de Juscelino Kubitscheck, constando do seu Plano de Metas.

c) o período do chamado Estado Novo, sob a presidência de Getúlio Vargas.

d) o período posterior à volta de Getúlio Vargas ao poder, na qualidade de presidente eleito.

e) o governo do presidente Rodrigues Alves, durante o qual também ocorreu a denominada Revolta da Vacina.

# COM A PALAVRA, O ESPECIALISTA

**Quem é**
Dennison de Oliveira.

**O que faz**
É bacharel e licenciado em História, mestre em Ciência Política e doutor em Ciências Sociais, especialista em História Militar, com foco no estudo da Segunda Guerra Mundial. Atualmente trabalha como professor e pesquisador nos programas de pós-graduação do Instituto Meira Mattos, na Escola de Comando e Estado-Maior do Exército.

Em entrevista cedida à jornalista Gizáh Szewczak, Dennison contou um pouco sobre os motivos que levaram à entrada do Brasil na Segunda Guerra Mundial e sobre as relações brasileiras com outros países.

### Por que o Brasil entrou na Segunda Guerra Mundial?

A posição geográfica do país — que ocupa a parte mais estreita do Atlântico próximo à África —, seu tamanho e população tornavam, no mínimo, difícil a manutenção da neutralidade do Brasil. Desde 1940, os EUA nos pressionavam para que fizessem uma ocupação "preventiva" do território nordestino e a instalação, ali, de bases aéreas que permitissem escala para os voos rumo à África e ao Oriente. Ao mesmo tempo, pretendiam impedir que essa rota aérea e esses locais para bases fossem ocupados por países do Eixo. Em meados de 1941, seis meses antes da entrada dos EUA na Segunda Guerra Mundial, essas bases e rotas aéreas já eram uma realidade. Por aqui, passaram dezenas de milhares de aeronaves armadas e municiadas para combate, rumo aos campos de batalha africano e asiático. Simultaneamente, o Brasil passou a fornecer importantes materiais estratégicos aos Aliados, como minerais, borracha etc. Diante desses fatos, os alemães perceberam que a neutralidade do Brasil era apenas teórica e passaram a atacar maciçamente nossos navios mercantes. Os sucessivos torpedeamentos de nossos navios é que levaram nosso país a declarar guerra aos países do Eixo.

### Qual era o perfil de nossos soldados e como foi seu treinamento?

Pouquíssimos soldados profissionais, com longo tempo de serviço, foram aproveitados. Metade dos oficiais subalternos eram reservistas, e também cerca de metade dos efetivos eram recém-recrutados (a maioria oriunda da zona rural e com baixos níveis de saúde e educação). A maior parte do oficialato da ativa conseguiu escapar do envio para a guerra. Justamente os mais pobres e menos instruídos, com poucos contatos sociais influentes que lhes permitissem se evadir, é que foram recrutados. Como admitiu o chefe do Estado-Maior da Força Expedicionária Brasileira (FEB) ao embarcar no navio que levaria nosso primeiro escalão de combatentes para a Europa: "A bordo, só estavam os que não conseguiram escapar". Dos 25 mil homens enviados para a luta, menos de 1.500 eram voluntários. A artilharia teve oportunidade de treinar aqui no Brasil usando o mesmo tipo de material que seria empregado na linha de frente, mas a infantaria não teve a mesma sorte. Dos três regimentos de infantaria enviados, apenas um recebeu treinamento condizente com a realidade da luta que seria travada (treino esse quase todo feito por instrutores norte-americanos). Os outros, como admitiu o próprio comandante da FEB, partiram do Brasil "praticamente sem instrução". Pior ainda, a FEB jamais realizou um treino em conjunto, que permitisse detectar falhas na sincronização das manobras.

**Sabe-se que a maior parte das tropas aliadas que participaram da Segunda Guerra era segregada, isto é, os negros ficavam de um lado; e os brancos, de outro. Como era a situação das tropas brasileiras?**

A 1ª Divisão de Infantaria da FEB que lutou nos campos da batalha da Itália na Segunda Guerra Mundial foi a única tropa racialmente integrada que foi empregada em combate naquele *front* e em qualquer outro. Naquela mesma frente, lutaram divisões de infantaria das mais diversas nacionalidades, como norte-americana, inglesa e francesa. Entre os primeiros, cabe destacar a política oficial de segregação que apresentavam: brancos e negros jamais lutavam juntos, havendo uma unidade específica para os negros (a 92ª Divisão de Infantaria) e um regimento inteiramente composto de descendentes de japoneses (o 442º Regimental Combat Team). Nessas formações, os cargos de oficial superior eram preenchidos predominantemente ou totalmente por brancos, cabendo às outras etnias integrar "o grosso" do efetivo da tropa. No caso da FEB, está confirmada a recorrência das ordens para se excluírem os soldados que não fossem brancos dos desfiles e demonstrações públicas ou, no caso de isso não ser possível, colocá-los no interior das fileiras, onde seriam menos vistos. Havia ainda total exclusão dos negros na formação de guardas de honra, em particular aquelas que se destinassem à recepção de autoridades estrangeiras. Enfim, apesar da integração, a FEB padecia do mesmo tipo de racismo que era típico da sociedade brasileira naquela época. [...]

**Em Natal (RN), estava instalada a maior base militar americana fora dos EUA. Qual foi a importância dela e como era o cotidiano naquele lugar? Existiram outras bases aliadas no Brasil?**

Originalmente, os EUA pretendiam construir bases por todo o nosso continente para impedir a invasão da região por parte do Eixo. Posteriormente, decidiram concentrar seus esforços no Nordeste do país porque por ali poderiam enviar aeronaves diretamente para as frentes de luta. Com o inverno rigoroso no Atlântico Norte, os aviões que faziam a rota da Groelândia rumo à Grã-Bretanha tiveram, por causa das horríveis condições climáticas, que realizar a rota do Brasil. Enfim, a região teve uma importância fundamental na vitória dos Aliados na guerra.

**Qual foi o grande feito do Brasil durante a Segunda Guerra?**

Houve vários. Por ordem de importância, eu cito os seguintes: ter servido como ponte aérea para o envio de grandes aeronaves dos EUA para todas as frentes de batalha; fornecer alimentos e matérias-primas para o esforço industrial norte-americano; cooperar com o patrulhamento do Atlântico e ajudar a impedir o tráfego de navios e submarinos do Eixo naquela área; e disponibilizar uma divisão de infantaria para lutar na Itália. [...]

**Como foi o retorno dos pracinhas brasileiros? Como eles foram recebidos em nosso país?**

A recepção foi eufórica, fazendo dos veteranos da FEB pessoas muito prestigiadas. Contudo, essa euforia durou pouco, e aos ex-combatentes restou uma rotina penosa de readaptação à realidade da vida civil, nem sempre possível para muitos. Traumas psicológicos de todo tipo e a rotina da luta pela sobrevivência no mercado de trabalho dificultaram o retorno de milhares de brasileiros que estiveram nos campos de batalha à vida normal. As primeiras leis de amparo aos ex-combatentes só foram aprovadas em 1947. [...]

*Por Gizáh Szewczak*. Disponível em: ‹www.aprendebrasil.com.br/entrevistas/entrevista0124.asp›.
Acesso em: jul. 2013.

# Para não esquecer

## Movimentos Sociais ao longo dos séculos XIX início do XX

- Consolidação da república
- Insatisfação com o coronelismo e a Política do Café com Leite

**Principais revoltas do período:**
Canudos, Revolta da Vacina, Revolta da Chibata, Contestado.

Péssimas condições de trabalho no início do século XX impulsionaram os movimentos operários no Brasil

| Anarquista | Socialista | Comunista |

## Primeira Guerra Mundial

**Origens**
- concorrência econômica
- intensificação do nacionalismo
- atentado de Saraievo
- rivalidades internacionais

## Importantes alianças do conflito

**Tríplice entente**
- Inglaterra
- Rússia
- França

**Tríplice Aliança**
- Alemanha
- Áustria-Hungria
- Itália

116

## Consequências

mudança do mapa político   desemprego
milhões de mortos e feridos   cidades destruídas   inflação
fome   terras devastadas   diminuição da produção agrícola
EUA nova potência   ascensão do totalitarismo

## Segunda Guerra Mundial

### Origens

- Perda de território da Alemanha para a Polônia.
- expansionismo japonês

## Consequências

### Para a Alemanha
- pagamento de indenizações
- suspensão da produção bélica
- ocupação do território por países aliados
- julgamento de líderes nazistas
- Áustria separou-se da Alemanha

### Para o Japão
- bombas atômicas de Hiroshima e Nagazaki

### Para o Mundo
- consolidação dos Estados Unidos como potência
- divisão do globo entre socialistas e capitalistas

## Brasil

|  |  |
|---|---|
| 1929 | • crise financeira mundial e brasileira;<br>• República Velha em decadência no Brasil;<br>• São Paulo x Minas Gerais. |
| 1930 | • golpe de Getúlio para chegar ao poder. |
| 1934 | • eleições indiretas. |
| 1945 | • redemocratização;<br>• fim da Era Vargas. |

## RESGATANDO CONTEÚDOS

1 Preencha o diagrama de palavras com os termos que correspondem às definições a seguir.

1. Política exercida pelos membros da Guarda Nacional durante a Primeira República.
2. Estado anexado ao Brasil em 1903.
3. Vieram ao Brasil no início do governo republicano para trabalhar nas lavouras.
4. Comunidade formada por sertanejos em Belo Monte.
5. Conflito que mobilizou a população carioca no início do século XX.
6. Protagonistas da Revolta da Chibata.
7. Região da fronteira entre Paraná e Santa Catarina, onde ocorreu um dos mais marcantes conflitos armados do início do século XX no Brasil.
8. Nome dado aos jagunços que vagavam pelo interior do nordeste praticando roubos e outras formas de violência.
9. Movimento cultural que marcou o Brasil no início do século XX.

2 Preencha as lacunas corretamente.

a) Após a Primeira Guerra, a _____ Estava devastada e os países envolvidos no conflito enfrentavam graves dificuldades.

b) No início do século XX surgiu nos Estados Unidos o _____, um período de euforia, consumo exagerado e otimismo.

c) O _____ foi a nova diretriz econômica estabelecida para os Estados Unidos em 1933 com base nas ideias do economista inglês John Maynard Keynes.

d) Os _____ são aqueles em que o governo é gerido por um único indivíduo ou partido, que determina todas as instâncias de poder e intervém diretamente no cotidiano da população.

e) Durante o regime nazista da Alemanha, milhares de judeus foram enviados para _____, como os de Buchenwald, Dachau e Sachsenhausen.

3 Relacione as colunas corretamente.

a) Episódio que ocorreu em 1914 e deu início à Primeira Guerra Mundial.

b) Período da Primeira Guerra Mundial em que os exércitos se protegiam dos ataques inimigos em túneis cavados pelos próprios combatentes.

c) Conflito que expôs a fragilidade do Império Russo.

d) Governo que transformou a União Soviética em um dos polos mais industrializados da primeira metade do século XX.

e) Termo que designa o período de tensão entre os envolvidos na Primeira Guerra Mundial antes do conflito.

( ) Stálin.

( ) Paz armada.

( ) Guerra Russo-Japonesa.

( ) Guerra de Trincheira.

( ) Atentado de Sarajevo.

4 Preencha o diagrama com o nome dos países inicialmente envolvidos na Segunda Guerra Mundial.

Eixo

Aliados

## UNIDADE 2

# O mundo no período da Guerra Fria

Após o término da Segunda Guerra Mundial, os Estados Unidos e a União Soviética encerraram a aliança estabelecida durante o conflito. O rompimento teve, entre suas causas, o aspecto ideológico: enquanto os norte-americanos defendiam o sistema capitalista, os soviéticos adotavam o socialismo.

Entre os dois países, havia disposição para ampliar as respectivas áreas de influência e, consequentemente, a preocupação em conter o avanço do rival. Essa disputa acabou dividindo o mundo em dois grandes blocos.

Astronauta Americano Edwin Buzz Aldrin durante missão Apollo 11 na Lua, 1969.

1. O que está sendo representado na imagem?

2. Levante hipóteses sobre a importância do momento representado nesta imagem.

CAPÍTULO 6

# As rivalidades durante a Guerra Fria

Trabalhadores da Alemanha Oriental construindo o Muro de Berlim da Praça Potsdamer Platz em direção à Rua Lindenstrasse, supervisionados por oficiais armados e membros da polícia de Berlim, 13 ago. 1961.

## Palavra-chave

**Corrida armamentista:** processo pelo qual um país busca armar-se com o objetivo de se proteger de outro. Simultaneamente, esse outro país sente-se ameaçado pelo aumento do poder militar do primeiro e também investe em seu aparato de defesa. Desse modo, surge um círculo vicioso, no qual ambos se armam em decorrência da desconfiança mútua. Durante a Guerra Fria, Estados Unidos e União Soviética disputavam tanto o poder dos armamentos quanto a evolução tecnológica em geral. Assim, eles não concorriam apenas na fabricação de armas, como também de outros equipamentos, como foguetes para chegar à Lua.

Em 1947, houve uma ruptura entre Estados Unidos e União Soviética. Embora os dois países nunca tivessem rompido relações diplomáticas nem se enfrentado diretamente, o governo norte-americano suspendeu naquele ano a desmobilização militar e iniciou uma grande **corrida armamentista**. Em março, o então presidente norte-americano, Harry Truman, assumiu diante do Congresso o compromisso de conter o avanço do expansionismo soviético. Para isso, além da ajuda financeira, os Estados Unidos se comprometiam a fornecer armas e soldados para qualquer país que estivesse sob ameaça comunista, ainda que interna.

O presidente Truman desenvolveu uma política externa cujo principal objetivo era "conter a expansão do comunismo", não apenas na Europa, como no mundo todo. Ele se dispôs a ajudar na reconstrução da Europa, devastada na Segunda Guerra Mundial.

Por meio do Plano Marshall, os norte-americanos fizeram enormes investimentos em diversas nações europeias. A recuperação econômica desses países fortaleceu economicamente os EUA, que exportavam diversas mercadorias para a Europa, principalmente gêneros alimentícios, e lucravam com os juros de empréstimos.

Em 1949, foi criada a Organização do Tratado do Atlântico Norte (Otan), aliança militar liderada pelos Estados Unidos e que congregava o Canadá e diversos países europeus. O acordo previa o auxílio mútuo em caso de ataque externo.

Já os soviéticos, à medida que reconquistavam a Europa Oriental, procuravam manter sob sua influência países como Bulgária, Hungria, Polônia, Tchecoslováquia, Romênia e, mais tarde, a parte oriental da Alemanha.

Para responder aos acordos militares organizados pelos Estados Unidos, a URSS estabeleceu, em 1955, o Pacto de Varsóvia, cujo objetivo era garantir a aliança militar entre os países comunistas sob a liderança soviética. No plano econômico, criou o Council for Mutual Economic Assistance (Comecon), ou Conselho para Assistência Econômica Militar, a fim de buscar a integração econômica e financeira entre essas nações, em auxílio mútuo.

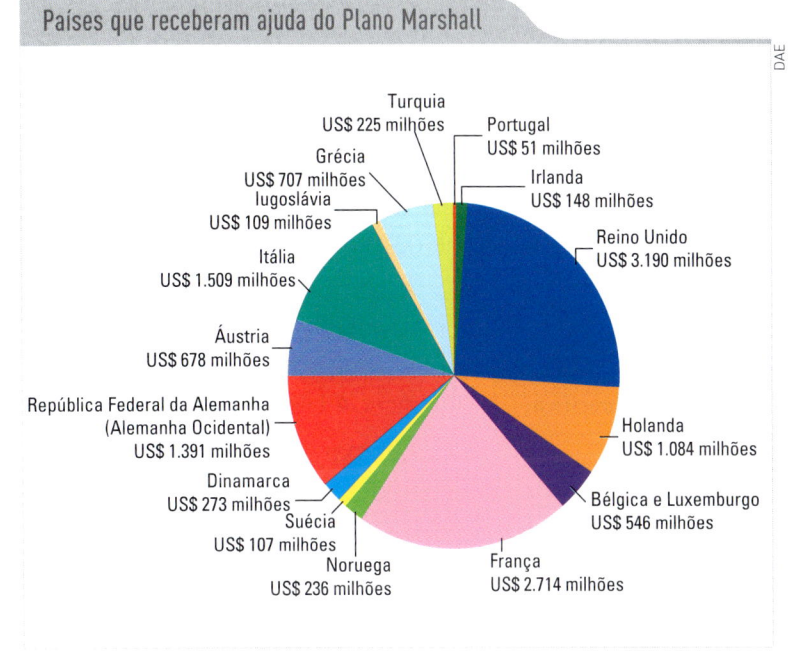

**Países que receberam ajuda do Plano Marshall**

- Turquia US$ 225 milhões
- Portugal US$ 51 milhões
- Grécia US$ 707 milhões
- Irlanda US$ 148 milhões
- Iugoslávia US$ 109 milhões
- Reino Unido US$ 3.190 milhões
- Itália US$ 1.509 milhões
- Áustria US$ 678 milhões
- República Federal da Alemanha (Alemanha Ocidental) US$ 1.391 milhões
- Holanda US$ 1.084 milhões
- Dinamarca US$ 273 milhões
- Bélgica e Luxemburgo US$ 546 milhões
- Suécia US$ 107 milhões
- França US$ 2.714 milhões
- Noruega US$ 236 milhões

Fontes: *World history atlas*. Londres: Dorling Kindersley, 2008. p. 213; *História do século XX*. São Paulo: Abril Cultural. p. 2.327.

**Alianças militares na Europa (1949-1991)**

- Membros da Organização do Tratado do Atlântico Norte (Otan)
- Membros do Pacto de Varsóvia

Fonte: *World history atlas*. Londres: Dorling Kindersley, 2008.

## Palavras-chave

**Bomba H:** bomba cuja energia provém da fusão de átomos de hidrogênio. Uma das primeiras bombas de hidrogênio que foram explodidas (em março de 1954), por exemplo, era 600 vezes mais destruidora do que a bomba nuclear lançada sobre Hiroshima anos antes.

**Coexistência pacífica:** trata-se de um modelo de relações internacionais, adotado entre o Leste Europeu (URSS) e o Ocidente (EUA) após 1953. Consistia em relações menos hostis, deslocando o enfrentamento entre as potências para os campos político e econômico.

Em 1949, a Alemanha foi dividida fisicamente em dois países: República Democrática da Alemanha (RDA – parte oriental), de orientação comunista, aliada à União Soviética; e República Federal da Alemanha (RFA – parte ocidental), de orientação capitalista, aliada aos Estados Unidos.

Nesse mesmo ano, depois de uma longa guerra civil na China, os comunistas, liderados por Mao Tsé-tung, conquistaram o poder. A China comunista permaneceu aliada aos soviéticos até 1960.

A corrida armamentista ganhou novas dimensões. Ainda em 1949 os soviéticos construíram sua primeira bomba atômica. Em 1952, os norte-americanos fizeram testes com uma bomba de hidrogênio no Pacífico. A URSS construiu sua **bomba H** no ano seguinte.

A expansão comunista e, sobretudo, o fato de os soviéticos terem chegado à produção de uma bomba atômica alarmaram amplos setores da sociedade norte-americana. Nesse contexto, o senador Joseph McCarthy iniciou uma campanha anticomunista no país.

Entre 1950 e 1954, o chamado macarthismo perseguiu intelectuais, cientistas, artistas ou qualquer pessoa cujas atitudes pudessem ser consideradas comunistas. Apenas por ter opiniões mais progressistas e engajadas, diversas pessoas sofreram perseguições e foram difamadas, mesmo sem serem comunistas. Nas universidades, muitos professores foram demitidos. Entre as vítimas da intolerância estava o ator e diretor de cinema Charles Chaplin.

Em 1953, com a morte de Stálin, seu sucessor soviético, Nikita Kruschev, procurou amenizar os confrontos com os Estados Unidos desenvolvendo a chamada **coexistência pacífica**.

Com esse acordo, soviéticos e norte-americanos continuaram a disputa, mas sempre no território de terceiros, lutando pela hegemonia nas diversas regiões do mundo.

A Guerra Fria envolveu grande parte do mundo, inclusive o Brasil. Logo após a Segunda Guerra Mundial, o governo brasileiro atrelou-se à política externa norte-americana. O Partido Comunista foi fechado, e os eleitos por essa sigla foram cassados. Na década de 1960, o medo do comunismo foi usado contra o governo reformista do presidente João Goulart, que acabou sendo derrubado pelos militares, com o apoio dos norte-americanos.

O ator Charles Chaplin, em cena do filme *O Barba Azul*, 1947. O filme *Monsieur Verdoux* (*O Barba Azul*) fez uma severa e polêmica crítica ao capitalismo e ao militarismo em 1947, associando seus mentores a assassinos comuns e considerando-os piores do que estes. Apesar de ter feito sucesso na Europa, o longa-metragem foi mal recebido e boicotado nos Estados Unidos. Por seu posicionamento político, Chaplin foi incluído na chamada "Lista negra de Hollywood".

## CURIOSIDADES HISTÓRICAS

### A corrida espacial

Outro importante capítulo da Guerra Fria foi o início da conquista espacial, que manteve uma relação de mútua influência com a corrida armamentista.

A exploração da tecnologia de foguetes teve início na Alemanha. Mas, com o fim da Segunda Guerra Mundial e a derrota alemã, muitos cientistas desse país foram trabalhar nos Estados Unidos e na União Soviética.

Em 4 de outubro de 1957, os soviéticos enviaram o primeiro satélite artificial ao espaço: o Sputnik I. No ano seguinte, os norte-americanos responderam lançando o Explorer I. A corrida espacial tomou grandes proporções no contexto mundial. A URSS colocou os primeiros seres vivos no espaço: a cadela Laika, em 1957, e o cosmonauta Yuri Gagárin, em 1961. Já os EUA lançaram no espaço o primeiro satélite de comunicação.

Em 20 de julho de 1969, os astronautas da missão norte-americana Apolo XI pousaram na Lua. A conquista do espaço prosseguiu com progressos significativos dos dois lados.

## DIVERSIFICANDO LINGUAGENS

Leia o texto a seguir e responda às questões no caderno.

> Em 3 de novembro de 1957, a cadela Laika se tornava o primeiro animal da Terra a ser colocado em órbita. A bordo da nave soviética Sputnik 2, ela morreu horas depois do lançamento, mas entrou para a história da corrida espacial. [...]
>
> O animal escolhido para ir ao espaço era uma vira-latas de 6 kg de nome Kudryavka. Depois, os soviéticos decidiram renomeá-la como Laika. Sua cabine tinha espaço para ela ficar deitada ou em pé. Comida e água eram providenciadas em forma de gelatina. Ela tinha uma proteção e eletrodos para monitorar seus sinais vitais. Os primeiros dados da telemetria mostraram que ela estava agitada, mas comia a ração. [...]
>
> Apesar de toda a preparação, ela morreu devido a uma combinação de superaquecimento e pânico. Em 14 de abril de 1958, após 162 dias em órbita, a Sputnik 2 se desintegrava na reentrada na atmosfera. Quatro anos antes do anúncio de Malashenkov, o ex-diretor do programa soviético para envio de animais ao espaço no anos 50, Oleg Gazenlo, disse se arrepender de ter enviado Laika ao espaço, pois eles haviam condenado a cadela a uma morte certa.

*Há 55 anos, Laika se tornava o 1º animal em órbita*. Terra. 3 nov. 2012. Disponível em: <noticias.terra.com.br/ciencia/espaco/ha-55-anos-laika-se-tornava-o-1-animal-em-orbita,2e3805c32935b310VgnCLD200000bbcceb0aRCRD.html>. Acesso em: jul. 2013.

1. Com que período histórico o episódio retratado no texto tem relação?
2. O que ele representou?
3. Por que o envio da cadela Laika à lua foi considerado um grande avanço para a URSS?

# O mundo dividido

## Estados Unidos

Ao término da Segunda Guerra Mundial, os Estados Unidos foram a única potência ocidental que saiu do conflito fortalecida econômica e militarmente. Além da prosperidade econômica, o governo norte-americano foi bem-sucedido na ocupação e recuperação do Japão. O outrora inimigo tornara-se aliado, compartilhando os ideais capitalistas.

Por meio da Central Intelligence Agency (CIA), os EUA ajudaram os militares da Guatemala a derrubar o presidente Jacob Arbenz, que se opunha aos interesses da United Fruit Company, uma empresa norte-americana. A CIA também ajudou a derrubar o governo nacionalista iraniano, liderado pelo primeiro-ministro Mohammed Mossadegh. Abertamente, os norte-americanos apoiavam ditaduras na República Dominicana, em Cuba, na Nicarágua, em Portugal e na Espanha, evitando assim qualquer ameaça de consolidação dos governos progressistas.

Nas décadas de 1950 e 1960, a questão racial ganhou destaque nos EUA. Nos anos 1950, vigorava nos estados do sul a doutrina "separados, mas iguais" (*separate but equal*), com leis que exigiam lugares separados para negros e brancos, em diversas instituições e estabelecimentos. Apesar de na época a discriminação já estar constitucionalmente proibida, essas leis estaduais procuravam preservar o *status quo* existente antes da abolição da escravatura. Tratava-se de uma política amplamente discriminatória, que garantia até mesmo escolas inferiores para os negros.

Em defesa dessa população, destacou-se o pastor Martin Luther King Jr., que pregava, entre outras ideias, a desobediência civil pacífica.

Ainda que as manifestações por direitos civis tivessem caráter pacifista, o combate a elas não seguia sempre a mesma postura. Um exemplo foi a ação repressora que ocorreu em Birmingham, Alabama, em maio de 1963, quando foram usados cães policiais contra manifestantes e, dias depois, uma bomba explodiu dentro de uma igreja.

Em agosto de 1963, uma marcha pacífica, liderada por Luther King, reuniu mais de 250 mil pessoas em Washington, sensibilizando a nação. Em 1964, devido às pressões populares e ao apoio internacional, foi aprovada a Lei dos Direitos Civis, que pôs fim às segregações raciais em locais públicos e privados. No ano seguinte, foi aprovada a Lei do Direito de Voto, estendendo esse direito a todos os negros do sul, até então impedidos de votar.

Protesto em razão do assassinato de seis crianças negras no atentado contra uma igreja na cidade de Birmingham, em 1963. Lê-se no cartaz superior e no inferior, respectivamente: "Seis crianças mortas! Quando você irá agir!?!" e "Eles não morrerão em vão!".

Na política externa, os Estados Unidos apoiaram abertamente grupos anticastristas (contrários a Fidel Castro) que desembarcaram em Cuba para derrubar o governante, responsável por uma gradativa aproximação das relações entre seu país e a URSS – mas a operação não teve sucesso.

Em 1962, após ter descoberto que os soviéticos estavam construindo, em Cuba, plataformas para o lançamento de mísseis nucleares, o então presidente dos EUA, John Kennedy, impôs um bloqueio à ilha e ameaçou usar armas nucleares caso a URSS não recuasse. O mundo ficou à beira de uma guerra nuclear, mas os soviéticos cederam à pressão. Por outro lado, os Estados Unidos retiraram mísseis que mantinham no território da Turquia e se comprometeram a respeitar a soberania de Cuba.

Em 1968, os protestos pacifistas se intensificaram, mediante gigantescas manifestações de massa nas ruas das grandes cidades norte-americanas. Em escala mundial, notadamente na Europa Ocidental, milhões de pessoas saíram às ruas exigindo que as tropas norte-americanas deixassem o Vietnã. Nesse clima, Johnson, então presidente, não concorreu a mais um mandato nas eleições de 1968. O vitorioso foi o republicano Richard Nixon, beneficiado com o assassinato de Robert Kennedy, único democrata com chances reais de vitória.

Apesar de ter realizado intervenções militares no Camboja e no Laos, Nixon retirou as tropas norte-americanas do Vietnã. Visitou Pequim, aproximando-se da China. Quanto à América Latina, apoiou as ditaduras existentes. Envolvido no escândalo de Watergate (espionagem na sede do grupo opositor, o Partido Democrata), Nixon, que havia sido reeleito em 1972, renunciou em 1974.

## DOCUMENTOS EM ANÁLISE

Leia um trecho do discurso proferido por Martin Luther King em Washington, em 28 de agosto de 1963, e responda às questões no caderno.

> Há um século, um grande americano que nos cobre hoje com a sua sombra simbólica assinou o nosso ato de emancipação [...].
>
> Mas cem anos passaram e o Negro ainda não é livre. Cem anos passaram e a existência do Negro é todos os dias tristemente dilacerada pelas **grilhetas** da segregação e pelas correntes da discriminação; cem anos passaram e o Negro vive ainda na ilha solitária da pobreza [...].
>
> Sonho que, um dia, sobre as colinas vermelhas da Geórgia, os filhos dos antigos escravos e os filhos dos antigos proprietários de escravos poderão sentar-se juntos à mesa da fraternidade.
>
> Sonho que, um dia, o Estado do Mississipi, ele próprio sufocado pelo calor da opressão, se transformará num oásis de liberdade e de justiça.
>
> Sonho que as minhas quatro crianças viverão um dia num país onde não as julguem pela cor da pele, mas pela natureza do seu caráter.
>
> Discursos que mudaram o mundo. *Folha de S.Paulo*, p. 74-75, 2010.

**Palavra-chave**

**Grilheta:** grande anel de ferro, localizado na extremidade de uma corrente de metal, com o qual se prendem os prisioneiros e os condenados a trabalhos forçados.

1 Qual é a crítica feita por Martin Luther King nesse discurso?

2 Qual era o sonho de Martin Luther King?

## União Soviética

Após a Segunda Guerra Mundial, a União Soviética encontrava-se em situação de recuperação e reestruturação.

Assim como os Estados Unidos, no plano político internacional os soviéticos buscavam consolidar e expandir suas zonas de influência. Na Europa Oriental, regimes socialistas eram implantados muitas vezes contra a vontade da maioria populacional, ganhando efetividade somente graças ao apoio militar, político e econômico fornecido pelos soviéticos. Entretanto, nem sempre essa imposição era aceita passivamente pelos habitantes, como ocorreu em outubro de 1956, em Budapeste (Hungria), quando a ala contrária ao modelo soviético de socialismo protestou violentamente contra o governo.

No início da década de 1960, o otimismo imperava na URSS: as conquistas espaciais, os avanços tecnológicos, as melhorias sociais, um clima de maior liberdade e o sonho de ultrapassar em todos os sentidos as grandes nações capitalistas.

As divisões no mundo socialista acentuaram-se nesse período. Por razões políticas, ideológicas e de fronteiras, a China afastou-se da União Soviética. Nessa época, a Albânia socialista, seguida pela Romênia, também se desvinculou da influência política de Moscou e aproximou-se da China. A Iugoslávia adotou abertamente um regime socialista independente. Em 1968, a Tchecoslováquia, graças a uma série de manifestações e mudanças políticas, tentou seguir um caminho diferente daquele concebido pela URSS. O movimento – na época denominado de Primavera de Praga – foi duramente reprimido.

## Alemanha dividida

Na Alemanha Oriental, em 1961, foi construído o Muro de Berlim, criando um bloqueio físico entre os territórios alemães socialista e capitalista. Esse evento ocorreu, principalmente, por dois fatores.

- Oportunismo por parte dos cidadãos do lado ocidental alemão: a moeda ocidental era cerca de quatro vezes mais valorizada que a oriental, e os governos socialistas subsidiavam uma série de gêneros de consumo, sobretudo os alimentícios, tornando-os muito mais baratos para o consumo. Como o fluxo populacional era livre, os alemães do lado ocidental trocavam seus marcos pelos orientais e passavam a consumir produtos do lado oriental. Essa prática levou a uma série de crises de abastecimento, em que os maiores prejudicados eram os alemães orientais.

- Fluxo migratório intenso para a RFA: devido à carestia de mão de obra e em busca de oportunidades, os alemães orientais migravam para o lado ocidental, onde havia, por exemplo, possibilidades de melhorias salariais.

Alemães ocidentais observando os arredores do Muro de Berlim em 1962.

# Europa Ocidental

Após a Segunda Guerra Mundial, a Europa sofreu um processo de declínio de sua influência no mundo. As destruições provocadas pela guerra exigiram um grande esforço de recuperação, e a descolonização da África e da Ásia fizeram com que os antigos impérios colonialistas se esfacelassem. Com a injeção de recursos do PLano Marshall e uma série de medidas de reestruturação, a economia do nordeste europeu aos poucos, recuperava o ritmo de crescimento.

No terreno político, logo após a guerra, as esquerdas socialistas e comunistas participaram de vários gabinetes europeus (França, Bélgica e Itália). Mas, com a Guerra Fria, os comunistas foram afastados desses governos, e liberais e socialdemocratas ascenderam.

Em 1968, ocorreu uma onda de agitação revolucionária em grande parte da Europa. Imbuídos de princípios marxistas e anarquistas, estudantes e intelectuais reivindicavam reformas e medidas assistenciais à população. Na França, as contestações foram violentas, desgastando o governo do conservador Charles de Gaulle, que renunciou no ano seguinte, sendo substituído por Georges Pompidou.

> **Explorando**
>
> **Da Guerra Fria à Nova Ordem Mundial**
> Ricardo de Moura Faria e Monica Liz Miranda, Editora Contexto.
>
> A Guerra Fria não foi realidade apenas para os governos dos EUA e da URSS, com seus boicotes econômicos, missões de espionagem e negociações diplomáticas. Os autores procuram mostrar que ela era também parte do cotidiano do cidadão comum, alvo da propaganda ideológica divulgada pelos dois blocos, em uma disputa na qual os inimigos são mais difíceis de identificar com clareza.

Estudantes parisienses em uma manifestação comunista na Universidade de Sorbonne em maio de 1968.

## Japão

Vencido na Segunda Guerra Mundial, o Japão passou por profundas modificações, adotando inclusive uma Constituição parecida com a das democracias ocidentais.

Diversos fatores explicam o crescimento japonês, entre eles a substancial ajuda norte-americana, a existência de mão de obra barata e de uma cultura de valorização do trabalho. Ocorreu a abertura do mercado norte-americano aos produtos japoneses, bem como a importação maciça de tecnologia, em grande parte oriunda dos Estados Unidos.

## DIVERSIFICANDO LINGUAGENS

Leia o texto a seguir e responda às questões no caderno.

### GUERRA FRIA: O MEDO COMO ARMA

> A Segunda Guerra Mundial mal terminara quando a humanidade mergulhou no que se pode encarar, razoavelmente, como a Terceira Guerra Mundial, embora uma guerra muito peculiar. Pois, como observou o grande filósofo Thomas Hobbes, 'a guerra consiste não só na batalha ou no ato de lutar: mas num período de tempo em que a vontade de disputar pela batalha é suficientemente conhecida'.
>
> A Guerra Fria entre EUA e URSS, que dominou o cenário internacional na segunda metade do Breve Século XX, foi, sem dúvida, um desses períodos. Gerações inteiras se criaram à sombra de batalhas nucleares globais que, acreditava-se firmemente, podiam estourar a qualquer momento e devastar a humanidade. Na verdade, mesmo os que não acreditavam que qualquer um dos lados pretendia atacar o outro, achavam difícil não ser pessimistas, pois a Lei de Murphy é uma das mais poderosas generalizações sobre as questões humanas ('Se algo pode dar errado, mais cedo ou mais tarde vai dar'). À medida que o tempo passava, mais e mais coisas podiam dar errado, política e tecnologicamente, num confronto nuclear permanente baseado na suposição de que só o medo da 'destruição mútua inevitável' impediria um lado ou o outro de dar o sempre pronto sinal para o planejado suicídio da civilização. Não aconteceu, mas por cerca de quarenta anos pareceu uma possibilidade diária.
>
> A peculiaridade da Guerra Fria era a de que, em termos objetivos, não existia perigo iminente da guerra mundial. Mais do que isso apesar da retórica apocalíptica de ambos os lados, sobretudo do lado norte-americano, os governos das duas supertências aceitaram a distribuição global de forças no fim da Segunda Guerra Mundial. [...]

Eric Hobsbawm. *Era dos extremos: o breve século XX – 1914-1991*.
São Paulo: Companhia das Letras, 2005. p. 223-224.

1. Com base no texto, defina o que foi a Guerra Fria.
2. Explique o conceito de guerra de Thomas Hobbes: "A guerra consiste não só na batalha ou no ato de lutar, mas num período de tempo em que a vontade de disputar pela batalha é suficientemente conhecida."
3. Relacione esse conceito às características da Guerra Fria. O que há em comum?

# Guerras durante a Guerra Fria

## Guerra da Coreia (1950-1953)

No começo do século XX, a Coreia estava sob domínio japonês e continuou assim até o final da Segunda Guerra Mundial, quando foi ocupada pelos Aliados.

Livre do domínio japonês, a Coreia foi dividida em duas áreas no pós-guerra: a Coreia do Norte, comunista, aliada da União Soviética, e a Coreia do Sul, capitalista, aliada dos Estados Unidos. Mas essa situação era carregada de tensão, pois os dois lados exigiam que o país fosse reunificado sob seu comando.

Em 1950, a Coreia do Norte invadiu a Coreia do Sul, obtendo vitória.

Diante desse avanço comunista, os Estados Unidos receberam autorização do Conselho de Segurança da ONU para intervir no território.

Com a entrada dos Estados Unidos, a guerra mudou radicalmente. Seul, capital da Coreia do Sul, foi reconquistada, os comunistas começaram a retroceder em todas as frentes e Pyongyang, capital da Coreia do Norte, foi ocupada. A derrota iminente dos comunistas levou a China a entrar no conflito a favor dos norte-coreanos, o que promoveu o equilíbrio entre as forças.

Após três anos de guerra, foi estabelecida uma trégua e assinado o armistício – novamente com a interferência da ONU.

O conflito chegou ao fim sem um vencedor, e a Península Coreana continua dividida até hoje.

No início de 2013, a Coreia do Norte realizou testes com armas nucleares em regiões próximas à Coreia do Sul. Essa postura desafiou claramente o país vizinho e a posição da ONU quanto às discordâncias entre os dois países.

Após ser repudiado pela comunidade internacional em decorrência da ação, o governo norte-coreano anunciou o fim do armistício firmado com os Estados Unidos e com a Coreia do Sul em 1953, mas, mesmo assim, houve desconforto entre os países envolvidos.

## Guerra do Vietnã (1959-1975)

Ex-colônia da França, o Vietnã conquistou a independência em 1954 e continuou dividido entre Vietnã do Norte, comunista, e Vietnã do Sul, capitalista.

Havia a expectativa de que o país fosse unificado em 1956, quando seriam realizadas eleições – que, no entanto, nunca ocorreram, principalmente porque o Sul impôs uma política repressiva, sobretudo ao comunismo. Esse governo ditatorial encontrou resistência inclusive entre os sul-vietnamitas, que criaram a Frente de Libertação Nacional (FLN) e, com ela, um exército guerrilheiro chamado de Vietcongue. A FLN recebeu apoio do Vietnã do Norte, da China e da URSS. Com isso,

---

**Explorando**

**A irmandade da guerra**
Direção: Je-gyu Kang.
Coreia do Sul, 2004, 148 min.

Jin-tae e sua família trabalham duro para enviar seu irmão de 18 anos, Jin-seok, para a universidade. Quando a Coreia do Norte invade a Coreia do Sul, a família se refugia na casa de parentes no campo, mas Jin-seok é forçado a se alistar no exército e ir para o *front*. Jin-tae também se alista para proteger seu irmão mais novo, e o comandante promete que, se ele ganhar uma medalha, Jin-seok poderá voltar para casa.

temendo a expansão do comunismo, os Estados Unidos passaram a apoiar a ditadura do Vietnã do Sul. Em 1964, um incidente envolvendo o contratorpedeiro Maddox no Golfo de Tonquim deu ao presidente Johnson o pretexto para o envolvimento direto dos Estados Unidos no conflito.

Os norte-americanos acreditavam em uma vitória fácil e rápida, mas a realidade acabou se mostrando bem diferente. Apoiados também pela população, os vietcongues mostraram enorme poder de resistência. Armadilhas e ações bem ordenadas aumentavam as baixas entre os soldados estadunidenses e o exército sul-vietnamita. Com isso, a opinião pública norte-americana começou a exigir a saída dos Estados Unidos da guerra. A mídia internacional transmitia cenas brutais da guerra, que mostravam a destruição de aldeias e mortos dos dois lados do conflito. Assim, os líderes do Vietnã do Norte passaram a contar com a simpatia internacional.

Estudantes japoneses protestam em Tóquio contra a Guerra do Vietnã, em 1971.

Pressionado pela opinião pública e pelos fracassos no conflito, os EUA assinaram em janeiro de 1973 um cessar-fogo, retirando então grande parte de suas tropas.

A guerra continuou, mas, sem a ajuda norte-americana, o governo do Vietnã do Sul resistiu por apenas dois anos. Em 1975, os norte-vietnamitas ocuparam a capital sulista, Saigon, que passou a se chamar Ho Chi Minh.

Em julho de 1976, após a realização de eleições gerais, o país foi reunificado sob o nome de República Socialista do Vietnã, com capital em Hanói.

> **Explorando**
>
> **A Guerra do Vietnã**
> Ken Hills, Editora Ática.
>
> Conheça mais sobre o Vietnã, as origens do país, sua divisão, a posterior intervenção americana que levou à Guerra do Vietnã e como o povo vietnamita conseguiu expulsar os invasores e vencer a maior potência militar do planeta, para depois reunificar seu território.

## DIVERSIFICANDO LINGUAGENS

Em 1966, o cantor italiano Gianni Morandi lançou a música *C'era un ragazzo che come me amava i Beatles e i Rolling Stones*. No Brasil dos anos 1970, ela foi gravada pela banda Os Incríveis e, na década de 1990, interpretada pela banda Engenheiros do Hawaii.

Leia a letra da canção abaixo e responda às questões no caderno.

### ERA UM GAROTO QUE, COMO EU, AMAVA OS BEATLES E OS ROLLING STONES

> Era um garoto que, como eu, amava os Beatles e os Rolling Stones
>
> Girava o mundo sempre a cantar
>
> as coisas lindas da América.
>
> Não era belo, mas mesmo assim,
>
> havia mil garotas a fim.
>
> Cantava "Help!" e "Ticket to Ride" e "Lady Jane" ou "Yesterday".
>
> Cantava "Viva a liberdade" mas uma carta, sem esperar, da sua guitarra o separou.
>
> Fora chamado na América...
>
> STOP com Rolling Stones!
>
> STOP com Beatle's songs!
>
> Mandado foi ao Vietnã,
>
> lutar com vietcongs.
>
> Era um garoto que, como eu, amava os Beatles e os Rolling Stones.
>
> Girava o mundo, mas acabou fazendo a guerra do Vietnã.
>
> Cabelos longos não usa mais,
>
> não toca sua guitarra, e sim,
>
> um instrumento que sempre dá a mesma nota (rá-tá-tá-tá).
>
> Não tem amigos, não vê garotas,
>
> só gente morta caindo ao chão.
>
> Ao seu país não voltará
>
> pois está morto no Vietnã.
>
> STOP com Rolling Stones!
>
> STOP com Beatle's songs!
>
> No peito, um coração não há.
>
> Mas duas medalhas, sim.

*Engenheiros do Hawaii*. Disponível em: <www2.uol.com.br/engenheirosdohawaii/discos/letras/garoto.htm>. Acesso em: jan. 2012.

1. A canção, originalmente italiana, faz referência a duas bandas inglesas: Beatles e Rolling Stones. Pesquise que bandas são essas e qual era sua influência no universo musical na década de 1960.

2. O trecho que diz "Cantava 'Viva a liberdade' mas uma carta, sem esperar, da sua guitarra o separou. Fora chamado na América..." revela um acontecimento que se contrapõe ao ideal do garoto descrito na canção. Explique.

3. A letra diz que o personagem trocou sua guitarra por um instrumento que produz sempre o mesmo som. Que instrumento é esse? Justifique sua resposta.

4. A canção termina com uma crítica à guerra. Explique-a.

# China: revolução e socialismo

*Colheita chinesa em Hong Kong*, c. 1875. Gravura colorida de autoria desconhecida. A imagem retrata a realidade rural da maioria da população chinesa no final do século XIX e início do século XX.

Durante o século XIX, a China era um país que cultivava poucas relações internacionais. Muito apegada à tradição, desprezava os acontecimentos no Ocidente e, por isso, não acompanhou as mudanças tecnológicas, econômicas e políticas que sucederam a Revolução Industrial.

Depois de ser derrotada pelos ingleses na Guerra do Ópio (1840-1842), a China foi obrigada a fazer concessões às grandes potências e, consequentemente, viu-se mergulhada em revoltas internas. No início do século XX, o clima de instabilidade dominava o país até que, devido a uma série de revoltas ocorridas a partir de outubro de 1911, o imperador foi deposto e a China tornou-se uma república.

## A república chinesa

À frente do movimento revolucionário estava o Partido Nacionalista (Kuomintang), liderado por Sun Yat-sen (1866-1925), que objetivava transformar a China numa república democrática.

Os primeiros anos da república chinesa foram marcados pela desintegração do poder central devido ao fortalecimento dos chefes regionais, denominados **senhores da guerra**; à subserviência da burguesia chinesa ao capital estrangeiro e à permanência dos tratados desiguais que privilegiavam a dominação imperialista.

Em 1919, ocorreram novos protestos devido às decisões definidas nos acordos pós-Primeira Guerra Mundial. Na ocasião, a China viu Shandong, uma possessão alemã em seu território, ser entregue aos japoneses. A China já tinha ressalvas com o Japão, graças à Primeira

**Palavra-chave**

**Senhores da guerra:** líderes militares detentores do poder nas províncias chinesas durante os séculos XIX e XX.

Guerra Sino-Japonesa (1894-1895), que ocorrera por causa dos interesses imperialistas do Japão em dominar a Coreia e avançar nos territórios russo e chinês. Nesse contexto turbulento, e sob a influência da Revolução Russa, em 1921 foi fundado o Partido Comunista da China, filiado à Internacional Comunista.

Visando à unificação do país, o líder Sun Yat-sen procurou formar uma aliança com os comunistas e estabeleceu relações com a União Soviética. Ele organizou um exército nacionalista-comunista para combater os senhores da guerra, instaurar uma república democrática e se fazer respeitar pelas potências imperialistas.

## Guerra civil

Após a morte de Sun Yat-sen, em 1925, Chiang Kai-shek, pertencente à ala direita do Kuomintang, assumiu o poder. Com isso, as contradições entre nacionalistas e comunistas se agravaram. Enquanto aqueles faziam acordos com os senhores da guerra e com os países capitalistas estrangeiros, estes procuravam organizar camponeses e trabalhadores urbanos. Liderados por Chiang Kai-shek, os nacionalistas passaram então a perseguir os comunistas, que reagiram dando início a uma guerra civil.

Em 1927, os conflitos atingiram o apogeu em Xangai, quando milhares de pessoas, a maioria comunista, foram mortas. Diante da repressão crescente nas cidades, os comunistas decidiram se refugiar em áreas rurais. No ano de 1929, eles controlavam diversos territórios ao norte do país.

A guerra civil intensificou-se quando Chiang Kai-shek, com amplo apoio da burguesia e do alto-comando militar, resolveu liquidar os comunistas por meio das campanhas de aniquilamento. Devido aos intensos ataques do exército nacionalista, em outubro de 1934, milhares de comunistas tiveram de abandonar seus lares.

Liderados por Mao Tsé-tung e Zhou Enlai, os revolucionários percorreram aproximadamente 10 mil quilômetros em direção ao Norte. Durante cerca de um ano, os comunistas atravessaram rios caudalosos e cadeias de montanhas, enfrentaram o frio intenso, a fome, as doenças e os ataques dos nacionalistas. Dos 87 mil que iniciaram a chamada Grande Marcha, sobreviveram pouco mais de 8 mil.

O governo nacionalista instalado em Nanquim era comandado de forma autoritária por Chiang Kai-shek, que censurava a imprensa e perseguia seus opositores. Contudo, esse governo obteve certo sucesso nos centros urbanos, com obras de infraestrutura, que melhoraram os transportes e as comunicações, e avanços nas áreas da saúde e educação.

Fotografia de Mao Tsé-tung durante a Grande Marcha (1934-1935).

## A invasão japonesa

Durante a década de 1930, a expansão imperialista japonesa estava no auge. Em 1931, os japoneses invadiram a Manchúria, localizada no nordeste da China, e criaram no ano seguinte o Estado de Manchuko. Em 1937, os nipônicos ocuparam grande parte da costa leste chinesa. Objetivando transformar a China em uma colônia, a capital Nanquim foi invadida.

Diante da invasão japonesa, Chiang Kai-shek foi pressionado por seus comandados para estabelecer uma aliança com os comunistas e criar uma resistência aos invasores. Os comunistas organizaram e armaram o povo para lutar contra as forças invasoras. Para tanto, iniciaram um imenso trabalho de educação política, tornando os exércitos que comandavam disciplinados e eficientes e, nas regiões ocupadas, instaurando governos voltados às necessidades da população. Com isso, recebiam crescentes adesões de várias camadas sociais.

Com a expulsão definitiva dos japoneses em 1945, reacendeu-se a guerra civil. Entretanto, as forças comunistas contavam com forte apoio popular e passaram a avançar em direção ao sul e ao oeste. Em 1949, eles concluíram a ocupação dos principais centros políticos e industriais da China. Gozando de grande apoio, em 1º de outubro de 1949, Mao Tsé-tung proclamou a República Popular da China em Pequim (que passou a ser a capital da nova nação). Diante dos avanços comunistas, Chiang Kai-shek refugiou-se em Formosa (Taiwan), onde, com a proteção dos Estados Unidos, continuou atuando como presidente da República da China.

Cartaz comemorativo da vitória dos comunistas chineses sobre o grupo de Chiang Kai-shek, 1949.

## A construção do socialismo

A invasão japonesa e a guerra civil deixaram a China em difícil situação econômica e social e coube ao Partido Comunista reorganizar o país e restabelecer o controle.

Para alcançar esse objetivo, foi realizada uma reforma agrária – com distribuição de terras aos camponeses –, reprimindo-se os adeptos do antigo regime. Nos centros urbanos foram organizadas unidades de trabalho que procuravam cuidar de questões relativas a habitação, saúde, educação e, até mesmo, a relações familiares. No plano jurídico foi estabelecida a igualdade entre homens e mulheres. Acelerou-se o processo de estatização da indústria e do comércio.

No projeto de prosperidade econômica, foi desenvolvido o Primeiro Plano Quinquenal (1953-1957), por meio do qual os chineses procuraram seguir o modelo soviético de uma economia centralizada e planificada. Em 1958, iniciou-se o programa Grande Salto Adiante que objetivava acelerar o processo de industrialização, coletivizar o campo com a criação de comunas, descentralizar a burocracia e implantar um modelo onde não houvesse fronteira entre o operário e o agricultor. Nenhum dos dois projetos alcançou plenamente seus objetivos, pois não havia estrutura e desenvolvimento técnico e logístico suficiente para sua eficaz execução.

Em 1960, a China, em razão de divergências políticas e ideológicas, rompeu relações políticas e econômicas com a União Soviética, isolando-se no cenário mundial. Assim, o processo de desenvolvimento industrial chinês foi fortemente afetado, pois, ainda que estivesse em expansão, o país não era capaz de produzir sozinho todos os produtos manufaturados e industrializados para o mercado interno.

> **Explorando**
>
> **A Revolução Chinesa**
> Wladimir Pomar, Editora da Unesp.
>
> O pesquisador explica as causas da Revolução Chinesa, que mudou profundamente a política e a economia do país. As consequências dessa revolução ecoaram pelo mundo todo ao estabelecer novos modelos revolucionários e ampliar o bloco socialista.

## A Revolução Cultural

Em 1966, Mao Tsé-tung deu início à chamada "Grande Revolução Cultural Proletária", que visava transformar todas as estruturas, superando quaisquer aspectos restantes das relações capitalistas e buscando a consolidação da sociedade comunista. Assim, o movimento pretendia estruturar novas gerações – que sucederiam os líderes políticos – e, para isso, era necessário formar a juventude revolucionária chinesa e investir em sistemas educacionais, culturais e de saúde.

A Revolução Cultural apoiou-se na grande mobilização da juventude urbana chinesa organizando grupos conhecidos como Guardas Vermelhos, uma força estatal paramilitar, responsável por implantar a revolução. Em nome da transformação da sociedade chinesa, esses jovens hostilizaram as religiões, queimaram livros, proibiram a execução de determinadas músicas e afastaram das massas populares tudo que pudesse remeter à cultura burguesa ocidental.

Nesse período, ocorreu uma acirrada luta entre a linha burguesa – que não desejava o fim de certas relações capitalistas – e a linha proletária – que procurava caminhar a passos largos em direção ao comunismo.

Durante a Revolução Cultural, foi publicado o Livro Vermelho, composto de citações de Mao Tsé-tung sobre variados temas. O objetivo era recuperar

*Ser um bom filho do partido.* Cartaz criado por Shan Lianxiao e Di Daoyan em 1976.

a popularidade do Partido Comunista que estava diminuindo devido aos constantes fracassos econômicos. A obra chegou a ser o segundo livro mais lido do mundo, perdendo somente para a Bíblia.

A tentativa autoritária de doutrinar a população e eliminar a influência ocidental da sociedade chinesa foi considerada nociva por muitos grupos e, gradativamente, os setores contrários à hegemonia de Mao Tsé-tung voltaram ao poder ocupando cargos de influência no governo.

Com a morte de Zhou Enlai, ministro das Relações Exteriores, e de Mao Tsé-tung, em 1976, iniciou-se um período de disputas pelo poder político da China. Os mais radicais pregavam a necessidade do aprofundamento do socialismo chinês; já os moderados defendiam a necessidade de construir uma grande base material para elevar o nível de vida da população. Com a vitória do grupo moderado, iniciou-se o processo de "desmaoização", em que as ideias e os adeptos da Revolução Cultural foram sendo afastados.

## Reformas pós-Mao

A nova liderança do Partido Comunista pôs em prática um novo plano de reorganização política e econômica na China, aprovou uma nova Constituição, um plano decenal e elaborou um novo hino nacional.

O novo governo tomou uma série de decisões políticas e econômicas diferenciadas. Houve grande abertura econômica em relação ao Ocidente e o restabelecimento de certas práticas capitalistas, implantando assim o chamado **socialismo de mercado**.

Com a abertura para os mercados estrangeiros, a China passou a receber ajuda financeira de diversos países. Entre 1980 e 2011, foram mais de 1 trilhão de dólares em investimento estrangeiro direto, constituindo um dos fatores que contribuíram para as altas taxas de crescimento econômico.

Se por um lado ocorreram inovações no campo econômico, na esfera política manteve-se o esquema de partido único, com todas as características de um regime totalitário: desrespeito aos direitos individuais, falta de liberdade de expressão, ausência de canais democráticos de participação e repressão às manifestações contrárias ao governo.

Este último recebeu grande comoção midiática em 1989, quando ocorreu o Protesto na Praça da Paz Celestial (Tiananmen). O evento se refere a uma série de manifestações lideradas por estudantes na República Popular da China, que ocorreram entre os dias 15 de abril e 4 de junho de 1989. O protesto recebeu o nome do lugar em que o Exército Popular de Libertação suprimiu a mobilização: a Praça Tiananmen, em Pequim, capital do país. Na ocasião, cerca de 100 mil manifestantes se rebelaram contra o governo do Partido Comunista, que afirmavam ser demasiadamente repressivo e corrupto. Eles acreditavam que as reformas econômicas na China estavam sendo lentas demais, prejudicando a população, que sofria com a inflação e o desemprego.

Os protestos consistiam em marchas (caminhadas) pacíficas nas ruas de Pequim. Após diversas tentativas de encerrá-los sem sucesso,

> **Palavra-chave**
>
> **Socialismo de mercado:** consiste em uma economia de mercado na qual a regulação, a orientação e a iniciativa do Estado se sobrepõem à iniciativa privada. Esse é o conceito utilizado pela China para definir seu sistema econômico enquanto passa pelo processo de transição de uma economia planificada para uma economia de mercado.

o Partido Comunista optou por suprimi-los à força. Assim, na noite de 3 de junho, o governo enviou os tanques e a infantaria do exército à Praça Tiananmen. Numa tentativa de esconder do resto do mundo a violência cometida naquela noite, expulsou a imprensa estrangeira e controlou a cobertura dos acontecimentos na imprensa chinesa. A repressão do governo foi condenada pela comunidade internacional. Nos dias seguintes, os protestos se intensificaram e houve mais repressão.

No dia 5 de junho de 1989, um jovem solitário e desarmado invadiu a Praça da Paz Celestial e anonimamente fez parar uma fileira de tanques de guerra. O fotógrafo Jeff Widener, da Associated Press, registrou o momento, e a imagem ganhou os principais jornais do mundo.

## DIVERSIFICANDO LINGUAGENS

Leia o texto a seguir e responda às questões no caderno.

[...] muitos consideravam o regime comunista chinês baseado na repressão política. Advogavam, pois, que as '**quatro modernizações**' fossem acompanhadas de uma 'quinta reforma', a reforma política, como tal entendendo a implantação de uma democracia de tipo ocidental. Para eles, apenas com um regime como o praticado nos países capitalistas do Ocidente seria possível mobilizar a energia, a competência e o talento do povo chinês. Fora disso, o que restaria para a China seria uma sociedade de tipo soviético, com um Estado forte e um povo escravo e miserável.

Outros generalizavam alguns contratempos ressurgidos na mutante sociedade chinesa, a exemplo da ação de gangues, como indicação de que os ideais socialistas teriam sido abandonados. Para eles, falar em "socialismo de mercado" não passaria, pois, de um **engodo**. Alguns reconheceram que os chineses podiam visitar os demais países, mas lamentavam-se de que somente poderiam exercer esse direito se tivessem dinheiro, como se no resto do mundo fosse diferente. Partiram do princípio capitalista, significando igualdade total, e não um processo que transita da desigualdade [...] para uma crescente igualdade.

Wladimir Pomar. *A Revolução Chinesa*. São Paulo: Unesp, 2003. p. 105.

### Palavras-chave

**Quatro modernizações:** conjunto de medidas colocadas em prática sob o comando de Deng Xiaoping que tinham como objetivo promover o avanço da China.

**Engodo:** o que serve para atrair ou enganar alguém.

1. De acordo com texto, qual era a opinião de parte da sociedade chinesa a respeito do regime comunista chinês?
2. O que esta parcela da população defendia?
3. Por que o "socialismo de mercado" foi considerado uma enganação?

## CONHEÇA O ARTISTA

**Pablo Picasso**
*Massacre na Coreia,* **1951.**
Óleo sobre tela, 1,10 × 2,09 m.

### Pablo Ruiz y Picasso (1881-1973)

Nascido em Málaga, Espanha, Picasso, um dos artistas mais influentes do século XX, foi pintor, escultor, desenhista, gravurista e ceramista. Na juventude, tinha um traço figurativo refinado que, no decorrer dos anos, modificou de acordo com sua necessidade de expressão e criatividade, passando pelo "período azul" (caracterizado por uma profunda melancolia) e, após mudar-se para Paris, pelo "período rosa" (marcado por mais otimismo). Sofreu influência da Arte Africana e foi um dos fundadores do Cubismo, movimento a partir do qual as pinturas passaram a excluir a diferenciação entre a figura retratada e o fundo. Nos anos seguintes, alternou temas e estilos, sendo influenciado por trabalhos de diversos artistas, como Matisse, Velasquéz e Goya, fazendo muitas vezes releituras das obras destes e de outros pintores.

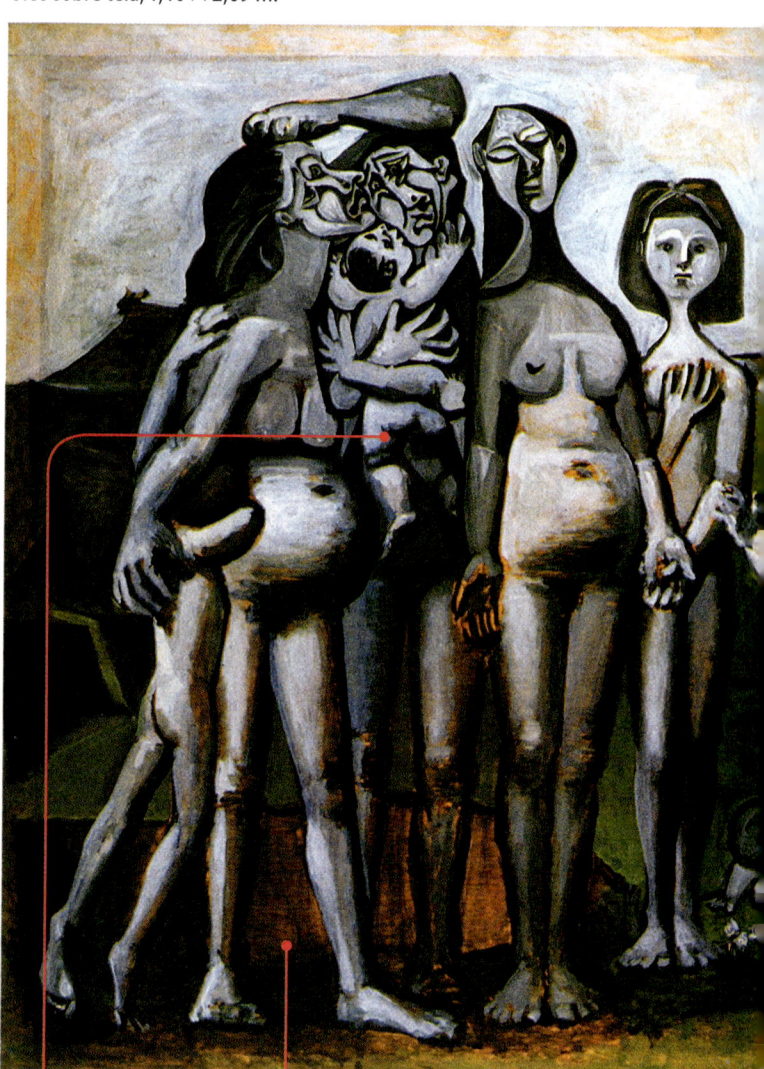

Mulheres e crianças aguardam o momento em que serão executadas. Algumas aparentam estar grávidas, o que retrata a guerra como a eliminação do presente e do futuro.

Uma cova coletiva aguarda os corpos das vítimas.

Um grupo de soldados americanos aponta armas para os civis.

O quadro *Massacre na Coreia* (1951) retrata de forma crítica a intervenção dos Estados Unidos na Guerra da Coreia. Pelo tema e disposição de personagens, esse quadro pode ser considerado releitura de uma das obras de Goya, *Fuzilamento* (1808), pintura na qual soldados de Napoleão Bonaparte foram retratados fuzilando civis espanhóis.

1 Por que algumas mulheres foram retratadas grávidas?

2 Quem está apontando armas para os civis?

3 Este quadro pode ser considerado uma releitura de que obra?

## AGORA É COM VOCÊ

**1** Assinale as alternativas que correspondem ao contexto da Guerra Fria.

a) ( ) Período de disputa político-ideológica entre as duas superpotências Estados Unidos e URSS.

b) ( ) Período marcado pela corrida armamentista e pela corrida espacial.

c) ( ) Houve vários conflitos armados diretos entre URSS e EUA.

d) ( ) De um lado, os Estados Unidos utilizavam seus recursos políticos e econômicos para conter o avanço do socialismo, e de outro, a URSS buscava estender essa ideologia para sua esfera de influência.

e) ( ) URSS e EUA vivenciaram anos de perfeita harmonia, juntos controlavam e auxiliavam nas mazelas do mundo.

**2** Complete o quadro com informações sobre as duas potências mundiais no decorrer da Guerra Fria (1947-1991).

|  | EUA | URSS |
|---|---|---|
| a) Sistema político e econômico | | |
| b) Área de influência | | |
| c) Conquistas da corrida espacial | | |

**3** Circule as frases com as informações corretas sobre a Guerra da Coreia.

a) A guerra aconteceu após um longo período de tensão entre a Coreia do Norte, socialista, e a Coreia do Sul, capitalista.

b) Não houve conflitos armados, apenas disputas políticas e econômicas entre as duas Coreias.

c) Os conflitos tiveram início em 1950, quando a Coreia do Sul invadiu a Coreia do Norte.

d) Os Estados Unidos entraram na guerra ao lado dos sul-coreanos e a China ao lado dos norte-coreanos.

e) Em 1953, foi assinado um armistício que pôs fim ao conflito, porém sem reunificar as duas Coreias.

**4** Complete com as informações corretas de acordo com seus conhecimentos sobre a Guerra do Vietnã.

a) O Vietnã era dividido entre _____, comunista, e _____, capitalista.

b) O governo do Vietnã do Sul era _____.

c) A Guerra do Vietnã foi longa, durou de _____ a _____ e teve a participação dos _____ ao lado dos sul-vietnamitas.

d) Em 1976, o país foi reunificado com o nome de _____.

## SUPERANDO DESAFIOS

**1** (UERJ) - A viagem do homem à Lua, em julho de 1969, representou uma das conquistas científicas de maior repercussão do século XX.

Esse acontecimento teve grande significado político em função da conjuntura da época, marcada pela:
a) aliança militar entre países não alinhados.
b) bipolaridade entre os blocos capitalista e socialista.
c) coexistência pacífica entre regiões descolonizadas.
d) concorrência tecnológica entre nações desenvolvidas.

**2** (Centro Paula Souza) - Em 2012, o Brasil comemorou os 100 anos de nascimento do escritor baiano Jorge Amado. Uma das características de seus livros é a defesa de suas ideias políticas.

"Quando eu saio de casa, digo a meus filhos: vocês são irmãos de todas as crianças operárias do Brasil. Digo isso porque posso morrer e quero que meus filhos continuem a lutar pela redenção do proletariado. O proletariado é uma força e se souber se conduzir, se souber dirigir a sua luta, conseguirá o que quiser..."

Leia atentamente o trecho do romance Jubiabá, publicado em 1937. Considerando que o trecho expressa o ponto de vista do escritor, conclui-se que Jorge Amado defendia uma posição política:
a) integralista.
b) socialista.
c) neoliberal.
d) capitalista.
e) nazifascista.

**3** (UDESC) - "Os 45 anos que vão do lançamento das bombas atômicas até o fim da União Soviética não formam um período homogêneo único na História do Mundo. Apesar disso, a História desse período foi reunida sob um padrão único pela situação internacional peculiar que dominou até a queda da URSS: o constante confronto das duas superpotências que emergiram da Segunda Guerra Mundial na chamada 'Guerra Fria'."

HOBSBAWM, Eric. Era dos Extremos: o breve século XX: 1914-1991. São Paulo: Cia das Letras, 1995. p. 223.

Sobre o exposto pelo historiador Eric Hobsbawm, é correto afirmar:
a) (   ) A URSS citada pelo historiador foi um dos polos do mundo bipolarizado, e o seu adversário no campo político e ideológico, no período, foram os Estados Unidos.
b) (   ) Durante o período citado, ocorreram conflitos significativos, como a Guerra da Coreia e a Queda da Bastilha.
c) (   ) A Guerra Fria ainda é uma realidade, pois a Rússia se recusa a entrar para a OTAN e ainda há o perigo crescente de uma guerra entre russos e americanos.
d) (   ) O atentado contra as torres gêmeas em Nova York, em setembro de 2001, pôs fim à Guerra Fria.
e) (   ) Uma das duas potências que emergiram como resultado da Segunda Guerra, como cita Hobsbawm, foi a Alemanha.

# CAPÍTULO 7
# Lutas sociais e descolonização na África e Ásia

Discurso de Nelson Mandela na cidade de Soweto, África do Sul, em 11 de fevereiro de 1990, após ser libertado da prisão.

Durante o imperialismo, no século XIX e início do século XX, as potências europeias apoderaram-se de vários territórios na Ásia e na África, dominando e explorando essas regiões. O objetivo delas era extrair riquezas locais e fazer das populações subjugadas consumidores de seus produtos industrializados. Portanto, a característica desse domínio era de exploração, sem desenvolver as regiões ou melhorar as condições locais.

A União Soviética e os Estados Unidos não tinham nenhum comprometimento direto com a preservação dos domínios coloniais europeus. Ao contrário, aos Estados Unidos, interessava o acesso ao mercado consumidor africano e produtor de matéria-prima; para isso, era preciso acabar com o exclusivismo colonial e colocar a África no cenário mundial. Já para a URSS, o interesse na descolonização, além de comercial, era aumentar sua influência internacional e disseminar os ideais socialistas. Desse modo, os soviéticos deram apoio aos movimentos nacionais de libertação, que cresciam na África e na Ásia. Diante dessa situação, os Estados Unidos modificaram sua estratégia, pois no contexto da Guerra Fria não cabia possibilitar o avanço da influência soviética. A nova opção norte-americana foi aproximar-se das potências colonialistas europeias, buscando desenvolver estratégias de contenção da URSS. Nesse sentido, os EUA contribuíram para retardar os movimentos de independência.

Outra questão favorável às colônias era a **Carta do Atlântico**, assinada em 1941 pelos Aliados, que preconizava a autodeterminação dos povos ao afirmar o "direito próprio de cada povo em escolher a forma de governo sobre a qual deseja viver". Se esse preceito se aplicava à Europa em primeiro plano, os povos africanos também podiam pleiteá-lo e modificar sua situação. E isso se tornava ainda mais real para os muitos africanos, principalmente do ocidente, que lutaram na guerra como soldados Aliados – defendendo, portanto, esse princípio.

### Palavra-chave

**Carta do Atlântico:** foi o documento escrito durante a Conferência do Atlântico como resultado do acordo feito entre o primeiro-ministro britânico Winston Churchill e o então presidente dos Estados Unidos Franklin Roosevelt, que estabelecia alguns pontos de concordância entre os dois líderes, como regras para a conquista territorial durante a Segunda Guerra Mundial, o livre trânsito pelos mares e a cooperação econômica entre ambos.

Franklin Roosevelt e Winston Churchill com seus conselheiros a bordo do H.M.S. Prince of Wales, embarcação onde aconteceu a Conferência do Atlântico, 12 ago. 1941.

Para os colonizadores, algumas questões pesaram para que não fossem mais ignoradas as pretensões de independência e, de certa forma, fosse vantajoso permitir sua concretização. Os gastos com a reconstrução europeia do pós-guerra, o crescimento dos movimentos nacionalistas nas colônias – que ocasionava mais custos relativos à repressão metropolitana –, e o já consolidado controle dos mercados e recursos africanos pelas empresas europeias foram fatores determinantes para que as metrópoles repensassem a dominação. Elas passaram a cogitar a possibilidade de continuar a negociar com os mercados africanos ou explorá-los como nações independentes, livrando-se assim dos onerosos custos derivados do controle direto delas.

Pode-se concluir, então, que o contexto do pós-guerra foi amplamente favorável à descolonização. Assim, o processo de independência foi resultado da pressão dos movimentos nacionalistas juntamente com uma série de fatores que de certo modo foram consequências da guerra.

# África: resistência e crise do sistema colonial

Entre 1880 e 1914, o continente africano foi partilhado pelas potências europeias com interesses coloniais. Essa dominação representou uma nova divisão da África sob o domínio imperialista dos europeus.

Esse imperialismo colonial ocorreu com a conquista de vários territórios por meio de ações militares ou coerção política. Assim, esses territórios tornaram-se colônias ou protetorados das nações europeias. Quando ocorreu a Primeira Guerra Mundial, cerca de 84% do continente africano era dominado pela Europa.

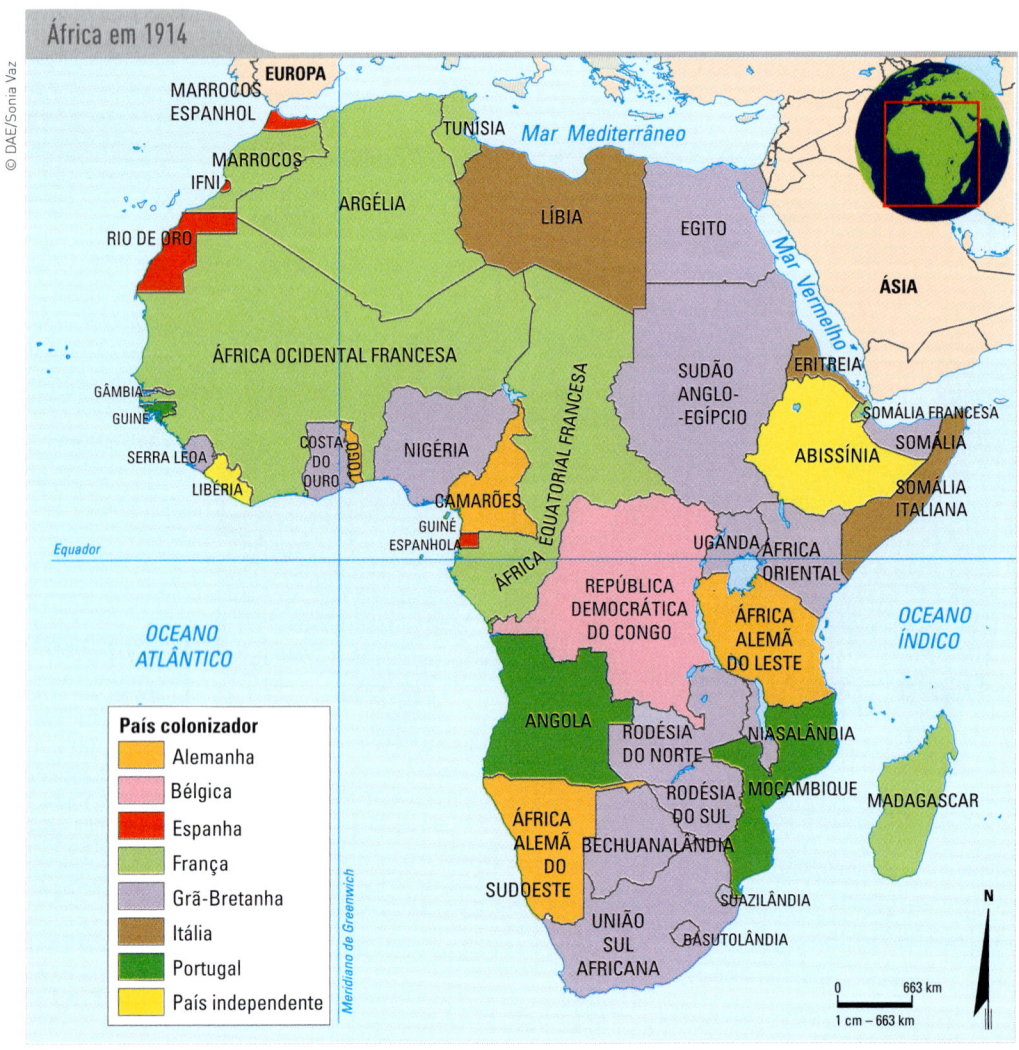

Fonte: *Atlas da história do mundo*. São Paulo: Folha da Manhã, 2005.

A divisão arbitrária criou fronteiras que não respeitavam a situação étnica e cultural local. Dessa forma, grupos rivais foram colocados no mesmo território, e grupos étnicos ou culturais foram separados em diferentes domínios.

A resistência africana foi intensa e houve vários embates armados, mas a superioridade militar e tecnológica dos imperialistas conteve as manifestações contrárias ao domínio.

A luta armada, porém, não foi a única forma de protesto e luta. A resistência cultural, manifestada de variadas maneiras, contribuía para um despertar crítico e a disseminação de ideias voltadas ao questionamento da presença e exploração europeias. Os resultados foram a conquista das independências na segunda metade do século XX e a formação das nações africanas.

# Resistência

Para os africanos, a situação do pós-Primeira Guerra Mundial trouxe aumento da pobreza e desigualdade social. Os governos das metrópoles exploravam as mais variadas riquezas das colônias, mas repassavam para elas e investiam nelas muito pouco ou nada. Frequentemente numerosos, os empregos gerados pela colonização eram marcados pela extrema precariedade e exploração, com grandes jornadas de trabalho, condições mínimas de segurança, ausência de direitos trabalhistas etc. Assim, a população nativa africana pouco usufruía de seus próprios recursos naturais e ficava submissa aos interesses metropolitanos.

Contudo, as ideias de autodeterminação dos povos, trazida pela própria guerra, começavam a se espalhar e a provocar novas formas de resistência. A partir do final da década de 1920, surgiram reivindicações por maior participação africana nos governos, bem como denúncias de mazelas e desmandos provocados pelos colonizadores.

A brutalidade dos colonizadores, que inferiorizavam os africanos, foi a base de movimentos culturais como o **pan-africanismo** e o **Negritude**.

Com esses movimentos, havia uma forte preocupação em formar uma consciência crítica anticolonialista – e a imprensa teve papel fundamental nisso.

A partir da década de 1930, a imprensa tornou-se um elemento importante de atuação na formação de uma consciência nacional. Jornais como o *African Morning Post* (Costa do Ouro), o *West African Pilot* (Nigéria), o *Éclaireus de la Côte d'Ivoire* (Costa do Marfim), o *Brado Africano* (Moçambique) e a Revista *Claridade* (Cabo Verde) são exemplos de uma imprensa política que demonstrava a insatisfação com a situação vigente e defendia o fim do colonialismo.

Outra voz importante de resistência foram os estudantes. Muitos saíram de seus países para estudar nas metrópoles, onde se engajavam em partidos socialistas e comunistas, cujas ideologias levavam consigo ao retornarem à África.

Faziam coro ainda os trabalhadores do movimento sindical, que, além de protestarem pedindo melhores salários e condições de trabalho, colocavam em discussão o regime exploratório colonial.

A partir de 1945, os partidos políticos – legalizados ou clandestinos – também se tornaram vozes da liberdade. Defendendo liberdade de expressão, direito de ir e vir e reformas constitucionais, essas organizações encorparam os grupos de resistência.

Portanto, a resistência africana ao colonialismo tomou outro rumo, diferente das reações armadas do início do imperialismo. Intelectuais, estudantes, imprensa, sindicatos, partidos políticos e até igrejas tornaram-se elementos importantes para a formação de uma consciência anticolonialista.

Por vários caminhos, os movimentos contrários ao colonialismo foram ganhando voz, o que resultou, na década de 1950 e nos anos seguintes, em ações efetivas e na independência dos países africanos.

---

**Palavras-chave**

**Pan-africanismo:** foi uma doutrina que teve início nos Estados Unidos no final do século XIX, na qual afrodescendentes norte-americanos e caribenhos reivindicavam a África como sua pátria-mãe, da qual a escravização havia lhes privado. Ocorreram quatro congressos pan-africanos entre 1919 e 1927 que consolidaram a doutrina com base na igualdade etnorracial e na luta contra o colonialismo. Após 1945, quando ocorreu o quinto congresso, a doutrina se tornou um movimento em prol da independência, que tomou ainda mais corpo a partir de 1960.

**Negritude:** designava o movimento cultural e literário encabeçado por intelectuais africanos, caribenhos e norte-americanos que se baseava na afirmação da identidade africana. Preconizava que os africanos deveriam lutar por seus direitos e que todos os afrodescendentes, independente do lugar em que estivessem vivendo, teriam compromissos ideológicos uns com os outros.

## Crise do sistema colonial

A Segunda Guerra Mundial influenciou decisivamente na situação política da África. O texto a seguir descreve os motivos dessa influência no ocidente africano.

> Primeiramente, a mobilização forçada de tantos africanos para a guerra suscitou uma intensa cólera junto a todos os africanos, de todas as classes sociais e, em especial, junto às esposas, às mães e às avós que não suportavam perder seus maridos, seus filhos e netos. Muitos africanos que haviam permanecido em seu local de origem sofreriam inclusive tanto quanto aqueles que haviam sido enviados à guerra, mas, logicamente, de forma diferente. Em segundo lugar, os africanos que cumpriam seu serviço militar na Birmânia ou na Índia entraram em contato com os movimentos independentistas destas regiões. A experiência adquirida não somente ampliou os seus horizontes políticos, mas, também, os familiarizou com as estratégias e táticas anticoloniais seguidas a época e, na ocasião do retorno aos seus países de origem, eles não hesitariam em empregar alguns destes métodos. Em terceiro lugar, no momento do retorno destes soldados, após a guerra, eles esperavam receber generosas recompensas sob a forma de indenizações, prêmios de desmobilização, empregos, etc.; ora, estas recompensas jamais viriam a ocorrer. A decepção que os afetou conduziu-os a aumentar as fileiras dos nacionalistas de forma a permitir, inclusive, a chegada de alguns destes soldados desmobilizados à condição de dirigentes ativos de movimentos de massa. Nestas condições, a guerra reforçou consideravelmente os sentimentos anticoloniais e nacionalistas na África Ocidental.
>
> Jean Suret-Canale e Albert Adu Boahen. A África Ocidental. In: Ali A. Mazrui e Christophe Wondji. *História geral da África: África desde 1935*. Brasília: Unesco, 2010. v. III. p. 192.

### Explorando

**A descolonização da Ásia e da África**
Letícia Bicalho Canêdo, Editora Atual.

O livro aborda os processos de descolonização ocorridos em países da África e da Ásia e analisa os vários processos de libertação nacional e as diferenças entre os movimentos nacionalistas africanos e asiáticos, incentivando a reflexão sobre os processos históricos.

**A revolta dos colonizados: o processo de descolonização da África e da Ásia**
Carlos Serrano e Kabengele Munanga, Editora Atual.

Este livro aborda a conquista colonial e reproduz documentos que revelam como ocorreu o processo de descolonização de diversos países durante a Guerra Fria.

A situação descrita para a África Ocidental era também a de outras regiões do continente que direta (com soldados) ou indiretamente (com provisões) vivenciaram plenamente a guerra.

Nos anos que se seguiram ao conflito, a conjuntura da África era de muitas dificuldades econômicas e sociais, pois os esforços de guerra (trabalhos forçados e confisco de bens) impostos pelas metrópoles produziram uma situação de pobreza permanente. Ainda assim, as colônias continuavam a ser exploradas e vistas apenas como fornecedoras de matéria-prima. Ao mesmo tempo, dava-se espaço para os movimentos anticoloniais que eclodiriam principalmente a partir da década de 1950.

Nesse contexto, alguns fatores externos contribuíram para aumentar a consciência e insuflar os movimentos anticolonialistas.

Ao término da Segunda Guerra Mundial, as grandes potências europeias encontravam-se em situação econômica crítica devido aos custos da guerra. Isso limitava momentaneamente a capacidade de preservação de suas colônias por meios coercitivos. Assim, houve certo afrouxamento nas relações entre metrópoles e colônias.

Além dessa limitação de força, a derrota dos regimes totalitários demonstrava que doutrinas baseadas na discriminação, no racismo, na negação de direitos dos povos e no uso sistemático da força bruta para subjugar não tinham mais como subsistir.

## DIVERSIFICANDO LINGUAGENS

Leia os textos a seguir e responda às questões no caderno.

### TEXTO 1

A guerra, que acabava pela revelação apocalíptica da energia nuclear sobre Hiroshima e Nagasáki, representava uma viragem decisiva na história universal e em particular na história da África. Centenas de milhares de negros participaram nela em teatros de operações [...] variados [...]. Foi essa, para centenas de milhares de negros, a ocasião de uma descoberta brutal do homem branco, na sua verdade, sem máscara imperial nem **ouropéis proconsulares**.

**Palavras-chave**

**Ouropel:** aparência de luxo enganosa, falsidade.

**Procunsular:** referente ao procônsul (autoridade que governa uma província).

Joseph Ki-Zerbo. *História da África negra*. Lisboa: Publicações Europa-América, s.d. v. 2. p. 158.

### TEXTO 2

A descolonização foi um processo histórico tão rápido e tão complexo quanto a partilha no final do século XIX. Suas causas estão, em parte, fora da África, na mudança da correlação de forças políticas internacionais e, também, nas transformações estruturais das necessidades do capital, que agora tinha muito menos interesse na extração de riquezas que caracterizou o sistema colonial na África no início. [...] A grande onda de resistência popular surgida nas décadas de 1940 e 1950 tornou as colônias africanas muito mais difíceis de administrar. Foi esse movimento que transformou as pequenas associações nacionalistas do período anterior à guerra em agências políticas dinâmicas de luta contra o poder estatal.

Bill Freund. In: Marina Gusmão de Mendonça. *Histórias da África*. São Paulo: LCTE, 2008. p. 171.

1. A qual guerra o texto 1 faz referência? Como é possível identificá-la?
2. De acordo com o texto 1, qual foi a descoberta feita pelos africanos sobre os europeus?
3. O texto 2 aponta alguns motivos que levaram à descolonização da África. Quais são eles?
4. Qual foi o principal acontecimento responsável pela série de fatores que levaram à independência das nações africanas? Explique.

# Descolonização da África

> **Palavra-chave**
> **Insurgente:** que se rebela contra a ordem estabelecida.

A partir da década de 1930, o nacionalismo africano se difundiu intensamente em diversos setores das sociedades coloniais. O mesmo ocorreu com o marxismo, que se propagou entre os intelectuais, estudantes e sindicalistas. Nesse contexto, o combate ao racismo ganhou força.

Surgiram novos grupos políticos entre as elites culturais responsáveis pelo movimento pan-africano e entre os africanos urbanos. Havia também um grupo formado por estudantes organizados nas seções de partidos políticos europeus, a maioria socialistas e comunistas, trabalhadores reunidos em sindicatos, partidos políticos legais ou não e ainda grupos constituídos por membros do Islã e por algumas igrejas cristãs.

Só após a Segunda Guerra Mundial esses grupos passaram a adotar ações unificadas, a fim de combater o colonialismo. A atuação dos Estados Unidos e da União Soviética objetivava estender suas áreas de influência apoiando os processos de emancipação e fornecendo armas e recursos financeiros aos grupos **insurgentes**.

## A retirada dos britânicos

Os britânicos tinham três grupos de colônias na África: na África Oriental (Costa do Ouro, Nigéria, Serra Leoa e Gâmbia), que eram lucrativas; na África Ocidental (Quênia, Uganda e Tanganica), onde existiam muitos colonos brancos e asiáticos; e na África Central (Niasalândia, Rodésia do Norte e Rodésia do Sul).

Na Costa do Ouro, o líder nacionalista Kwame Nkrumah liderou greves e protestos e foi preso. Entretanto, a pressão popular levou à libertação de Kwame pelos britânicos e à negociação da independência, que se efetivou em 1957. O novo país independente passou a se chamar Gana.

Líderes políticos durante a cerimônia de independência de Gana, em 1957.

A Nigéria, populosa e marcada por grande diversidade étnica e religiosa, também obteve independência de modo relativamente pacífico em 1960. O mesmo ocorreu em Serra Leoa, em 1961, e Gâmbia, em 1965.

Os britânicos consentiram que Tanganica, sob a liderança de Julius Nyerere, se tornasse independente em 1961. Ao emancipar-se, a ilha de Zanzibar uniu-se a Tanganica. O novo país passou a se chamar Tanzânia.

No Quênia, a situação era complexa, pois, além de africanos de etnias muitas vezes rivais, havia expressiva população branca, e também de indianos e árabes.

Na década de 1950, ocorreram graves confrontos. As tribos kikuyus foram expulsas pelos ingleses, que passaram a explorar as terras férteis dessas regiões e a utilizar parte da população como mão de obra. Como reação ao regime exploratório, os quenianos primeiro tentaram a luta pela independência por vias legais, formando partidos políticos de oposição que logo foram rechaçados pelos britânicos. Diante desse cenário, surgiu a sociedade secreta Mau Mau, que adotou práticas terroristas contra os colonizadores. Contudo, em 1957 os britânicos tinham a situação sob controle. Depois de um difícil período de negociação, o Quênia tornou-se independente em 1963.

Em Uganda, apesar dos graves conflitos tribais, a independência ocorreu em 1962.

Na Niasalândia e na Rodésia do Norte, os britânicos elaboraram uma constituição em 1961 que possibilitou aos africanos ter seus próprios parlamentos. Em 1963, os dois territórios tornaram-se independentes com os nomes de Malawi e Zâmbia.

Na Rodésia do Sul, a minoria branca declarou a independência em 1965. A ONU não reconheceu o novo governo e conclamou que os Estados-membros decretassem um bloqueio comercial ao Estado racista. Depois de uma violenta guerra de guerrilhas e forte pressão internacional, constituiu-se um governo de maioria negra. O país passou a se chamar Zimbábue.

## A retirada dos franceses

Os franceses ocupavam a Argélia desde 1830. Na década de 1950, significativa população de origem francesa, os chamados de *pieds-noirs* (em português, "pés-negros"), detinha o poder econômico e político.

Em 1945, foi criada a Frente de Libertação Nacional (FLN), que iniciou uma bem-sucedida guerra popular contra os franceses. Depois de perceber que o movimento de independência dos argelinos era irreversível, o presidente francês Charles de Gaulle assinou um acordo na cidade francesa de Evian, em 1962. Nesse acordo, a Argélia se tornava um Estado soberano.

A Tunísia e o Marrocos eram protetorados franceses. Na Tunísia, Habib Bourghiba liderou um forte movimento guerrilheiro. Em 1956, o

Acompanhada de sua filha, argelina vota no plebiscito pela independência da Argélia, 1961.

governo francês reconheceu a independência do país. No Marrocos, o rei Muhamed V, com amplo apoio popular, exigiu a independência absoluta, o que se concretizou em 1956.

Esses acontecimentos levaram o governo francês a rever sua política. As colônias francesas da África Ocidental (Daomé – atual Benin –, Guiné, Costa do Marfim, Mauritânia, Niger, Senegal, Mali e Alto Volta – hoje Burkina Faso) e Equatorial (Chade, Gabão, Congo Médio e Oubangui-Shari – atual República Centro-Africana) e ainda um terceiro grupo formado por Camarões, Togo (ex-colônias alemãs) e Madagascar teriam uma ampla autonomia, porém não a independência total. Em 1958, Charles de Gaulle propôs que as referidas colônias fizessem parte de uma Comunidade Francesa de Nações.

Liderada por Sékou Touré, Guiné opôs-se e obteve a independência, em 1958. O exemplo foi seguido pelas demais colônias. Diante do fato consumado, em 1960, Charles de Gaulle concordou e todas se tornaram independentes. Contudo, a antiga metrópole continua a influenciá-las econômica, política e culturalmente até hoje.

## DIVERSIFICANDO LINGUAGENS

Leia o texto a seguir e responda à questão no caderno.

> A política da França depois de 1945 era tratar esses territórios como se fossem parte do país. Mesmo assim, era uma fraude, já que os africanos não eram tratados em igualdade de condições com os europeus e qualquer ação com vistas a mais privilégios para os africanos recebia a oposição dos colonos franceses. Em 1949, o governo francês decidiu reprimir todos os movimentos nacionalistas e muitos de seus líderes e sindicalistas foram presos. Muitas vezes, eles eram denunciados como agitadores comunistas, mesmo sem muitas evidências para sustentar as acusações.

Norman Lowe. *História do mundo contemporâneo*. Porto Alegre: Penso, 2011. p. 550.

**1.** Segundo o texto, como era a política adotada por Charles de Gaulle para os territórios africanos sob domínio francês?

## A retirada belga

O Estado Livre do Congo era propriedade do rei Leopoldo II. A exploração econômica, a opressão aos nativos e a repressão a qualquer tipo de contestação foram a tônica durante a segunda metade do século XIX.

Em 1908, a administração do Congo foi entregue ao governo belga, que impôs um rígido controle administrativo, em que o trabalho obrigatório e o racismo estavam presentes. Os belgas enfrentaram uma

Congoleses carregando faixas pedem a independência do Congo e apoiam o líder Patrice Lumumba, enquanto o rei Baudouin da Bélgica visita a ex-colônia Congo Belga, que conquistou a independência em 30 de junho de 1960. Desde então, ela passou a se chamar República Democrática do Congo. Fotografia de 18 dez. 1960.

série de revoltas, todas reprimidas com extrema violência. Apesar do uso da força extrema, os colonizadores não conseguiam impor a ordem e a segurança por muito tempo, pois eclodiam movimentos contestatórios em diversas regiões. O governo belga cedeu. Eleições gerais foram convocadas e a independência foi proclamada em 1960.

Burundi era uma colônia da Alemanha, mas a derrota alemã na Primeira Guerra Mundial fez seu território ser entregue aos belgas, que o unificaram com a vizinha Ruanda. Em 1960, Ruanda tornou-se independente, enquanto Burundi emancipou-se em 1962.

Tanto em Burundi quanto em Ruanda, há ainda hoje sérias rivalidades entre os povos tútsis e hutus. Em ambos os países, os tútsis formavam uma elite econômica e política e desfrutavam de privilégios como o acesso à educação, enquanto os hutus, amplamente majoritários, formavam a massa trabalhadora.

Em 1972, os tútsis, que governavam Burundi, reprimiram uma série de revoltas perpetradas pelos hutus. Em torno de 100 mil hutus foram mortos. Em 1993, foi eleito o primeiro presidente hutu. Em meio a grandes distúrbios, 50 mil tútsis foram mortos. Somente em 2002, estabeleceu-se um acordo entre hutus e tútsis, e o governo do país foi compartilhado.

Em Ruanda, a guerra começou ainda antes da independência ora com tútsis massacrando hutus, ora hutus massacrando tútsis. O mais grave desses massacres aconteceu em 1994 quando hutus radicais mataram em torno de 800 mil pessoas, a maioria tútsis, mas também hutus moderados. O genocídio em Ruanda ocorreu sem que as grandes potências e mesmo a ONU procurassem evitá-lo.

> **Explorando**
>
> **Hotel Ruanda**
> Direção: Terry George. Itália/Reino Unido/África do Sul, 2004, 121 min.
>
> O filme lançado em 2004, dez anos após o massacre em Ruanda, narra a história de Paul Rusesabagina, um gerente de hotel, membro da minoria hutu, que se esforça para salvar hutus e tútsis durante o genocídio que assolou o país.

## A retirada dos portugueses

Portugal mantinha com esforço seu império colonial. Grande parte de seu orçamento se destinava às Forças Armadas, a fim de tentar reprimir os movimentos de independência.

Em Angola, havia três movimentos guerrilheiros. O Movimento Popular de Libertação de Angola (MPLA), de tendência marxista, que contava com militantes de todas as etnias e recebia ajuda da União Soviética; a União Nacional pela Independência Total de Angola (Unita), que recebia apoio dos ovimbundus, dos Estados Unidos e da África do Sul; e a Frente Nacional pela Libertação de Angola (FNLA), que controlava regiões no noroeste, na região dos bacongos.

O MPLA venceu a guerra civil e instaurou um governo socialista. No entanto, a guerra civil só terminou em 2002, quando o líder da Unita foi morto. Os 27 anos de conflito deixaram marcas profundas, impedindo que o novo país, rico em recursos naturais, se desenvolvesse.

Em Moçambique, a Frente de Libertação de Moçambique (Frelimo), fundada em 1962, reunia socialistas revolucionários e grupos moderados e tornou-se a principal organização na luta pela independência. Em 1975, um acordo entre o governo português e a Frelimo pôs fim ao

Período Colonial. O novo país adotou princípios socialistas e passou a ter o apoio da União Soviética. A Resistência Nacional Moçambicana (Renamo), com o apoio da África do Sul, deflagrou uma guerra civil que durou até 1992.

Mulheres participam de desfile em comemoração à independência de Moçambique, 25 jun. 1975.

A fundação, em 1959, do Partido Africano para a Independência da Guiné e de Cabo Verde (PAIGC) foi fundamental no processo de independência da Guiné Bissau (1974) e de Cabo Verde (1975). Também em 1975, sob a liderança do Movimento para a Libertação de São Tomé e Príncipe (MLSTP), efetivou-se a soberania de São Tomé e Príncipe, que vieram a formar um Estado-Nação.

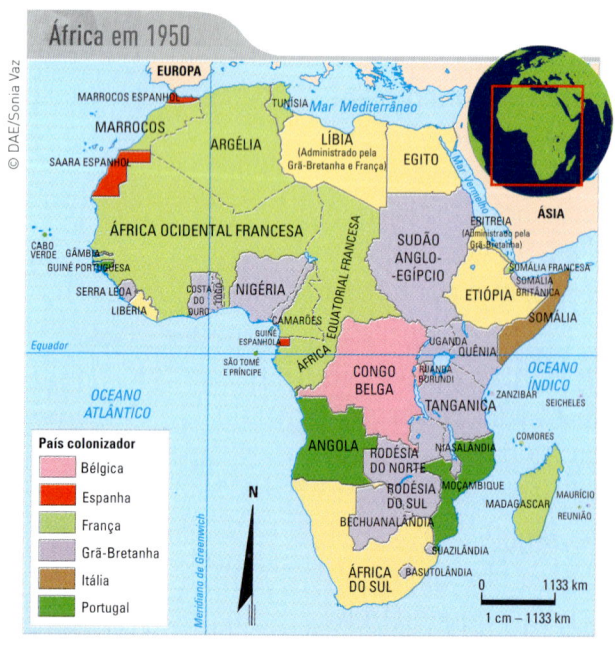

Fonte: *World history atlas*. Londres: Dorling Kinderley, 2008.

Fonte: *World history atlas*. Londres: Dorling Kinderley, 2008.

## *Apartheid* na África do Sul

Em 1948, o Partido Nacionalista, representante dos descendentes de holandeses, chegou ao poder na África do Sul por meio de eleições e procurou organizar jurídica e institucionalmente um Estado racista, o *apartheid*.

O Congresso Nacional Africano, liderado por Nelson Mandela, tornou-se o principal grupo de contestação ao regime. Com a prisão de Mandela, em 1962, as leis racistas tornaram-se mais duras, mas a luta se manteve.

Em 1976, os marginalizados do sistema rebelaram-se nos subúrbios de Johanesburgo e foram reprimidos. Em 1984, a concessão do Prêmio Nobel da Paz ao bispo negro da Igreja Anglicana, Desmond Tutu, chamou a atenção da opinião pública mundial para o *apartheid*.

Depois de ter ficado preso durante 27 anos, o líder do Congresso Nacional Africano, Nelson Mandela, foi libertado.

Eleito presidente da África do Sul em 1994, Mandela pôs fim definitivamente ao sistema de *apartheid*.

Durante a vigência do *apartheid* sul-africano, a população negra, segregada, só podia frequentar os espaços públicos destinados a ela. Na fotografia de 1950, observam-se dois sanitários públicos masculinos, cuja restrição de uso está relacionada à cor da pele do usuário.

### Palavra-chave

**Apartheid:** sistema oficial de segregação étnico-racial, implantado pela minoria branca da África do Sul após a independência e revogado apenas no início da década de 1990.

### Explorando

**Invictus**
Direção: Clint Eastwood.
Estados Unidos, 2009, 134 min.

O filme conta o episódio em que Nelson Mandela, após sair da prisão em 1990 e se eleger presidente sul-africano em 1994, atuou na luta contra a segregação racial usando a Copa Mundial de Rúgbi, esporte tradicionalmente praticado pelos brancos, sediada pela primeira vez no país, para tentar unir a população.

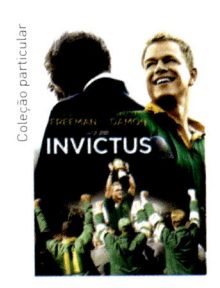

**Mandela – A luta pela liberdade**
Direção: Bille August.
Alemanha/França/Bélgica/ África do Sul/Itália/ Inglaterra/ Luxemburgo, 2007, 140 min.

Narra a história de Nelson Mandela no período de 20 anos em que ficou preso, por meio das memórias de um guarda de prisão racista que teve sua vida completamente alterada pela convivência com o líder da África do Sul.

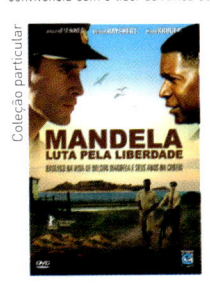

## DIVERSIFICANDO LINGUAGENS

Leia o texto a seguir e responda às questões no caderno.

"Durante anos a África do Sul foi sinônimo de discriminação racial. O *apartheid*, adotado legalmente em 1948, previa a segregação de negros e mestiços, além da concentração de poderes políticos nas mãos da minoria branca. A prisão violenta dos líderes de oposição, como Nelson Mandela, e o empobrecimento da maioria da população foram algumas das consequências dessa política opressora.

Um dos exemplos mais marcantes da desigualdade racial era a existência de locais exclusivos para brancos e negros. Cinemas, restaurantes, clubes e até banheiros públicos tinham o acesso diferenciado por questões de cor. Por lei, um negro teria que dar passagem a um branco de qualquer idade em uma calçada, não podendo sequer cruzar o seu caminho.

Na década de 1980, o mundo passou a discutir o uso de sanções econômicas contra a África do Sul, numa tentativa de forçar o governo a pôr fim à segregação racial. O último presidente da época do apartheid, Pieter Botha (1978–1989), teve que conviver com o crescente isolamento diplomático causado pela permanência do regime racista.

Em resposta às críticas internacionais, as embaixadas sul-africanas de todo o mundo passaram a publicar panfletos destinados a melhorar a imagem do país e evitar a imposição das sanções econômicas. [...]

Logo na introdução do panfleto, numa tentativa nítida de mascarar os abusos cometidos pelo *apartheid*, os defensores do regime afirmavam: 'No Ocidente, a África do Sul é apresentada frequentemente como sendo pior que a União Soviética, mas nesse mesmo Ocidente encontramos uma tolerância geral para com o muro de Berlim e para com a tirania comunista no Afeganistão, na Polônia e em outros países da Europa Oriental'. Para os criadores do documento, o regime sul-africano estava sendo injustiçado por outras nações opressoras. Ao contrário de grande parte dos países europeus, a África do Sul, com apenas cinquenta anos de formação, não teria condições de fazer as reformas sociais que a Europa levou séculos para realizar. A História passa a servir como testemunha de defesa de um regime racista que estava sendo 'injustiçado' pela opinião pública mundial. [...]"

Murilo Sebe Bon Meihy. Quando o racismo era lei. *Revista de História da Biblioteca Nacional*. Disponível em: <www.revistadehistoria.com.br/secao/por-dentro-da-biblioteca/quando-o-racismo-era-lei>. Acesso em: jul. 2013.

1. De acordo com o texto, o que previa a política do *apartheid*?
2. Como ela era efetivada na África do Sul?
3. Qual era o argumento de defesa do governo sul-africano?

# Descolonização na Ásia

Com o fim da Segunda Guerra Mundial, o enfraquecimento das potências europeias era flagrante, o que levou grupos nacionalistas de diversos países a ganharem força na luta contra suas antigas metrópoles. O mapa político da Ásia, assim como o da África, passou por grandes alterações, e novas nações foram formadas.

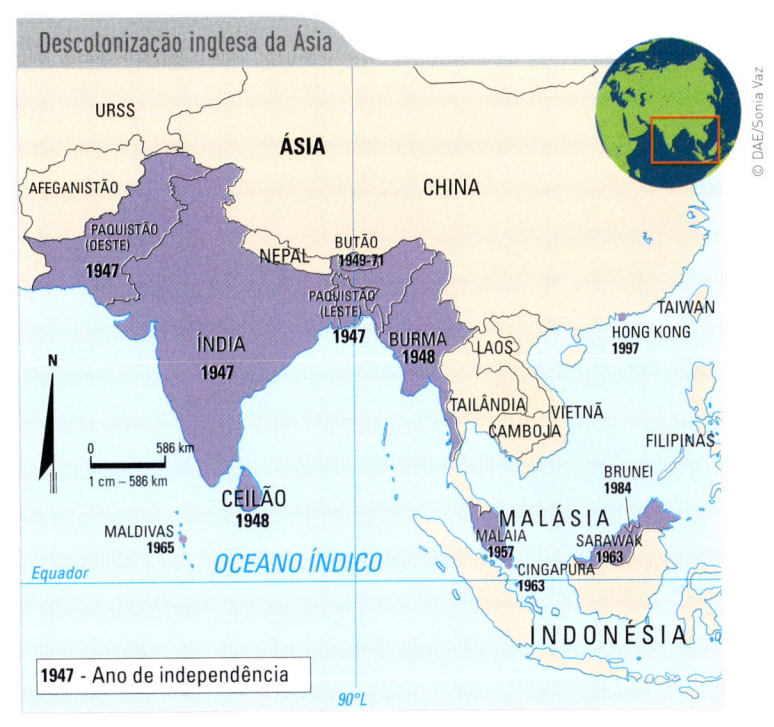

## Independência da Índia

Os ingleses ocupavam a Índia desde o século XVIII. Essa dominação foi entremeada por revoltas, entre elas a Guerra dos **Sipaios**, ocorrida em 1857, e considerada por muitos indianos o primeiro movimento de luta pela independência do país.

**Descolonização inglesa da Ásia**

1947 - Ano de independência

Fonte: *World history atlas*. Londres: Dorling Kindersley, 2008.

### Palavra-chave

**Sipaios:** soldados indianos que atuavam na Companhia Britânica das Índias Orientais.

O conflito envolvia questões militares e religiosas e colocou fim à administração da Companhia Britânica das Índias Orientais do território, além de obrigar a Coroa britânica a assumir um governo nomeando integrantes indianos como membros da administração local. Entretanto, isso não resolveu o problema de opressão britânica na colônia, ao contrário, a dominação inglesa tornou-se mais dura, provocando um clima de insatisfação e revolta.

Nesse contexto, emergiu a figura de Mohandas Karamchand Gandhi, conhecido popularmente por Mahatma Gandhi (do sânscrito *mahatma*, que significa "A Grande Alma").

Gandhi havia estudado Direito na Inglaterra e viveu muito tempo na África do Sul, onde viu de perto a opressão do colonizador contra africanos e hindus. De volta à Índia, Gandhi adotou uma estratégia inusitada para resistir à opressão inglesa: a desobediência civil, ou seja, o não pagamento de impostos, o boicote a tudo que era inglês e a não colaboração. Gandhi tornou-se defensor da não violência em um cenário efervescente, em que a repressão inglesa caracterizava-se por atos violentos.

Gandhi (ao centro) liderando uma manifestação pacífica contra o domínio inglês na Índia, 12 mar. 1930.

## Explorando

**Gandhi**
Direção: Richard Attenborough.
Inglaterra/Índia, 1982, 188 min.

O filme mostra os últimos 50 anos de Mahatma Ghandi, seu objetivo de libertar a Índia do domínio britânico e vencer os preconceitos e a violência contra os indianos, culminando em seu assassinato em 1948.

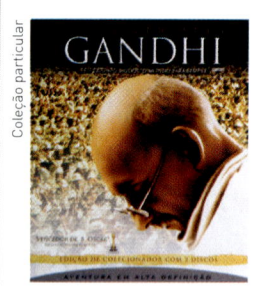

Em 1947, a luta contra o jugo inglês intensificou-se e a autoridade inglesa, enfraquecida pela Segunda Guerra Mundial, não conseguia dominar a situação. Diante disso, o governo trabalhista inglês resolveu conceder a independência à Índia. Finalmente, em 15 de agosto de 1947, a Índia tornou-se independente.

Contudo, havia um problema: a divisão religiosa do território indiano. Enquanto os hindus representavam em torno de dois terços da população (estimada, na época, em 400 milhões de habitantes), o terço restante era constituído por diversas outras crenças religiosas, principalmente de muçulmanos. O líder da Liga Muçulmana, Muhammad Ali Jinnah, também atuava na luta pela independência da Índia do jugo britânico. Ele exigia a formação de um país constituído por muçulmanos: o Paquistão.

Com os desentendimentos de caráter político e religioso, a Índia acabou se desmembrando em duas nações: Estado da Índia e República do Paquistão (Oriental e Ocidental). Essa divisão provocou uma guerra civil de natureza étnica e religiosa.

Muçulmanos que viviam na Índia deslocaram-se para os territórios que formaram o Paquistão, e os hindus foram para o território da Índia. Nesse clima, Gandhi, que mantinha uma postura resistente aos conflitos entre muçulmanos e hindus, foi assassinado em 1948 por um fanático hindu, contrário à sua política pacifista.

Após a independência da Índia, aprofundaram-se as rivalidades entre Índia e Paquistão, e o foco da disputa foi a província da Caxemira. As tensões fronteiriças entre os dois países ainda permanecem na região da Caxemira, cujo território atualmente está dividido entre Índia e Paquistão.

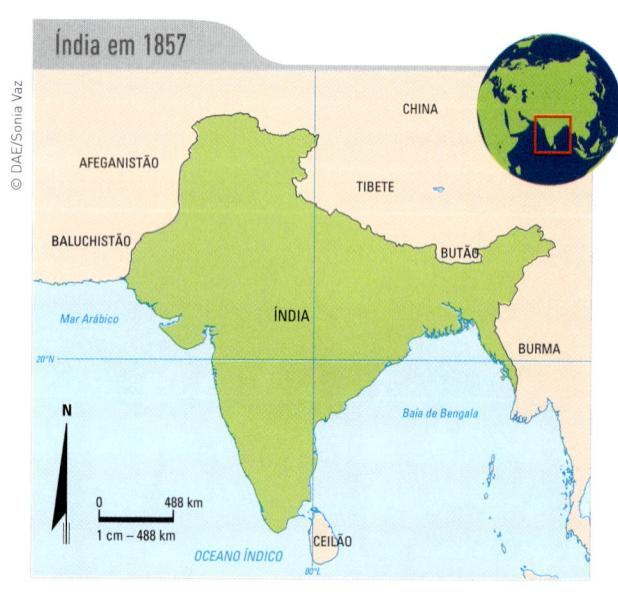

**Índia em 1857**

Fonte: *World history atlas*. Londres: Dorling Kindersley, 2008.

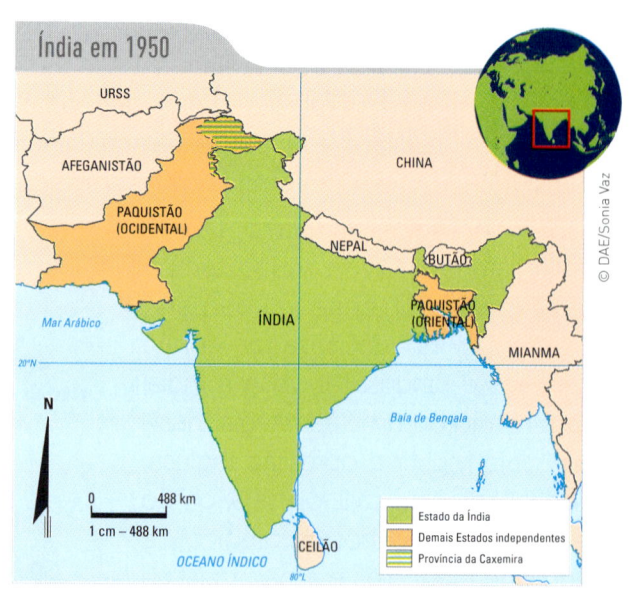

**Índia em 1950**

Estado da Índia
Demais Estados independentes
Província da Caxemira

Fonte: *World history atlas*. Londres: Dorling Kindersley, 2008.

# Indonésia

A Indonésia foi dominada pelos holandeses no século XVII e tornou-se o primeiro país do Sudeste Asiático a declarar independência.

Com a ocupação dos Países Baixos pelo Japão na Segunda Guerra Mundial, o domínio colonial na Indonésia havia passado aos japoneses, mas em 17 de agosto de 1945, após a vitória sobre os japoneses, foi proclamada a independência, e o líder nacionalista, Ahmed Sukarno, foi eleito presidente da República.

Com o fim da Segunda Guerra Mundial, os Aliados apoiaram a Holanda na tentativa de retomar o território colonial, mas houve forte resistência dos indonésios. Após um conflito armado, que durou quatro anos, e intervenções diplomáticas, a Holanda foi derrotada. Durante a Guerra Fria até a queda de Sukarno (1965), a Indonésia esteve no grupo dos não alinhados. Posteriormente, alinhou-se aos Estados Unidos.

## Palavra-chave

**Guerra Hispano-Americana:** aconteceu em 1898, e teve como resultado o ganho do controle, por parte dos Estados Unidos, das antigas colônias espanholas no Caribe e no Oceano Pacífico.

# Malásia, Cingapura e Filipinas

Em 1945, os japoneses, que haviam ocupado a região durante a Segunda Guerra Mundial, foram expulsos da Malásia. O processo de independência foi difícil. Havia nove Estados e dois assentamentos britânicos, grande diversidade étnica e religiosa e divergências nas concepções de como organizar a região. Além disso, uma minoria chinesa ambicionava formar um Estado comunista independente e centralizado.

O advogado Tunku Abdul Rahman formou o Partido da Aliança reunindo malaios, indianos e chineses e obteve a vitória eleitoral em 1955. Durante seu governo, negociou com os britânicos a independência, que ocorreu em 1957.

Em 1963, foi organizada a Federação Malásia. Brunei não aceitou fazer parte da Federação, e Cingapura fez parte dela por pouco tempo, pois em 1965 tornou-se uma república independente. Após a independência, esse pequeno país conquistou um grande desenvolvimento econômico, o que contribuiu para a significativa melhoria do padrão de vida da população.

As Filipinas foram colônia da Espanha de 1521 a 1898, quando conquistaram a independência. Entretanto, após a **Guerra Hispano-Americana**, o território passou para o controle dos Estados Unidos, pois o Tratado de Paris, assinado no Armistício naquele mesmo ano, transferia para os Estados Unidos o controle das Filipinas por 48 anos.

Durante a Segunda Guerra Mundial, as Filipinas lutaram ao lado dos norte-americanos e, logo após o incidente em Pearl Harbor, foram ocupadas pelos japoneses. Rapidamente, soldados norte-americanos e filipinos uniram-se para iniciar uma guerra de guerrilha contra os nipônicos. Com a expulsão dos japoneses em 1945, o Congresso filipino organizou novas eleições. Em janeiro de 1946, Manoel Roxas tornou-se o primeiro presidente da República das Filipinas, e a independência foi agendada para 4 de julho do mesmo ano. Em 1947, Filipinas e Estados Unidos assinaram um pacto de assistência militar, no qual as Filipinas cediam o direito aos Estados Unidos de ter bases militares, aéreas e navais no país durante 99 anos. Em 1967, o acordo foi revisto e recalculado em 25 anos a partir daquele ano. Durante toda a Guerra Fria, o país esteve atrelado aos Estados Unidos.

Base da Força Aérea norte-americana nas Filipinas, 27 jan. 2003.

## Timor Leste

A parte oriental da ilha de Timor no Oceano Índico foi colônia portuguesa do século XVI até 1975, quando os portugueses foram expulsos da ilha. Já a metade oeste do Timor, de domínio holandês, passou a fazer parte da Indonésia, que tem fronteira terrestre com a região.

Em 28 de novembro de 1975, a Frente Revolucionária de Timor-Leste Independente (Fretelin), movimento nacionalista de Timor Leste, venceu a guerra civil junto com as forças pró-Indonésia e proclamou a independência.

O Timor Leste, porém, não foi reconhecido por Portugal. Aproveitando-se do fato dos timorenses estarem enfraquecidos, tropas indonésias invadiram Díli, a capital timorense. Ainda que a ONU condenasse essa ação, os invasores tiveram o respaldo dos Estados Unidos, cujos dirigentes alegavam que a Fretilin era uma organização marxista a serviço da URSS.

A Indonésia ocupou a região, transformando-a em sua província. Em seguida, o governo do ditador Suharto adotou uma política deliberada visando destruir a identidade cultural dos timorenses. Toda resistência armada foi vencida.

Em 1982, a pedido da ONU, iniciaram-se as negociações com Indonésia e Portugal para a independência do Timor. Somente 16 anos depois, em 1998, a Indonésia aceitou libertar o país e dar parte do território ao Timor, mas a nova proposta foi recusada pelos timorenses, dando início a uma nova rodada de negociações.

O governo indonésio sofreu forte pressão internacional, por isso organizou um plebiscito, realizado em 30 de agosto de 1999. Os timorenses, por ampla maioria (quase 80%), decidiram pela independência.

A saída dos militares indonésios e das milícias que os apoiavam foi marcada por forte campanha de retaliação. Isso causou a destruição de grande parte da infraestrutura da região, incluindo o sistema de saneamento básico e escolas. Estima-se que mais de mil timorenses foram assassinados e cerca de 300 mil tiveram de deixar suas residências. Para dominar a violência e conter a barbárie, foi necessária a intervenção de tropas da ONU. Finalmente, em 2002 o Timor Leste tornou-se efetivamente um Estado soberano.

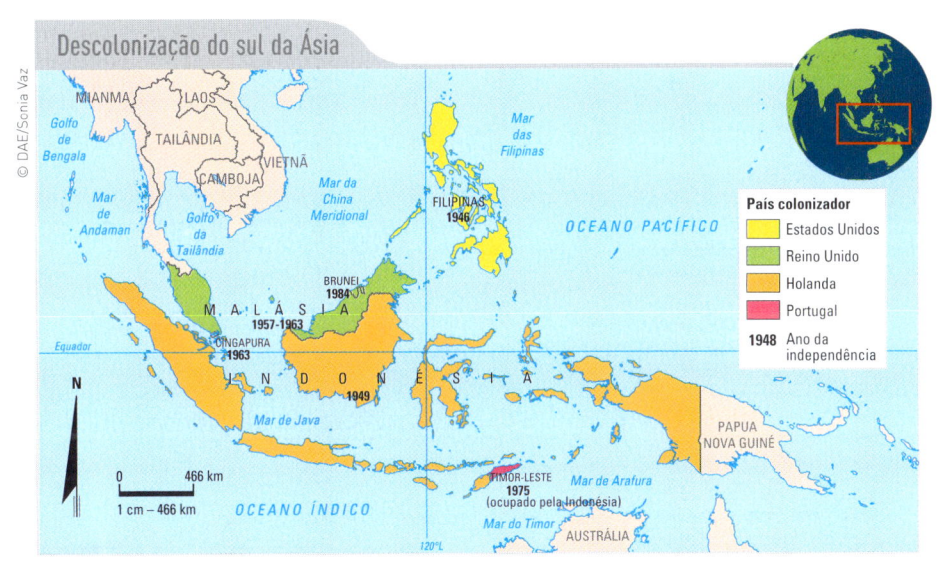

### Explorando

**Timor Leste. O massacre que o mundo não viu**
Direção: Lucélia Santos.
Brasil, 2001, 75 min.

O documentário mostra os efeitos do massacre ocorrido após o plebiscito de 1999, que decidiu pela independência dos timorenses.

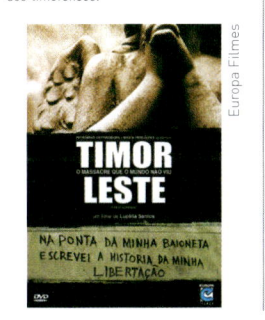

Fonte: *World history atlas*. Londres: Dorling Kindersley, 2008.

## DIVERSIFICANDO LINGUAGENS

Leia o texto a seguir e responda às questões no caderno.

> Não surpreendentemente, os velhos sistemas coloniais ruíram primeiro na Ásia. [...] Só em parte do Sudeste Asiático essa descolonização política sofreu séria resistência, notadamente na Indochina francesa (atuais Vietnã, Camboja e Laos), onde a resistência comunista declarara independência após a libertação, sob a liderança do nobre Ho Chi Minh. Os franceses, apoiados pelos britânicos e depois pelos EUA, realizaram uma desesperada ação para reconquistar e manter o país contra a revolução vitoriosa. Foram derrotados e obrigados a se retirar em 1954, mas os EUA impediram a unificação do país e mantiveram um regime satélite na parte Sul do Vietnã dividido. Depois que este, por sua vez, pareceu à beira do colapso, os EUA travaram dez anos de uma grande guerra, até serem por fim derrotados e obrigados a retirar-se em 1975, depois de lançar sobre o infeliz país um volume de explosivos maior que o empregado em toda a Segunda Guerra Mundial.

Eric Hobsbawm. *Era dos extremos: o breve século XX*.
São Paulo: Companhia das Letras, 1995. p. 214-215.

1. De acordo com o texto, como foi o processo de descolonização da Ásia?
2. Quais foram os principais movimentos de resistência dos colonizadores?
3. Qual foi o papel dos EUA nesses movimentos?

## AGORA É COM VOCÊ

1. Sobre o contexto pré-descolonização é correto afirmar que:
   a) (   ) as potências URSS e EUA influenciaram na descolonização na medida em que não tinham interesse na preservação dos domínios coloniais;
   b) (   ) pela Carta do Atlântico, de 1941, as colônias africanas e asiáticas deveriam permanecer subordinadas a suas metrópoles;
   c) (   ) os gastos com a reconstrução europeia do pós-guerra foi um dos fatores que contribuiu com a descolonização;
   d) (   ) o processo de independência das colônias ocorreu por pressão de movimentos nacionalistas, entre outros fatores.

2. Preencha o quadro com as informações que se pede sobre as independências na África.

| Colonizadores | Colônias | Período das independências | Contexto geral |
|---|---|---|---|
| Britânicos | | | |
| Franceses | | | |
| Belgas | | | |
| Portugueses | | | |

3. Identifique as expressões que se referem ao *apartheid* na África do Sul e depois complete o quadro. Dica: pode haver mais de uma resposta.

portugueses
holandeses
Nelson Mandela
liberdade de expressão
igualdade
segregação étnico-racial
maioria negra
minoria branca

| | |
|---|---|
| Grupo no poder | |
| Segregados | |
| Tipo de sistema | |
| Liderança dos segregados | |

4 Preencha as lacunas com informações sobre as independências na Ásia.
   a) A Independência na Índia ocorreu em _____. Um dos personagens-chave foi Ghandi, que estabeleceu a estratégia da _____.
   b) A _____ era colônia holandesa e tornou-se independente em 1945.
   c) O Timor Leste era colônia _____ e conseguiu sua independência em 1975 sob a liderança da _____ (Fretelin).

## SUPERANDO DESAFIOS

1 (Unir-RO) Terminada a Segunda Guerra Mundial, os diversos países da África e da Ásia foram pouco a pouco conquistando:
   a) o equilíbrio econômico.
   b) a paz.
   c) a independência.
   d) a força militar.
   e) riquezas naturais.

2 (UERR) Sobre os processos de descolonização da África e da Ásia após a Segunda Guerra, NÃO se pode afirmar que:
   a) o nacionalismo dos anos 50 e 60, juntamente com o declínio da hegemonia europeia, levou dezenas de nações à independência política.
   b) os países do Terceiro Mundo passaram a se organizar como 'não alinhados' na Conferência de Bandung, na Indonésia, reforçando a luta anticolonialista.
   c) a independência política dos países afro-asiáticos levou à integração das minorias étnicas e religiosas.
   d) os norte-americanos passaram a participar desse processo de descolonização, lutando em alguns casos por formas políticas de dominação neocolonial.
   e) as colônias portuguesas foram algumas das últimas a conseguirem a independência.

3 (UFMG) Todas as alternativas apresentam afirmações corretas ligadas ao final do "apartheid" na África do Sul, EXCETO
   a) a África do Sul, com as eleições presidenciais de 1994, deu um passo importante para romper com seu passado de discriminação racial.
   b) as restrições comerciais impostas ao antigo regime racial foram suspensas, e a África do Sul restabeleceu suas relações comerciais internacionais.
   c) o fim do "apartheid" gerou poucas mudanças para a população branca, cuja elite continua a controlar a economia e a burocracia do país.
   d) o novo país passa a contar com uma população negra etnicamente homogênea, uma vez que os bantustões formaram países independentes.
   e) o novo regime se deparou com a possibilidade de aproximação entre as experiências sociais e econômicas de brancos e negros.

# CAPÍTULO 8
# República democrática no Brasil

Missa de inauguração da cidade de Brasília em frente à inacabada Catedral Metropolitana, 21 abr. 1960. Durante o período democrático foi construída Brasília para ser a capital do Brasil.

Com a renúncia de Vargas, em outubro de 1945, as eleições marcadas para dezembro foram mantidas. Os partidos políticos que haviam sido extintos durante o Estado Novo voltaram à legalidade e se prepararam para o pleito. Foi o retorno do Brasil ao regime democrático.

Os anos entre 1945 e 1964 foram marcados também por uma nova experiência de aprendizado político para os brasileiros. Diferentemente do início da república, as eleições desse período não foram definidas por grupos oligárquicos. Os partidos políticos existentes disputaram o voto direto dos eleitores nas urnas, estabelecendo uma nova dinâmica na política e nas eleições.

# O governo Dutra e a nova Constituição

O general Eurico Gaspar Dutra, ex-ministro da Guerra de Vargas, venceu as eleições de dezembro de 1945 contando com o apoio dele.

Nesse pleito também foram eleitos os deputados federais e senadores para compor a Assembleia Constituinte, com a missão de elaborar a Constituição que substituiria a de 1937. Entre os senadores estava Getúlio Vargas, eleito com significativo número de votos.

A composição partidária da Constituinte era heterogênea, contendo representantes dos principais partidos políticos da época: PSD, UDN, PTB e Partido Comunista do Brasil (PCB).

Promulgada em setembro de 1946, a nova Constituição manteve a estrutura da propriedade da terra, um Poder Executivo forte e a organização corporativa dos sindicatos. O ponto positivo foi o estabelecimento de eleições diretas em todos os âmbitos e também a livre manifestação do pensamento.

Veja outras características desta Carta Magna.

> **Palavra-chave**
> **Bicameral:** diz-se do sistema político em que o Poder Legislativo é representado por duas câmaras. No Brasil, o Congresso Nacional divide-se em Câmara dos Deputados e Senado.

- Manteve-se como forma de governo a república federativa representativa e presidencialista.
- Divisão em três poderes – Legislativo, Executivo e Judiciário –, todos atuando com equilíbrio de forças, mas independentes e sendo o Legislativo **bicameral**.
- Eleição com voto secreto (estavam excluídos do processo soldados, cabos e analfabetos).
- Mandato presidencial de cinco anos, sem direito a reeleição.
- Manutenção dos direitos trabalhistas já adquiridos, sendo acrescentado o direito de greve.

Página do jornal *Diário de Pernambuco* do dia 19 de setembro de 1946 com matéria que destacava a promulgação da Constituição de 1946.

## A política econômica

No contexto da Guerra Fria, Dutra alinhou o Brasil com os Estados Unidos e rompeu relações diplomáticas com a União Soviética. Adotou uma política econômica baseada no liberalismo, favorecendo a entrada de investimentos estrangeiros.

Já em seu primeiro ano de mandato, facilitou as importações, o que propiciou a entrada de produtos norte-americanos no país. Essa política gerou dependência econômica do capital estrangeiro, além de aumentar a inflação e o desemprego.

A partir de 1947, com uma inflação crescente, o governo de Dutra decidiu intervir mais diretamente na economia: restringiu as importações, criou incentivos à indústria nacional e estabeleceu um programa de valorização da moeda brasileira. Elaborou um plano econômico denominado Saúde, Alimentação, Transporte e Energia (Salte), com o objetivo de desenvolver as áreas que nomeavam o plano. Desse modo, Dutra encerrou seu governo com a economia brasileira retomando o ritmo de crescimento.

## A influência norte-americana

Durante a Segunda Guerra Mundial e nos anos seguintes, aumentou consideravelmente a influência norte-americana no Brasil. Nesse período, o litoral do nordeste brasileiro foi alvo de um plano estadunidense estratégico para a defesa do continente. Para isso, foram instaladas bases militares em alguns estados, como o Rio Grande do Norte, onde funcionou uma importante base aérea, apelidada de Trampolim da Vitória.

A convivência entre brasileiros e norte-americanos nessa época influenciou os costumes e os valores das populações dessas regiões. O *american way of life*, ou seja, o modo de vida norte-americano, passou a marcar o cotidiano dos brasileiros.

As indústrias norte-americanas começaram a exportar mais produtos para o Brasil, de forma que o brasileiro passou a consumi-los cada vez mais e se acostumar com as novas marcas.

### DOCUMENTOS EM ANÁLISE

O anúncio a seguir circulava em revistas de década de 1940. Observe-o e, no caderno, faça o que se pede.

1. Relacione a imagem ao *american way of life* no Brasil.

2. Na década de 1940, os produtos importados eram quase uma novidade. Hoje ainda é assim? Explique.

3. Você considera que o modo de vida norte-americano ainda influencia o Brasil? Justifique.

Este anúncio é material de pesquisa histórica sobre a propaganda no Brasil, não se constitui em publicidade paga.

# O retorno de Vargas (1951-1954)

Terminado o governo Dutra, Getúlio Vargas mostrou que sua popularidade ainda permanecia alta, sendo eleito com 48,7% dos votos. Voltou ao poder, mas dessa vez, legitimamente, ou seja, pelos "braços do povo". Com Getúlio, retornaram o nacionalismo e o **populismo**, já característicos de sua administração.

Para resolver a situação econômica herdada do governo anterior de modo a contemplar sua proposta de valorização do produto nacional, Vargas retomou sua política de investimento nas **indústrias de base**, transporte e energia.

O principal debate sobre desenvolvimento econômico na época girava em torno da extração do petróleo no Brasil, que dividia opiniões. Os nacionalistas defendiam o *slogan* "O petróleo é nosso", segundo o qual essa matéria-prima deveria ser explorada por uma empresa estatal. Os opositores a essa campanha defendiam a exploração feita por empresas internacionais, até porque o Brasil não dispunha de tecnologia para a **prospecção**. O nacionalismo varguista superou a oposição, e em 1953 foi criada a empresa Petróleo Brasileiro S.A. (Petrobras), estatal que passou a monopolizar sua produção, incluindo a extração, o refino e a comercialização.

## Palavras-chave

**Populismo:** é uma concepção de governo na qual o chefe da nação utiliza diversos recursos para obter apoio popular. O líder populista é carismático, utiliza linguagem simples e discursos inflamados, além de intensa propaganda de sua imagem. Há o atendimento de certas demandas sociais.

**Indústria de base:** designa a atividade industrial e o conjunto de indústrias que atuam nos níveis básicos da produção de bens, como a produção de matéria-prima (minérios, aço, cimento etc.) de máquinas e equipamentos destinados à própria indústria. É também chamada de indústria pesada.

**Prospecção:** método ou técnica empregada para localizar e calcular o valor econômico das jazidas minerais.

Cartaz da campanha "O petróleo é nosso", 1951.

Outras empresas estatais também foram criadas no governo de Vargas: o Banco Nacional de Desenvolvimento Econômico (BNDE), instituído em 1952 para ser o órgão formulador e executor – por meio do fornecimento de crédito a juros baixos – da política nacional de desenvolvimento econômico e de incentivo à industrialização; as Centrais Elétricas Brasileiras S.A. (Eletrobras), criada em 1954 para ser a empresa responsável pela geração e distribuição de energia elétrica.

Vargas ainda expandiu a Companhia Siderúrgica Nacional e organizou a Companhia Vale do Rio Doce, que tinham a função de processar e extrair, respectivamente, as matérias-primas brasileiras.

## Explorando

**De Getúlio a Getúlio: o Brasil de Dutra e Vargas (1945 a 1954)**
Francisco Fernando Monteoliva e José Dantas Filho, Editora Atual.

O período da História do Brasil entre 1945 e 1954, desde o governo de Eurico Gaspar Dutra até Getúlio Vargas, é abordado com base na análise de documentos de época, como textos oficiais, cartas, artigos de jornal e também produções da cultura popular, como letras de músicas e poesia de cordel.

---

Além do apoio à industrialização, Getúlio retomou sua política trabalhista. Para recuperar o poder aquisitivo dos trabalhadores, reduzido com a alta inflação, ele autorizou aumento de 100% no salário mínimo. Essa atitude gerou oposição de muitos empresários, que, com o apoio dos políticos antigetulistas e dos opositores do nacionalismo (entre eles, os Estados Unidos), promoveram intensa campanha contra o presidente.

Aliados aos antigetulistas estavam membros das Forças Armadas e da UDN, que iniciaram uma ação para derrubar Vargas do poder.

Um dos principais líderes da oposição udenista era o jornalista Carlos Lacerda, que utilizava o jornal de que era diretor para atacar o presidente.

A situação política de Vargas já era crítica quando, no dia 5 de agosto de 1954, Carlos Lacerda foi vítima de um atentado na Rua Toneleros, em Copacabana (RJ). O crime ocorreu quando Lacerda chegava a sua casa acompanhado de seu filho e do major da Aeronáutica Rubens Florentino Vaz. O major foi morto e Lacerda alvejado no pé.

As investigações posteriores ao crime concluíram que o assassino havia sido contratado por Gregório Fortunato, chefe da guarda pessoal de Vargas. Embora não houvesse provas de que o presidente estava envolvido, esse episódio serviu como estopim para que os chefes militares pedissem a renúncia de Vargas.

Mesmo sofrendo intensa campanha difamatória e pressões, Getúlio contava com grande apoio popular. Apesar disso, em 24 de agosto de 1954, isolado politicamente e diante de uma situação que considerava irreversível, Vargas escreveu uma carta-testamento dirigida aos brasileiros e depois se suicidou com um tiro no coração. A morte de Vargas causou grande comoção popular.

Após o trágico episódio, quem assumiu o cargo foi o vice-presidente Café Filho (1954-1955).

Manifestação popular em 24 de agosto de 1954, no Rio de Janeiro, em razão da morte de Getúlio Vargas. O suicídio de Vargas provocou tristeza no povo, que chorou a morte do presidente. Em diversas capitais, sedes de jornais e emissoras de rádio que atacavam sistematicamente Getúlio foram depredadas pela fúria popular.

## DOCUMENTOS EM ANÁLISE

Leia a seguir trecho da Carta-Testamento de Getúlio Vargas e responda às questões no caderno.

> Mais uma vez, as forças e os interesses contra o povo coordenaram-se novamente e se desencadeiam sobre mim.
>
> Não me acusam, insultam; não me combatem, caluniam e não me dão o direito de defesa. Precisam sufocar a minha voz e impedir a minha ação, para que eu não continue a defender, como sempre defendi, o povo e principalmente os humildes. Sigo o destino que me é imposto. Depois de decênios de domínio e espoliação dos grupos econômicos e financeiros internacionais, fiz-me chefe de uma revolução e venci. Iniciei o trabalho de libertação e instaurei o regime de liberdade social. Tive de renunciar. Voltei ao governo nos braços do povo. A campanha subterrânea dos grupos internacionais aliou-se às dos grupos nacionais revoltados contra o regime de garantia do trabalho. A lei de lucros extraordinários foi detida no Congresso. Contra a Justiça da revisão do salário mínimo se desencadearam os ódios. Quis criar liberdade nacional na potencialização das nossas riquezas através da Petrobras; mal começa esta a funcionar, a onda de agitação se avoluma. A Eletrobras foi obstaculada até o desespero. Não querem que o trabalhador seja livre. Não querem que o povo seja independente. Assumi o Governo dentro da espiral inflacionária que destruía os valores do trabalho. Os lucros das empresas estrangeiras alcançavam até 500% ao ano. Nas declarações de valores do que importávamos existiam fraudes constatadas de mais de 100 milhões de dólares por ano. Veio a crise do café, valorizou-se o nosso produto. Tentamos defender seu preço e a resposta foi uma violenta pressão sobre a nossa economia, a ponto de sermos obrigados a ceder. Tenho lutado mês a mês, dia a dia, hora a hora, resistindo a uma pressão constante, incessante, tudo suportando em silêncio, tudo esquecendo, renunciando a mim mesmo, para defender o povo que agora se queda desamparado. Nada mais vos posso dar a não ser meu sangue. Se as aves de rapina querem o sangue de alguém, querem continuar sugando o povo brasileiro, eu ofereço em holocausto a minha vida. [...]
>
> Ao ódio respondo com o perdão. E aos que pensam que me derrotaram, respondo com a minha vitória. Era escravo do povo e hoje me liberto para a vida eterna. Mas esse povo de quem fui escravo não mais será escravo de ninguém. Meu sacrifício ficará para sempre em sua alma e meu sangue terá o preço do seu resgate. Lutei contra a espoliação do Brasil. Lutei contra a espoliação do povo. Tenho lutado de peito aberto. O ódio, as infâmias, a calúnia não abateram meu ânimo. Eu vos dei a minha vida. Agora ofereço a minha morte. Nada receio. Serenamente dou o primeiro passo no caminho da eternidade e saio da vida para entrar na História.

*Diário de Notícias*, 24 ago. 1954.

1. Getúlio Vargas descreve sua trajetória como presidente nessa carta, de que forma?
2. Quais são as principais queixas de Getúlio Vargas?
3. Como Getúlio se posiciona diante dessas pressões?
4. Explique a frase: "[...] saio da vida para entrar na História". Getúlio conseguiu este feito? Justifique.

# O governo JK (1956-1961)

Em outubro de 1955 foram realizadas novas eleições presidenciais e Juscelino Kubitschek de Oliveira (JK) venceu com 35,7% dos votos, tendo como vice João Goulart (popularmente chamado de Jango).

Mais uma vez derrotada, a UDN, aliada a setores militares, tentou impedir a posse da chapa PSD-PTB, alegando que não obtiveram maioria absoluta. No entanto, a Constituição não exigia a maioria absoluta (50% + 1 dos votos apurados, como ocorre hoje).

Entre o período da eleição e a data da posse, em 31 de janeiro de 1956, o país passou por uma situação política instável, na qual os favoráveis ao golpe e os que eram contrários a ele se articulavam para defender sua posição. A mudança de governo ocorreu com a intervenção do ministro da Guerra, general Henrique Teixeira Lott, que, em nome da legalidade, garantiu a posse de JK e de Jango.

Juscelino Kubitschek durante o "Comício da Vitória" na Cinelândia, Rio de Janeiro, em 24 de janeiro de 1956.

Juscelino Kubitschek de Oliveira assumiu a Presidência da República procurando colocar em prática o lema de sua campanha: "50 anos de progresso em cinco anos de governo". Esse período ficou conhecido historicamente como Anos Dourados.

Juscelino adotou uma política desenvolvimentista, promovendo grandes obras de infraestrutura e incentivando a iniciativa privada com o objetivo de acelerar a expansão industrial. Para isso, utilizou a contração de grandes empréstimos no exterior e permitiu a entrada, em larga escala, do capital estrangeiro e, consequentemente, da fixação de transnacionais em território brasileiro.

O Plano de Metas, plano nacional de desenvolvimento que foi a base do governo JK, beneficiou principalmente a indústria de bens de consumo duráveis, como as de automóveis e eletrodomésticos. Também fomentava obras de infraestrutura (transportes e energia).

Para facilitar a implantação de fábricas no Brasil, Juscelino concedeu isenções fiscais e medidas cambiais favoráveis, o que ia ao encontro dos interesses estrangeiros. Com isso, diversas companhias estrangeiras se instalaram no país, entre elas algumas das maiores empresas do setor automobilístico.

Com esse programa os veículos se multiplicaram, novas estradas foram abertas e outras, asfaltadas. A indústria de autopeças apresentou um surto notável de crescimento. O Brasil, dependente de investimentos externos, estruturou-se industrialmente.

No plano político, o grande destaque da gestão JK foi a garantia das mais amplas liberdades democráticas.

Aproveitando a onda de liberdade de imprensa, políticos da UDN, por meio de vários periódicos – entre eles *O Estado de S. Paulo, Tribuna da Imprensa, Revista Maquis* – atacavam o presidente e seus assessores.

De 1956 até 1958, o governo JK enfrentou, com relativo sucesso, as diversas crises que se abateram sobre sua administração. Contudo, a partir de 1958, alguns problemas começaram a surgir. Com a política do Plano de Metas, a dívida externa brasileira cresceu vultosamente, acompanhada por altas taxas inflacionárias, ocasionadas principalmente pela emissão de papel-moeda para honrar compromissos governamentais. Por isso, foi elaborado um plano de recuperação econômica, contestado por vários segmentos sociais, temerosos de que as **medidas de austeridade** os prejudicassem. De 1958 a 1959, ocorreram 65 greves. No nordeste, intensificaram-se as atividades das Ligas Camponesas e dos sindicatos rurais.

Em junho de 1959, Kubitschek rompeu com o Fundo Monetário Internacional (FMI), que condicionava os empréstimos solicitados ao controle da inflação. Discordante das condições impostas pelo órgão para a cessão dos empréstimos, o governo brasileiro cortou relações com a entidade, gerando, assim, uma onda de apoio popular de variados segmentos, como o PTB e o PCB, que viam com maus olhos a entrega dos rumos da política brasileira a mãos estrangeiras.

Mesmo com evidente crescimento econômico de sua gestão, JK não conseguiu eleger seu sucessor, o general Teixeira Lott. Na promessa de combater a inflação e a corrupção e aproveitando-se do descontentamento popular, o oposicionista Jânio Quadros venceu o candidato oficial.

## Palavra-chave

**Medida de austeridade:** é requerida quando o déficit de um país alcança níveis tão altos que se torna quase impossível pagar suas dívidas. Geralmente as primeiras ações definidas por uma medida de austeridade são os cortes de despesas em projetos de desenvolvimento e projetos sociais. O termo austeridade, em economia, significa rigor no controle de gastos.

## DOCUMENTOS EM ANÁLISE

1. Observe a charge e associe-a às questões prioritárias do governo JK. No caderno, justifique sua resposta.

In: Renato Lemos (Org.). *Uma história do Brasil através da caricatura – 1840 a 2001.* Rio de Janeiro: Letras e Expressões, 2001. p. 79.

## A construção de Brasília

O governo de JK ficou marcado por grandes obras, como a construção de hidrelétricas (Furnas e Três Marias) e cerca de 2 mil quilômetros de rodovias. Mas a grande marca foi a construção da nova capital federal.

Transferi-la do Rio de Janeiro para uma região mais central do país fazia parte das promessas de campanha e virou realidade com a inauguração de Brasília em 21 de abril de 1960.

Com os projetos do urbanista Lúcio Costa e do arquiteto Oscar Niemeyer, e o trabalho dos **candangos**, Brasília foi construída em pouco mais de três anos e se tornou o símbolo da modernidade.

Vista aérea da construção de Brasília, em abril de 1962.

**Palavra-chave**

**Candangos:** nome dado aos operários de diversas regiões do Brasil que construíram a nova cidade. A maioria deslocou-se de estados do nordeste em busca dos milhares de empregos ofertados. Depois da construção, esses trabalhadores, em sua maioria, estabeleceram-se nas cidades do entorno de Brasília.

## O Brasil na década de 1950

No Brasil, a partir da década de 1950, o consumismo foi tomando conta da população. Influenciados pela doutrina do *american way of life*, os brasileiros vivenciaram uma época de grande euforia e passaram a comprar muitos produtos que prometiam mudar o dia a dia.

A sociedade era o reflexo dos projetos políticos e econômicos dos governantes do período, que viam a modernização e o desenvolvimento econômico do Brasil como fatos ligados à industrialização. O texto a seguir descreve esse panorama.

> Num período relativamente curto de cinquenta anos, de 1930 até o início dos anos 80, e, mais aceleradamente, nos trinta anos que vão de 1950 ao final da década de 70, tínhamos sido capazes de construir uma economia moderna, incorporando os padrões de produção e de consumo próprios aos países desenvolvidos. Fabricávamos quase tudo. O aço, [...] o petróleo e seus derivados, a gasolina, o óleo diesel, o óleo combustível, o asfalto, o plástico, o detergente, vários outros materiais de limpeza, os produtos que permitem a fibra sintética etc. A engenharia brasileira erguera hidroelétricas gigantescas, equipadas com geradores e turbinas nacionais, de Furnas, Três Marias e Urubupungá até Itaipu. A indústria do alumínio era uma realidade, a do cimento, a do vidro e a do papel cresceram e se modernizaram; as indústrias tradicionais, de alimentos, a têxtil, de confecções, de calçados, bebidas, móveis, também. [...] Produzíamos automóveis, utilitários, caminhões, ônibus, tratores.
>
> Dispúnhamos, também, de todas as maravilhas eletrodomésticas[...].

Fernando Novais (Org.). *História da vida privada no Brasil: contrastes da intimidade contemporânea.* São Paulo: Companhia das Letras, 1988. v. 4. p. 562-564.

## DIVERSIFICANDO LINGUAGENS

Leia o texto a seguir, que retrata a situação das mulheres na década de 1950 no Brasil e depois responda às questões no caderno.

> Cresceu na década de 50 a participação feminina no mercado de trabalho, especialmente no setor de serviços de consumo coletivo, em escritórios, no comércio ou em serviços públicos. Surgiram então mais oportunidades de emprego em profissões como as de enfermeira, professora, funcionária burocrática, médica, assistente social, vendedora etc. que exigiam das mulheres uma certa qualificação e, em contrapartida, tornavam-nas profissionais remuneradas. Essa tendência demandou uma maior escolaridade feminina e provocou, sem dúvida, mudanças no *status* social das mulheres.
>
> Entretanto, eram nítidos os preconceitos que cercavam o trabalho feminino nessa época. Como as mulheres ainda eram vistas prioritariamente como donas de casa e mães, a ideia da incompatibilidade entre casamento e vida profissional tinha grande força no imaginário social. Um dos principais argumentos dos que viam com ressalvas o trabalho feminino era o de que, trabalhando, a mulher deixaria de lado seus afazeres domésticos e suas atenções e cuidados para com o marido: ameaças não só à organização doméstica como também à estabilidade do matrimônio.
>
> [...]
>
> Outro perigo alegado era o da perda da feminilidade e dos privilégios do sexo feminino – respeito, proteção e sustento garantidos pelos homens –, praticamente fatal a partir do momento em que a mulher entra no mundo competitivo das ocupações antes destinadas aos homens. As revistas femininas da época fizeram eco a essas preocupações, aconselharam e apelaram para que as mulheres que exerciam atividades fora do lar não descuidassem da aparência ou da reputação pessoal e soubessem manter-se femininas.

Carla Bassanezi. Mulheres nos anos dourados. In: Mary Del Priore (Org.). *História das mulheres no Brasil*. São Paulo: Contexto, 2001. p. 624.

Mulher trabalhando em loja de utilidades domésticas. Fotografia de Alice Brill, 1950.

1. De acordo com o texto, qual era a situação das mulheres na década de 1950?
2. O preconceito citado ainda existe? Explique.
3. Qual é a situação atual da mulher no Brasil? O que mudou e o que permaneceu em relação a trabalho, família, escolaridade, direitos políticos? Reflita sobre esses questionamentos e elabore uma história em quadrinhos para representar o papel das mulheres na sociedade brasileira. Se quiser diversificar, use a técnica do cartum, e, junto com os desenhos, escreva uma mensagem irônica ou satírica. Depois, juntem todos os trabalhos e montem uma revista em quadrinhos. Finalizado o trabalho, é só fazer uma capa e colocar o título.

# O breve governo de Jânio Quadros (1961)

Apoiado pela UDN e por outros grupos antigetulistas, Jânio Quadros venceu as eleições de 1960 com uma campanha de limpeza para a moralização da política. Isso estava demonstrado inclusive no *jingle* de sua campanha e nas imagens publicadas na época.

Jânio apresentou-se na campanha eleitoral como moralizador da política nacional, prometendo "varrer a bandalheira", ou seja, acabar com a corrupção e a ineficiência administrativa.

Já Teixeira Lott, por ser candidato do governo, não foi bem-aceito devido ao descontentamento popular em relação à política econômica de Juscelino, que deixou como herança para seu sucessor uma inflação alta, endividamento externo e indícios de corrupção nas obras de Brasília.

Jânio Quadros ao desembarcar em Santos, 1959. Jânio usou a vassoura como símbolo de sua campanha para presidente numa alusão a "varrer" todas as mazelas que prejudicavam o povo brasileiro.

Jânio ganhou as eleições com 48% dos votos, e João Goulart elegeu-se vice. Para enfrentar a crise financeira e a inflação, implementou uma política econômica austera, com congelamento dos salários, restrições ao crédito, cortes de subsídios federais e desvalorização do cruzeiro, a moeda vigente.

Jânio buscou formas de moralizar o funcionalismo público estabelecendo horários rígidos e demitindo **funcionários fantasmas**, que faziam parte do quadro de variadas repartições públicas.

Quanto à política externa, o presidente retomou as relações com o bloco socialista, abrindo perspectivas de comércio com esses países. Os norte-americanos e seus aliados não aceitaram os novos rumos da política exterior brasileira, fazendo severas críticas ao governo.

O auge da polêmica sobre sua orientação diplomática ocorreu quando Jânio condecorou Ernesto "Che" Guevara com a **Ordem do Cruzeiro do Sul**. Ao agraciar Guevara – que fora, ao lado de Fidel Castro, um dos líderes da Revolução Cubana – o presidente foi criticado e malvisto pelas elites e pelos países capitalistas com os quais o Brasil mantinha acordos, em especial os Estados Unidos.

Na política interna, o governo Jânio enfrentou problemas complexos: a UDN, de Carlos Lacerda, passara para a oposição, e o Congresso Nacional era majoritariamente contrário à gestão janista.

## Palavras-chave

**Funcionário fantasma:** pessoa que, mesmo nomeada para um cargo público, jamais desempenha as atribuições que lhe cabem – ou seja, tem cargo e salário, mas não trabalha.

**Ordem do Cruzeiro do Sul:** é a maior condecoração concedida a chefes de Estado ou outras personalidades estrangeiras que se tenham tornado dignos da gratidão do governo brasileiro.

No dia 24 de agosto de 1961, em um programa de televisão, Carlos Lacerda acusou Jânio de armar uma conspiração para obter poderes excepcionais.

Diante da oposição interna e externa, no dia 25 de agosto Jânio renunciou. O Congresso aceitou seu pedido e entregou o poder ao presidente da Câmara Federal, Pascoal Ranieri Mazzilli, pois o vice-presidente se encontrava em missão diplomática na China.

Jânio Quadros condecora Che Guevara com a Ordem do Cruzeiro do Sul, ago. 1961.

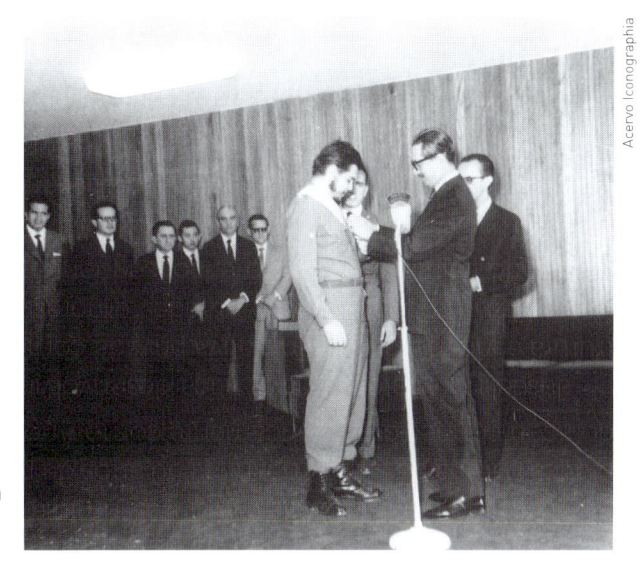

## CURIOSIDADES HISTÓRICAS

Além dos assuntos concernentes ao cargo, Jânio Quadros, diariamente, enviava "bilhetinhos" a seus subalternos e tomava pequenas decisões que se tornaram famosas: regulamentou o tamanho dos maiôs das misses, proibiu os biquínis nas praias, as corridas de cavalo em dias úteis, as rinhas de galos e o lança-perfume.

## DIVERSIFICANDO LINGUAGENS

Leia o texto a seguir e responda às questões no caderno.

> Ao assumir a presidência, em janeiro de 1961, Jânio Quadros, reconhecidamente uma figura de índole conservadora, deu início a um governo polêmico e cercado por contradições. Investiu, com rigor, e de forma vigorosa contra assuntos corriqueiros, como a proibição do lança-perfume, do biquíni e das brigas de galo. Por outro lado, foi protagonista de situações de encher os olhos da esquerda, como a condecoração de um dos líderes da Revolução Cubana, Ernesto Che Guevara, com a Ordem do Cruzeiro do Sul, o apoio à discussão de participação da China comunista na ONU e a proposição de reatamento de relações diplomáticas com a União Soviética. Iniciativas como essas mexiam com os nervos da elite que havia colocado a esperança de um futuro politicamente estável nas mãos de Jânio Quadros.
>
> Inequivocamente avesso à articulação com os partidos e com os parlamentares, Quadros começou a se ver incomodado pelo Congresso que tolhia ou obstaculizava suas pretensões de adotar uma política independente em nível interno e externo.

Alberto Aggio, Agnaldo de Sousa Barbosa e Hercídia Mara Facuri Coelho. *Política e sociedade no Brasil*. São Paulo: Annablume, 2002. p. 65.

**1.** Por que o governo de Jânio Quadros é considerado polêmico e contraditório?

**2.** Qual foi a repercussão da condecoração de Ernesto Che Guevara e quais são suas consequências?

## Palavra-chave

**Parlamentarismo:** forma democrática de governo centrada na escolha, por eleições livres, dos membros de um parlamento, que funciona como Poder Legislativo e escolhe o chefe do Poder Executivo (governo) entre os membros do próprio parlamento. Nesse sistema, o chefe de governo (Poder Executivo) é o primeiro-ministro, que governa, mas submete suas decisões ao parlamento. Além disso, existe o cargo de chefe de Estado, que pode tanto ser um presidente como um monarca, variando de acordo com o sistema político vigente no país. Na prática, o poder é exercido pelo primeiro-ministro, já o chefe de Estado tem um caráter mais simbólico.

# O governo de Jango (1961-1964)

Quando Jânio renunciou, João Goulart encontrava-se na República Popular da China, país comunista. Por isso, de acordo com a Constituição, o presidente da Câmara estava na ordem de sucessão e assumiu interinamente até o retorno de Jango.

Entretanto, a UDN e o alto comando das Forças Armadas se articularam para impedir a posse do vice-presidente, sob a alegação de que ele tinha ligações com o comunismo e por isso representava grande perigo à nação.

Eram contra a ascensão de Jango ao poder os segmentos conservadores das Forças Armadas e do Congresso Nacional, bem como aqueles que, de uma forma ou de outra, estavam ligados ao capital estrangeiro. Acontece, porém, que setores políticos, militares e populares eram favoráveis à posse de Goulart, visto como herdeiro político de Getúlio Vargas, o que provocava um sério impasse.

O movimento em favor da legalidade (posse de Jango) concentrou-se no Rio Grande do Sul, liderado pelo governador Leonel Brizola.

Enquanto isso, Jango retardou seu retorno com o objetivo de aguardar o desenrolar dos acontecimentos. Em Paris se mantinha informado do que ocorria no Brasil.

Para resolver o impasse foi negociada uma solução: a implantação do **parlamentarismo**.

A emenda constitucional que instaurou o novo regime de governo estabelecia a estruturação de um plebiscito (consulta popular), com a finalidade de decidir pela continuidade ou não do parlamentarismo no Brasil.

No início de setembro de 1961, João Goulart assumiu o governo com poderes limitados, e Tancredo Neves foi escolhido como primeiro-ministro.

João Goulart discursa no Congresso Nacional durante solenidade para assumir a Presidência da República. Brasília (DF), 7 set. 1961.

Ao assumir, Goulart, além das limitações de poder, tinha graves problemas econômicos e sociais a enfrentar, entre eles a alta inflação. Procurando uma solução, em 1962 lançou o Plano Trienal de Desenvolvimento Econômico e Social, cujos objetivos eram diminuir a inflação, reduzir a dívida externa, distribuir melhor as riquezas e promover o crescimento econômico, sobretudo por meio da reforma agrária. Entre as medidas iniciais do plano estavam a desvalorização da moeda e a redução das importações.

Na esfera política, Goulart conseguiu, com articulações, antecipar o plebiscito. Em janeiro de 1963, com imensa maioria (cerca de 82%), a volta do presidencialismo foi decidida pelos brasileiros.

Com essa batalha ganha, Goulart assumiu o governo com plenos poderes. Mas a inflação, o custo de vida alto, a estagnação econômica e a perda de poder aquisitivo dos trabalhadores eram problemas urgentes a ser resolvidos.

Manifestações e greves marcaram o período; nelas, lideranças políticas, estudantis e sindicais exigiram melhores condições de vida para a população, como a reforma agrária, a reforma tributária, o aumento de salários etc. A maior manifestação aconteceu em 1963, quando uma paralisação operária em São Paulo mobilizou cerca de 700 mil pessoas, conquistando um aumento salarial de 80%.

Trabalhadores formam uma multidão e aguardam diante do TRT (Tribunal Regional do Trabalho) o pronunciamento da Justiça no caso da CNTI (Confederação Nacional dos Trabalhadores na Indústria), em que era exigido reconhecimento do órgão. O evento ficou conhecido como a Greve dos 700 mil. São Paulo, 1 nov. 1963.

Em 1964, após o fracasso do Plano Trienal, Goulart assinou um conjunto de medidas chamadas Reformas de Base, que incluía as reformas agrária, bancária, administrativa, fiscal, eleitoral etc. Para Jango, essas reformas propiciariam um desenvolvimento superior do capitalismo brasileiro, criando novas condições institucionais que viabilizariam tais mudanças. A reforma agrária, por exemplo, nada tinha de revolucionária, pois englobava apenas as terras que não eram exploradas de acordo com a função social da propriedade, e os proprietários receberiam uma justa indenização. Mesmo assim, foi duramente contestada pelos produtores rurais e pela Igreja Católica.

As medidas tinham fortes opositores, pois representavam uma mudança estrutural e afetavam as elites empresariais, os grandes proprietários de terra e os interesses estrangeiros.

No dia 13 de março de 1964, o presidente, em um comício que reuniu cerca de 300 mil pessoas na Central do Brasil, no Rio de Janeiro, anunciou as reformas de base, justificando a necessidade delas. No trecho de seu discurso transcrito a seguir, Jango explica por que a reforma agrária era necessária.

> A reforma agrária não é capricho de um governo ou programa de um partido. É produto da inadiável necessidade de todos os povos do mundo. Aqui no Brasil, constitui a legenda mais viva da reivindicação do nosso povo, sobretudo daqueles que lutaram no campo. A reforma agrária é também uma imposição progressista do mercado interno, que necessita aumentar a sua produção para sobreviver.
>
> Os tecidos e os sapatos sobram nas prateleiras das lojas e as nossas fábricas estão produzindo muito abaixo de sua capacidade. Ao mesmo tempo em que isso acontece, as nossas populações mais pobres vestem farrapos e andam descalças, porque não têm dinheiro para comprar.
>
> Assim, a reforma agrária é indispensável não só para aumentar o nível de vida do homem do campo, mas também para dar mais trabalho às indústrias e melhor remuneração ao trabalhador urbano. Interessa, por isso, também a todos os industriais e aos comerciantes. A reforma agrária é necessária, enfim, à nossa vida social e econômica, para que o país possa progredir, em sua indústria e no bem-estar do seu povo.
>
> Disponível em: <www.institutojoaogoulart.org.br/conteudo.php?id=31>. Acesso em: jan. 2012.

As decisões do presidente e o risco da implantação das reformas, que eram uma grande ameaça aos grupos mais conservadores (latifundiários, empresários, investidores etc.), levaram o país a um clima acentuado de tensão política e social.

A oposição aumentava e se organizava, realizando manifestações contra Jango. No dia 19 de março de 1964 ocorreu em São Paulo a Marcha da Família com Deus pela Liberdade, que contou com cerca de 500 mil participantes. Foi a primeira de uma série de passeatas encabeçadas por movimentos católicos, acompanhadas de autoridades civis, empresários e outros que acreditavam que aquela política de Jango levaria o país ao comunismo.

A situação foi ficando cada vez mais difícil, até que em 31 de março ocorreu o golpe militar que derrubaria João Goulart.

O movimento teve início em Minas Gerais, na tropa de oficiais comandada por Olympio de Mourão Filho – general responsável por ter articulado o Plano Cohen em 1937 –, que iniciou uma marcha em direção ao Rio de Janeiro, onde o presidente estava. Logo contaram com a adesão de militares de São Paulo, Rio Grande do Sul e Rio de Janeiro. Os golpistas entregaram um manifesto, amparados por diversos setores conservadores da sociedade, exigindo a renúncia de Goulart.

Marcha da Família com Deus pela Liberdade em frente à Catedral da Sé, em São Paulo, capital, em 19 de março de 1964.

Enquanto isso, no Rio Grande do Sul, Leonel Brizola tentou garantir a legalidade oferecendo apoio e tropas militares leais para resistir ao golpe. Houve, também, uma mobilização popular articulada pelos movimentos sindicais, mas Goulart preferiu evitar o confronto. Não havia como repelir o poder militar das Forças Armadas.

Para tentar reverter a situação, Jango dirigiu-se a Brasília, mas sua deposição já estava praticamente consumada.

No dia 1º de abril de 1964, João Goulart deixou a capital federal rumo ao Rio Grande do Sul, mas não aceitou confronto militar. De lá, partiu para o Uruguai, rumo ao exílio, onde morreu em 1976.

## CONEXÕES

A situação agrária no Brasil é uma questão discutida em diversos momentos históricos, como podemos perceber na reportagem a seguir.

### UM VELHO DESAFIO BRASILEIRO

**A IMPORTÂNCIA DA REFORMA AGRÁRIA PARA O FUTURO DO PAÍS**

A má distribuição de terra no Brasil tem razões históricas, e a luta pela reforma agrária envolve aspectos econômicos, políticos e sociais. [...]

Na opinião de alguns estudiosos, a questão agrária está para a República assim como a escravidão estava para a Monarquia. De certa forma, o país se libertou quando tornou livre os escravos. Quando não precisar mais discutir a propriedade da terra, terá alcançado nova libertação.

Com seu privilégio territorial, o Brasil jamais deveria ter o campo conflagrado. Existem mais de 371 milhões de hectares prontos para a agricultura no país, uma área enorme, que equivale aos territórios de Argentina, França, Alemanha e Uruguai somados. Mas só uma porção relativamente pequena dessa terra tem algum tipo de plantação. Cerca da metade destina-se à criação de gado. O que sobra é o que os especialistas chamam de terra ociosa. Nela não se produz 1 litro de leite, uma saca de soja, 1 quilo de batata ou um cacho de uva. [...]

O problema agrário brasileiro começou em 1850, quando acabou o tráfico de escravos e o Império, sob pressão dos fazendeiros, resolveu mudar o regime de propriedade. Até então, ocupava-se a terra e pedia-se ao imperador um título de posse. Dali em diante, com a ameaça de os escravos virarem proprietários rurais, deixando de se constituir num quintal de mão de obra quase gratuita, o regime passou a ser o da compra, e não mais de posse. 'Enquanto o trabalho era escravo, a terra era livre. Quando o trabalho ficou livre, a terra virou escrava', diz o professor José de Souza Martins, da Universidade de São Paulo. [...]

Com pequenas variações, em países da Europa, Ásia e América do Norte impera a propriedade familiar, aquela em que pais e filhos pegam na enxada de sol a sol e raramente usam assalariados. Sua produção é suficiente para o sustento da família e o que sobra, em geral, é vendido para uma grande empresa agrícola comprometida com a compra dos seus produtos. No Brasil, o que há de mais parecido com isso são os produtores de uva do Rio Grande do Sul, que vendem sua produção para as vinícolas do norte do estado. Em Santa Catarina, os aviários são de pequenos proprietários. Têm o suficiente para sustentar a família e vendem sua produção para grandes empresas, como Perdigão e Sadia. As pequenas propriedades são tão produtivas que, no Brasil todo, boa parte dos alimentos vêm dessa gente que possui até 10 hectares de terra. Dos donos de mais de 1.000 hectares sai uma parte relativamente pequena do que se come. Ou seja: eles produzem menos, embora tenham 100 vezes mais terra.

[...]

Disponível em: <veja.abril.com.br/idade/exclusivo/reforma_agraria/contexto_1.html>. Acesso em: jan. 2013.

Com base em seus conhecimentos da atual situação agrária no Brasil, reflita sobre a atualidade ou não dos argumentos de João Goulart na defesa da reforma agrária. Elabore um pequeno texto e leve-o para discussão em sala de aula.

## AGORA É COM VOCÊ

**1** Corresponda corretamente a coluna da esquerda com a da direita.

a) ( 1 ) Governo Dutra ( ) Moralização do serviço público.
b) ( 2 ) Governo Vargas ( ) Constituição de 1946.
c) ( 3 ) Governo JK ( ) Construção de Brasília.
d) ( 4 ) Jânio Quadros ( ) Nacionalismo e criação da Petrobras.
e) ( 5 ) João Goulart ( ) Parlamentarismo.

**2** Assinale as alternativas **incorretas** sobre a Constituição de 1946.

a) ( ) Estabeleceu eleições diretas em todos os âmbitos.
b) ( ) É conhecida como Constituição Cidadã.
c) ( ) Estabeleceu o voto aberto.
d) ( ) O mandato presidencial passou a ser de cinco anos.
e) ( ) Manteve a monarquia como forma de governo.

**3** Circule as informações corretas sobre o governo de Vargas de 1951 a 1954.

| messianismo | indústrias de base | eleição indireta |
| populismo | ditador | impopular |
| Eletrobras | trabalhismo | nova Constituição |

**4** Responda **V** para verdadeiro e **F** para falso.

a) ( ) Jango assumiu o poder em 1961, quando o Brasil enfrentava grave crise econômica.
b) ( ) A posse de Jango foi tranquila e apoiada por todos os políticos e setores da sociedade.
c) ( ) As reformas de base propostas por Jango incluíam reforma agrária, bancária, administrativa, fiscal e eleitoral.
d) ( ) A proposta de reformas prejudicava setores influentes da sociedade e, por isso, o governo de Jango passou a sofrer mais oposição.
e) ( ) Jango governou até o fim constitucional de seu mandato.

### SUPERANDO DESAFIOS

**1** (Mackenzie) O governo de Eurico Gaspar Dutra (1946-1950) foi influenciado pelos acontecimentos internacionais que marcaram o pós-guerra. A política econômica adotada em seu governo tinha como principal objetivo:

a) o aumento da intervenção do Estado, que passou a controlar as importações diminuindo as tarifas alfandegárias.
b) a manutenção de uma política de confisco para combater a inflação que, entretanto, não prejudicou os ajustes salariais dos trabalhadores.

c) a liberalização do câmbio, aumentando as importações de produtos supérfluos, sem adotar uma política de seleção nas importações.

d) a adoção de uma política liberal e nacionalista, favorável aos negócios das empresas nacionais.

e) a manutenção das condições favoráveis à acumulação de capital, por meio de uma política social democrática e nacionalista.

**2 (CEFET/BA)** Acerca do processo histórico brasileiro no período Republicano, em particular na segunda metade do século XX, é correto afirmar:

a) O segundo Governo Vargas (1951-1954) foi caracterizado por forte orientação nacionalista, sendo um dos marcos desse período a imposição do monopólio estatal sobre a profusão do petróleo, considerada condição *sine qua non* para o desenvolvimento da nação.

b) Para o desenvolvimento da indústria brasileira, o período de Juscelino Kubitschek representou uma retração, já que o mesmo priorizou um desenvolvimento nacional radical, o que dificultou uma maior relação com o capital externo.

c) O discurso nacionalista sob a ótica desenvolvimentista de Juscelino Kubitschek possuía um conteúdo idêntico ao de Vargas, já que ambos fortaleceram o capital externo, em detrimento da indústria nacional.

d) O período da ditadura militar foi marcado pela independência da economia nacional em relação ao capital externo, já que o lema na ditadura foi fortalecer o nacionalismo.

e) No final dos anos 80, surge no Brasil o modelo econômico caracterizado como neoliberalismo, que prega a intervenção do Estado na economia como forma de regular o mercado capitalista.

**3 (PUC-PR)** Outorga de uma Constituição, organização das leis trabalhistas, participação na Segunda Guerra Mundial, são alguns fatos que lembram a figura de:

a) Juscelino Kubitschek.
b) João Goulart.
c) Getúlio Vargas.
d) Eurico Dutra.
e) Café Filho.

**4 (UFRJ)** Após a queda de Getúlio Vargas (29/10/1945) é eleito Eurico Gaspar Dutra, e no primeiro ano de seu governo é concluída a:

a) Reforma Partidária;
b) Pacificação interna dos Estados;
c) Emenda Constitucional que consolida a Constituição de 1934;
d) Democratização do país;
e) Constituição, a quinta do Brasil e a quarta da República, em setembro de 1946.

# CAPÍTULO 9
# Conflitos no Oriente Médio

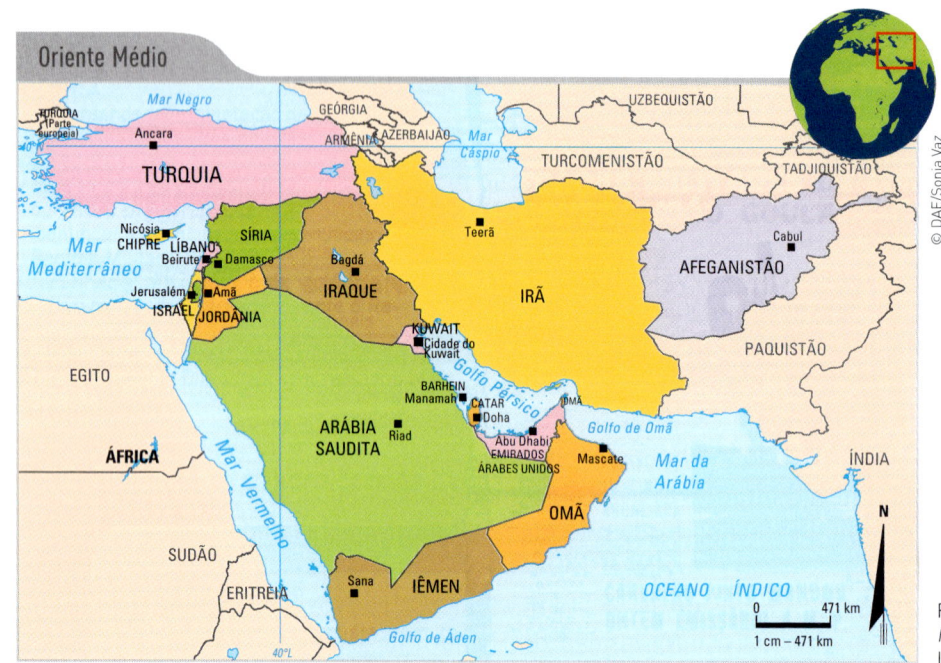

Fonte: *Atlas geográfico escolar: Ensino Fundamental do 6º ao 9º ano*. Rio de Janeiro: IBGE, 2010.

O Oriente Médio é uma região que compreende diversos países – como Turquia, Israel, Síria, Arábia Saudita, Kuwait, Irã e Iraque – que fazem parte do sudoeste da Ásia. Essa região, rica em petróleo, divide a atenção mundial por sua importância econômica, e por ter sido, nas últimas décadas, palco de muitos conflitos.

Até o fim da Primeira Guerra Mundial a região fazia parte do Império Otomano, que mantinha relativa unidade do mundo árabe. Entretanto, ao ser derrotado, teve grande parte de seu território partilhado pelas potências vencedoras.

Os franceses criaram o Líbano, separadamente da Síria, enquanto os britânicos procuraram fragmentar a Península Arábica e traçar as fronteiras da Transjordânia. A Palestina ficou com os britânicos, que passaram a enfrentar o crescente despertar do nacionalismo árabe e o movimento sionista que objetivava criar uma nação judaica.

Durante o século XX, parte dos países do Oriente Médio conseguiu a independência. Em 1922, a Inglaterra concedeu independência ao Egito, mas manteve forte influência no país até 1936, quando se estabeleceu um acordo de retirada de militares ingleses do território. Por outro lado, a aliança militar entre as duas nações foi reforçada.

Em 1939, os ingleses renunciaram ao mandato que detinham em relação ao Iraque desde 1920. Esse mandato permitia aos ingleses governar o Iraque até que o território pudesse se autogovernar, constituindo uma nação. A França suspendeu seu mandato em relação ao Líbano, em 1943, e à Síria, em 1946.

Com a Guerra Fria, os países do Oriente Médio dividiram-se em dois blocos antagônicos: os Estados conservadores aliaram-se aos Estados Unidos, e os Estados supostamente progressistas aliaram-se à União Soviética.

# Conflito árabe-israelense

Vista da cidade de Jerusalém, 2009. Jerusalém reúne em seu território locais muito importantes para várias religiões, assim como objetos de culto religioso. No canto inferior esquerdo da fotografia, observa-se um templo ortodoxo. No centro, o Muro das Lamentações, local utilizado por sua significação histórica (o muro protegia o antigo Templo de Salomão), para as orações judaicas. Acima, a Mesquita de Omar, de onde, segundo a religião muçulmana, o profeta Maomé ascendeu aos céus.

Desde a Antiguidade, o povo **judeu** desenvolveu uma forte identidade cultural fundamentada na religião. De acordo com as tradições bíblicas, com a ajuda de Deus, fizeram da Palestina sua terra natal.

Durante séculos, a Palestina esteve sob domínio turco. Com a derrota do Império Otomano na Primeira Guerra Mundial, a região ficou sob o domínio britânico. Em 1917, o chanceler inglês Lorde Balfour publicou uma declaração na qual prometia criar um lar nacional para os judeus. Com isso, o afluxo de judeus para a região aumentou, gerando um clima de tensão entre eles e as populações árabes. À medida que a emigração judaica para a Palestina aumentava, cresciam também os conflitos entre judeus e árabes.

Com o fim da Segunda Guerra Mundial, após toda a violência imposta aos judeus pelos nazistas, boa parte do mundo simpatizou com a instituição de um Estado judeu. As duas superpotências (Estados Unidos e União Soviética) concordaram com a criação de dois Estados na Palestina: um Estado judeu e um Estado árabe.

## Palavra-chave

**Judeu:** é aquele que, em função de sua genealogia, adota a nacionalidade judaica ou segue a religião e a tradição judaica; aquele que, em aspectos religiosos, culturais e genealógicos, considera-se judeu.

## A divisão da palestina

Enfraquecido devido aos esforços de guerra e não sabendo como se retirar da Palestina, o governo britânico levou a questão para a Organização das Nações Unidas (ONU). Em novembro de 1947, a ONU decidiu pela partilha da Palestina, na qual deveriam ser criados um Estado árabe e um Estado judeu. Jerusalém, por ser uma cidade sagrada para os cristãos, muçulmanos e judeus, deveria ter *status* internacional.

Em 15 de maio de 1948, foi criado o Estado de Israel. Nessa época, viviam na Palestina em torno de 650 mil judeus, para uma população de 2 milhões de árabes. Estados Unidos, União Soviética e grande parte dos países que formavam a ONU reconheceram o Estado Judeu.

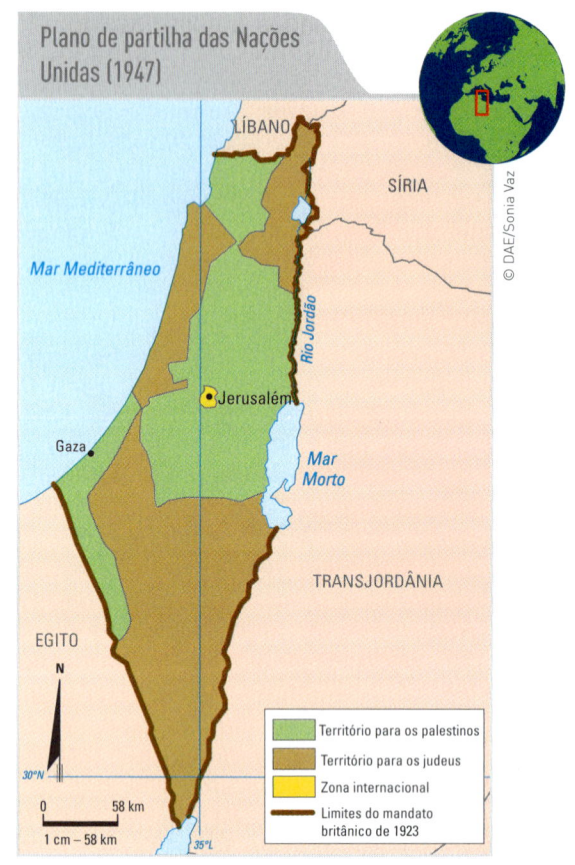

Plano de partilha das Nações Unidas (1947)

Fonte: *World history atlas*. Londres: Dorling Kindersley, 2008.

## Conflitos árabes-israelenses

| | |
|---|---|
| Primeira Guerra Árabe-Israelense (1948-1949) | Ocorreu pela não aceitação da criação do Estado de Israel. Países árabes atacaram Israel entre maio de 1948 e janeiro de 1949. Após ter lutado contra Egito, Iraque, Jordânia, Líbano e Síria, Israel venceu a guerra e conquistou a Galileia e o Deserto de Negev. Jerusalém foi dividida entre Jordânia (setor oriental) e Israel. O Estado Palestino acabou não sendo estabelecido, pois o território foi ocupado por israelenses. |
| Guerra de Suez (1956) | Conflito pelo controle do Canal de Suez, nacionalizado pelo presidente egípcio Gamal Abdel Nasser. Envolveu Egito, Israel, Inglaterra e França. Apoiado por França e Inglaterra, Israel declarou guerra ao Egito por causa da nacionalização do Canal de Suez e do fechamento do Porto de Eilat, no Golfo de Ácaba. Israel conquistou a Península do Sinai e controlou o Golfo de Ácaba, reabrindo o Porto de Eilat. A ONU interveio patrulhando as fronteiras. |
| Guerra dos Seis Dias (1967) | Israel contra Egito, Jordânia e Síria. Em 5 de junho de 1967, aviões de combate israelenses dirigiram-se para o oeste, sobre o Mediterrâneo, dando início à guerra. Por terra, suas forças blindadas derrotaram facilmente os inimigos. Israel venceu a guerra em seis dias. Nos territórios ocupados, um grande número de palestinos passou a viver sob a autoridade militar do governo israelense e muitos deles, em condições sub-humanas em campos de refugiados. |
| Guerra do Yom Kippur (1973) | No dia 6 de outubro de 1973, os judeus comemoravam o Yom Kippur (Dia do Perdão), quando a coligação formada por Egito e Síria atacou Israel. Os sírios ocuparam Golan, e os egípcios passaram a controlar os campos petrolíferos de Balayim. Na contraofensiva, as tropas de defesa de Israel penetraram em território sírio e quase tomaram a capital, Damasco, obrigando os sírios a recuar. Já os egípcios foram cercados no deserto. Nesse contexto, Estados Unidos e União Soviética forçaram um cessar-fogo. Com o ataque-surpresa, Sadat, presidente do Egito, atingiu seu objetivo: provocar uma solução negociada para o conflito. Os países árabes fornecedores de petróleo, irritados com o apoio da maioria das nações ocidentais a Israel, reduziram a oferta do produto por meio da Organização dos Países Produtores de Petróleo (Opep), provocando escassez e alta expressiva, o que desencadeou a chamada Crise do Petróleo de 1973. Com a crise econômica, os israelenses se viram obrigados a fazer concessões. |

## DIVERSIFICANDO LINGUAGENS

Leia o texto a seguir e responda às questões no caderno.

A descolonização da Palestina e da Transjordânia foi decidida ainda no curso da Primeira Guerra Mundial. As duas áreas eram, então, controladas por Londres, que queria criar no local dois novos Estados: um para os judeus, outro para os palestinos. A promessa havia sido feita aos hebreus pelo ministro das Relações Exteriores da Grã-Bretanha, lorde Arthur Balfour, em 2 de novembro de 1917.

Com o fim da Primeira Guerra, o próprio mapa da Europa foi redesenhado, assim como a correlação de forças de influência no Oriente Médio. Os anos se passaram, a violência na região só crescia, e em 1947 os britânicos desistiram de tentar implementar sozinhos a solução que haviam proposto, por absoluta incapacidade de conciliar os interesses de árabes e judeus.

Ao fim, coube aos diplomatas da Organização das Nações Unidas (ONU), entidade à época recém-criada, determinar os territórios dos dois países, obrigados a coabitar em uma pequena faixa de terra situada entre o Líbano, a Síria, a Jordânia (então chamada de Reino Hachemita) e o Egito.

A demarcação das fronteiras desses dois novos Estados foi um quebra-cabeça. Essa zona correspondia a metade da já pequena Dinamarca. A coexistência de dois povos nesse minúsculo território não facilitava as coisas. Ainda mais porque os movimentos populares que se faziam sentir desde o início do século XX só acentuavam o problema.

[...]

A ideia, simples no papel, era de criar duas nações com base no modelo aplicado meses antes com a Índia e o Paquistão. [...] Foram necessários nove meses de pesquisas de campo e longas semanas de negociações para que um comitê de especialistas internacionais (batizado de Comitê Especial das Nações Unidas na Palestina, Unscop na sigla em inglês) produzisse um projeto de divisão das terras. Caberia à Assembleia Geral da ONU ratificar o plano de divisão.

Aos judeus foi oferecido um conjunto de 14,1 km quadrados, que incluía uma zona ao longo do rio Jordão, uma pequena faixa de terra de Haifa a Jaffa e uma grande parte do deserto de Neguev.

Aos palestinos foi destinada uma zona marítima ao norte de Nazaré, com um prolongamento ao sul na Cisjordânia, a pequena faixa de Gaza e uma zona tampão com o Egito, num total de 11 mil km quadrados.

Baudouin Eschapasse. Uma terra, dois povos. *Revista História Viva*.
Disponível em: <www2.uol.com.br/historiaviva/reportagens/uma_terra_dois_povos_imprimir.html>. Acesso em: jul. 2013.

1. De acordo com o texto, quando surgiu a intenção de criar dois Estados separados para palestinos e judeus?
2. Por que o plano não deu certo?
3. Que agravante citado no texto contribui para os conflitos entre palestinos e judeus?

# Conflito palestino-israelense

## Palavras-chave

**Fedayins:** são militantes ou guerrilheiros palestinos de orientação nacionalista.

**Terrorismo:** tem vários significados. Um deles é: "Ações demonstrativas que têm, em primeiro lugar, o papel de 'vingar' as vítimas do terror exercido pela autoridade e, em segundo lugar, de 'aterrorizar' esta última [...]. A prática terrorista adapta-se a uma situação sociopolítica particularmente atrasada, na qual é necessário despertar a consciência popular e fazer com que o povo passe do ressentimento passivo à luta ativa através daquele que poderia ser definido como verdadeiro atalho no processo do crescimento revolucionário".

Norberto Bobbio, Nicola Matteucci e Gianfranco Pasquino. *Dicionário de política.* Brasília: UnB; Imprensa Oficial, 2004. p. 1 242-1 243.

De acordo com a divisão realizada pela ONU em 1947, deveriam ser criados um Estado árabe e um Estado judeu. O Estado Judeu foi estabelecido em 1948. Na perspectiva judaica, a ONU teria feito justiça reconhecendo o direito do povo judeu de se estabelecer em seu próprio Estado, depois de centenas de anos de diáspora e perseguições.

Em maio de 1948, aproximadamente 300 mil palestinos foram expulsos de suas casas e buscaram refúgio nos países vizinhos. Com a derrota árabe na guerra de 1948-1949, o problema se agravou, pois 750 mil palestinos deixaram os territórios ocupados pelos israelenses, o que levou mais de 1 milhão de palestinos a viver em condições precárias nos diversos campos de refugiados, em países árabes vizinhos. Com isso, os **fedayins** iniciaram incursões contra o território israelense.

Em 1958, os palestinos fundaram uma organização política e militar chamada Al-Fatah, sob a liderança de Yasser Arafat. Os membros da Al-Fatah defendiam a luta armada e o uso de **terrorismo** para expulsar Israel dos territórios ocupados. Apesar de constantemente fracassarem na execução de seus planos, as ações da Al-Fatah conscientizavam a opinião pública mundial de que havia uma resistência armada palestina, mediante ações terroristas.

Em 1964, os diversos grupos de resistência palestina criaram a Organização para a Libertação da Palestina (OLP), com intuito de estabelecer um órgão representativo de todos os palestinos. A Al-Fatah e a OLP divergiam na forma de conduzir a luta em prol da causa palestina, até que em 1969 o líder da Al-Fatah, Yasser Arafat, foi eleito presidente do comitê executivo da OLP. Assim, as duas frentes uniram-se com o objetivo de instituir um Estado democrático e laico para judeus, cristãos e muçulmanos na Palestina, e definiu-se que, para esse intento político, a luta armada era necessária.

Nem todas as organizações palestinas aceitaram a liderança de Arafat e ocorreram diversos conflitos.

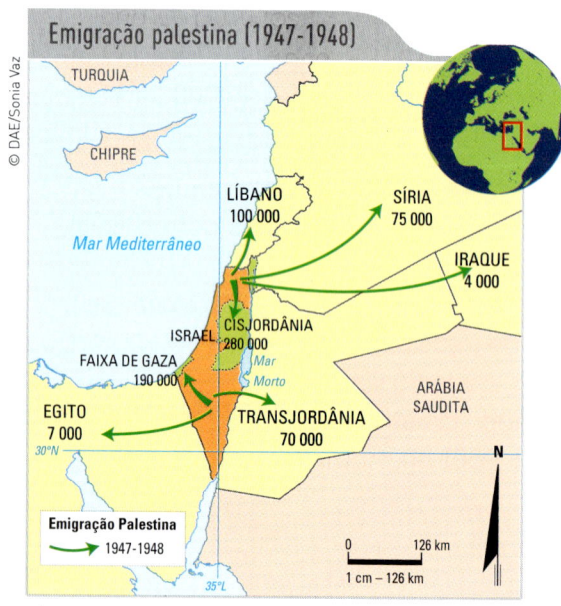

**Emigração palestina (1947-1948)**

- LÍBANO 100 000
- SÍRIA 75 000
- IRAQUE 4 000
- CISJORDÂNIA 280 000
- FAIXA DE GAZA 190 000
- EGITO 7 000
- TRANSJORDÂNIA 70 000

Fonte: *World history atlas.* Londres: Dorling Kindersley, 2008.

> O movimento Setembro Negro, que foi fundado logo depois e que recebeu o nome do mês do massacre de palestinos na Jordânia, era uma resposta aos bombardeios aos campos de refugiados em Amã, que mataram homens, mulheres e crianças indiscriminadamente. De maneira não justificada, mas como forma de insurreição, muitos alvos civis foram atingidos.
>
> Civis israelenses foram mortos, e o assassinato de atletas israelenses nas Olimpíadas de Munique chocou o mundo. [...] Houve uma campanha de ódio contra os árabes em geral e os palestinos em particular.

Dawoud El-Alami; Dan Cohn-Sherbok. *O conflito Israel-Palestina: para começar a entender...* São Paulo: Palíndromo, 2005. p. 179.

Em outubro de 1974, a Assembleia Geral da ONU reconheceu a OLP como um movimento de libertação nacional e, em 13 de novembro, Arafat discursou na ONU.

Infelizmente, a paz estava distante do Oriente Médio. De forma geral, os árabes ficaram enfurecidos com o presidente egípcio Anwar al-Sadat pelo fato de ele ter assinado um acordo de paz com Israel à revelia dos palestinos.

Em meio à Guerra Civil Libanesa, a OLP, depois de 20 meses de luta, conseguiu dominar a área de fronteira e controlar a parte ocidental de Beirute. De uma posição privilegiada, os palestinos lançavam foguetes e faziam rápidas incursões contra o território israelense. Nesse contexto, em 1982 tropas israelenses invadiram o sul do Líbano, com o objetivo de estabelecer uma zona de segurança. Foram além do objetivo inicial, pois chegaram a ocupar Beirute. Arafat precisou se retirar com seu quartel-general para a Tunísia.

## Primeira Intifada

Apesar da movimentação política, a vida dos palestinos nos territórios ocupados pelos israelenses era extremamente difícil, o que provocou a reação da população.

Em 1987, crianças e jovens palestinos iniciaram um movimento que ficou conhecido como Intifada, palavra árabe que significa, "revolta, rebelião". Na ocasião, palestinos, armados com paus e pedras, atacaram militares israelenses, que muitas vezes reagiam e atiravam, matando os rebeldes palestinos. A mídia internacional transmitiu amplamente os enfrentamentos, de modo que a causa palestina passou a ganhar simpatia por todo o mundo.

Ainda que a OLP não tenha participado da chamada "guerra das pedras", Arafat aproveitou-se desse fato para oferecer uma solução política. Em 1988, ele propôs a criação de um Estado Palestino, cuja capital seria Jerusalém.

Conflitos entre tropas israelenses e civis palestinos na Faixa de Gaza, 1988.

## Esperanças de paz

**Acordos de paz de Oslo (1993-1995)**

Fonte: Atlas geográfico escolar. 5. ed. Rio de Janeiro: IBGE, 2009.

Com o fim da Guerra Fria, os Estados Unidos desenvolveram políticas que visavam estabilizar o Oriente Médio. Isso incluía os incentivos a negociações de paz entre palestinos e israelenses.

Em 1993, em Oslo, capital da Noruega, o presidente dos Estados Unidos, Bill Clinton, o primeiro-ministro israelense Ytzhak Rabin e o líder da OLP, Yasser Arafat, firmaram um acordo de paz, lançando as bases para o estabelecimento de um futuro Estado Palestino.

Entretanto, a autonomia palestina era limitada. Os assentamentos judeus permaneceram onde estavam e Israel manteve a soberania da região.

Arafat não tinha o controle dos grupos fundamentalistas que se opunham aos Acordos de Oslo e efetuavam constantes atentados terroristas em Israel. Com isso, Arafat e Rabin perderam a força como interlocutores do processo de paz. A crescente instabilidade alcançou o clímax em 4 de novembro de 1995, quando um judeu ortodoxo contrário aos acordos de paz assassinou Rabin. O processo de negociação por uma paz duradoura prosseguiu, mas com avanços menores.

## Segunda Intifada

No ano 2000, Yasser Arafat, eleito presidente da Autoridade Nacional Palestina, e o primeiro-ministro de Israel, Ehud Barak, reativaram o processo de paz. Barak aproximou-se da Síria, devolveu os territórios dos palestinos e retirou as tropas israelenses do sul do Líbano.

O processo de paz, no entanto, fracassou novamente. Por um lado, em razão da Segunda Intifada e da revolta dos palestinos; por outro, pela reação violenta do exército israelense. Esses dois fatos provocaram um retrocesso nas negociações e a destruição de várias cidades da Cisjordânia.

A segunda revolta de palestinos dos territórios ocupados por Israel foi provocada pela visita de Ariel Sharon, político israelense, ao Monte do Templo, em Jerusalém, com um grande aparato de segurança. Seu gesto visava enfatizar a soberania de Israel em toda a cidade de Jerusalém. Com essa provocação, a violência explodiu em Gaza, na Cisjordânia e em diversas regiões de Israel e, mais uma vez, houve violenta repressão aos palestinos. Em 2001, Sharon foi eleito primeiro-ministro e os confrontos continuaram intensos até 2003.

Em 2004, deterioram-se as relações entre israelenses e palestinos, tornando o processo de paz cada vez mais distante. Com a morte de Yasser Arafat nesse mesmo ano, a causa palestina também perdeu um de seus mais importantes líderes.

## Novos caminhos para a paz

Em 2005, representantes dos Estados Unidos, Rússia, União Europeia e ONU propuseram um novo plano de paz que objetivava a criação de um Estado Palestino democrático e viável, que vivesse lado a lado, em paz com Israel; o fim da violência mútua; eleições democráticas para a formação de um governo palestino; e a constituição de uma comissão internacional para delinear as fronteiras. Entretanto, o plano não avançou.

Em 2006, por problemas de saúde, Ariel Sharon deixou o cargo de primeiro-ministro de Israel. Nesse mesmo ano, Israel atacou o sul do Líbano para quebrar o poder de fogo do **Hezbollah**.

Entre os palestinos, a vitória eleitoral foi do grupo Hamas (organização extremista islâmica, surgida em 1987), que passou a controlar o Parlamento da Autoridade Nacional Palestina, cujo presidente, Mahmoud Abbas, do grupo rival – Fatah –, defende um diálogo com Israel.

Em 2008, o exército israelense invadiu Gaza, região governada pelo Hamas, em reação aos ataques realizados com mísseis contra o território israelense. O resultado foi trágico, pois morreram mais de mil palestinos.

> **Palavra-chave**
>
> **Hezbollah:** movimento radical libanês que emergiu nos anos 1980 e cuja ação baseia-se na doutrina do aiatolá Khomeini, visando destruir a influência ocidental no mundo islâmico. O movimento é formado basicamente por xiitas que vivem no sul do Líbano e são apoiados pelo Irã e pela Síria.

Soldados israelenses reprimindo manifestações palestinas em Gaza, 4 nov. 2011.

## Explorando

**Promessas de um novo mundo**
Direção: Justine Arlin, Carlos Bolado, B. Z. Goldberg. Israel/Estados Unidos/Palestina, 2001, 116 min.

Entre 1995 e 1998, sete crianças judias e palestinas são acompanhadas pelos cineastas e contam como é crescer em Jerusalém. Elas mostram seus pontos de vista sobre os conflitos entre os dois povos e revelam a abrangência dos problemas do Oriente Médio.

Coleção particular

Em 2011, a Unesco reconheceu o Estado Palestino por ampla maioria, apesar da oposição dos Estados Unidos e de Israel, o que significa que a causa palestina tem o apoio de quase todas as nações que fazem parte da ONU. Isso dá esperança para que em breve o Estado Palestino seja reconhecido.

A paz duradoura na região ainda é uma meta a ser alcançada. Na perspectiva judaica, o antissemitismo tem sido constante e violento, portanto, a criação de um Estado próprio é fundamental para escapar das perseguições. Os judeus acreditam que foram expulsos das terras que, segundo os textos religiosos, sempre lhes pertenceram, o que legitima sua presença em Jerusalém.

Na perspectiva palestina, os judeus são invasores que tomaram suas terras e obrigaram grande parte da população a se refugiar em nações vizinhas.

## CONEXÕES

"Em sua visita à Faixa de Gaza, o Secretário-Geral das Nações Unidas, Ban Ki-moon, afirmou [...] que a ONU prosseguirá com a construção de casas, escolas e instalações de tratamento d'água além de novas iniciativas de estímulo socioeconômico em todo o Território Palestino.

No mês passado, a Organização lançou um apelo emergencial de 300 milhões de dólares para ajudar palestinos.

Ban visitou um projeto de construção de casas apoiado pela Agência das Nações Unidas de Assistência aos Refugiados Palestinos (UNRWA) e uma escola exclusiva para meninas. Ele também se reuniu com crianças, que contaram suas histórias sobre as dificuldades no conflito palestino-israelense. [...]

Depois, em encontro com o Ministro palestino de Assuntos dos Prisioneiros, Issa Karake, Ban afirmou entender as frustrações e preocupações em sua terceira visita à Gaza. 'Há terríveis problemas sociais, econômicos e humanitários. As pessoas precisam ser capazes de se mover livremente. As mercadorias devem ser importadas e exportadas, sem quaisquer restrições. É por isso que venho pedindo que as autoridades israelenses levantem completamente as restrições', defendeu Ban Ki-moon.

Ban viajou depois para Eretz, cidade israelense na fronteira com Gaza. Lá, visitou o colégio Sair e conversou com sobreviventes de um ataque de foguetes contra um ônibus escolar. 'Precisamos ser claros: não é assim que qualquer um, em qualquer lugar, deve viver.'"

Em Gaza, Secretário-Geral promete novos projetos da ONU na Palestina. *ONUBR*. 3 de fevereiro de 2012. Disponível em: <www.onu.org.br/em-gaza-secretario-geral-promete-novos-projetos-da-onu-na-palestina/>. Acesso em: jul. 2013.

O texto acima expõe a atual situação dos refugiados do conflito palestino-israelense e os planos de ajuda da ONU para a região. Converse com os colegas a respeito da ajuda internacional na resolução do conflito, levando em conta os prós e contras envolvidos na questão e a situação da população local. Se necessário, pesquisem um pouco mais a ajuda da organização na Palestina e a reação da população a ela.

# Guerra Civil Libanesa

A emancipação política do Líbano, em 1943, ocorreu em meio a dificuldades para se constituir um governo estável. Seu território apresentava grande heterogeneidade econômica, política e cultural. No país conviviam cristãos, **maronitas** e gregos ortodoxos, muçulmanos sunitas, xiitas e **drusos**. Além disso, havia muitos palestinos, a maioria muçulmanos, que migraram para o Líbano após a criação do Estado de Israel.

Depois da independência, foi elaborado um acordo não escrito que dividia o poder entre os diferentes grupos étnicos. Os cristãos maronitas indicariam o presidente da república; os muçulmanos sunitas, o primeiro-ministro; e os muçulmanos xiitas, o presidente do Parlamento. Dessa forma, as elites cristãs e muçulmanas partilhavam o poder.

Entretanto, com o aumento da população muçulmana, as crescentes divergências entre cristãos e muçulmanos, os interesses sírios e israelenses na região e a existência de mais de 500 mil palestinos vivendo em condições precárias no Líbano, rompeu-se o equilíbrio político, e em 1975 o país mergulhou em uma guerra civil.

A Guerra Civil Libanesa não foi uma guerra religiosa, apesar do uso político das religiões. O conflito envolveu as aspirações palestinas, os interesses das elites libanesas e das potências regionais – Israel, Síria e, após 1979, Irã. As alianças militares eram instáveis, e, em várias ocasiões, cristãos e muçulmanos lutaram lado a lado contra outros cristãos e muçulmanos.

> **Palavras-chave**
>
> **Maronitas:** cristãos católicos orientais que têm um rito próprio, diferente do rito católico ocidental. A Igreja Maronita é reconhecida pela Igreja Católica Apostólica Romana e também tem o papa como autoridade central. Os maronitas devem seu nome a São Maron.
>
> **Drusos:** pequena comunidade religiosa autônoma, que vive predominantemente nas regiões montanhosas do Líbano, da Síria, Israel e Jordânia. Apesar de afirmarem professar o islamismo, os drusos são considerados heréticos por outros muçulmanos, que atribuem a eles a criação de uma nova seita religiosa que mistura islamismo, cristianismo, judaísmo e ensinamentos filosóficos gregos.

Vista de Beirute, capital do Líbano, 1º nov. 1976.

Em 1976, o país estava mergulhado em conflitos e, antevendo a possibilidade de derrota dos maronitas, o presidente do Líbano solicitou apoio à Síria, que dependia economicamente do funcionamento do porto de Beirute. O governo da Síria respondeu rompendo sua associação com os palestinos e passou a colaborar com o governo dos maronitas. Essa ação aproximou Síria e Israel, cujo interesse era conter as ações da OLP que, do sul do Líbano, iria atacar Israel nos anos de 1977 e 1978.

Em 1982, o conflito adquiriu proporções internacionais. Os sírios intervieram diretamente e ocuparam o Vale do Bekaa, apoiando seus aliados libaneses.

Israel também invadiu o Líbano e justificou a ação em razão dos constantes ataques de guerrilheiros palestinos que ocupavam posições estratégicas no sul do Líbano, de onde lançavam mísseis contra o território israelense.

Com a estratégia da Operação Paz da Galileia, os israelenses venceram a resistência dos guerrilheiros palestinos, derrotaram os sírios no Vale do Bekaa e invadiram Beirute com o apoio dos cristãos, forçando a OLP e os palestinos a deixar a cidade.

Meses depois da tomada da capital, milícias cristãs libanesas, com o apoio israelense, invadiram os campos de refugiados palestinos de Sabra e Chatila, na parte oeste de Beirute. Houve um massacre da população civil, o que gerou pressões internas e externas ao governo local.

Os israelenses se viram forçados a se retirar da maior parte do território e permanecer apenas nas proximidades da fronteira sul do Líbano.

Em 1989, durante uma reunião tripartite, propôs-se a Carta Nacional de Reconciliação (mais conhecida como Acordo de Taif), apoiada por Estados Unidos, União Soviética, França, Reino Unido e diversos governos árabes. Essa carta determinava a participação, em condições de igualdade, de cristãos e muçulmanos no governo, e o desarmamento das milícias, com exceção das milícias israelenses no sul do país.

A paz, no entanto, não ocorreu de imediato, houve muitos conflitos nos anos posteriores, e as tropas israelenses somente deixaram o país em 2000.

## DIVERSIFICANDO LINGUAGENS

Leia o texto a seguir e responda às questões no caderno.

> Em um elegante casarão rodeado por um jardim – cada vez mais uma raridade em Beirute – empregados do Centro de Documentação e Pesquisa Umam mergulham em documentos, jornais, revistas e outros arquivos da brutal guerra civil libanesa que teve fim há mais de duas décadas. O grupo, que opera acima dos **sectarismos**, tenta recolher, preservar e tornar acessível ao público esses registros do conflito, para encorajar o diálogo e a reconciliação e, no limite, colocar um ponto final nele para o povo libânes. Os 15 anos de guerra civil deixaram 150 mil mortos. Embora ela tenha terminado há 22 anos, houve poucos esforços para lidar com essa dolorosa história.
>
> 'Não há, de fato, nenhum local neste país a que um cidadão que não é um pesquisador acadêmico, que é apenas um cidadão, possa ir e buscar e tentar saber o que aconteceu', diz Lokman Slim, um editor e cineasta xiita secular que fundou o centro em 2004, sendo o seu atual diretor.
>
> A guerra pode ter terminado há muito tempo, mas a ressaca dela continua. Milícias se tornaram partidos. Seus líderes evoluíram de senhores da guerra para políticos. Houve poucos pedidos de desculpa por parte dos combatentes. As divisões sectárias na sociedade libanesa abertas pela guerra nunca foram fechadas.

**Palavra-chave**

**Sectarismo:** visão estreita, intolerância, intransigência.

Duas décadas depois, cicatrizes da guerra libanesa bloqueiam diálogo. Disponível em: <oglobo.globo.com/mundo/duas-decadas-depois-cicatrizes-da-guerra-libanesa-bloqueiam-dialogo-5458654>. Acesso em: jul. 2013.

**1.** De acordo com o texto, ainda há resquícios da guerra civil no Líbano?

**2.** Qual é a intenção do projeto que prevê o resgate de registros do conflito?

# Guerra Irã-Iraque

Em suas origens, o Iraque era formado essencialmente por curdos ao norte, sunitas no centro e xiitas ao sul. A monarquia foi abolida em 1958 e, em 1979, depois de um período turbulento, o sunita Saddam Hussein tomou o poder. No ano seguinte, os iraquianos invadiram o Irã.

Khomeini, líder iraniano procurou exportar a **Revolução Islâmica** para outros países da região, notadamente para o Iraque, instigando os xiitas iraquianos a derrubar o regime de Saddam Hussein. Segundo os iraquianos, o governo iraniano infiltrou agentes no Iraque para desestabilizar o regime. Além disso, desencadeou uma intensa campanha de propaganda contra o governo iraquiano, violando assim os espaços terrestre, marítimo e aéreo desse país.

Os iraquianos também eram rivais dos iranianos por outras razões. Os iraquianos afirmavam que a província iraniana do Cuzistão, de maioria árabe, deveria pertencer ao Iraque, além disso, havia uma disputa pelo controle do Canal de Shatt-el-Arab de importância vital para a exportação de petróleo de ambos os países.

Em 22 de setembro de 1980, os iraquianos invadiram o território iraniano. Saddam acreditou que, em função das lutas internas que ocorriam no Irã, ele atingiria seus objetivos mediante um ataque avassalador. Nos primeiros meses do conflito, levaram nítida vantagem, pois o exército iraniano encontrava-se desorganizado em função da revolução que derrubara o xá.

A reação iraniana deveu-se ao nacionalismo teocrático desse povo, e a ajuda não oficial norte-americana também foi fundamental. Posteriormente, os norte-americanos, temerosos com o avanço iraniano, forneceram informações ao Iraque, obtidas por meio de seus satélites, sobre os movimentos dos iranianos, além de permitir que Saddam recebesse armas de diversos fornecedores ocidentais. Com esta ajuda, o governo dos Estados Unidos evitou a derrocada iraquiana.

Em meados da década de 1980, havia um equilíbrio de forças entre Irã e Iraque, até que, em agosto de 1988, com os dois países exauridos, foi assinado um cessar-fogo e, em 1990, um acordo de paz. Nenhum dos lados atingiu seus objetivos. Mais de 1 milhão de pessoas morreram, sem contar os enormes prejuízos materiais.

Tropas iraquianas exibem o retrato de Saddam Hussein durante a Guerra Irã-Iraque em 1982.

> **Palavra-chave**
>
> **Revolução Islâmica:** refere-se a chegada dos aiatolás ao poder no Irã, tornando essa uma república teocrática fundamentada nos princípios islâmicos. É uma das fases da Revolução Iraniana, ocorrida em 1979. O Irã era uma monarquia autocrática comandada pelo Xá Reza Pahlevi. Durante a primeira fase da revolução, houve uma aliança entre grupos liberais, esquerdistas e religiosos para depor o xá e, na segunda fase, chamada Revolução Islâmica, viu-se a chegada dos aiatolás ao poder, com o aiatolá Ruhollah Khomeini como líder, que, apesar de não exercer cargo público, comandava o país.

## DIVERSIFICANDO LINGUAGENS

Observe as informações a seguir e faça o que se pede.

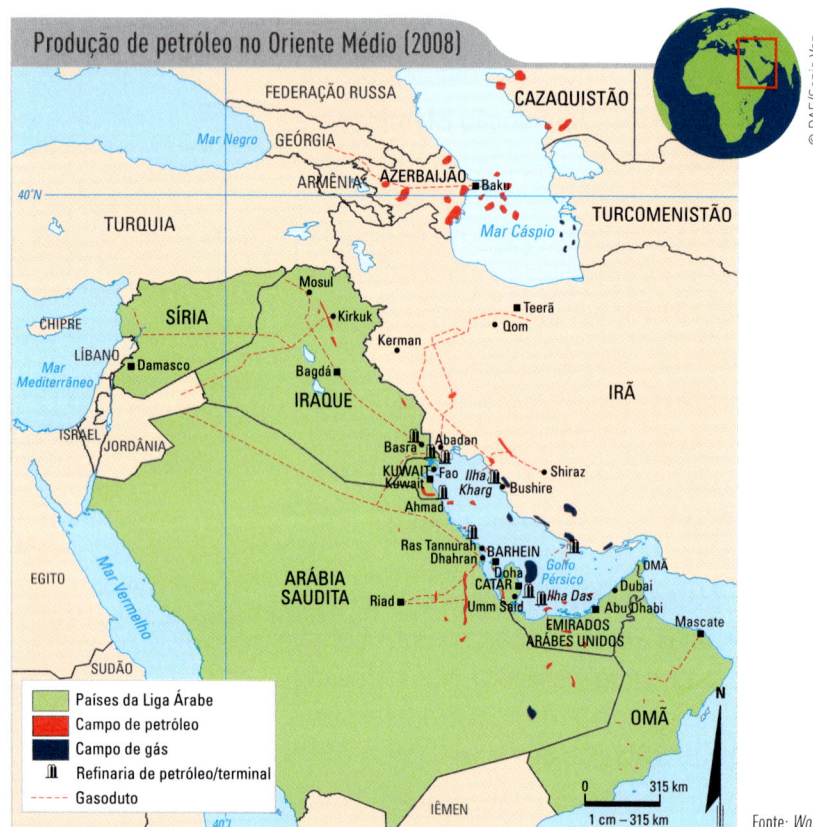

**Produção de petróleo no Oriente Médio (2008)**

Legenda:
- Países da Liga Árabe
- Campo de petróleo
- Campo de gás
- Refinaria de petróleo/terminal
- Gasoduto

1 cm – 315 km

Fonte: *World history atlas*. Londres: Dorling Kindersley, 2008.

**Produção de petróleo no Oriente Médio (2010)**

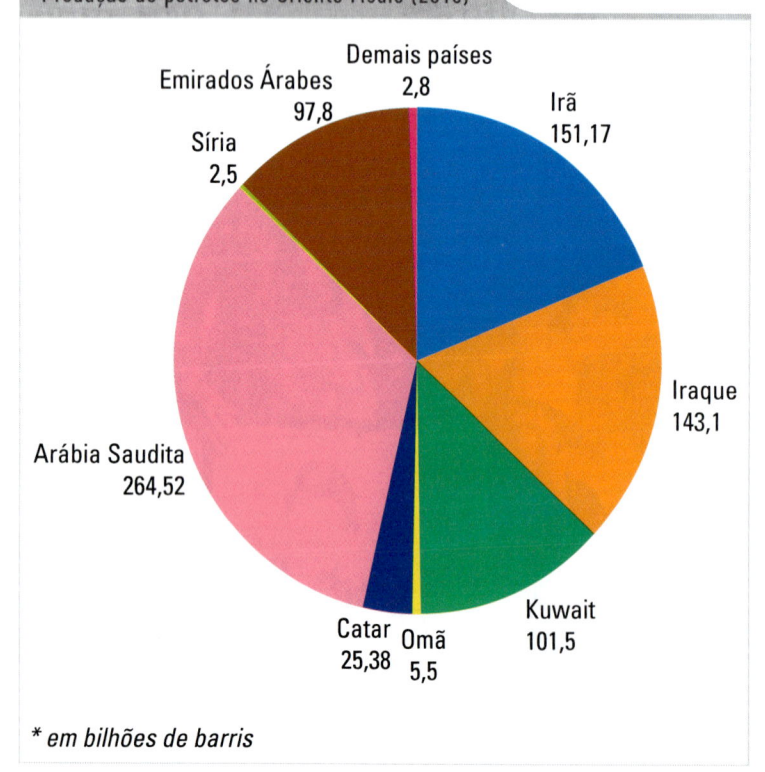

- Irã: 151,17
- Iraque: 143,1
- Kuwait: 101,5
- Omã: 5,5
- Catar: 25,38
- Arábia Saudita: 264,52
- Síria: 2,5
- Emirados Árabes: 97,8
- Demais países: 2,8

\* em bilhões de barris

Fonte: *OPEC Annual Statistical Bulletin 2010/2011*. Viena: Organization of the Petroleum Exporting Countries, 2011. p. 22.

1. Pesquise o que pode ser produzido com petróleo.

2. Compare a extensão territorial dos países do Oriente Médio com a quantidade de petróleo que cada país produz. O que se pode concluir dessas informações?

3. Conforme a Organização dos Países Exportadores de Petróleo (Opep), a produção de petróleo no Oriente Médio em 2010 representou 54,14% da produção de petróleo mundial. Discuta com os colegas em sala de aula a importância da exploração do petróleo para esses países e para o mundo.

# Guerra do Golfo

Em 1990, com o término do conflito entre Irã e Iraque, Saddam Hussein invadiu o Kuwait com o objetivo de controlar aproximadamente 20% das reservas mundiais de petróleo. Saddam alegava que arcara com enormes despesas para impedir a propagação da Revolução Iraniana. Assim, seus vizinhos deveriam ajudá-lo. O Kuwait prometeu ajuda, porém protelava sua efetivação. O ditador iraquiano também acusava o governo do Kuwait de aumentar a oferta de petróleo, o que provocava a baixa dos preços do produto no mercado internacional e prejudicava seus vizinhos também produtores.

Os grandes compradores, como a Europa e os Estados Unidos, ficaram alarmados com a possibilidade de o Iraque aumentar os preços do produto. Por essa razão, o Conselho de Segurança da ONU exigiu a retirada dos iraquianos do Kuwait (o prazo expiraria no dia 15 de janeiro de 1991), além de decretar o bloqueio comercial ao país. Nenhuma dessas medidas forçou o recuo de Saddam Hussein, o que resultou na autorização da ONU para o ataque ao Iraque. Foram mobilizadas forças dos Estados Unidos, Inglaterra e URSS, além de Egito, Síria e Arábia Saudita. Em 17 de janeiro de 1991, as forças aliadas iniciaram a Operação Tempestade no Deserto. Em menos de um mês, os iraquianos estavam derrotados.

Bagdá sendo bombardeada durante a Guerra do Golfo, em 1991. Essa guerra marcou a história da mídia ao ser transmitida em tempo real.

## DIVERSIFICANDO LINGUAGENS

Leia o texto abaixo e responda às questões no caderno:

> Tem havido um grande disparate entre os ricos e os pobres na sociedade do Oriente Médio. A globalização, com sua transformação das economias em vastos mercados consumidores para o capitalismo de risco, tornou as coisas piores. Existem pequenos setores isolados conectados a regimes que se enriquecem. A grande maioria das pessoas vive na pobreza com ameaças de desapropriação, incapacidade de se encontrar trabalhos ou alimentar seus filhos ou mandá-los à escola. Acho errado ver as organizações islâmicas simplesmente como formações terroristas. Elas certamente forneceram uma alternativa cívica aos governos, que são todos, sem exceção, corruptos. Seus orçamentos estão entregues a gigantescos esquemas. O orçamento palestino, por exemplo, não tem quase nada voltado para a infraestrutura, mas dispõe de grande somas para a burocracia[...]. As pessoas vão à mesquita e escolas religiosas para conseguir um tipo de sustentação que não encontram em outros lugares.

Eward W. Said. *Cultura e resistência*. Rio de Janeiro: Ediouro, 2006, p.72.

**1.** Que crítica o autor faz ao olhar estrangeiro sobre os islâmicos?

**2.** Qual problema interno prejudica estados como a Palestina?

**3.** Como o autor pondera o apego à religião entre os islâmicos?

## AGORA É COM VOCÊ

**1** Complete o quadro com informações sobre o Oriente Médio. Utilize as informações dos textos e mapas para responder.

| Localização | |
|---|---|
| Países | |
| Situação política e econômica | |

**2** Sobre a divisão da Palestina, assinale as afirmativas corretivas.

a) (　) A ONU decidiu pela divisão da região em 1947, criando em 1948 o Estado de Israel.

b) (　) O Estado de Israel não foi reconhecido pelos Estados Unidos e URSS.

c) (　) A não aceitação da divisão da Palestina por países árabes gerou uma guerra entre árabes e israelenses que ocasionou a divisão de Jerusalém entre Jordânia e Israel.

d) (　) Com a guerra, milhares de palestinos puderam se fixar em suas terras e viver em paz.

**3** Leia as frases e classifique como verdadeiras **V** ou falsas **F** as informações sobre os conflitos palestino-israelenses.

a) (　) As intifadas foram revoltas civis contra a presença de exército israelense em território palestino.

b) (　) Foram feias várias tentativas de paz para o Oriente Médio intermediadas por nações estrangeiras, mas ainda sem conseguir acabar com os conflitos.

c) (　) A Unesco não reconhece o Estado Palestino, o que facilita o processo de paz na região.

d) (　) Judeus e palestinos têm as mesmas ideias com relação à criação do Estado de Israel.

**4** Complete o quadro com o que se pede.

| Conflitos | Localização (tempo e espaço) | Motivos principais e desfecho |
|---|---|---|
| Guerra Civil Libanesa | | |
| Guerra Irã-Iraque | | |
| Guerra do Golfo | | |

## SUPERANDO DESAFIOS

**1 (VEST - RIO)** A Guerra do Líbano, o conflito Irã/Iraque, a questão Palestina, a Guerra do Golfo são alguns dos conflitos que marcam ou marcaram o Oriente Médio. Das alternativas abaixo, aquela que corretamente explica essa situação conflituosa é:

a) o aumento, de forma rápida, do preço do barril de petróleo nos países membros da OPEP;

b) a criação do Estado de Israel, sob a tutela britânica, numa região de ricas reservas de petróleo;

c) os grandes lucros provenientes do petróleo que não beneficiam a maioria da população nos países árabes;

d) a disputa de terras favoráveis ao cultivo, como as encontradas na planície da Mesopotâmia, numa área desértica.

e) o emaranhado de culturas, religiões e interesses estrangeiros numa área localizada a meio caminho entre a Ásia, Europa e África.

**2 (UESC)** Em 1947, a Organização das Nações Unidas (ONU) aprovou um plano de partilha da Palestina que previa a criação de dois Estados: um judeu e outro palestino. A recusa árabe em aceitar a decisão conduziu ao primeiro conflito entre Israel e países árabes. A segunda guerra (Suez, 1956) decorreu da decisão egípcia de nacionalizar o canal, ato que atingia interesses anglo-franceses e israelenses. Vitorioso, Israel passou a controlar a Península do Sinai. O terceiro conflito árabe-israelense (1967) ficou conhecido como Guerra dos Seis Dias, tal a rapidez da vitória de Israel. Em 6 de outubro de 1973, quando os judeus comemoravam o Yom Kippur (Dia do Perdão), forças egípcias e sírias atacaram de surpresa Israel, que revidou de forma arrasadora. A intervenção americano-soviética impôs o cessar-fogo, concluído em 22 de outubro.

A partir do texto acima, assinale a opção correta.

a) A primeira guerra árabe-israelense foi determinada pela ação bélica de tradicionais potências europeias no Oriente Médio.

b) Na segunda metade dos anos 1960, quando explodiu a terceira guerra árabe-israelense, Israel obteve rápida vitória.

c) A guerra do Yom Kippur ocorreu no momento em que, a partir de decisão da ONU, foi oficialmente instalado o Estado de Israel.

d) A ação dos governos de Washington e de Moscou foi decisiva para o cessar-fogo que pôs fim ao primeiro conflito árabe-israelense.

e) Apesar das sucessivas vitórias militares, Israel mantém suas dimensões territoriais tal como estabelecido pela resolução de 1947 aprovada pela ONU.

**3 (FMP)** Dois eventos importantes para o conflito entre judeus e palestinos que aconteceram na Faixa de Gaza foram:

a) O aperto de mão entre Yasser Arafat e Yitzhak Rabin e a descoberta de petróleo em 1997.

b) A Guerra do Sinai e a morte de Ariel Sharon.

c) A criação do Hamas e primeira intifada.

d) A criação da Organização para a Libertação da Palestina e os massacres de Sabra e Chantila.

e) As mortes de Yasser Arafat e do líder do Hamas, Ahmed Yassin.

# CAPÍTULO 10
# Brasil sob a Ditadura Militar

Capa do jornal *Diário de Pernambuco*, de 1º de abril de 1964.

João Goulart estava em Porto Alegre quando o Congresso Nacional declarou vago o cargo de presidente da República. O deputado Ranieri Mazzilli, presidente da Câmara, ocupou interinamente a Presidência. Em 2 de abril de 1964, o poder foi transferido para o Comando Supremo da Revolução, uma Junta Militar composta de três membros: o brigadeiro Francisco de Assis Correia de Melo (Aeronáutica), o vice-almirante Augusto Rademaker (Marinha) e o general Arthur da Costa e Silva (Exército), que ficaria no poder até a escolha e posse do novo presidente.

Com o objetivo de ocupar o poder, os militares fizeram um acordo com os partidos políticos (exceto com o PTB), pelo qual ficou acertada a eleição indireta para a Presidência da República. As eleições diretas seriam em 1965.

O marechal Humberto de Alencar Castello Branco, primeiro presidente do Regime Militar, não tinha planos de se manter no poder. A princípio, pretendia "restabelecer a ordem" e logo entregar o poder aos civis. Entretanto, os militares ficaram no poder por mais de 20 anos.

# Primeira fase do Regime Militar

Quando o Brasil passou a ser comandado por presidentes militares, teve início um longo período de Ditadura Militar, em que vigorou a repressão e a violência.

Apoiado pelos Estados Unidos e por setores internos contrários às reformas propostas por João Goulart, o Regime Militar foi se organizando e buscando formas de legitimar o poder.

O Regime Militar usou a violência desde o início. Na noite de 30 de março, o prédio da União Nacional dos Estudantes (UNE) foi incendiado, e, nos dias seguintes, organizações como o Comando Geral dos Trabalhadores (CGT) e as Ligas Camponesas foram declaradas ilegais e seus integrantes, perseguidos. Era o novo regime mostrando que nenhuma opinião contrária seria tolerada.

Incêndio do prédio da UNE na Praia do Flamengo, Rio de Janeiro, em 1º de abril de 1964.

A estrutura político-jurídica do novo regime fundamentava-se em **atos institucionais** (AIs). Assim, mesmo sendo leis que não constavam na Constituição, esses dispositivos autoritários davam amplos poderes ao chefe do executivo (presidente) e conferiam alto grau de centralização política e administrativa, legitimando o regime ditatorial.

Entre os anos de 1964 e 1969, foram decretados 17 AIs, regulamentados por 104 atos complementares. O primeiro ato institucional (AI-1) foi decretado em 9 de abril de 1964, elaborado pela Junta Militar que governava o Brasil.

Por este ato:

- a Constituição em vigência (de 1946), com todas as leis e garantias constitucionais, foi suspensa.

- os direitos políticos de opositores foram suspensos. Juscelino, Jango e Jânio (ex-presidentes), seis governadores, 55 membros do Congresso e diversas outras pessoas foram **cassados**;

## Explorando

**Brasil anos 60**
José Geraldo Couto, Editora Ática.

Neste livro são analisados os anos que precederam o Golpe Militar e os primeiros cinco anos do regime que duraria mais de duas décadas.

**O Regime Militar brasileiro**
Marcos Napolitano, Atual Editora.

O livro aborda essa fase da História do Brasil, desde a crise desencadeada pela renúncia de Jânio Quadros até a posse de José Sarney.

## Palavras-chave

**Atos institucionais:** decretos emitidos durante o Regime Militar, que constituíram os principais instrumentos utilizados para governar o Brasil. Por meio dos atos, foram estabelecidas eleições indiretas para os principais cargos executivos, inclusive o de presidente; criaram-se condições para suspender os direitos políticos e civis; subordinou-se o Legislativo e o Judiciário ao Executivo, entre outras medidas.

**Cassado:** indivíduo privado de seus direitos políticos e de cidadania.

- foram definidas eleições indiretas para presidente da República – o presidente seria eleito pelos membros do Congresso Nacional.

Em 15 de abril, assumiu a Presidência o general Humberto de Alencar Castello Branco. Seu mandato deveria durar até janeiro de 1966, mas foi prorrogado até março de 1967.

Por meio do Ato Institucional nº 2 (AI-2), decretado em outubro de 1965, quase todos os partidos foram extintos. Apenas dois deles foram legalizados: a Aliança Renovadora Nacional (Arena), do governo, e o Movimento Democrático Brasileiro (MDB), de oposição.

No plano econômico, o ministro do Planejamento, Roberto Campos, apresentou o Programa de Ação Econômica do Governo (Paeg), com cinco objetivos básicos:

- acelerar o ritmo de desenvolvimento;
- conter a inflação e conseguir o equilíbrio dos preços;
- assegurar o trabalho para a crescente mão de obra;
- reduzir os desequilíbrios regionais;
- corrigir os déficits da balança de pagamento.

O Paeg alcançou êxito ao reduzir a inflação, recuperar a agricultura e diminuir o déficit orçamentário.

Ainda durante o governo de Castello Branco, foi criado o Fundo de Garantia do Tempo de Serviço (FGTS), no qual o empregador deposita mensalmente o valor correspondente a 8% do salário na conta bancária do empregado. O FGTS pôs fim à estabilidade do trabalhador no emprego, que era garantida até então. Com o novo fundo, o empresário poderia demiti-lo sem justa causa, autorizando, dessa forma, a retirada do valor depositado no banco.

Durante a gestão de Castello Branco, a política externa brasileira alinhou-se favoravelmente aos Estados Unidos. O Brasil rompeu relações diplomáticas com China e Cuba, além de enviar tropas à República Dominicana, onde os norte-americanos continham uma revolução popular.

Em 1966, o Regime Militar iniciou um processo de endurecimento, restringindo ainda mais os direitos dos cidadãos. Por meio do AI-3, as eleições para governadores e prefeitos passaram a ser indiretas.

Com a promulgação do AI-4, o Congresso foi convocado para que os parlamentares aprovassem uma nova Constituição, que entrou em vigor em janeiro de 1967. De acordo com a Carta Magna, o mandato presidencial passou de cinco para quatro anos, a reeleição foi proibida e os poderes do Executivo foram ampliados.

No entanto, o maior indício de endurecimento foi a instituição da Lei de Segurança Nacional, em março de 1967, que restringiu as liberdades civis, tornou mais severa a punição aos opositores e cassou parlamentares.

## Repressão e censura

Durante os governos militares foram criados órgãos governamentais de repressão que agiam de acordo com as definições do regime. Tinham a função de espionar e controlar as informações que circulavam pelo país e desarticular qualquer tipo de organização considerada subversiva. Entre esses órgãos estavam o Serviço Nacional de Informação (SNI), o Departamento de Operações Internas (DOI) e o Centro de Operações e Defesa Interna (CODI). No nível estadual, havia o Departamento de Ordem Política e Social (DOPS).

Muitos políticos, estudantes, artistas, trabalhadores, escritores e outros que faziam oposição ao regime foram perseguidos; alguns foram presos, torturados e mortos. Vários opositores, para preservar a liberdade e a vida, foram embora do país.

O movimento estudantil foi reprimido, e professores considerados progressistas foram demitidos. O movimento operário foi praticamente desmantelado, o mesmo ocorrendo com a organização dos trabalhadores rurais. O regime desencadeou uma grande operação de "caça às bruxas". Livrarias, bibliotecas e casas de intelectuais foram "visitadas". Nessas "visitas", os livros que tratassem de socialismo, comunismo, reforma agrária ou outro assunto que o governo considerasse perigoso, eram apreendidos. A simples capa vermelha ou nomes de autores russos e assemelhados faziam com que as obras fossem confiscadas. A repressão cultural foi das mais intensas. A censura impedia que os meios de comunicação fizessem qualquer oposição ao regime.

No início de 1967, entrou em vigor a Lei de Imprensa, que limitava o direito à informação. Gradativamente, essa lei atingiu todos os meios de comunicação – rádio, televisão, jornais, revistas, teatro etc. – e efetivou-se a censura para todo tipo de produção cultural e intelectual. Essa lei foi reforçada em 1970 com o Decreto-Lei nº 1.077, que oficializava a censura.

Edição censurada do *Jornal da Tarde*, de maio de 1973. Na imagem, é possível observar uma receita e uma propaganda, de tamanho desproporcional, nos espaços destinados às reportagens. Na época, esse tipo de técnica era muito usada pelos meios de comunicação para sinalizar aos leitores que as matérias destinadas àquele espaço haviam sido censuradas.

## DOCUMENTOS EM ANÁLISE

A Ditadura Militar foi muito representada em charges que mostram as arbitrariedades do regime. Observe a charge a seguir e depois responda às questões.

> Claudius. *20 anos de prontidão*, 1984. In: Renato Lemos (Org.). *Uma história do Brasil através da caricatura: 1840 a 2001*. Rio de Janeiro: Letras e Expressão, 2001. p. 36.

**1** Que aspecto da ditadura a charge representa?

**2** Qual direito do cidadão está sendo violado nessa charge?

# A linha dura no poder

O general Arthur da Costa e Silva foi escolhido para substituir Castello Branco e assumiu o poder em março de 1967. Representante da chamada "linha dura", defendia maior fechamento político e aumento da repressão.

Os grupos contrários ao Regime Militar articulavam-se; a oposição formou a Frente Ampla, unindo João Goulart, Juscelino Kubitschek e Carlos Lacerda. Setores da classe média, que haviam apoiado o golpe de 1964, agora se colocavam contrários; as greves voltavam a ocorrer, e os estudantes saíam às ruas clamando por democracia. O panorama era de agitação social e política.

No entanto, o governo não estava disposto a aceitar contestação, e a repressão foi das mais violentas. O assassinato do estudante Edson Luís, morto pela polícia militar em 1968, no Rio de Janeiro; a declaração de ilegalidade da Frente Ampla e a prisão dos membros da UNE que participaram do Congresso de Ibiúna (SP) são exemplos do terror político que se instalou no país.

Nesse contexto, Márcio Moreira Alves, deputado eleito pelo MDB da Guanabara (RJ), proferiu um discurso no qual convidou a população a não comparecer à parada militar de 7 de Setembro, e sugeriu que as mulheres brasileiras não namorassem oficiais comprometidos com a Ditadura. A não concessão pelo Congresso Nacional do pedido de licença para processar o deputado apressou o advento do AI-5, o mais repressivo de todos os decretos. Por meio dele, o presidente da República tinha poderes para:

- fechar o Congresso Nacional;
- demitir, remover ou aposentar quaisquer funcionários;
- cassar mandatos parlamentares;
- suspender por dez anos os direitos políticos de qualquer pessoa;
- decretar estado de sítio;
- suspender o *habeas corpus* para crimes políticos.

Em agosto de 1969, por razões de saúde, Costa e Silva afastou-se da Presidência da República. O vice-presidente Pedro Aleixo deveria assumir, mas foi impedido por uma Junta Militar, que não permitiu um civil no poder.

Para suceder Costa e Silva, que não pôde concluir seu mandato (faleceu em 17/12/1969), os militares escolheram o general Emílio Garrastazu Médici, que assumiu o cargo em outubro de 1969.

## DIVERSIFICANDO LINGUAGENS

Leia o texto abaixo e responda às questões no caderno.

"A trajetória da democracia brasileira é marcada por seu abalo nos dramáticos "Anos de Chumbo", iniciados com o Golpe Civil Militar de 1964. Sob a justificativa de uma suposta "ameaça comunista", inserida no contexto de bipolarização ideológica mundial entre capitalismo e socialismo, o país foi submetido à mais longa e violenta ditadura da história.

A sociedade passou a sofrer as consequências de um regime arbitrário, autoritário e repressivo. A liberdade de expressão passou a ser intensamente combatida pelo governo, os direitos individuais foram suprimidos sob o respaldo da Lei de Segurança Nacional, ao passo que o cidadão brasileiro ficou à mercê dos desmandos do Regime Militar.

Foram utilizados dos mais bárbaros instrumentos de repressão contra os considerados inimigos do Regime. A imprensa, uma das vítimas do governo, passou a sofrer os cortes da censura. Dessa forma, restringiu-se o acesso da população aos bárbaros acontecimentos da época: perseguição intensa a políticos de esquerda, estudantes, artistas e intelectuais, desrespeito aos direitos humanos, cassação de mandatos, medidas governamentais que comprometiam o futuro político, econômico e social do Brasil.

O governo deteve o controle dos meios de comunicação e passou a permitir a veiculação de apenas o que era conveniente ao Regime. Os fatos eram omitidos, distorcidos ou recriados. [...] a imprensa e classe artística usavam sua criatividade para criar subterfúgios que pudessem driblar a censura e alertar a população. Por exemplo, várias vezes a Folha de São Paulo publicava receitas culinárias, incompletas ou impossíveis, na capa do jornal, no lugar de matérias censuradas.

Os anos em que o Brasil esteve submetido à Ditadura Militar significaram um atraso ao desenvolvimento da estrutura social brasileira [...].

O país ainda sofre as consequências de uma política governamental frágil. O Estado é vulnerável a manobras manipuladoras em função de interesses individuais, enquanto o coletivo permanece em segundo plano."

Andréa Nunes Ambrósio e Adriana Sartório Ricco. *Censura e repressão no Regime Militar – a imprensa silenciada e seus reflexos na sociedade*. Disponível em: <www.fesv.br/artigos/arquivos/alunos/andrea%20nunes.pdf>. Acesso em: jan. 2012.

1. No Brasil pós-Golpe Militar de 1964, quais foram as consequências para a liberdade de expressão e de imprensa? Pode-se afirmar que após 31 de março de 1964 instalou-se um regime repressivo e autoritário? Justifique.
2. A população mantinha-se informada sobre as ações do Regime Militar? Explique.
3. De que forma o autor afirma que o jornal *Folha de S.Paulo* mostrava as ações da censura para a população?

# A trilha sonora da década de 1960

O Período Militar marcou a época dos grandes festivais. A música foi um dos meios usados pelos artistas para protestar contra o regime.

Artistas da Música Popular Brasileira (MPB) como Nara Leão, Carlos Lyra, Geraldo Vandré, Edu Lobo, João do Vale, Zé Kéti, Aldir Blanc, Elis Regina, João Bosco, Jair Rodrigues e Sérgio Ricardo passaram a fazer a chamada música engajada (de protesto). Para eles, a arte só tinha sentido se estivesse a serviço da sociedade.

## Tropicalismo

No final da década de 1960, um movimento cultural chamado Tropicalismo ganhou expressão por meio da música, do teatro, do cinema, da poesia, das artes plásticas etc. Os participantes procuravam mostrar a realidade dura e áspera da repressão, da violência e da falta de liberdade em vigência no Brasil.

A ideia era criar um movimento de contracultura que juntasse elementos brasileiros a influências internacionais para buscar a constituição de uma arte universal.

Alguns dos representantes desse movimento foram:

- na música, Gilberto Gil, Caetano Veloso, Torquato Neto, Tom Zé, Os Mutantes;
- no cinema, Glauber Rocha;
- nas artes plásticas, Hélio Oiticica;
- no teatro, o grupo Teatro Oficina.

> **Palavras-chave**
> **De arromba:** ótimo, sensacional (gíria).
> **Engajado:** no contexto, pessoa que toma posição em questões políticas, sociais etc.

Os cantores Arnaldo Baptista, Rita Lee e Sérgio Dias Baptista, do conjunto Os Mutantes, durante um *show*.

## Jovem Guarda

A Jovem Guarda surgiu sob a influência do *rock' n' roll* norte-americano dos anos 1950. Sob a liderança de Roberto Carlos, Erasmo Carlos e Wanderléa, esse movimento não abordava questões políticas ou sociais.

As músicas falavam de carros, garotas, festas "**de arromba**", amores, namoros, enfim, letras descomprometidas.

Por essa opção, eram muito criticados pelos jovens **engajados** na política, que viam a música como forma de reação ao regime.

Em 1965, estreou na televisão o programa *Jovem Guarda*, sob a liderança de Roberto Carlos, no qual se apresentavam artistas desse estilo. Cada um dos participantes seguiu carreira independente a partir de 1969, quando o programa saiu do ar.

## Os festivais

A rivalidade entre os partidários da música de protesto e os do Tropicalismo – os dois estilos que, cada um a seu modo, questionavam o regime – ficava explícita nos festivais da década. O melhor exemplo foi a fase eliminatória do Terceiro Festival Internacional da Canção (promovido pela Rede Record de Televisão), em 1968, no Teatro da Universidade Católica de São Paulo, o Tuca, reduto dos que acreditavam na música como mecanismo revolucionário. Gilberto Gil e Caetano Veloso apresentaram suas composições regadas a guitarras e teclados. Gil foi desclassificado com a música "Questão de ordem". Caetano, sob vaias já esperadas, tocou "É proibido proibir", e pediu que o júri o desclassificasse também. Eram músicas ainda pouco compreendidas pelo público.

O Festival Internacional da Canção (FIC), de 1968, cuja final foi no Maracanãzinho, Rio de Janeiro, embora vencido pela canção "Sabiá", de Chico Buarque e Tom Jobim, premiou com o segundo lugar a canção que, a partir de então, serviria de hino em todas as passeatas de oposição ao governo – "Pra não dizer que não falei das flores", de Geraldo Vandré. Essa música foi um manifesto para os que queriam protestar, mas se calavam.

### Explorando

**A opinião pública**
Direção: Arnaldo Jabor.
Brasil, 1998, 115 min.

O documentário reúne depoimentos de estudantes que retratam a classe média do Rio de Janeiro, marcada pela indiferença diante da realidade criada pelo Golpe Militar de 1964. São discutidos os sonhos e a forma de viver de um grupo alienado, sem preocupações com o futuro.

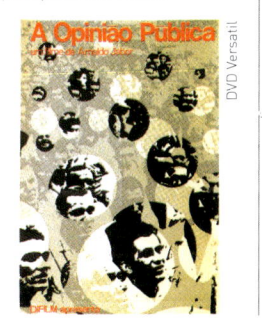

## CONEXÕES

### PRA NÃO DIZER QUE NÃO FALEI DAS FLORES

❝ Caminhando e cantando e seguindo a canção

Somos todos iguais, braços dados ou não

Nas escolas, nas ruas, campos, construções.

Caminhando e cantando e seguindo a canção. [...]

Pelos campos há fome em grandes plantações

Pelas ruas marchando indecisos cordões

Ainda fazem da flor seu mais forte refrão

E acreditam nas flores vencendo o canhão.

Vem, vamos embora que esperar não é saber

Quem sabe faz a hora não espera acontecer.

Há soldados armados, amados ou não,

Quase todos perdidos de armas na mão

Nos quartéis lhes ensinam uma antiga lição:

De morrer pela pátria e viver sem razão [...]

Nas escolas, nas ruas, campos, construções

Somos todos soldados armados ou não

Caminhando e cantando e seguindo a canção

Somos todos iguais braços dados ou não [...]. ❞

Geraldo Vandré [compositor e intérprete], 1968.

Em grupo, procurem exemplos atuais de músicas de protesto, contestação ou descrição da realidade brasileira. Tragam o resultado para a aula e comparem os dois momentos. Há liberdade de expressão hoje? De que forma os protestos mudaram? Debatam sobre essas questões.

# Anos de Chumbo

**Palavras-chave**

**Cercear:** impor limites; impedir que algo se processe completamente.

**Arrocho salarial:** contenção de aumentos de salários, geralmente para reduzir despesas ou impedir o aumento de preços e a inflação.

**Ufanismo:** referente ao patriotismo exagerado.

Com o lema Segurança e Desenvolvimento, Médici assumiu a Presidência do Brasil em outubro de 1969. Seu governo representou o período mais cruel de repressão, violência e **cerceamento** das liberdades civis da História do Brasil.

O AI-5 e os órgãos de repressão garantiam ao Executivo poder total de punir, perseguir, demitir, cassar, prender, enfim, de executar toda sorte de arbitrariedades que mostravam a mais dura face do regime. Por isso, esse período passou a ser denominado "anos de chumbo".

O governo Médici também foi marcado pelo chamado "milagre econômico". Graças à entrada maciça de investimentos estrangeiros e ao **arrocho salarial** da classe operária, o Brasil apresentou altas taxas de crescimento nesse período. No entanto, a fartura da produção não atingia a todos, e a desigualdade social aumentou.

Acreditava-se na tese do "Brasil potência", e o governo aproveitava a situação econômica favorável para fazer propaganda do regime, atrelando as duas questões. Até a vitória do Brasil na Copa do Mundo de Futebol de 1970 foi usada como uma vitória "militar".

O governo aproveitava para disseminar o **ufanismo**. Com *slogans* como "Ninguém mais segura este país", "Este é um país que vai pra frente" e "Brasil: ame-o ou deixe-o", o crescimento nacional era exaltado.

Recepção à Seleção Brasileira, tricampeã mundial de futebol, nas ruas de Brasília. Zagallo (à esquerda), técnico, e Carlos Alberto Torres (à direita), capitão da equipe, seguem no primeiro carro com a taça Jules Rimet, 23 jun. 1970.

É dessa época a canção "Eu te amo, meu Brasil", cantada pela dupla Dom e Ravel, que representa bem a intensa propaganda ideológica do período.

> As praias do Brasil ensolaradas
> O chão onde o país se elevou
> A mão de Deus abençoou
> Mulher que nasce aqui
> Tem muito mais valor
> O céu do meu Brasil tem mais estrelas
> O sol do meu país mais esplendor
> A mão de Deus abençoou
> Em terras brasileiras
> Vou plantar amor
> Eu te amo, meu Brasil, eu te amo
> Meu coração é verde, amarelo, branco, azul, anil
> Eu te amo meu Brasil, eu te amo
> Ninguém segura a juventude do Brasil [...].
>
> Dom e Ravel (compositores). Disponível em: <http://letras.terra.com.br/dom-ravel/979917/>. Acesso em: mar. 2012.

Os que, de alguma forma, expressavam seu descontentamento com as políticas do regime eram "convidados" a deixar o Brasil. Já os que tomavam atitudes mais enfáticas contra a Ditadura, como a constituição de guerrilhas ou de jornais clandestinos, eram presos, torturados e, muitas vezes, mortos.

O auge do chamado "milagre econômico" aconteceu nos anos de 1972 e 1973 – neste último ano, o Produto Interno Bruto (PIB) alcançou a marca de 14%. Por meio de uma política de contração de empréstimos externos e arrocho salarial, o governo militar promoveu grandes obras de infraestrutura, como a construção da Usina Hidrelétrica de Itaipu e da Rodovia Transamazônica; estimulou a diversificação econômica; criou estatais para a prestação de serviços estruturais, como a Telebras; incentivou a instalação de grandes multinacionais no Brasil, principalmente as automobilísticas; estimulou o consumo interno por meio do crédito; fomentou as atividades voltadas à exportação, como o agronegócio, e a importação, principalmente a de petróleo (tendo em vista o crescente mercado automobilístico brasileiro). O desenvolvimento econômico foi tão grande que o país atingiu a oitava posição entre as maiores economias do mundo, com baixos índices de desemprego e estímulo à formação técnica do trabalhador.

Vista aérea da construção da Usina Hidrelétrica de Itaipu, em Foz do Iguaçu (PR), 30 ago. 1978.

> **Explorando**
>
> **O ano em que meus pais saíram de férias**
> Direção: Cao Hamburger.
> Brasil, 2006, 110 min.
>
> No filme, os pais de Mauro saem em férias inesperadas. O garoto de 12 anos vai para São Paulo viver com o avô, mas este morre e o menino passa a viver com Shlomo, seu vizinho judeu. Mauro espera um telefonema de seus pais, enquanto acompanha a Copa do Mundo de 1970, sem saber que eles, militantes de esquerda, na verdade haviam fugido da Ditadura Militar.

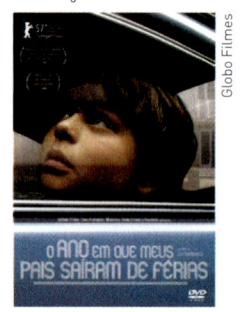

Entretanto, esse desenvolvimento foi obtido com o sucateamento de alguns serviços básicos prestados pelo Estado e pelo grande aumento da dívida externa brasileira. Serviços como saúde e educação sofreram grandes cortes orçamentários, e o governo incentivou o crescimento da iniciativa privada nesses segmentos. Com a política de arrocho salarial e a repressão de movimentos sindicais, milhões de trabalhadores viviam em condições precárias, sem condições de aproveitar o relativo período de prosperidade. O agronegócio expandiu-se em detrimento da agricultura familiar, fazendo milhares de pequenos agricultores perderem seus meios de sobrevivência. O mercado interno, acompanhando a abertura de novos postos de trabalho – especialmente para a classe média – e devido à disponibilização de créditos com juros relativamente baixos, gerou uma demanda principalmente por produtos eletrônicos, como geladeiras, televisões e automóveis. Entretanto, a abundância do período alcançou somente as classes mais altas da sociedade brasileira.

A partir de 1973, o "milagre" começou a se desfazer. A crise mundial do petróleo causou uma recessão mundial. Assim, investimentos foram cortados, dívidas passaram a ser cobradas mais veementemente, houve um grande volume de demissões, enfim, um quadro de crise econômica nacional. A consequência dessa política econômica refletiu-se claramente na década de 1980, considerada "a década perdida", em que o Brasil passou por uma longa estagnação econômica.

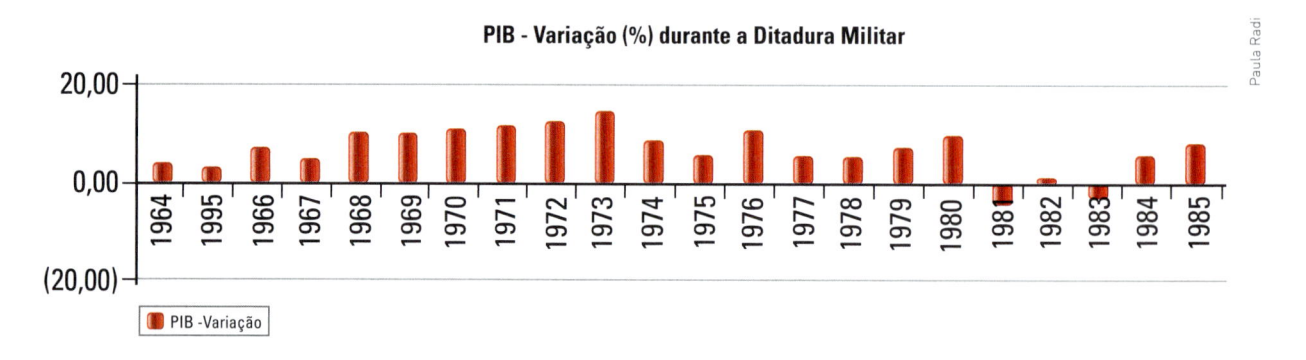

**PIB - Variação (%) durante a Ditadura Militar**

Na educação, em 1971, o governo efetuou a reforma do ensino. Por meio da Lei nº 5.692, o chamado Primeiro Grau (da 1ª à 8ª série) passou a ser obrigatório a todos os brasileiros entre 7 e 14 anos. No Segundo Grau (hoje Ensino Médio), foram criados diversos cursos técnicos. Uma das disciplinas mais prejudicadas foi História, considerada uma ciência perigosa, pois leva o estudante a questionar o presente por meio do estudo do passado e a assumir posicionamentos críticos e conscientes. Para substituir essa disciplina considerada subversiva, foi criado o curso de Estudos Sociais, uma fusão de História e Geografia, e os conteúdos de História e Geopolítica se esvaziaram.

## TRABALHO EM EQUIPE

### COMISSÃO DA VERDADE REVELA QUE NORMA DE MÉDICI IMPEDIA AGENTES PÚBLICOS DE DAR ESCLARECIMENTOS A ÓRGÃOS NO PAÍS E NO EXTERIOR

A Comissão da Verdade revelou nesta segunda-feira, 4, que o governo militar determinou a todos os agentes públicos no Brasil e no exterior, a partir de 1972, que não atendessem a nenhum pedido de esclarecimento de organizações nacionais e internacionais sobre mortos e desaparecidos em consequência da repressão.

A determinação foi feita por escrito: saiu do gabinete do presidente da República, general Emílio Garrastazu Médici, e foi assinada pelo secretário-geral do Conselho de Segurança Nacional, o também general João Baptista de Oliveira Figueiredo, que viria a ser o último presidente do regime anos depois.

O ato foi uma reação específica às ações da Anistia Internacional, que vinha denunciando e cobrando esclarecimentos sobre violações de direitos humanos, como torturas, desaparecimentos e assassinatos de opositores.

O documento se tornou uma espécie de orientação geral que vigorou ainda no governo posterior, do general Ernesto Geisel.

A ditadura, segundo o coordenador da Comissão Nacional da Verdade, Cláudio Fonteles, temia as repercussões que denúncias sobre violações de direitos humanos pudessem causar entre militares e policiais civis envolvidos diretamente com a repressão. 'Para manter a coesão de sua estrutura repressiva', escreveu o coordenador da comissão, 'o Estado ditatorial militar fecha-se, aniquila as liberdades públicas e, incontrolado sobrepõe-se a todos e a tudo'.

Em 1976, a Informação Confidencial nº 22/16/AC, da Agência Central do Serviço Nacional de Informações, tinha como foco principal a "campanha internacional de desmoralização" de membros das unidades de repressão.

Incluía entre os organizadores dessas campanhas a Comissão Interamericana de Direitos Humanos da OEA, a Conferência Nacional dos Bispos do Brasil (CNBB), a Anistia Internacional e, com maior destaque, a Ordem dos Advogados do Brasil (OAB).

Roldão Arruda. Governo Médici ordenou por escrito silêncio sobre tortura.
O Estado de S. Paulo, 04 fev. 2013. Disponível em: <www.estadao.com.br/noticias/nacional,governo-medici-ordenou-por-escrito-silencio-sobre-tortura,993024,0.htm>. Acesso em: jul. 2013.

Os chamados "anos de chumbo" da Ditadura Militar no Brasil foram marcados pela intensa violência e repressão política e ideológica. Em 2012, foi instituída a Comissão Nacional da Verdade, cujo objetivo é abrir os arquivos da ditadura e apurar graves violações de Direitos Humanos ocorridas entre 18 de setembro de 1946 e 5 de outubro de 1988. Em grupo, pesquisem a respeito de casos que envolveram tortura, desaparecimento e até mesmo a morte de presos políticos durante o período. Se necessário, acessem o site da comissão (www.cnv.gov.br/) para terem acesso a mais informações.

# Reações ao Regime Militar

Durante todo o período repressivo houve resistência e diversas reações à ditadura. Por meio de músicas de protesto, jornais alternativos, manifestações e luta armada, grupos se organizaram e lutaram contra as arbitrariedades do regime. No entanto, os governos militares, por meio dos decretos-lei e dos órgãos criados especialmente para a repressão, respondiam com extrema violência a qualquer protesto.

Mesmo sob risco de prisão, tortura e até morte, os opositores do regime se organizaram em movimentos, como manifestações e passeatas; usaram panfletos, jornais, letras de música, peças de teatro e todo meio que conseguiam para denunciar a violência da ditadura e reivindicar a democracia.

O final da década de 1960 foi marcado por muitas manifestações. Estudantes, trabalhadores que sofriam com o arrocho salarial, jornalistas, escritores, entre outros, buscaram formas de reagir à situação imposta pelo governo militar. Mais especificamente em 1968, milhares de estudantes e trabalhadores, motivados pelo contexto mundial e pelo assassinato do estudante de 17 anos Edson Luís de Lima Souto, organizaram uma manifestação de grandes proporções que ficou conhecida como Passeata dos Cem Mil. Duramente reprimidos pela polícia, diversos manifestantes foram presos.

A Passeata dos Cem Mil foi o maior protesto público contra o Regime Militar até aquele momento. Motivada pela morte de um estudante em confronto com a polícia, aconteceu no Rio de Janeiro, em 28 de junho de 1968.

Ainda em 1968, outro episódio que envolveu os estudantes marcou a luta contra a opressão. Em outubro ocorreu, no município paulista de Ibiúna, o XXX Congresso da União Nacional dos Estudantes (UNE). Os órgãos de repressão descobriram a reunião, e o resultado foi a prisão de quem estava no evento e um processo por violação da Lei de Segurança Nacional.

## DIVERSIFICANDO LINGUAGENS

Leia o texto abaixo e responda às questões no caderno.

"'Entre sem bater', pedia o aviso na porta da redação. A frase, de um velho humorista conhecido como Barão de Itararé, não se referia à porta, mas ao pessoal que trabalhava atrás dela. Foi com essa irreverência debochada que O Pasquim, semanário carioca fundado em junho de 1969, desafiou a truculência do regime militar.

Sete meses antes, em dezembro de 1968, o presidente Costa e Silva havia assinado o Ato Institucional número 5, cassando direitos políticos e fechando o Congresso Nacional. Opositores foram presos, mortos ou exilados. Nesse panorama sombrio, um grupo atrevido – comandado pelo cartunista Jaguar e representado pela figura do ratinho Sig – decidiu lançar um tabloide contestador para cutucar com vara curta as onças do poder. A equipe contava com nomes de peso, entre eles Ziraldo, Millôr, Paulo Francis e Henfil. Colaboradores como Vinícius de Moraes, Jô Soares e Glauber Rocha juntaram-se ao time.

Liberdade de expressão: Sig, mascote do jornal, cutucou militares com vara curta e Leila Diniz deu uma entrevista escandalosa para os padrões da época.

Entrevistas informais, sem roteiro preestabelecido, enfocavam áreas diversas. Numa semana o arcebispo Paulo Evaristo Arns defendia os Direitos Humanos; na outra, a atriz Leila Diniz chocava os conservadores ao falar de sua vida sexual.

Uma atração à parte era o slogan da primeira página, que mudava a cada edição. Por exemplo: 'Quem é vivo sempre desaparece', 'Um jornal que não pode se queixar' e 'Um jornal capaz de ouvir e entender estrelas, principalmente quatro'.

Charges, caricaturas, dicas culturais, quadrinhos, artigos informativos e opinativos, fotonovelas... tudo cabia nas páginas de O Pasquim.

Rato Sig, personagem do Jornal O Pasquim.

Além da política, o outro alvo predileto da publicação eram os preconceitos da classe média. A fórmula agradou, pois a tiragem inicial de 20 mil exemplares elevou-se para 200 mil em um ano. Mas a ousadia teve seu preço. Em novembro de 1970, quase toda a equipe foi presa por alguns dias sem maiores explicações. Houve números recolhidos das bancas. Foi instituída a censura prévia. As pressões afastaram anunciantes e intimidaram distribuidores. O Pasquim entrou em uma crise financeira da qual nunca se recuperaria. Ainda assim, sobreviveu até 1989, saboreando a anistia e a retomada da democracia no país, vitórias nas quais teve papel decisivo."

Elizabeth De Fiore (Dir.). O ratinho que riu da roupa do rei. *Nova Escola*, São Paulo, n. 119, p. 38, abr. fev. 1999.

**1.** De acordo com o texto, *O pasquim* era favorável à Ditadura Militar? Explique.

**2.** A que se referem os *slogans* usados no jornal?

**3.** Explique o fechamento do jornal no contexto da Ditadura Militar.

## Explorando

**Hércules 56: o sequestro do embaixador americano em 1969**
Sílvio Da-Rin, Jorge Zahar Editor.

Aborda um dos mais ousados golpes contra a Ditadura Militar, o sequestro do embaixador americano Charles Burke Elbrik, para reavaliar o que foi a luta armada no Brasil. O autor entrevistou os nove sobreviventes do grupo de esquerda e promoveu seu reencontro, dando a eles a oportunidade de discutir o significado de sua própria ação e suas consequências.

**Marighella: o guerrilheiro que incendiou o mundo**
Mário Magalhães, Editora Companhia das Letras.

Biografia do ex-deputado constituinte pelo Partido Comunista no Brasil que foi um dos expoentes da reação armada contra o Regime Militar.

**Araguaya: a conspiração do silêncio**
Direção: Ronaldo Duque. Brasil, 2006, 105 min.

Padre Chico, um religioso francês, presencia os eventos da Guerrilha do Araguaia no início da década de 1960. Ele testemunha o auge da ideologia da segurança nacional, a ação de partidos de esquerda e de jovens militantes em meio aos camponeses e aos exploradores daquelas terras.

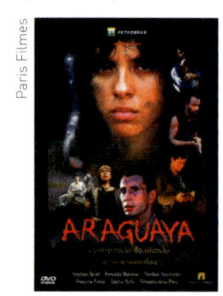

# Luta armada

Ainda no ano de 1968, com o endurecimento do regime, setores da esquerda brasileira optaram pela luta armada. Surgiram diversas organizações guerrilheiras, como o Movimento Revolucionário 8 de Outubro (MR-8) em homenagem à data da queda de Che Guevara na Bolívia; a Ação Libertadora Nacional (ALN); a Vanguarda Popular Revolucionária (VPR), que se uniu ao Comando de Libertação Nacional (Colina) formando a Vanguarda Armada Revolucionária (Var-Palmares); e o Partido Comunista Brasileiro Revolucionário (PCBR).

Os grupos se organizavam em movimentos atuantes em áreas urbanas e rurais, e tiveram destaque no final da década de 1960 e início da década de 1970. A maioria dessas guerrilhas era formada por jovens que buscavam, por meio de ações revolucionárias, derrubar a Ditadura Militar. Entre as lideranças estavam o ex-deputado Carlos Marighella, na guerrilha urbana – morto em 1969 na cidade de São Paulo – e o ex-capitão Carlos Lamarca, na guerrilha rural – morto em 1971 na Bahia.

Para conter os guerrilheiros, o Regime Militar utilizava mecanismos repressores e violentos, prendendo, torturando e exilando seus membros. A morte dos principais líderes contribuiu significativamente para a desestabilização dessa forma de luta. Por volta de 1971, a maior parte do movimento de guerrilha já havia sido desmantelada.

# Guerrilha do Araguaia

O Partido Comunista do Brasil, uma dissidência do Partido Comunista Brasileiro, começou, em 1969, a preparar um movimento guerrilheiro na região do Araguaia (sul do Pará e norte de Goiás no período, hoje Tocantins).

A maioria dos guerrilheiros era formada de jovens da pequena burguesia e alguns antigos líderes comunistas, como Ângelo Arroyo, Maurício Grabois e João Amazonas.

Assim que se estabeleceram na região, passaram a exercer diversas profissões: médicos, advogados, lavradores, enfermeiras etc. A maneira dedicada com que lutavam em prol da solução dos problemas do povo sofrido da região os tornou queridos pela população.

Ao mesmo tempo em que desempenhavam esse trabalho social, os guerrilheiros treinavam na selva, absorvendo os conhecimentos indispensáveis para as futuras ações armadas. Depois que os planos dos guerrilheiros foram descobertos, o governo federal enviou cerca de 2 mil homens para a região.

Aquartelados em Marabá (PA) e Xambioá (TO), os militares torturaram os habitantes da região para conseguir informações sobre os guerrilheiros do Araguaia. Isso fez o povo passar a apoiar ainda mais a guerrilha. Outra ação equivocada do governo foi enviar recrutas inexperientes para enfrentar 69 guerrilheiros bem preparados.

Profundos conhecedores da região, bem treinados e movidos por seus ideais, os guerrilheiros conseguiram derrotar duas campanhas do Exército, provocando pesadas baixas.

Na terceira (de outubro de 1973 a janeiro de 1975), o Exército usou soldados profissionais, especializados na luta antiguerrilha, conseguindo, dessa forma, anular a resistência guerrilheira.

Túmulos de guerrilheiros mortos durante os conflitos na região do Araguaia, Pará. Fotografia de 17 jul. 1978. Embora alguns estejam enterrados, os corpos da maioria dos opositores do Regime Militar nunca foram encontrados ou identificados.

## DIVERSIFICANDO LINGUAGENS

Leia os textos abaixo e respondas às questões no caderno.

**TEXTO 1**

Reza o artigo 5º – da Declaração Universal dos Direitos Humanos, assinada pelo Brasil, que: 'Ninguém será submetido à tortura ou castigo cruel, desumano ou degradante'.

Em vinte anos de Regime Militar, este princípio foi ignorado pelas autoridades brasileiras. A pesquisa* revelou quase uma centena de modos diferentes de tortura, mediante agressão física, pressão psicológica e utilização dos mais variados instrumentos, aplicados aos presos políticos brasileiros. [...]

O emprego sistemático da tortura foi peça essencial da engrenagem repressiva posta em movimento pelo Regime Militar que se implantou em 1964 [...].

*Refere-se à pesquisa do projeto Brasil Nunca Mais (1964-1979).
Dom Paulo Evaristo Arns. *Brasil nunca mais: um relato para a história*. Petrópolis: Vozes, 1985. p. 34, 43 e 203.

**TEXTO 2**

Os relógios tapados ficaram para mim como o símbolo da tortura, pois eles eram muito mais do que apenas relógios tapados com esparadrapos. A noção de tempo era roubada ao torturado. Ele não poderia jamais saber que horas eram, pois aguentaria mais alguns minutos e, em muitos casos, poderia salvar uma vida. A noção de tempo não se conta apenas com os ponteiros pequenos. A noção de tempo tapado era também o exercício da onipotência fantástica do torturador. Sua fantasia de suprema dominação sobre o outro só é possível se articulada com outra fantasia: a da ausência do tempo. A tortura só é perfeita se o tempo não passa. O tempo é sua morte.

Fernando Gabeira. *O que é isso, companheiro?* São Paulo: Companhia das Letras, 1979. p. 8º

1. Pode-se afirmar que os Direitos Humanos no Brasil durante o Regime Militar foram ignorados? Explique.
2. Qual era a finalidade objetiva da prática de tortura?
3. O autor do texto 2 foi um dos torturados pelo regime. O que ele descreve?

# AGORA É COM VOCÊ

**1** Complete o texto abaixo com as palavras do quadro.

| | | |
|---|---|---|
| linha dura | atos institucionais | Regime Militar |
| Costa e Silva | violência | ditatorial | censura |
| político-administrativa | | AI-5 |

Castello Branco foi o primeiro presidente do _____. Esse período _____ durou quase 21 anos. Ao longo dele, houve muita _____ e _____ aos meios de comunicação e às pessoas em geral. A estrutura _____ fundamentava-se em _____, que eram decretos emitidos pelo governo contendo várias disposições. O mais severo de todos os AIs foi o _____ que entrou em vigor em 1968 no governo de _____ representante da chamada _____.

**2** Preencha o quadro com os dados sobre as reações ao Regime Militar.

| Tipos de reação | Quem foram os protagonistas | Como reagiram | Reação do governo |
|---|---|---|---|
| Arte | | | |
| Movimentos populares | | | |
| Luta armada | | | |
| Guerrilha do Araguaia | | | |

**3** Complete o diagrama com os termos que se referem aos itens abaixo.
1. Nome dos eventos musicais que aconteciam durante a ditadura.
2. Movimento cultural que aconteceu na música, no teatro, no cinema e em outras artes na década de 1960.
3. Nome do conjunto musical que foi um dos representantes da música do movimento tropicalista.
4. Arte que Glauber Rocha representava no Tropicalismo.
5. Movimento que surgiu sob influência do *rock and roll* norte-americano e que tinha Roberto Carlos como líder.

6. Autor da música *Pra não dizer que não falei de flores*, hino da ditadura.
7. Nome da canção de Chico Buarque e Tom Jobim que venceu o Festival Internacional da Canção em 1968.

## SUPERANDO DESAFIOS

1. (CPS) No decorrer da história, futebol e política sempre se encontraram. Um exemplo disso foram os esforços do governo da África do Sul em sediar a Copa de 2010 e reafirmar a superação do Apartheid.

"No Brasil, o momento mais significativo da ditadura, em que futebol e política andaram lado a lado, coincidiu com o tricampeonato mundial da Seleção Brasileira, no México em 1970. O governo do general Emílio Garrastazu Médici fez de tudo para associar a vitória de Pelé e de seus companheiros, na Copa, com a boa fase econômica do país e o furor patriótico que os militares tanto prezavam e incentivavam na população."

Revista *Carta Fundamental*, junho/julho de 2010. (Adaptado).

Sobre o período do governo Médici, é válido afirmar que:

a) a vitória futebolística no tricampeonato foi acompanhada, na política, por um processo de abertura democrática gradual, lento e seguro, sob a direção do próprio presidente.
b) o Ato Institucional nº 5 foi decretado e restringiu os poderes do presidente da república, ampliando os poderes do Congresso Nacional.
c) a boa fase econômica vivida pelo país traduziu-se no "milagre econômico brasileiro", havendo a construção da Transamazônica e de uma nova capital, Brasília.
d) o acelerado crescimento econômico resultou em baixa inflação, causando recessão, ampliando o desemprego e diminuindo salários.
e) o país vivenciou o chamado "Anos de Chumbo", pois houve o endurecimento do regime e a ampliação da censura, apesar do "milagre econômico brasileiro".

# CAPÍTULO 11
# Nacionalismo e populismo na América Latina

Escultura no Memorial da América Latina, São Paulo, 2011. A escultura *Mão*, de Oscar Niemeyer, mostra o mapa da América Latina desenhado em vermelho na palma da mão, representando sangue. Simboliza a história de nosso continente, brutalmente colonizado e que até hoje luta por sua identidade e autonomia.

### Palavra-chave
**Superávit:** resultado positivo da confrontação da receita (o que se ganhou) com a despesa (o que se gastou).

Desde a consolidação da independência das nações integrantes, a América Latina passou por uma série de processos, transformações e intervenções externas. Em decorrência de variada composição territorial, importância econômica e estratégica e população heterogênea, a América Latina foi, e ainda é, palco de variadas disputas e interesses.

Depois de sua independência, em 1776, os Estados Unidos passaram a atuar mais ativamente no cenário latino-americano e consolidaram suas intenções no continente aplicando a Doutrina Monroe e a política do Big Stick. Contudo, sua atuação política e militar intensificou-se após o fim da Segunda Guerra Mundial, com a efetivação da divisão mundial bipolarizada.

A Segunda Guerra Mundial gerou efeitos positivos na economia da maioria dos países latino-americanos. A valorização dos produtos agropecuários e das matérias-primas, necessários para o abastecimento dos países em guerra, possibilitou, em geral, **superávits** na balança comercial. Com isso, houve aumento da demanda por bens de consumo, estimulando o investimento na indústria voltada ao mercado interno, como a automobilística e a de aparelhos eletrônicos. Nessa época, a concentração urbana cresceu, o número de empregos aumentou, assim como a renda da população.

Entretanto, com o fim da guerra houve uma retração dos mercados importadores, principalmente os europeus. Com efeito, diversos investimentos foram cortados e, consequentemente, vários empregos também. Somando-se a isso o fato de que os países latino-americanos sempre passaram por dificuldades sociais materializadas na desigualdade e na concentração do poder político em mãos oligárquicas, obtém-se um período de relativa tensão social. Foi nesse contexto, principalmente com a eleição de Getúlio Vargas no Brasil em 1950 e Juan Domingo Perón na Argentina em 1946, que ocorreu a ascensão de líderes populistas latino-americanos.

Proferindo um discurso trabalhista, nacionalista e desenvolvimentista, esses políticos conquistaram a adesão em massa da população em seus países. Inicialmente, esses governos foram bem-aceitos pelos Estados Unidos. Entretanto, com a radicalização dos conflitos entre capitalismo e comunismo, o governo americano passou a enxergar com maus olhos diversas medidas nacionalistas e trabalhistas praticadas pelos governantes populistas. Foi nesse contexto que ocorreram diversos golpes militares em todo o continente.

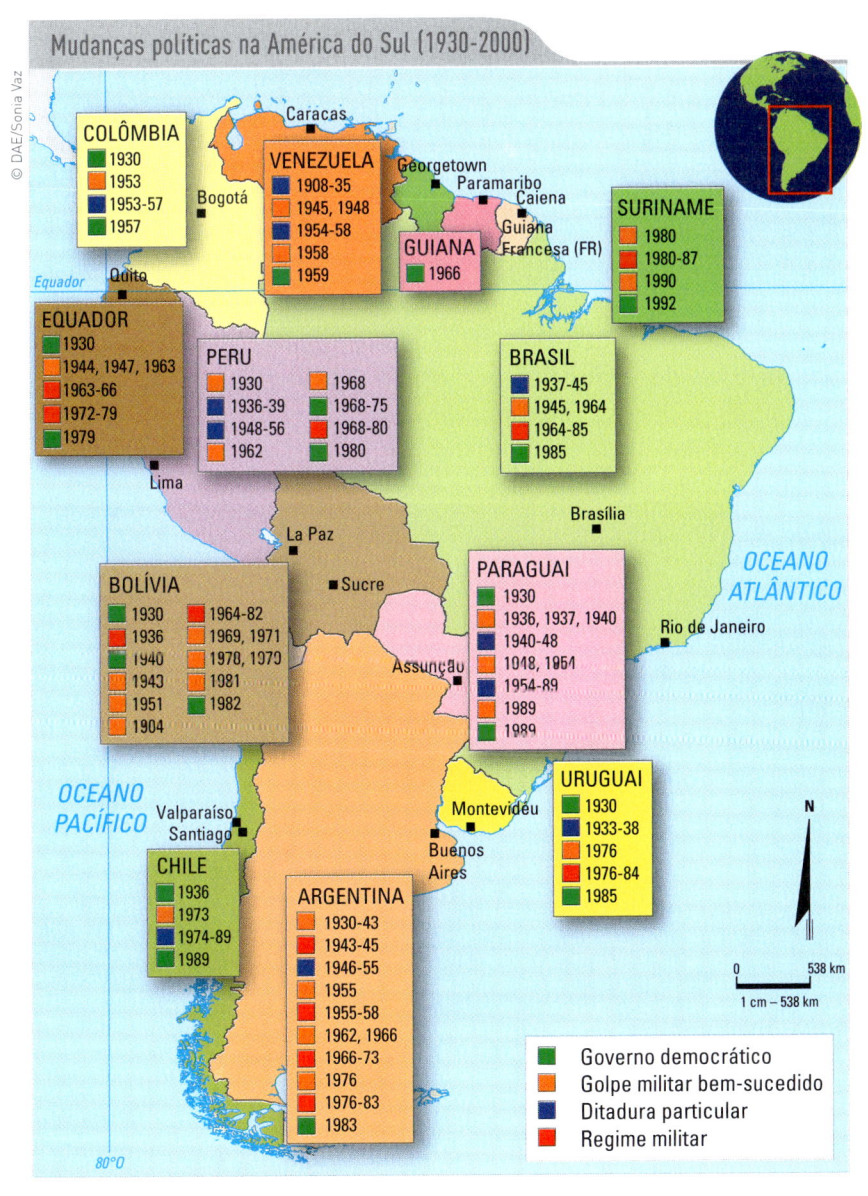

Fonte: *World history atlas.* Londres: Dorling Kindersley, 2008.

# Argentina

No início do século XX, as velhas lideranças caudilhas na Argentina vinham perdendo espaço e prestígio. O descontentamento refletiu-se diretamente nas eleições.

Em 1916, ascendeu ao poder Hipólito Yrigoyen, principal liderança da União Cívica Radical. Seu governo buscou amenizar as desigualdades por meio do incentivo legal à distribuição de riqueza entre os setores médios e populares, mas sem ferir os fundamentos do sistema agroexportador. A Crise de 1929, com todas as suas consequências, lançou o país na recessão por causa de seu modelo exportador, e, por conseguinte, inviabilizou o programa.

Em consequência dos efeitos da crise econômica, greves operárias, oposição de setores nacionalistas, militares, classe média e grandes proprietários puseram fim ao governo dos radicais e um golpe de Estado, em 1930, recolocou os antigos conservadores no poder.

O período de 1930 a 1943 foi chamado de "democracia fraudulenta". Corrupção eleitoral e governamental, perseguições políticas e arbitrariedades caracterizaram sucessivos governos que chegaram ao poder graças às "fraudes patrióticas", justificadas pelos conservadores, principalmente caudilhos, que afirmavam agir para o bem do país.

Insatisfeitos com a situação e amparados pelo apoio popular, militares nacionalistas, em 1943, por meio de um novo golpe de Estado, tomaram o poder. Destacou-se o coronel Juan Domingo Perón, que passou a ocupar a Secretaria do Trabalho e Previdência, aproximando-se dos sindicatos e promovendo significativas melhorias trabalhistas.

Entretanto, com o fim da Segunda Guerra Mundial e a derrota do nazifascismo, as forças oposicionistas exigiam eleições livres. Nas eleições de 1946, Perón, impulsionado pela popularidade que adquiriu enquanto ocupava a Secretaria do Trabalho, candidatou-se e venceu as eleições. Pouco antes havia se casado com a atriz Maria Eva Duarte (Evita), que ficou conhecida pelo ativismo social. Ao lado do marido, Evita personificou a luta dos trabalhadores por melhores condições de vida e pelo fim do domínio das lideranças conservadoras enraizadas em toda a Argentina.

Juan Domingos e Evita Perón anunciando, em Buenos Aires, o direito feminino ao voto em 1947.

O governo Perón inaugurou o ciclo populista no país. Aliando a oratória vibrante com medidas trabalhistas enérgicas, o peronismo era amplamente apoiado pelos trabalhadores e rejeitado por setores da burguesia e pelos latifundiários. O regime peronista procurou melhorar efetivamente o padrão de vida da população, incentivou a industrialização e a consequente substituição das importações. Vários direitos sociais foram garantidos, como o aumento do salário mínimo e a melhoria da previdência. Apesar dos avanços, o governo peronista enfrentava diversos problemas.

> O crescente autoritarismo governamental e a crise econômica do país nos anos 50 acirraram a oposição dos partidos, de setores da burguesia, da Igreja e dos militares. Uma série de conflitos com a Igreja iniciados em 1954 foram decisivos para a queda do regime peronista. O governo não admitia as pretensões da Igreja e das escolas católicas de constituir um movimento de opinião pública integrado por fiéis e estudantes, à margem da intervenção estatal. Centenas de padres e de estudantes católicos foram presos, o ensino religioso nas escolas, suprimido e o divórcio, instituído.
>
> José Luís Bendicho Beired. *Breve história da Argentina*. São Paulo: Ática, 1996. p. 59.

Os latifundiários sofreram corte de privilégios e redução de influência no governo Perón; a burguesia sentia-se prejudicada pelas barreiras alfandegárias; os Estados Unidos não aceitavam a política externa independente e sofriam crescentes pressões de suas empresas em solo argentino. Em setembro de 1955, um golpe militar, apoiado pelos Estados Unidos, pela elite burguesa, latifundiária e pela Igreja Católica, destituiu Perón, que foi exilado.

Em 1958, sem a participação dos peronistas, o candidato da União Cívica Radical, Arturo Frondizi, venceu as eleições, mas não concluiu o mandato, sendo derrubado pelos militares. O mesmo aconteceu com Arturo Illía, eleito em 1963 e retirado do poder por mais um golpe militar, em 1966.

Em 1969, o governo militar foi surpreendido por uma gigantesca explosão social: o Cordobazo. Estudantes, trabalhadores e populares enfrentaram as forças policiais. Apesar da repressão, a cidade de Córdoba resistiu por vários dias, incentivando movimentos semelhantes no resto do país. Ainda em 1969, os montoneros, grupo peronista de guerrilheiros de esquerda, entraram em ação. No ano seguinte, os rebeldes assassinaram o ex-presidente Pedro Aramburu, que participou da deposição de Perón.

Em 1973, diante da crise, os militares convocaram eleições presidenciais, mas impediram a candidatura de diversos opositores. Perón não pôde concorrer, mas seu candidato, Héctor Cámpora, venceu e preparou a volta do velho político. Não concordando com a maneira como as eleições haviam acontecido, Cámpora convocou novas eleições. Perón, que tinha como vice sua nova esposa, Maria Estela Martínez de Perón (Isabelita), venceu com facilidade.

Perón reatou relações diplomáticas com Cuba, aproximou-se dos países não alinhados aos Estados Unidos, aprovou novas medidas trabalhistas e nacionalistas e aumentou o comércio com os países socialistas. Lidou com a crescente inflação, a dívida externa elevada e a dependência econômica do capital externo. Sua morte, em 1974, levou Isabelita ao poder. Com a difícil situação econômica, marcada pela inflação, e social, marcada pelas greves, a presidente instaurou estado de sítio em novembro de 1974. Sem conseguir resolver os problemas econômicos e sociais, Isabelita acabou deposta, em 1976, por um golpe militar chefiado pelo general Jorge Rafael Videla, que temia uma radicalização popular e contava com o apoio americano.

## Explorando

**A história oficial**
Direção: Luís Puenzo.
Argentina, 1985, 112 min.

Alícia, uma professora de História argentina, se mantém alheia às tragédias causadas pela ditadura militar em seu país. Gaby é sua filha adotiva, trazida para casa por seu marido Roberto. Quando sua amiga Ana, ex-presa política, retorna do exílio, Alícia começa a desconfiar de que Roberto teve relações com o regime e de que Gaby seja filha biológica de presos políticos assassinados.

O novo regime militar recrudesceu e criou-se o ciclo sequestro–tortura–delação–assassinato. Milhares de pessoas desapareceram e outras tantas sumiram ou "suicidaram-se".

Economicamente, o país entrou em um ciclo decadente muito maior. Endividamento externo, desemprego, atraso tecnológico, sucateamento da indústria e miséria foram o legado do Regime Militar argentino.

Videla foi substituído pelo general Roberto Viola, que cedeu o poder ao general Leopoldo Galtiere. Para obter apoio popular, Galtiere tentou, em vão, reconquistar as Ilhas Malvinas, em poder dos ingleses desde meados do século XIX.

A humilhante derrota na Guerra das Malvinas, em 1982, apressou a queda da ditadura argentina. Com isso, a Argentina voltou aos rumos democráticos com a ascensão de Raul Alfonsín, em 1983.

Manifestação na Praça de Maio apoiando a ação do governo militar na questão das Malvinas, Buenos Aires, 1982.

## CURIOSIDADES HISTÓRICAS

### As mães da Praça de Maio

Durante a ditadura militar argentina (1976-1983) surgiu um importante movimento pelos Direitos Humanos. Mães reuniam-se na Praça de Maio, em Buenos Aires, reclamando junto às autoridades informações sobre seus filhos desaparecidos. A ideia de dar organização ao grupo foi de Azuena Villaflor de Devicenti. O lenço branco que levam na cabeça simboliza as fraldas de pano de seus filhos desaparecidos. Suas denúncias tiveram um papel importante na condenação de pessoas ligadas aos aparatos repressivos.

## DIVERSIFICANDO LINGUAGENS

Leia o texto a seguir e responda às questões no caderno.

### A IDOLATRIA AO ANTIGO PRESIDENTE E À PRIMEIRA-DAMA EVITA AINDA POLARIZA A POLÍTICA E POVOA O IMAGINÁRIO POPULAR NA ARGENTINA

> Um desenho animado sobre Eva Perón foi lançado poucos dias antes da reeleição de Cristina Kirchner como presidente da Argentina, em 2011. Cartões-postais com as imagens do casal Juan e Evita são facilmente encontrados na capital, Buenos Aires. O túmulo de Evita no Cemitério da Recoleta é um dos pontos turísticos mais visitados da cidade. Em Caminito, outro ponto turístico importante, estátuas da ex-primeira-dama decoram as sacadas de algumas casas, ao lado de imagens de outros argentinos famosos, como Maradona e Che Guevara.
>
> O peronismo é um fenômeno cultural na Argentina, e até hoje influencia os rumos da política nacional. O Partido Peronista é o mais importante do país. Além da presidência, tem a maioria dos governadores, senadores e deputados federais. Perón e Evita são constantemente citados pelos políticos, e chegam a ser elogiados até pelos antiperonistas. Várias entidades políticas, sindicais, sociais e estudantis levam o nome de um ou de outro. [...]
>
> O carisma da primeira-dama foi fundamental para a popularização do governo. Atriz de radionovelas, Eva Perón não tinha origem aristocrática, e o casamento era apresentado como uma prova do amor do presidente pelo povo. A Fundação de Assistência Social, que ela dirigia e levava seu nome, cumpriu papel semelhante. Nem mesmo a morte – em 26 de julho de 1952, de câncer no útero – interromperia a fama de Evita. Ao contrário. O velório durou duas semanas. Seu corpo, embalsamado, não foi enterrado, mas depositado na Confederação Geral do Trabalho (CGT), a central sindical aliada ao governo. O plano era construir um grande monumento para sepultá-lo. Jornais sindicais peronistas divulgavam imagens de Evita como santa e pediam sua canonização pelo trabalho de assistência social que havia desenvolvido. A idade ao morrer, 33 anos, motivou comparações com Jesus Cristo. O dia e até a hora – 20h25 – permanecem na memória dos argentinos de tal forma que, em 26 de julho de 2011, naquele horário exato, Cristina Kirchner inaugurou um mural gigante com a imagem de Evita na fachada do prédio onde funcionam os ministérios da Saúde e do Desenvolvimento Social. [...]
>
> A grave crise vivida pela Argentina há alguns anos colaborou para que, atualmente, os governos de Perón sejam lembrados como uma espécie de "paraíso perdido". Imortalizou-se uma anedota que sintetiza bem os peronistas, sobretudo quando estão na oposição: 'Somos como os gatos: quando nos escutam gritar, pensam que estamos brigando, mas na verdade estamos nos reproduzindo'.

Paulo Renato da Silva. República de Perón. *Revista de História da Biblioteca Nacional*. Disponível em: <www.revistadehistoria.com.br/secao/artigos-revista/republica-de-peron>. Acesso em: jul. 2013.

1. Como o texto classifica o peronismo na Argentina? Por quê?
2. Qual foi o papel da primeira-dama na popularização do governo de Perón?
3. Qual fato, segundo o texto, reforça a lembrança do governo de Perón como um "paraíso perdido"?

# Chile

No início do século XX, em razão do desenvolvimento da economia mineira, fundamentada em salitre e carvão, havia no Chile uma classe operária significativa e razoavelmente organizada. Sua economia, além da extração mineral, destacava-se também nos pescados, ambos voltados à exportação.

No fim da década de 1920, quase metade da população era urbana e no poder havia o predomínio das oligarquias. Nas eleições presidenciais de 1920, o vitorioso foi Arturo Alessandri. Em seu governo, propôs medidas trabalhistas e nacionalistas, como a nacionalização dos bancos e das companhias de seguro, o que gerou oposições severas. Sofrendo pressões e acusações, renunciou em 1925.

Carlos Ibañez, um militar, estava no poder quando a Crise de 1929 aconteceu, causando severas perdas à economia chilena. Para piorar, os alemães introduziram no mercado o nitrato sintético, pondo fim ao ciclo do salitre, que sustentava 90% das exportações chilenas. Ibañez renunciou em 1931.

Arturo Alessandri venceu as eleições de 1933. Governou um país com milhares de desempregados e usou a violência para restabelecer a ordem. Ampliou as leis sociais de proteção aos trabalhadores, porém, suas medidas não foram suficientes para enfrentar a crise que recaía sobre a economia chilena. Nesse contexto, a oposição venceu as eleições realizadas em 1938.

> Foi no período de 1938 a 1973 que o Chile conquistou uma imagem de país democrático no continente. Estabeleceu-se uma estrutura de poder que possibilitava amplas alianças de classe, a esquerda atuava legalmente, com partidos implantados no movimento operário, funcionava o revezamento eleitoral entre várias coalizões partidárias. Houve altos e baixos nesse processo, como a colocação dos comunistas na ilegalidade durante a Guerra Fria, mas esse foi um parêntese numa evolução política marcada mais pela estabilidade e pela continuidade [...].
>
> Emir Sader. *Chile (1818-1990): da independência à redemocratização*. São Paulo: Brasiliense, 1991. p. 36.

Na década de 1960, Eduardo Frei, do Partido Democrata Cristão, deu início a um reformismo conservador. Frei recebeu significativa ajuda dos Estados Unidos, por meio do programa chamado Aliança para o Progresso, que fornecia empréstimos a juros razoáveis e estimulava o investimento externo nos países da América Latina, visando conter a expansão do esquerdismo. Iniciou uma reforma agrária moderada, sindicalizou os camponeses e fez do governo o acionista majoritário das minas de cobre (o governo passou a ter 51% das ações das empresas estrangeiras).

Presidente Salvador Allende (à esquerda) ao lado do poeta chileno Pablo Neruda, grande apoiador de seu governo, no Porto de San Antonio, 1970.

Nas eleições de 1970, candidato pela quarta vez, Salvador Allende, da Unidade Popular (que reunia os partidos de esquerda), foi vitorioso. Marxista convicto, Allende acreditava na instauração de um Estado socialista por meio de reformas graduais.

O Programa da Unidade Popular estabelecia os seguintes objetivos:

- criar uma nova ordem institucional, o Estado Popular;
- construir uma economia fundamentada em uma área de propriedade social e na reforma agrária;
- fomentar o desenvolvimento social por meio da distribuição de renda;
- promover a cultura e a educação;
- obter plena autonomia internacional.

Allende efetuou o aprofundamento da reforma agrária iniciada por Eduardo Frei, nacionalizou empresas estrangeiras, procurou estatizar os bancos, intensificou a construção de casas populares e deu um papel de destaque à educação e aos movimentos populares. Durante a Guerra Fria, adotou uma política externa independente, preocupando os norte-americanos, que temiam a instauração de um regime socialista alinhado à União Soviética.

### Explorando

**A dançarina e o ladrão**
Direção: Fernando Trueba.
Argentina, 2012, 167 min.

Após a saída de Pinochet do poder, dois anistiados do governo chileno tentam adaptar-se à nova realidade.

Soldado chileno vigiando os presos políticos no Estádio Nacional, em Santiago, Chile, 22 set. 1973.

Diante dessa política esquerdizante, a direita não tardou a agir. Com o apoio da CIA e das multinacionais, foi desfechado, no dia 11 de setembro de 1973, o golpe militar que derrubou Allende. Emergiu como líder dos golpistas o general Augusto Pinochet, até então homem de confiança de Allende.

A Era Pinochet iniciou-se com violentíssima repressão. O Estádio Nacional, em Santiago, foi usado para "reunir" os presos políticos. Nos primeiros meses do regime, 2 279 pessoas foram assassinadas e 957 "desapareceram". A tortura, os fuzilamentos e os cadáveres jogados de helicópteros em alto-mar foram atos muito recorrentes na ditadura.

O ditador liberou remessas de lucros para o exterior, privatizou bancos e empresas estatais e arrochou salários. No meio rural, incentivou a formação de empresas particulares, produzindo para a exportação.

No fim da década de 1970, o Chile viveu uma conjuntura semelhante à do "milagre econômico" brasileiro (crescimento financiado pela contração de empréstimos no exterior), o que levou setores da sociedade chilena a fazerem "vistas grossas" às atrocidades do regime. Em 1980, já sofrendo os efeitos negativos do aumento da dívida externa, um plebiscito aprovou a nova Constituição, que mesclou "economia de mercado" e "segurança nacional". Foi aprovado um novo mandato de oito anos para Pinochet.

Em 1988, Pinochet convocou um novo plebiscito. Dessa vez os chilenos responderam negativamente aos desígnios do velho ditador. Obrigado a aceitar o resultado, viu seu candidato ser derrotado pelo democrata-cristão Patrício Aylwin.

## DIVERSIFICANDO LINGUAGENS

Leia o texto a seguir e responda às questões no caderno.

> A ditadura de Pinochet não seria "nem branda nem breve". Seu governo autoritário e Estado de terror durariam mais de dezesseis anos. Suas vítimas incluiriam famosos e anônimos. Incluiriam presidentes, como Salvador Allende e Eduardo Frei; ministros do governo, como José Toha e Orlando Letelier; generais, como Alberto Bachelet e Carlos Prates; e artistas e intelectuais, como o famoso autor de canções, Victor Jara e o prêmio Nobel Pablo Neruda. As vítimas não foram apenas esquerdistas como Allende, mas também democratas-cristãos que apoiaram o golpe, como Frei, e também o vice-presidente, Bernardo Leighton, e o principal líder sindical, Tucapel Jimenes. Mas a maior parte das vítimas do Estado de terror de Pinochet foram jovens desconhecidos [...] que ousaram resistir à ditadura ou foram considerados capazes de organizar uma resistência ao governo.
>
> Jamais conheceremos os números precisos dos presos, torturados e executados pela contrarrevolução. Após a restauração da democracia, Comissões da Verdade Oficiais documentaram que pelo menos 3 178 pessoas foram executadas ou desapareceram (e portanto foram consideradas mortas), e pelo menos 28 mil foram torturados, embora os números de presos e interrogados provavelmente tenha excedido os cem mil, e quase todos esses prisioneiros tenham sofrido algum tipo de tortura.

Peter Winn. *A Revolução Chilena*. São Paulo: Editora Unesp, 2009. p. 182-183.

**1.** De acordo com o texto, como foi a ditadura de Pinochet no Chile?

**2.** Que artifícios foram utilizados pelo governo para manter a estabilidade do governo ditatorial?

**3.** Quais foram as consequências do período?

# Revolução Cubana

Cuba foi um dos últimos países da América Espanhola a obter sua independência, que só se concretizou em 1898. Utilizando-se do pretexto de resguardar a soberania nacional, os Estados Unidos intervieram diretamente no conflito, ajudando os cubanos a conquistar a independência.

Por possuir localização estratégica e terras férteis, os Estados Unidos garantiram sua hegemonia na Constituição cubana por meio da Emenda Platt, que permitia a intervenção direta dos Estados Unidos no país e cedia parte da Baía de Guantánamo, onde atualmente se localiza a base militar americana de mesmo nome.

A atuação norte-americana aumentava constantemente. Foram firmados tratados de colaboração econômica e de circulação de pessoas. Cuba, dentro dos Estados Unidos, era vista como a ilha tropical que serviria de destino de férias para os americanos. A população cubana, apesar dos investimentos nos setores de entretenimento e turismo, sofria com as desigualdades sociais, o desemprego e o consequente aumento da criminalidade. No campo, os trabalhadores rurais eram submetidos a um regime de semiescravidão, principalmente os produtores de cana-de-açúcar e tabaco.

Em 1933, o coronel Fulgêncio Batista, patrocinado pelo governo americano, deu seu primeiro golpe de Estado. A partir de então, passou a ser o homem forte do país. Em 1952, ao perceber que seria derrotado nas eleições presidenciais, deu um novo golpe e tornou-se ditador.

Fidel Alejandro Castro Ruz era candidato a deputado pelo Partido do Povo Cubano quando Fulgêncio Batista deu o golpe de Estado. Progressista convicto e defensor do fim da dominação americana sobre Cuba, Fidel Castro e os numerosos adversários do regime, após o golpe, caíram na ilegalidade. A partir de então, surgiu a oposição clandestina.

Em 26 de julho de 1953, Fidel iniciou a luta armada contra o regime de Fulgêncio Batista ao tentar tomar o quartel de Moncada e a fortaleza de Bayamo. Em razão de uma série de fatores e da superioridade bélica do adversário, os rebeldes foram derrotados.

Diante da impossibilidade de atuar politicamente em seu país, Fidel, ao lado de seu irmão Raúl, foi para o México, onde organizou uma nova oposição armada ao ditador cubano. Nessa época, os irmãos Castro conheceram o médico argentino Ernesto "Che" Guevara, que se ofereceu para lutar e ajudar no movimento guerrilheiro. O plano de invasão a Cuba recebeu o nome de Movimento de 26 de Julho, em homenagem ao ataque contra o quartel de Moncada. O ideal dos guerrilheiros, a princípio, era destituir a ditadura de Batista e estabelecer um governo voltado ao desenvolvimento popular de Cuba.

Fidel Castro (em pé) e Che Guevara (à esquerda) com seus guerrilheiros em região próxima a Havana, c. 1956.

A força guerrilheira foi treinada pelo coronel Alberto Bayo, que lutou ao lado dos republicanos na Guerra Civil Espanhola. A bordo de um velho iate, os rebeldes partiram de Tuxpán, no México, em 24 de novembro de 1956. Assim que desembarcaram em terra firme, os rebeldes foram atacados pelos militares a serviço de Batista. Na fuga sobraram apenas 22 componentes, que se instalaram nas montanhas e nas florestas de Sierra Maestra.

Pouco a pouco, os rebeldes conseguiram grande adesão ao movimento, principalmente da população campesina.

À medida que o movimento conquistava vitórias militares, seus feitos e ideias eram comentados e disseminados pela população cubana. No início de 1958, a Rádio Rebelde foi ao ar, fazendo com que Fidel, com sua inflamada oratória, alcançasse a massa popular cubana. O número de militantes do Movimento de 26 de Julho aumentou, tanto no campo quanto nas cidades. Os guerrilheiros, mesmo em menor número e com menores recursos, fizeram com que o Exército de Batista sofresse grandes derrotas.

No segundo semestre de 1958, as colunas guerrilheiras passaram à principal ofensiva. Nessa fase, destacaram-se os principais líderes guerrilheiros: "Che" Guevara, Raúl Castro, Camilo Cienfuegos e Fidel. Em dezembro de 1958, o ditador Batista, observando a grande adesão popular ao movimento e o avanço das tropas guerrilheiras, fugiu para a República Dominicana. Em janeiro de 1959, os rebeldes controlaram todo o país, e, no dia 5 daquele mês, Fidel entrou em Havana, onde foi recebido triunfalmente.

Fidel Castro (centro) desfilando em Havana após o sucesso da Revolução Cubana da qual era líder, jan. 1959.

Com a vitória do Movimento de 26 de Julho, Fidel tornou-se chefe das Forças Armadas e, mais tarde, primeiro-ministro. As empresas nacionais e as indústrias de grande porte, bem como as empresas estrangeiras, foram estatizadas pelo governo. No campo, foi realizada uma reforma agrária radical. Os presos durante a ação guerrilheira e os que integraram a pequena resistência contra a ascensão de Fidel foram julgados, sendo exilados ou executados.

Os Estados Unidos logo tomaram medidas retaliativas. O presidente norte-americano Dwight D. Eisenhower cortou a cota de importação de açúcar. Fidel reagiu nacionalizando as companhias açucareira, telefônica e de eletricidade, junto com os bancos norte-americanos. Diante disso, os Estados Unidos decretaram o bloqueio contra Cuba.

Em 16 de abril de 1961, os contrarrevolucionários cubanos que se encontravam nos Estados Unidos tentaram impedir militarmente a consolidação da revolução. Treinados e financiados pela CIA, os contrarrevolucionários desembarcaram na Baía dos Porcos com a intenção de destituir Fidel do poder. A invasão foi um fracasso. Cerca de 80 invasores morreram, 1179 foram presos, um barco foi afundado e cinco aviões derrubados.

Fidel Castro, a princípio, tinha a intenção de estabelecer um governo de cunho nacionalista, visando desenvolver o país e corrigir as enormes desigualdades sociais. Todavia, o acirramento da postura estadunidense, as intenções soviéticas de fornecer recursos a Cuba e a influência de Che Guevara fizeram com que suas intenções se voltassem ao modelo socialista. Em abril de 1961, Fidel declarou oficialmente que Cuba passava a ser um Estado socialista. Nesse pronunciamento histórico, afirmou que adotava o marxismo-leninismo e que se aproximava da União Soviética.

A partir de então, o governo cubano adotou os moldes de planificação econômica e de constituição do Estado. Após a reforma agrária estabeleceu uma cota de propriedades que deveriam produzir alimentos, visando ao abastecimento da população. Na área social, estabeleceram-se garantias mínimas estatais para todo cidadão cubano, como alimentação, que era subsidiada pelo governo, saúde, educação e lazer. Contando com o suporte financeiro soviético, milhares de moradias populares foram construídas, os despejos foram ilegalizados, os aluguéis foram reduzidos e subsidiados, altos investimentos foram feitos na saúde e na educação, erradicando o analfabetismo, empregos foram gerados etc. Assim, as desigualdades sociais em Cuba foram drasticamente reduzidas, transformando o país em um dos melhores Índices de Desenvolvimento Humano (IDHs) das Américas.

Estatizadas, as empresas exportadoras, principalmente as de açúcar, café e charutos, receberam muitos recursos e expandiram-se, gerando uma grande quantidade de empregos. A reforma agrária distribuiu terras aos camponeses, gerando empregos e renda. Aqueles que não receberam diretamente terras foram integrados em cooperativas e se tornaram trabalhadores de fazendas coletivas.

### Explorando

**A Revolução Cubana**
Luis Fernando Ayerbe, Editora Unesp.

Autor analisa os mais de 50 anos de trajetória revolucionária em Cuba. As realizações, as dificuldades e o contexto da mais controvertida revolução caribenha.

Fidel Castro durante a inauguração de uma escola secundária rural em Matanzas (Cuba), 1971.

A indústria produtora de níquel também ganhou forte impulso após a Revolução. Contudo, Cuba tornou-se extremamente dependente da importação de industrializados e de combustíveis da União Soviética.

Em outubro de 1962, diante da descoberta de que mísseis soviéticos estavam sendo instalados em Cuba, os Estados Unidos bloquearam a ilha e se prepararam para uma invasão. Para evitar um conflito de consequências graves, a União Soviética retirou os mísseis, e o bloqueio foi cancelado.

Com a redemocratização da América Latina, a maioria dos países reatou as relações diplomáticas com o regime de Fidel Castro, tratado como assunto proibido pelas ditaduras militares antecessoras. Entretanto, o impasse com os norte-americanos continuou.

## DOCUMENTOS EM ANÁLISE

Leia o discurso proferido por Fidel Castro em 1960 e responda às questões no caderno.

### PRIMEIRA DECLARAÇÃO DE HAVANA

> O povo de Cuba condena energicamente o imperialismo da América do Norte por sua dominação grosseira e criminosa, que dura há mais de um século, de todos os povos da América Latina, que mais de uma vez viram ser invadido o solo do México, da Nicarágua, do Haiti, de Santo Domingo e de Cuba; povos estes que perderam, para um imperialismo ganancioso, terras amplas e ricas como o Texas, áreas tão vitalmente estratégicas como o Canal do Panamá, e mesmo, como no caso de Porto Rico, países inteiros foram transformados em territórios de ocupação. Essa dominação, construída sobre superioridade militar, sobre tratados injustos, e sobre a colaboração vergonhosa de governos traidores, há mais de cem anos fez da Nossa América – a América que Bolívar, Hidalgo, Juarez, San Martin, O'Higgins, Tiradentes, Sucre e Martí desejavam ver livre – uma zona de exploração, um quintal do império financeiro e político dos Estados Unidos, um suprimento de reserva de votos em organizações internacionais.
>
> Nesta luta por uma América Latina livre, contra a voz submissa dos que ocupam o poder como usurpadores, levanta-se agora como força invencível a voz genuína do povo, uma voz que ecoa das profundezas das minas de carvão e de estanho, das fábricas e dos engenhos de açúcar, das terras feudais onde [...] os herdeiros de Zapata e de Sandino levantam as armas da liberdade; uma voz que se ouve em poetas e romancistas, em estudantes, em mulheres e crianças, nos velhos e desamparados. A esta voz dos nossos irmãos, a Assembleia do Povo responde: Estamos prontos! Cuba não faltará!

Discurso de Fidel Castro de 2 de setembro de 1960. In: Richard Gott. *Cuba. Uma nova história*. Rio de Janeiro: Jorge Zahar Editor, 2006. p. 212.

1. A quem Fidel Castro critica em seu discurso e por quê?
2. Como Fidel justifica a necessidade da Revolução Cubana?
3. De acordo com Fidel, essas ideias eram apenas dos revolucionários? Explique.
4. Quem foram as pessoas citadas por Fidel (Bolívar, Hidalgo etc.) e por que ele fez referência a elas?

## HISTÓRIA E CIDADANIA

### Desaparecidos políticos

> Nas últimas duas décadas, a América Latina vem passando por um lento processo de redemocratização e aos poucos se recupera das ditaduras militares que durante muitos anos, com o apoio dos EUA, impuseram regimes repressivos a grande parte dos países da região. Esse período, no entanto, deixou uma herança perversa de violação de direitos humanos e de desrespeito a direitos civis e políticos que, em muitos casos, continuam ocorrendo até hoje. A prática sistemática da tortura e os constantes desaparecimentos políticos em alguns países são dois resquícios dos regimes autoritários, mas esse fenômeno não se restringe a apenas isso. [...]
>
> Desde os anos 60, há registro de aproximadamente 120 mil desaparecidos políticos na América Latina, sendo a Guatemala o país que concentra o maior número de casos (45 mil), seguida por Argentina (30 mil), Haiti (12,5 mil) e Nicarágua (10,5 mil). Ainda que tenha sido bem mais frequente no período das ditaduras militares que atingiram grande parte dos países nessas últimas quatro décadas, esse crime de lesa humanidade continua acontecendo cotidianamente em diversos locais. Hoje, o maior problema ocorre na Colômbia, onde desaparecem a cada dia de duas a quatro pessoas, em geral lutadores sociais, sindicalistas, campesinos, integrantes de partidos políticos. Há ainda as desaparições massivas, de comunidades completas que são torturadas e assassinadas.
>
> Os dados oficiais colombianos apontam para 7,5 mil desaparecidos desde a década de 80, mas a Associação de Familiares de Presos Desaparecidos da Colômbia (Asfaddes) acredita que o número real pode chegar ao dobro disso, atingindo 15 mil vítimas, já que há um medo generalizado de denunciar, por conta de frequentes ameaças, perseguições e deslocamentos forçados no país gerados pelo conflito armado. Os responsáveis por esse crime são muitas vezes representantes do Estado ou dos paramilitares. Até mesmo integrantes da Asfaddes estão na lista dos desaparecidos e a organização é alvo de investigações e perseguição por parte do serviço de inteligência de Medellín, já tendo sido descobertas inclusive interceptações telefônicas. [...]
>
> Essa situação de completa impunidade em relação a desaparecimentos políticos, torturas e assassinatos políticos não ocorre apenas na Colômbia, mas percorre toda a América Latina, principalmente em relação aos crimes que ocorreram nas ditaduras militares. Os familiares das vítimas, no entanto, continuam lutando por verdade e Justiça. 'Nossa reparação não é econômica, é moral e política', afirma a mexicana Judith Galarza Campos, secretária executiva da Federação Latino Americana de Associações de Familiares de Detidos Desaparecidos (Fedefam). 'Não queremos que ninguém no mundo volte a passar pelo que passamos, só quando for feita justiça esses horrores deixarão de acontecer', diz.

Fernanda Sucupira. Operação Condor continua na América Latina. *Carta Maior*. 14 ago. 2013. Disponível em: <www.cartamaior.com.br/templates/materiaMostrar.cfm?materia_id=9869>. Acesso em: ago. 2013.

## AGORA É COM VOCÊ

**1** Assinale as alternativas **incorretas** sobre o populismo na América Latina.

a) ( ) Teve início no período pós-guerra com a eleição de Perón na Argentina.

b) ( ) Não foi bem-aceito pelas massas populares pois seu discurso era de repressão e internacionalização econômica.

c) ( ) O discurso populista era trabalhista, nacionalista e desenvolvimentista.

d) ( ) Os populistas não tiveram apoio inicial dos Estados Unidos, mas depois foram bem-aceitos.

**2** Complete corretamente no que se refere à Argentina entre 1943 e 1955.

| | |
|---|---|
| Nome do líder do golpe na Argentina em 1943 e eleito como presidente em 1946: | |
| Grande ativista social, foi a 1ª esposa de Perón: | |
| Tipo de governo realizado por Perón: | |
| Principais feitos de Perón na área social: | |
| Fim do governo de Perón: | |

**3** Identifique se as frases são verdadeiras **V** ou falsas **F** em relação ao Chile.

a) ( ) Entre 1938 e 1973 o Chile viveu um período de democracia.

b) ( ) Na década de 1960, houve um golpe militar no Chile com a ascensão ao poder de Eduardo Frei.

c) ( ) Salvador Allende venceu as eleições em 1970 e procurou implantar o socialismo no Chile.

d) ( ) Allende não realizou reforma agrária e ainda distribuiu as terras entre latifundiários chilenos.

e) ( ) A Era Pinochet foi marcada por violência, repressão e também milagre econômico durante um período.

**4** Assinale as alternativas com as frases corretas sobre a Revolução Cubana e depois corrija as frases incorretas nas linhas abaixo.

a) ( ) Fidel Castro iniciou em 1953 a luta armada contra o regime de Fulgêncio Batista.

b) ( ) Fidel sempre permaneceu em Cuba durante o período revolucionário, atuando politicamente como opositor ao ditador.

c) ( ) Os irmãos Fidel e Raul Castro tiveram apoio de Che Guevara na luta contra a ditadura em Cuba.

d) ( ) Em 1959, Fidel, liderando os rebeldes, tomou o poder em Cuba tornando-se primeiro-ministro.

e) ( ) A tomada de poder em Cuba por Fidel foi amplamente apoiada pelos Estados Unidos, que enviou ajuda para seu governo.

f) (   ) Fidel implantou o socialismo em Cuba a partir de 1961 e implementou várias reformas para adequar ao novo sistema.

___

## SUPERANDO DESAFIOS

**1** (Cesgranrio-RJ) O "peronismo", fenômeno político que surge na Argentina na década de 1940, pode ser identificado como:

a) a variante argentina do fascismo europeu, tendo nas classes médias sua principal base social;

b) mais um dos regimes ditatoriais da tradição caudilhista latino-americana e identificado com as populações rurais;

c) uma tendência demagógica e oportunista, voltada para o desenvolvimento do operariado em bases nacionalistas;

d) uma forma de "populismo", apoiada nos setores mais novos do proletariado urbano e nas camadas inferiores das classes médias;

e) uma ditadura popular de novo tipo, uma vez que contava com o apoio do campesinato e dos operários pobres.

**2** (FGV-SP) Fragmento sobre a América Latina:

"...o novo regime já não é oligárquico, não obstante as oligarquias não tenham sido fundamentalmente afetadas em suas funções de hegemonia social e política aos níveis local e regional e se encontrem, de algum modo, representadas no Estado (...) Trata-se de um Estado de Compromisso que é ao mesmo tempo um Estado de Massas, expressão da prolongada crise agrária, da dependência social dos grupos de classe média, da dependência social e econômica da burguesia industrial e da crescente pressão popular."

O fragmento trata do surgimento, na região, dos regimes:

a) Populistas.
b) Comunistas.
c) Neoliberais.
d) Autonomistas.
e) Socialistas.

# COM A PALAVRA, A ESPECIALISTA

**Quem é**
Marilena Chaui

**O que faz**
Filósofa e historiadora, é professora titular de Filosofia Política e Filosofia Moderna da Faculdade de Filosofia, Letras e Ciências Humanas (FFLCH) da Universidade de São Paulo.

Em entrevista cedida à Rede Brasil Atual, Marilena Chaui falou sobre o período da Ditadura Militar no Brasil e suas consequências nos âmbitos social, político e educacional.

**Quais foram os efeitos do regime autoritário e seus interesses ideológicos e econômicos sobre o processo educacional do Brasil?**

Vou dividir minha resposta sobre o peso da ditadura na educação em três aspectos. Primeiro: a violência repressiva que se abateu sobre os educadores nos três níveis: fundamental, médio e superior. As perseguições, cassações, as expulsões, as prisões, as torturas, mortes, desaparecimentos e exílios. Enfim, a devastação feita no campo dos educadores. Todos os que tinham ideias de esquerda ou progressistas foram sacrificados de uma maneira extremamente violenta.

Em segundo lugar, a privatização do ensino, que culmina agora no ensino superior, começou no ensino fundamental e médio. As verbas não vinham mais para a escola pública, ela foi definhando e no seu lugar surgiram ou se desenvolveram as escolas privadas. Eu pertenço a uma geração que olhava com superioridade e desprezo para a escola particular, porque ela era para quem ia pagar e não aguentava o tranco da verdadeira escola. Durante a ditadura, houve um processo de privatização, que inverte isso e faz com que se considere que a escola particular é que tem um ensino melhor. A escola pública foi devastada, física e pedagogicamente, desconsiderada e desvalorizada.

**E o terceiro aspecto?**

A reforma universitária. A ditadura introduziu um programa conhecido como MEC-*Usaid*, pelo Departamento de Estado dos Estados Unidos, para a América Latina toda. Ele foi bloqueado durante o início dos anos 1960 por todos os movimentos de esquerda no continente, e depois a ditadura o implantou. Essa implantação consistiu em destruir a figura do curso com multiplicidade de disciplinas, que o estudante decidia fazer no ritmo dele, do modo que ele pudesse, segundo o critério estabelecido pela sua faculdade. Os cursos se tornaram sequenciais. Foi estabelecido o prazo mínimo para completar o curso. Houve a departamentalização, mas com a criação da figura do conselho de departamento, o que significava que um pequeno grupo de professores tinha o controle sobre a totalidade do departamento e sobre as decisões. Então você tem centralização. Foi dado ao curso superior uma característica de curso secundário, que hoje chamamos de ensino médio, que é a sequência das disciplinas e essa ideia violenta dos créditos. Além disso, eles inventaram a divisão entre matérias obrigatórias e matérias optativas. E, como não havia verba para contratação de novos professores, os professores tiveram de se multiplicar e dar vários cursos.

**Houve um comprometimento da inteligência?**

Exatamente. E os professores, como eram forçados a dar essas disciplinas, e os alunos, a cursá-las, para terem o número de créditos, elas eram chamadas de "optatórias e obrigativas", porque não havia diferença entre elas. Depois houve a falta de verbas para laboratórios e bibliotecas, a devastação do patrimônio público, por uma política que visava exclusivamente a formação rápida de mão de obra dócil para o mercado. Aí, criaram a chamada licenciatura curta, ou seja, você fazia um curso de graduação de dois anos e meio e tinha uma licenciatura para lecionar. Além disso, criaram a disciplina de educação moral e cívica, para todos os graus do ensino. Na universidade, havia professores que eram escalados para dar essa matéria, em todos os cursos, nas ciências duras, biológicas e humanas. A universidade que nós conhecemos hoje ainda é a universidade que a ditadura produziu.

**Essa transformação conceitual e curricular das universidades acabou sendo, nos anos 1960, em vários países, um dos combustíveis dos acontecimentos de 1968 em todo mundo.**

Foi, no mundo inteiro. Esse é o momento também em que há uma ampliação muito grande da rede privada de universidades, porque o apoio ideológico para a ditadura era dado pela classe média. Ela, do ponto de vista econômico, não produz capital, e do ponto de vista político, não tem poder. Seu poder é ideológico. Então, a sustentação que ela deu fez com que o governo considerasse que precisava recompensá-la e mantê-la como apoiadora, e a recompensa foi garantir o diploma universitário para a classe média. Há esse barateamento do curso superior, para garantir o aumento do número de alunos da classe média para a obtenção do diploma. É a hora em que são introduzidas as empresas do vestibular, o vestibular unificado, que é um escândalo, e no qual surge a diferenciação entre a licenciatura e o bacharelato.

Foi uma coisa dramática, lutamos o que pudemos, fizemos a resistência máxima que era possível fazer, sob a censura e sob o terror do Estado, com o risco que se corria, porque nós éramos vigiados o tempo inteiro. Os jovens hoje não têm ideia do que era o terror que se abatia sobre nós. Você saía de casa para dar aula e não sabia se ia voltar, não sabia se ia ser preso, se ia ser morto, não sabia o que ia acontecer, nem você, nem os alunos, nem os outros colegas. Havia policiais dentro das salas de aula.

**Houve uma corrente muito forte na década de 60, composta por professores como Aziz Ab'Saber, Florestan Fernandes, Antonio Candido, Maria Vitória Benevides, a senhora, entre outros, que queria uma universidade mais integrada às demandas da comunidade. A senhora tem esperança de que isso volte a acontecer um dia?**

Foi simbólica a mudança da faculdade para o "pastus", não é campus universitário, porque, naquela época, era longe de tudo: você ficava em um isolamento completo. A ideia era colocar a universidade fora da cidade e sem contato com ela. Fizeram isso em muitos lugares. Mas essa sua pergunta é muito complicada, porque tem de levar em consideração o que o neoliberalismo fez: a ideia de que a escola é uma formação rápida para a competição no mercado de trabalho. Então fazer uma universidade comprometida com o que se passa na realidade social e política se tornou uma tarefa muito árdua e difícil.

**Não há tempo para um conceito humanista de formação?**

É uma luta isolada de alguns, de estudantes e professores, mas não a tendência da universidade.

[...]

Entrevista realizada por Paulo Donizetti de Souza, publicada 29 mar. 2012.
Disponível em: <www.redebrasilatual.com.br/cidadania/2012/03/para-marilena-chaui-ditadura-militar-fez-com-que-universidades-nao-oferecam-formacao-humanista>. Acesso em: jul. 2013.

# Para não esquecer

## Ruptura entre Estados Unidos e União Soviética

- corrida armamentista
- corrida espacial

Destaques

EUA - contenção do comunismo
- Plano Marshall
- Organização do Atlântico Norte

- Pacto de Varsóvia
- alianças militares

URSS contra a EUA

## Guerra Fria

### Destaques

- Disputa entre EUA e URSS

### Interferências

- Guerra da Coreia
- Guerra do Vietnã
- Revolução Socialista Chinesa

## Descolonização da Ásia e da África

### Contexto

- Fim da Segunda Guerra Mundial
- Perda de poder europeu.
- Expansão do poder econômico, bélico e político dos EUA.

### Significado

- Início da ruptura da exploração intensiva.
- Busca de um novo modo de organização adaptado aos territórios explorados.

# Brasil

**Governo Dutra**
- nova Constituição
- política econômica liberalista
- Elaboração do Salte.

**Governo Vargas**
- Retorno do populismo e do nacionalismo
- Investimento na indústria de base

**Governo JK**
- política desenvolvimentista
- grandes obras de infraestrutura
- Planos de metas
- rompimento com o FMI
- construção de Brasília

**Governo Jânio Quadros**
- austeridade econômica
- moralização do funcionalismo público
- retomada das relações com o bloco socialista

**Governo de Jango**
- implantação do parlamentarismo

# Ditadura Militar

**Características**
- suspensão de leis e garantias constitucionais
- repressão e censura
- atos institucionais
- ufanismo
- "milagre econômico"

**Presidentes "linha dura"**
- Costa e Silva
- Médici

# Oriente Médio

**Destaques**
- árabes x israelenses
- religião, território, cultura e economia
- divisão da Palestina
- Guerra de Suez
- Guerra dos Seis Dias
- Guerra do Yom Kippur
- intifadas

## RESGATANDO CONTEÚDOS

1. Escreva **V** para verdadeiro e **F** para falso.

    a) (   ) O Plano Trienal de Desenvolvimento Econômico e Social tinha como objetivo diminuir a inflação, reduzir a dívida externa, distribuir melhor as riquezas e promover o crescimento econômico, sobretudo por meio da reforma agrária.

    b) (   ) As mães da Praça de Maio foi um movimento no qual mães se reuniram para reclamar junto às autoridades informações sobre seus filhos desaparecidos durante a ditadura militar.

    c) (   ) Cuba foi um dos primeiros países da América Espanhola a obter sua independência, que só se concretizou em 1898.

    d) (   ) O governo Médici representou o período mais cruel de repressão, violência e cerceamento das liberdades civis da História do Brasil.

2. Preencha o quadro a seguir com as principais características dos governos da América Latina estudados.

| | |
|---|---|
| Argentina | |
| Chile | |
| Cuba | |

3. Complete o diagrama de palavras com os nomes relacionados a acontecimentos do período da Guerra Fria.

    1. Pacto estabelecido pela URSS cujo objetivo era garantir a aliança militar entre os países socialistas sob a liderança soviética.
    2. Governo reformista derrubado pelos militares na década de 1960, com o apoio dos norte-americanos.
    3. Líder da marcha pacífica realizada em agosto de 1963, em Washington, que reuniu 250 mil pessoas.
    4. Bloqueio físico construído em 1961, na Alemanha Oriental, que separava o território alemão socialista do capitalista.
    5. Carta assinada pelos Aliados que preconizava a autodeterminação dos povos ao colocar o "direito próprio de cada povo em escolher a forma de governo sob a qual deseja viver".
    6. Plano nacional de desenvolvimento que foi a base do governo JK e beneficiou principalmente a indústria de bens de consumo duráveis, como as de automóveis e eletrodomésticos.
    7. País que após sua independência, em 1776, passou a atuar mais ativamente no cenário latino-americano e consolidar suas intenções no continente aplicando a Doutrina Monroe e a política do Big Stick.
    8. Decretos emitidos durante o Regime Militar que constituíam os principais instrumentos utilizados para governar o Brasil.

[Crossword grid with numbered entries 1–8]

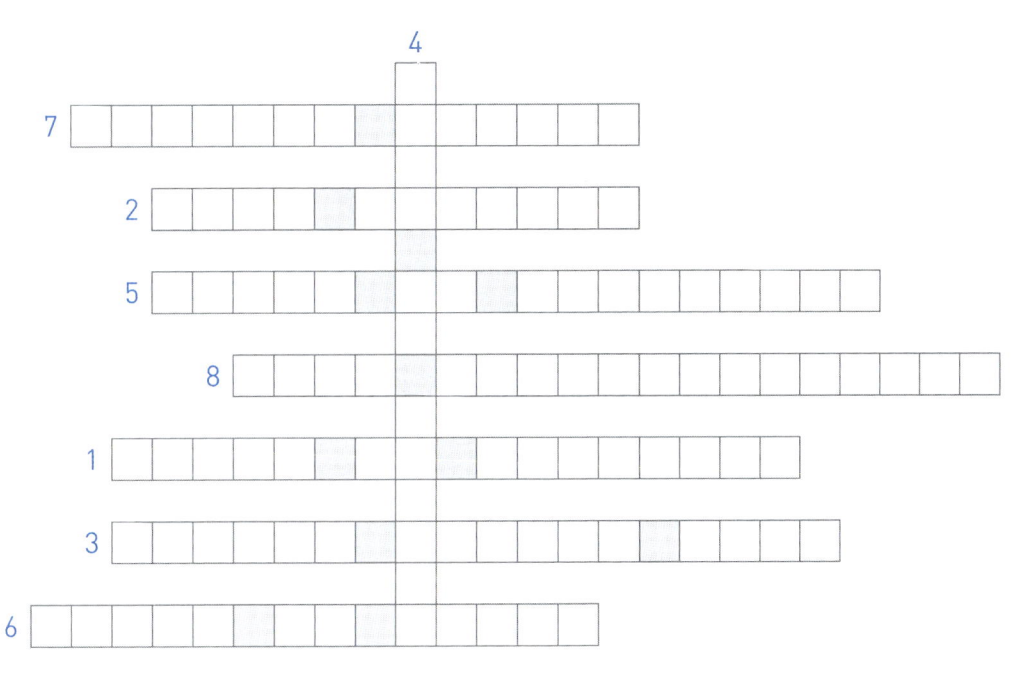

**4** Relacione as colunas corretamente.

a) Objetivo da política externa desenvolvida pelo presidente americano Harry Truman.

b) Pacote econômico americano que propôs o investimento de grande quantia de capital na reconstrução dos países europeus destruídos durante a Segunda Guerra.

c) Estratégia estabelecida pela URSS para responder aos acordos militares entre os Estados Unidos e alguns países europeus, e garantir a aliança militar entre os países socialistas e a liderança soviética.

d) Disputas que envolveram Estados Unidos e URSS após o fim da Segunda Guerra Mundial.

e) País ocidental que saiu fortalecido da Segunda Guerra Mundial.

(   ) Plano Marshall.

(   ) Conter o avanço do comunismo na Europa e em todo o mundo.

(   ) Corrida espacial e corrida armamentista.

(   ) Estados Unidos.

(   ) Pacto de Varsóvia.

**5** Preencha os quadros com as características das principais formas de resistência às ideias de autodeterminação dos povos surgidas no pós-Primeira Guerra Mundial.

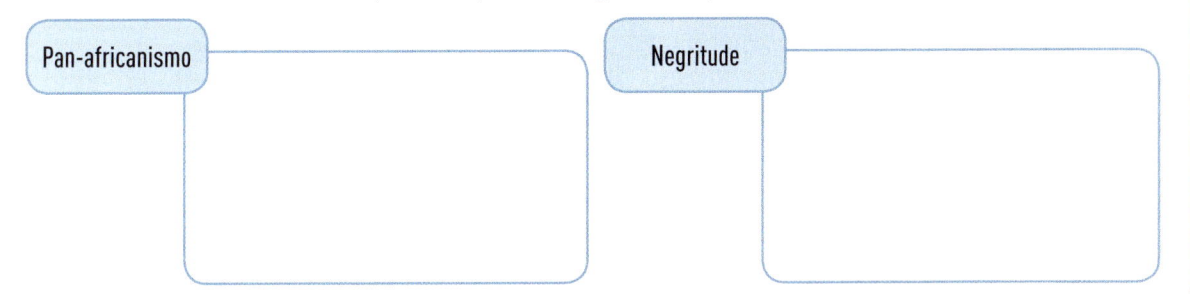

Pan-africanismo

Negritude

# BAGAGEM CULTURAL

## Revolta da Vacina

Rio de Janeiro, 1904. Trilhos arrancados, calçamentos desfeitos, bondes derrubados e incendiados. Aproximadamente 3 mil pessoas participaram da "mais terrível das revoltas da República", segundo a imprensa. Não era só por causa da vacina que a cidade fora sitiada. Os descontentamentos eram muitos: cerca de 600 casas tinham sido derrubadas em razão da reforma urbana (o "bota-abaixo"), os aluguéis não paravam de subir e o governo não resolvia os problemas da população. A gota-d'água, porém, foi a lei que obrigava a todos a tomar uma injeção. Ninguém entendia direito para que servia aquilo. Diziam que ela evitava pústulas terríveis e o risco de morte pela varíola, que chegava a 50% na época. Mas você tomaria algo indicado pelo governo sem saber exatamente o que é? Insatisfeita com a situação e estimulada pela imprensa da época, a população foi às ruas protestar e até derrubou um bonde! O saldo da revolta foi assustador para o início do século XX: 30 mortos, 945 presos, 110 feridos e 461 deportados.

*Eu não vou deixar a ação sem fazer o meu barulho*
*Os doutores da ciência terão mesmo que ir no embrulho*

A canção *Vacina obrigatória* (1904), de Mario Pinheiro, relata episódios da Revolta da Vacina com muito humor.

Ilustrações: Kris Barz

## Oswaldo Cruz

Em 1903, Oswaldo Cruz, diretor-geral de Saúde Pública, prometeu que combateria as epidemias do Rio de Janeiro. Na época, a cidade tinha péssimas condições sanitárias. Contra a varíola, ele adotou uma medida radical: criou uma lei que tornava a vacina obrigatória. Os profissionais da saúde passaram a vacinar as pessoas à força. Muito criticado pela atitude autoritária, o médico sanitarista colaborou para a eclosão de uma rebelião: a Revolta da Vacina.

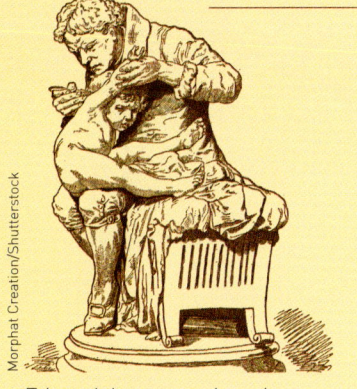

Edward Jenner vacinando seu filho. Ilustração baseada em escultura de Giulio Monteverde (1873).

No século XVIII, o médico inglês **Edward Jenner** observou que os ordenhadores que manipulavam as vacas acometidas por varíola apresentavam lesões nas mãos que desapareciam espontaneamente. Além disso, eles não se contaminavam com a varíola humana. Jenner fez alguns testes e constatou que as pessoas sadias, ao receber o pus de pessoas contaminadas pela varíola bovina, manifestavam uma forma mais branda da doença e tornavam-se resistentes à varíola humana. Na publicação dos resultados de seus experimentos, o médico utilizou um termo em latim (*variola vaccinae*, "varíola de vaca") que acabou dando nome à técnica que ele criara: a "vacina". Com partículas virais ou o próprio vírus atenuado, a vacina induz o organismo a produzir substâncias que o defendem contra esses agentes. Por isso, é tão importante participar das campanhas de vacinação e manter as vacinas sempre em dia!

A varíola é causada por um vírus transmitido via gotículas de saliva. Os agentes da doença parasitam as células da pele, onde se reproduzem, formando erupções que viram pústulas (bolhas com pus). Essas feridas coçam e doem muito. Atualmente, a varíola existe apenas em laboratórios, para pesquisa.

Os vírus são muito pequenos, visíveis apenas por sofisticados microscópios eletrônicos. Como não apresentam células, precisam do "maquinário" das células dos seres vivos para realizar suas atividades básicas, como a produção de proteínas e a reprodução.

O vírus da varíola é um dos maiores existentes. Veja um modelo ao lado.

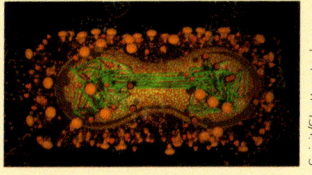

## UNIDADE 3

# Rumo ao Terceiro Milênio

O mundo, no final da Guerra Fria, apresentava sinais de grandes mudanças. O bloco socialista mostrava indícios de desagregação.

No Brasil, o processo de democratização iniciava-se gradativamente.

Foi na década de 1970 que se estabeleceu a chamada Nova Ordem Mundial, conceito que se refere ao contexto mundial do fim do socialismo real e ao posterior rearranjo geopolítico das grandes potências.

Primeira seção do Muro de Berlim sendo derrubada por uma multidão na manhã de 10 nov. 1989. Berlim, Alemanha.

1. O que essa imagem representa?

2. Ao observar essa imagem, que sentimentos ela desperta em você?

# CAPÍTULO 12
# Crise mundial e o fim do bloco socialista

Missão espacial na qual a espaçonave americana Atlantis foi recebida na Estação Espacial russa MIR, em 1995. Durante a Guerra Fria, seria improvável uma missão espacial conjunta entre Estados Unidos e União Soviética. Com o fim da Guerra Fria, essa realidade mudou.

## Palavras-chave

**Produto Nacional Bruto:** quantidade de bens e serviços nacionais produzidos por um país em um dado período de tempo (o cálculo geralmente é efetuado por ano).

**Mercado Comum Europeu:** também chamado de Comunidade Econômica Europeia, foi inicialmente constituído por nove países: Alemanha Ocidental, França, Espanha, Itália, Bélgica, Portugal, Grécia, Luxemburgo, Países Baixos, Reino Unido, Irlanda e Dinamarca. Em 1995, entraram no bloco a Áustria, a Finlândia e a Suécia, ampliando para 15 os países integrantes. Todos os países desse bloco econômico abriram suas fronteiras alfandegárias, de modo que pudessem vender suas mercadorias sem pagar impostos.

O período entre 1945 e 1973 foi denominado pelo historiador Eric Hobsbawm de a Era de Ouro do modo de produção capitalista, considerando o grande desenvolvimento econômico, os avanços sociais, os progressos tecnológicos, o aumento dos investimentos e o crescimento do comércio mundial.

O fortalecimento econômico dos Estados Unidos era notável. O dólar firmou-se como moeda internacional, e o país seguia absoluto no comércio, nas finanças e nos investimentos. Os estadunidenses detinham mais de dois terços das reservas de ouro do mundo, e o crescimento do **Produto Nacional Bruto** (PNB) entre 1947 e 1973 foi, em média, de 3,5% ao ano.

Em termos econômicos, a década de 1950 foi marcada pela reconstrução, pelo avanço do livre-cambismo e pelos primórdios da integração europeia (criação do **Mercado Comum Europeu**). Na Europa, o Estado surgiu como grande administrador do capitalismo, com obras de infraestrutura, proteção social e redistribuição de renda. Foi o chamado Estado de Bem-Estar Social (*Welfare State*).

# Crise mundial

No início da década de 1970, a economia mundial entrou novamente em crise. Nos Estados Unidos, ocorreu grande aumento do déficit orçamentário em razão dos custos com a defesa e com a Guerra do Vietnã. O governo gastava mais do que arrecadava, e por isso houve necessidade de vender ouro para cobrir o déficit.

Na Conferência de Bretton Woods (1944), o dólar tinha sido vinculado ao ouro. Para cada dólar emitido, o Tesouro dos Estados Unidos garantia determinada quantia em ouro. Entretanto, no início da década de 1970, as reservas de ouro dos Estados Unidos eram inferiores à quantidade de dólares emitidos. Assim, a desvinculação ocorrida em 1971 levou a uma perda de confiança em relação à moeda estadunidense, que sofreu sucessivas desvalorizações.

Em 1973, a **Opep**, dominada pelos países árabes, ressentidos com o apoio do Ocidente a Israel na Guerra do Yom Kippur, aumentou drasticamente o preço do petróleo. Diversos países foram diretamente atingidos, sofrendo efeitos como diminuição da atividade econômica, queda do **Produto Interno Bruto** (PIB) e aumento da inflação.

Na América Latina e em outros países em desenvolvimento na África e na Ásia, acelerou-se o processo de endividamento externo, bem como o desemprego e a inflação. Isso causou uma recessão que se estendeu pela década de 1980. Com isso, as desigualdades sociais aumentaram em todo o mundo, e o contingente de pessoas em situação de miséria cresceu.

Diante dessa crise mundial, muitos economistas passaram a defender novas práticas econômicas. Para diminuir gastos, o Estado deveria se afastar das atividades produtivas e deixar o mercado se autorregular quanto aos preços de bens e serviços. Para que isso ocorresse, propôs-se a privatização de empresas estatais e a abertura das economias ao mercado externo.

Essa teoria econômica, conhecida como neoliberalismo, foi amplamente adotada pelos governantes dos países capitalistas com o objetivo de combater os efeitos da crise econômica que os afetou a partir da década de 1970.

## Palavras-chave

**Opep:** Organização dos Países Exportadores de Petróleo. Foi criada em 1960 com o intuito de centralizar e coordenar a produção e comercialização de petróleo no mercado internacional.

**Produto Interno Bruto:** consiste na soma de todas as riquezas produzidas no país, independentemente do destino final dessa renda. Diferente do PNB, o PIB não considera os valores estrangeiros que entram e saem do país.

# O neoliberalismo

Pode-se definir o neoliberalismo como um conjunto de ideias e práticas políticas e econômicas que se baseia na reformulação do liberalismo clássico e propõe o afastamento do Estado das atividades econômicas. Os teóricos neoliberais pregam a redução dos gastos públicos, a privatização de empresas estatais, o controle da política tributária e financeira, bem como a livre circulação de mercadorias e serviços.

As principais características do neoliberalismo são:

- abertura de mercados para possibilitar a circulação global de mercadorias e serviços;

- redução ou extinção de taxas alfandegárias e defesa do livre comércio;
- liberdade para circulação de capitais;
- flexibilização das leis trabalhistas;
- redução da carga tributária;
- diminuição de gastos em áreas sociais;
- livre concorrência;
- redução do intervencionismo estatal na economia.

Margaret Thatcher, primeira-ministra britânica (1979-1990), e Ronald Reagan, presidente dos Estados Unidos (1981-1988), foram dois grandes defensores da política neoliberal. Washington, 15 jul. 1987.

## DIVERSIFICANDO LINGUAGENS

Leia o texto a seguir e responda às questões no caderno.

Anos 70: a crise chegou, com seu cortejo de consequências, incontrolável, indominável. Diminuição do crescimento, ascensão do desemprego, acentuamento da inflação, baixo poder de compra dos trabalhadores; incerteza, inquietação, angústia [...]. Como chegamos a esse ponto? [...] As taxas de lucro dos principais países capitalistas começaram a decrescer no decorrer dos anos 60. [...] Ora, a desigualdade aparece como inerente às sociedades capitalistas. Nos EUA, segundo os critérios da própria administração americana, podia se contar 35 milhões de pobres. [...] Na França, em 1970, dez milhões de pessoas fechadas no círculo vicioso da pobreza. [...] Nos EUA, os 10% mais ricos têm uma massa de rendas que representa 29 vezes a dos 10% mais pobres. [...] No total, a tendência do conjunto é, em cada grande país capitalista, ao aumento dos custos, à saturação dos mercados, à intensificação da competição [...].

Quando explode a quarta guerra entre israelenses e árabes, em outubro de 1973, a decisão de reduzir as entregas e aumentar os preços do petróleo se inscreve nessa incessante pressão – dos países do Terceiro Mundo. [...] No início de 1970, o preço do barril de petróleo não permitia importar senão dois terços daquilo que possibilitava importar em 1949.

Michel Beaud. *História do capitalismo: de 1500 aos nossos dias.* São Paulo: Brasiliense, 1987. p. 321-334.

1. Quais foram as causas e as consequências da crise econômica mundial de 1973?
2. Qual a relação entre o início de guerra entre árabes e israelenses e a crise?

# Os Estados Unidos a partir da década de 1970

Com a renúncia do presidente Richard Nixon em 1974, assumiu Gerald Ford, que foi sucedido por Jimmy Carter (1977-1980), eleito pelo Partido Democrata em 1976.

Jimmy Carter assinou acordos de distensão (*détente*) com os soviéticos, entre eles, o **Salt**-2, e também adotou práticas de defesa dos Direitos Humanos.

Carter foi mediador na Conferência de Camp David, em 1978, para selar um acordo de paz entre Egito e Israel. Esse acordo restabeleceu relações diplomáticas entre esses países, rompidas havia alguns anos.

Em 1981, o Partido Republicano retomou o poder com Ronald Reagan, ex-ator de Hollywood e governador da Califórnia por duas vezes. Defensor dos valores tradicionais da sociedade norte-americana, Reagan adotou uma política externa de combate ao avanço comunista, e definiu a União Soviética como o "Império do Mal". A instalação de mísseis nucleares na Europa para combater a União Soviética reaqueceu a Guerra Fria e provocou protestos diante da nova ameaça de guerra nuclear.

Os soviéticos, em reação ao rearmamento dos Estados Unidos, retiraram-se das conversações de paz que eram realizadas em Viena, em 1983.

No plano econômico, Reagan fez um severo corte de gastos públicos, principalmente no campo social, como educação e saúde. O governo também reduziu as regulamentações econômicas e financeiras e cortou impostos, de acordo com as propostas do neoliberalismo. Apesar de pregar a redução dos gastos do Estado, o governo de Reagan continuou promovendo altos investimentos no desenvolvimento militar.

A política econômica neoliberal também foi implantada no Reino Unido, governado pela primeira-ministra Margareth Thatcher (1979-1990), para dar dinamismo à economia. Obteve certo sucesso, o que possibilitou ao Partido Conservador manter-se no poder por um longo período.

Reagan reelegeu-se em 1984. Diante da política de abertura implantada pelo dirigente soviético Mikhail Gorbatchev, retomou as conversações com a União Soviética. Em 1987, foram assinados acordos de paz entre norte-americanos e soviéticos, e Reagan viajou à URSS no ano seguinte para ratificá-los. Terminou seu segundo mandato com elevados índices de popularidade e conseguiu eleger George Bush, que tinha sido seu vice-presidente.

O governo de George Bush (1989-1992) manteve a política neoliberal e militarista de seu antecessor, exemplificada pela interferência norte-americana na Guerra do Golfo, contra o Iraque, em 1991.

Em 28 de fevereiro de 1991 ocorreu o cessar-fogo. Entretanto, antes de se retirar do território kuwaitiano, os iraquianos incendiaram diversos poços de petróleo para prejudicar a exploração do produto e impedir, durante algum tempo, o restabelecimento da produção e a queda dos preços.

### Palavras-chave

**Détente:** palavra francesa que em português significa "distensão". Refere-se ao relaxamento de tensões entre nações ou governos. Neste caso, faz alusão aos acordos bilaterais estabelecidos entre Estados Unidos e URSS na década de 1970, que visavam à diminuição dos riscos de uma guerra nuclear por meio, principalmente, do controle do arsenal nuclear das duas superpotências.

**Salt:** significa Strategic Arms Limitations Talks – Discussões ou conversações sobre limitações de armas estratégicas, que são acordos assinados entre 1972 e 1979. O Salt-1 foi assinado em 1972 por Richard Nixon e pelo líder soviético Leonid Brejnev.

## Palavras-chave

**Nafta:** significa North American Free Trade Agreement ou Tratado Norte-Americano de Livre Comércio e trata-se de um bloco econômico formado por Estados Unidos, Canadá e México. Foi ratificado em 1993 e passou a ser utilizado em 1º de janeiro de 1994.

**Perjúrio:** quebra de juramento; juramento falso.

**Obstruir:** impedir, embaraçar o andamento dos trabalhos legislativos.

**World Trade Center:** inaugurado em abril de 1973, era considerado, até os eventos ocorridos no dia 11 de setembro de 2001, um marco arquitetônico e símbolo do desenvolvimento econômico dos Estados Unidos. Localizado em Manhattan, centro financeiro de Nova York, o complexo abrigava sete arranha-céus, dentre os quais se destacavam as torres gêmeas, com 110 andares cada uma, que abrigavam sedes de importantes empresas do país.

O presidente Bush teve momentos de popularidade elevada, como no caso da hegemonia do país depois da queda do bloco socialista. Mas também enfrentou períodos de impopularidade, consequência do aumento do desemprego e da queda na produtividade da economia. Assim, George Bush não conseguiu reeleger-se em 1992. O eleito foi o democrata Bill Clinton (1993-2000), que pôs fim a um período de 12 anos de domínio do Partido Republicano.

O governo Clinton passou a estimular as exportações e intensificou a política econômica neoliberal, obtendo êxito na aprovação do **Nafta** e do Acordo Geral de Tarifas e Comércio.

A melhoria da situação econômica favoreceu a reeleição de Bill Clinton, em 1996. Mas o presidente enfrentou a ameaça de *impeachment* entre 1998 e 1999 devido ao envolvimento amoroso com uma ex-estagiária da Casa Branca, Monica Lewinsky. Foi absolvido pelo Senado das acusações de **perjúrio** e **obstrução** da justiça (que poderiam lhe custar o mandato) em fevereiro de 1999.

Nas eleições do ano 2000, o republicano George Walker Bush, filho do ex-presidente George Herbert Bush, venceu o democrata Al Gore.

Ao assumir a Presidência, em janeiro de 2001, Bush reativou programas militares como o Escudo Antimíssil (National Missile Defense), demonstrando aos norte-americanos e ao mundo que a corrida armamentista estava de volta. A grande novidade é que, em caso de algum ataque, os Estados Unidos, com a instalação do escudo, em tese, estariam protegidos e podiam realizar uma contraofensiva.

Em 11 de setembro de 2001, os Estados Unidos enfrentaram uma situação inimaginável de vulnerabilidade. Na manhã daquele dia, quatro aviões que faziam voos domésticos foram sequestrados por terroristas suicidas. Dois deles foram arremessados contra as torres do **World Trade Center**, na cidade de Nova York. Uma terceira aeronave foi arremessada contra o Pentágono (sede do Departamento de Defesa), nos arredores de Washington. O quarto avião, possivelmente pela ação dos passageiros que perceberam o que aconteceria, não atingiu nenhum alvo, e caiu na Pensilvânia. Cerca de 3 mil pessoas morreram nos atentados.

Área onde localizavam-se os prédios do World Trade Center, cinco dias após serem atingidos pelos aviões sequestrados pelo grupo terrorista Al Qaeda. Nova York, 16 set. 2001.

A reação de Bush foi iniciar a chamada Guerra ao Terror: enfrentar os supostos inimigos dos Estados Unidos, por exemplo, Irã, Iraque, Afeganistão e Coreia do Norte. A justificativa é que esses países fabricavam armas de destruição em massa e patrocinavam terroristas internacionais. Em seus discursos, Bush afirmava que esses países constituíam o Eixo do Mal e justificava a necessidade de ações militares.

Como consequência, ocorreram a invasão do Afeganistão, em outubro de 2001, e a invasão do Iraque, em março de 2003.

Em 2004, Bush foi reeleito e manteve suas posições de ataques preventivos a países que supostamente representassem alguma ameaça aos Estados Unidos. A presença norte-americana no Iraque gerou custos altíssimos e causou a morte de mais de 4 mil soldados norte-americanos. Entre os iraquianos, estimam-se as vítimas fatais entre 150 mil e 1 milhão.

Presidente estadunidense Barack Obama fazendo o juramento durante a posse de seu segundo mandato, Washington, 21 jan. 2013.

Nas eleições presidenciais de 2008, foi eleito Barack Obama, do Partido Democrata, que, além de herdar as consequências da política internacional de Bush, ainda teve de enfrenta uma nova crise financeira, considerada a maior desde 1929. Apesar da lenta recuperação da economia, Obama reelegeu-se em 2012.

## DIVERSIFICANDO LINGUAGENS

Leia o texto a seguir e responda às questões no caderno.

### REPERCUSSÕES DO 11 DE SETEMBRO NA VIDA DOS NORTE-AMERICANOS

> A partir do 11 de setembro, os norte-americanos concluíram que sua vida havia se transformado definitivamente. O ambiente de paz não existe mais. Os dirigentes anunciam que a guerra ao terrorismo irá se estender por muitos anos e que uma grave ameaça paira sobre os Estados Unidos, pois os terroristas podem atacar de muitas maneiras e empregar métodos bastante variados, inclusive armas químicas e biológicas. A sensação tranquilizante de invulnerabilidade dá lugar a uma fragilidade aterradora, e um medo paranoico toma conta da população. Assiste-se a uma corrida atrás de máscaras de gás, as pessoas têm medo de se aventurar no centro da cidade, temem que a água e o ar estejam contaminados por substâncias químicas, tóxicas e demonstram profundo receio [...] de andar de avião. [...]

Serge Bernstein e Pierre Milza (Dir.). *História do século XX: de 1974 aos dias atuais – A caminho da globalização e do século XXI*. São Paulo: Nacional, 2007. p. 202-204.

1. Por que se considera o 11 de setembro de 2001 um marco de mudança para os norte-americanos?
2. O medo paranoico dos norte-americanos era justificável? Explique.

# O fim do bloco socialista

Até meados da década de 1970, o socialismo parecia estar em expansão. A União Soviética era vista como uma grande potência, estável e próspera. Na África, na Ásia e mesmo na América Latina grupos que se diziam socialistas estavam no poder ou eram fortes na oposição.

O governo soviético conseguiu garantir direitos básicos à população, como educação e saúde. Também conquistou avanços científicos e crescente industrialização. A sociedade socialista era altamente estatizada e burocratizada, e o governo controlava quase todas as atividades econômicas. Nas indústrias, por exemplo, determinava que bens seriam produzidos, em que quantidade, onde deveria ser adquirida a matéria-prima, qual seria o salário dos empregados e o preço final da mercadoria. Esse modelo de economia, porém, dava sinais de esgotamento.

Os burocratas indicados pelo governo para gerir as empresas tinham como objetivo atingir as metas de produção determinadas pelo governo. Mas, como não havia concorrência, não havia preocupação com a melhoria na qualidade, com a oferta e com a variedade dos bens.

Nos países capitalistas, que tinham como modelo os Estados Unidos, os avanços tecnológicos foram grandes na década de 1970. No entanto, no contexto da Guerra Fria, ou seja, da bipolarização mundial, os soviéticos, além de não acompanharem esse desenvolvimento, investiam pesadamente na produção de armamentos, em detrimento de melhorias estruturais e do setor produtivo. Essa situação gerou estagnação econômica. A URSS perdia terreno para os países capitalistas na competição tecnológica.

A crise e o posterior colapso das economias socialistas que se encontravam sob o comando da União Soviética provocou significativa mudança na ordem mundial: o fim da Guerra Fria.

Nos últimos anos do socialismo na União Soviética, a população enfrentou uma crise generalizada de abastecimento. Até para comprar gêneros de primeira necessidade, como alimentos e roupas, havia enormes filas. Na fotografia, de 1990, clientes russas disputam a pequena quantidade de carne vermelha em supermercado de Moscou.

# A União Soviética

O governo de Leonid Brejnev (1964-1982) foi marcado pelo retorno ao centralismo político-administrativo. Na política externa, procurou-se manter a força do grupo socialista em oposição ao bloco capitalista. Essa centralização afetou a produtividade da indústria soviética, que cada vez mais perdia competitividade no mercado internacional.

Brejnev enfrentou ainda a deterioração das relações com a China e impediu a abertura do regime na Tchecoslováquia – atual República Tcheca e República da Eslováquia – (a Primavera de Praga), invadindo-a em 1968, conforme foi visto no capítulo sobre a Guerra Fria.

Nos anos 1970, Brejnev e Richard Nixon (presidente dos Estados Unidos) procuraram levar as duas superpotências para um clima de *détente*, ou seja, redução da corrida armamentista.

Após a morte de Brejnev, que se manteve 18 anos no poder, Yuri Andropov, que comandara por longos anos a Comitê de Segurança do Estado (KGB), assumiu o controle do país. Durante seu curto governo (1982-1984) iniciou uma campanha de reformas, visando especialmente combater a corrupção. Andropov foi substituído por Konstantin Tchernenko (1984-1985), que não alterou a já deteriorada política interna e externa.

Portanto, os governos soviéticos, até 1985, mantiveram a situação de estagnação e crise econômica, o que levou a União Soviética a um período de grandes dificuldades, com declínio na produção industrial e agrícola, desabastecimento de alimentos e aumento da corrupção.

## As reformas de Gorbatchev

Em 1985, ocorreu a ascensão de Mikhail Gorbatchev ao poder, que lançou um conjunto de medidas para modernizar a economia e promover mudanças na política interna e externa do país: a *perestroika* ("reestruturação econômica") e a *glasnost* ("transparência política").

Com a *perestroika*, Gorbatchev procurava combater a ineficiência da economia soviética. Foram aprovadas leis que permitiam empreendimentos privados e estrangeiros, o que estimulou a concorrência. Foi concedida autonomia às empresas, que poderiam estabelecer metas, admitir e demitir funcionários e beneficiar-se com os lucros obtidos.

Com a abertura política da *glasnost*, presos políticos foram libertados; obras até então censuradas puderam ser publicadas, e a imprensa obteve liberdade de publicar artigos críticos sobre temas diversos. A liberdade de expressão levou grupos oposicionistas, especialmente nacionalistas, até então reprimidos, a se manifestarem, o que colocou em xeque a unidade soviética.

O novo líder soviético propôs negociações para pôr fim à corrida armamentista e aos conflitos regionais. Assim, pretendia reduzir os gastos militares para canalizar investimentos na produção de bens de consumo. Um dos pontos importantes das reformas de Gorbatchev foi o fim do monopólio do Partido Comunista.

### Explorando

**Anna dos 6 aos 18**
Direção: Nikita Mikhalkov.
Rússia/França, 1994, 100 min.

O diretor russo Nikita Mikhalkov acompanha o crescimento da filha dos 6 até os 18 anos, fazendo-lhe perguntas como "O que você mais ama?" ou "De você tem mais medo?". Paralelamente, ele documenta a história da Rússia no período de 1980 a 1991.

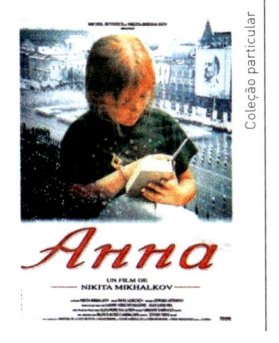

Internamente, as reformas econômicas de Gorbatchev fracassaram. As indústrias soviéticas não estavam adaptadas ao ritmo produtivo de uma economia de mercado nem eram suficientemente competitivas para tal. A ausência de planejamento econômico levou à superprodução em alguns setores, o que provocou queda dos preços e causou prejuízos. Por outro lado, a produção ficou abaixo do necessário em outros setores, o que elevou preços. O desemprego aumentou bastante.

Gorbatchev também estimulou os países do Leste Europeu a promover reformas. Houve uma onda de manifestações nacionalistas que mudaram a configuração do Leste Europeu. Antigas repúblicas soviéticas declararam sua independência e, aos poucos, a URSS foi se desagregando.

Em março de 1991, 76% dos eleitores decidiram em um plebiscito que se mantivesse a união do país, na forma de uma "federação renovada de repúblicas soberanas", com direitos iguais.

Os conservadores do Partido Comunista responsabilizaram Gorbatchev pela situação de desestruturação da economia, perda da influência do país na Europa Oriental e pelo desmantelamento do território. Em agosto de 1991, um grupo de opositores arquitetou um golpe contra Gorbatchev, que fracassou. O repúdio popular ao golpe foi enorme; o presidente da Rússia, uma das repúblicas soviéticas, o reformista Boris Iéltsin, então emergiu como a principal figura política da desintegração.

O frustrado golpe de agosto abriu as comportas para o movimento de independência das repúblicas que compunham a União Soviética. Sem o conhecimento de Gorbatchev, os presidentes da Rússia, Ucrânia e Bielo-Rússia (Belarus), reunidos na cidade de Brest, criaram a Comunidade dos Estados Independentes (CEI), com o intuito de unir as repúblicas integrantes da URSS que desejavam a separação.

Em 25 de dezembro de 1991, Gorbatchev renunciou ao governo da URSS. No dia 31, a URSS deixava oficialmente de existir.

Presidente soviético, Mikhail Gorbatchev, ao assinar sua carta de renúncia, dez. 1991.

## DOCUMENTOS EM ANÁLISE

O texto abaixo mostra o socialismo na visão de Gorbatchev. Leia-o e responda às questões no caderno.

> Penso que aqui seja adequado destacar uma característica especial do socialismo: o alto grau de proteção social. De um lado, é sem dúvida um benefício e uma grande conquista, mas, de outro, faz de algumas pessoas uns parasitas.
>
> Na realidade, não existe desemprego: o Estado encarregou-se de assegurar a ocupação. Mesmo uma pessoa dispensada por indolência ou violação da disciplina de trabalho tem de ter outro emprego. [...] Os filhos de parasitas totais não ficarão à mercê do destino. Temos enormes somas concentradas nos fundos sociais dos quais os indivíduos recebem assistência financeira. [...] A assistência médica é grátis, bem como a educação. Os indivíduos são protegidos dos reveses da vida e sentem-se orgulhosos disso.
>
> Mas constatamos também que pessoas desonestas tentam explorar essas vantagens do socialismo. Conhecem apenas seus direitos, mas não querem saber de seus deveres. Trabalham mal, esquivam-se do trabalho e bebem demais. Há um grande número de indivíduos que adaptou as leis e costumes vigentes para servir seus próprios interesses egoístas. Dão pouco à sociedade, mas conseguem, apesar disso, obter tudo que é possível dela, e até mesmo o que parece ser impossível: vivem de rendas imerecidas.

Mikhail Gorbatchev. *Perestroika: novas ideias para o meu país e o mundo.* São Paulo: Best Seller, 1998. p. 30-31.

1. Qual é a contradição na proteção social do socialismo apontada por Gorbatchev? Explique.

2. Analisando as principais ideias do líder russo presentes no texto, percebe-se uma crítica ao socialismo. Explique.

### Explorando

**As revoluções russas e o socialismo soviético**
Daniel Aarão Reis filho, Editora da Unesp.

Este livro retoma esses acontecimentos passados e as consequências da Revolução Russa após o fim da Guerra Fria e a extinção da União Soviética.

## A Rússia após o fim da URSS

A Rússia, a mais importante das repúblicas, continuou sendo governada por Bóris Iéltsin até 1999.

O governo de Iéltsin foi populista e autoritário. Revogou as leis mais democráticas de Gorbatchev, por exemplo, a de autogestão nas empresas estatais, e ainda dissolveu os sovietes, fechou órgãos de imprensa e iniciou ampla perseguição a seus opositores, em claras ações de autoritarismo.

Além disso, com a Constituição do regime soviético sem validade, acumulou poderes e governava por decretos.

Houve uma transição acelerada para a economia de mercado, que parecia ser a solução para a crise. Mas a ilusão durou pouco, pois o "choque capitalista" gerou desemprego, miséria, criminalidade e muita corrupção. Os sonhos consumistas se foram e sobraram apenas as dificuldades cotidianas. De 1989 até 1998, o PIB da Rússia se contraiu em 40% e a produção industrial caiu 55%.

> Os soviéticos tiveram ilusões próprias; eles acreditavam, por exemplo, que assim como a TV o capitalismo traria o bem-estar e a felicidade, a riqueza para todos; e sonhavam possuir sua própria casa, e achavam que poderiam viver como os americanos que eles viam nos seriados de TV [...]. Pensavam que a privatização e o desenvolvimento do capitalismo os levariam à direção do Eldorado, só que as chances são de se tornarem o quarto mundo [...] eles queriam ter sua própria casa, agora eles têm este direito; em Moscou, onde um operário ganha 600 a 1.000 rublos por mês [...], pode-se comprar uma casa a partir de 45.000 rublos o metro quadrado: isto é liberdade.
>
> Pierre Broué. In: Osvaldo Coggiola (Org.). *História e crise contemporânea*. São Paulo: Edições Pulsar, 1994. p. 61.

Ao fechar o Parlamento, em que os comunistas e nacionalistas eram majoritários, e envolver a Rússia na Guerra da Chechênia, o presidente Iéltsin mostrou sua faceta mais autoritária, contrapondo-se à imagem de "defensor da democracia".

Os chechenos, a maioria muçulmanos, resistiram ao governo comunista desde os tempos da guerra civil. No governo de Kruschev (1955-1964), puderam retornar ao território onde viviam ao norte da Geórgia, dentro das fronteiras da Federação Russa. Com a *glasnost*, os chechenos acreditavam que podiam se tornar independentes. Depois veio a fragmentação da URSS, e os russos temeram que a Rússia também viesse a se fragmentar e perdesse a Chechênia, um território de importância estratégica, por isso a repressão.

Moradores em situação de rua recebem alimentos em Moscou, 14 jan. 2002.

O grupo político de Bóris Iéltsin consolidou-se definitivamente no poder com sua reeleição em 1996. Mas Iéltsin renunciou em 1999, e foi sucedido por Vladimir Putin, que se elegeu presidente em 2000 e se reelegeu em 2004. No seu governo, a Rússia retomou o crescimento econômico com base em práticas capitalistas, e sua maior fonte de renda era originária da exportação de combustíveis. Dimitri Medvedev, apoiado por Putin, foi eleito presidente em 2008, e nomeou Putin como primeiro-ministro.

O sucesso do governo Putin deveu-se, em grande parte, ao restabelecimento da lei e da ordem e à recuperação econômica, especialmente em razão da alta do preço do petróleo no mercado internacional. De 1998 a 2008, o PIB cresceu 185%, e a média de crescimento anual da economia foi de 7,3%. De 1999 a 2003, houve grande desenvolvimento econômico, alicerçado na cooperação entre empresas privadas e governo. Já no período de 2004 a 2008, houve mais interferência do Estado.

Nas eleições parlamentares de 2011, o partido de Putin, Nova Rússia, perdeu um razoável número de cadeiras, apesar de ainda ter maioria. Oposicionistas acusaram os governistas de terem fraudado o pleito. Protestos ocorreram em todo o país, e a queda da popularidade de Putin pode ser explicada por algumas razões: os efeitos da crise global; a corrupção; o desencanto da juventude; a queda do padrão de vida; e a forma autoritária de exercício do poder. Apesar disso, Putin elegeu-se para mais um mandato presidencial em 2012.

Atualmente, a Rússia tem sido considerada uma das cinco economias emergentes do mundo, ao lado de Brasil, Índia, China e África do Sul, que constituem o Brics, sigla formada com a inicial desses países.

Os países do Brics não formam um bloco econômico, mas são considerados possíveis potências econômicas futuras.

Refinaria de petróleo russa situada na cidade Nizhny Novgorod, 15 dez. 2011.
O grande crescimento econômico russo na última década proporcionou aos russos se tornarem os maiores exportadores de petróleo e derivados do mundo, chegando a cerca de 10,27 milhões de barris por dia.

## DIVERSIFICANDO LINGUAGENS

Leia o texto a seguir e responda às questões no caderno.

> Os anos 90 na Rússia, ainda dominados pela perspectiva de reformar em profundidade o sistema socialista, podem ser compreendidos em dois tempos. Numa primeira etapa, prevaleceu a proposta de uma transição rápida em direção ao capitalismo: foi a chamada *terapia de choque*, aplicada basicamente em 1992 e 1993. Nesses dois anos, contradições crescentes entre o presidente Bóris Iéltsin e o Parlamento russo levariam a um choque frontal e a um desfecho violento: o parlamento foi dissolvido e se aprovou uma nova Constituição. A partir daí inaugurou-se um segundo momento. Sem abandonar a meta de instaurar uma economia de mercado, adotaram-se políticas **pragmáticas**, mais ajustadas às tradições históricas russas, em que o papel do Estado sempre foi preponderante. Em todos esses anos, a sociedade russa compreendeu, uma vez mais à própria custa, que a história não dá saltos acrobáticos no curto prazo e que as transformações profundas eventualmente desejadas só podem tomar corpo ao longo do tempo, produto da vontade, do trabalho e da determinação de grandes maiorias.

Daniel Aarão Reis Filho. *As revoluções russas e o socialismo soviético*. São Paulo: Editora da Unesp, 2003. p. 157.

**Palavra-chave**

**Pragmático:** que se volta exclusivamente para as coisas práticas, concretas, materiais, para os objetivos de curto prazo, sem maiores considerações de ordem ideológica, filosófica, religiosa etc.

1. Pela descrição do texto, o que foi a terapia de choque aplicada na Rússia e quais foram os resultados?
2. Explique o segundo momento das reformas na Rússia.
3. O que significa a frase "a história não dá saltos acrobáticos" na realidade russa? Essa questão se aplica a outros contextos? Explique.

# O Leste Europeu

Com a crise econômica que abateu o bloco soviético na década de 1970 e no início da década de 1980, a situação dos estados dirigidos por líderes inflexíveis e avessos a mudanças ficou insustentável. A abertura da URSS mudou o cenário e permitiu que os países da Europa Oriental escolhessem seus próprios caminhos, sem ter mais a sombra da intervenção soviética. Assim, as mudanças também aconteceram nos demais países do bloco socialista, cada uma com dinamismo próprio.

## República Democrática Alemã (RDA)

A Alemanha Oriental (República Democrática Alemã - RDA) era governada por Erich Honecker (1971-1989), que ficou indiferente às reformas liberalizantes propostas por Gorbatchev.

Nos meses de agosto e setembro de 1989, um grande número de alemães orientais começou a se deslocar para a Tchecoslováquia e a Hungria, procurando refúgio temporário na sede da embaixada da Alemanha Ocidental. A abertura da fronteira com a Áustria aumentou o êxodo.

Diante da crise e com numerosas manifestações a favor da abertura do regime, Honecker foi afastado. O seu sucessor, Egon Krenz, iniciou uma série de concessões, e durante seu governo o Muro foi quebrado. O impulso decisivo para derrubar o Muro foi um mal-entendido causado pelo governo da RDA. Na tarde do dia 9 de novembro de 1989, durante uma conferência de imprensa transmitida ao vivo na televisão da Alemanha Oriental, foi anunciada a decisão dos ministros de abolir imediatamente e completamente as restrições de viagens ao Ocidente. Entretanto, a decisão deveria ser publicada só no dia seguinte, pois antes seria necessária a organização das agências governamentais.

Pouco depois desse anúncio, rádios e emissoras de televisão do lado ocidental começaram a divulgar notícias sobre a quebra do Muro. Logo, milhares de pessoas marcharam para os postos fronteiriços e pediram a liberação da fronteira. Entretanto, nem as unidades militares nem as unidades de controle de passaportes haviam sido instruídas e, por isso, não conseguiam controlar a multidão.

A fronteira abriu-se no posto de Bornholmer Strasse, às 23 horas, e mais tarde em outras partes do centro de Berlim e na fronteira ocidental. Muitas pessoas viram esse momento histórico pela televisão. No dia seguinte, havia uma multidão querendo transpor a fronteira.

> **Explorando**
>
> **Adeus, Lênin**
> Direção: Wolfgang Becker.
> Alemanha, 2003, 118 min.
>
> Christiane Kerner, uma socialista dedicada, criou os filhos na Alemanha Oriental, depois de seu marido os deixar. Onze anos mais tarde, ao ver seu filho ser preso enquanto protestava contra o regime, sofre um ataque cardíaco e entra em coma. Enquanto isso, o regime cai e a Alemanha se reunifica; quando ela acorda, seu filho finge que nada mudou no país, para evitar o choque emocional e outro ataque.

O Muro de Berlim, que dividia a cidade de Berlim, era o principal símbolo da Guerra Fria. A destruição do chamado "muro da vergonha" foi um dos maiores símbolos da queda do regime comunista.
Na fotografia, observa-se a população alemã comemorando nos arredores do Portão de Brandemburgo, em Berlim, por onde passava o muro, 10 nov. 1989.

A Alemanha só foi reunificada oficialmente em 3 de outubro de 1990, com a anuência dos Estados Unidos e da URSS. Berlim passou a ser a capital da Alemanha unificada (até então, Bonn era a capital da Alemanha Ocidental e Berlim Oriental era a capital da Alemanha Oriental).

## Polônia

Na Polônia, o socialismo foi implantado pelo Exército Vermelho logo após a expulsão dos alemães no final da Segunda Guerra Mundial. Havia forte sentimento nacionalista, sedimentado pela influência da Igreja Católica, sobretudo após a eleição de um polonês como papa, João Paulo II (Karol Wojtyla), que era um crítico ferrenho do socialismo. Em 1988, foi organizada uma onda de greves bem-sucedidas, que obrigaram o governo a realizar eleições, em que os socialistas foram derrotados. Em 1990, o líder sindical Lech Walesa foi eleito presidente da República.

## Hungria

Na Hungria ocorreu uma revolução pacífica em fevereiro de 1989, quando foi abolido o sistema de partido único. Em 1990, os socialistas sofreram uma derrota que lhes tirou do poder. O novo governo do chamado Fórum Democrático acelerou as reformas econômicas na direção de uma economia de mercado.

## Iugoslávia

Durante a Segunda Guerra Mundial, a Iugoslávia foi invadida por alemães, italianos, búlgaros e húngaros. O marechal Josip Broz Tito foi o grande líder da resistência e, após vencer as eleições, transformou a Iugoslávia numa república socialista.

Formada por seis repúblicas autônomas, com direitos iguais, e duas regiões pertencentes à Sérvia, com autonomia relativa, a Federação Iugoslava abrigava um mosaico de nacionalidades, línguas, culturas e religiões.

Tito conseguiu controlar os diversos grupos étnicos e religiosos da Iugoslávia. Adotou um socialismo mais flexível: os iugoslavos não consideravam todo proprietário envolvido em atividades econômicas como explorador. Praticou-se em grande parte do complexo fabril o sistema de autogestão, ou seja, os próprios funcionários gerenciavam o processo produtivo. E havia relativa liberdade de expressão, ao contrário do que ocorria na URSS.

Tito morreu em 1980. Após sua morte, o regime socialista manteve-se durante algum tempo, mas logo as rivalidades étnicas afloraram nas disputas internas de poder.

Em 25 de junho de 1991, os parlamentos da Eslovênia e da Croácia declararam unilateralmente a independência. Iniciou-se assim uma guerra civil, com terríveis conflitos.

O território, antes ocupado pela Iugoslávia, foi então dividido em Estados soberanos: Eslovênia, Croácia, Sérvia, Montenegro, Bósnia-Herzegovina e Macedônia.

Em fevereiro de 2008, Kosovo declarou sua independência em relação à Sérvia. Os *kosovares*, a maioria albaneses muçulmanos, tinham o apoio dos Estados Unidos e de vários países da União Europeia. Os sérvios alegam que Kosovo é o berço histórico da Sérvia. Rússia e China se opõem ao reconhecimento da independência de Kosovo avalizada pela Corte da ONU.

Observe essas mudanças nos mapas a seguir.

Iugoslávia durante a Guerra Fria

Fonte: José Jobson de A. Arruda. *Atlas histórico básico*. 17. ed. São Paulo, 2011. p. 32.

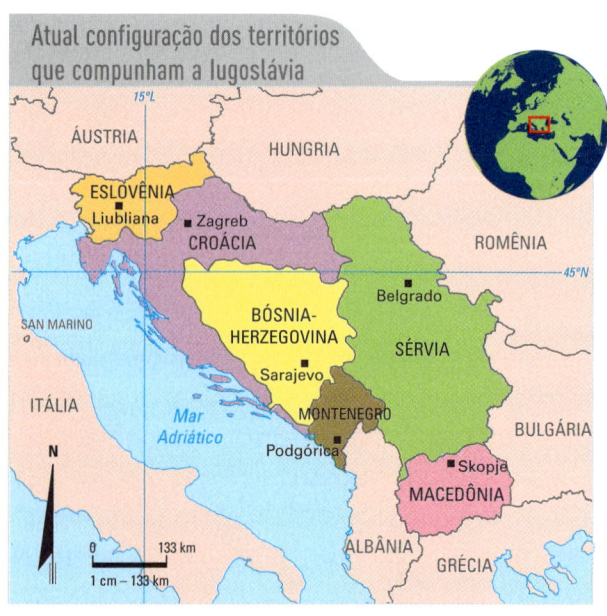

Atual configuração dos territórios que compunham a Iugoslávia

Fonte: *Atlas geográfico escolar: Ensino fundamental do 6º ao 9º ano*. Rio de Janeiro: IBGE, 2010. p. 89.

## Tchecoslováquia

Na Tchecoslováquia aconteceu a Revolução de Veludo, nomeada assim em razão de seu caráter pacífico. O dramaturgo Václav Havel foi eleito presidente da República em 1989. Em 1993, o país foi dividido em duas novas nações: a República Tcheca e a Eslováquia. Tudo ocorreu da forma mais pacífica possível.

## Bulgária

Na Bulgária, o líder socialista Todor Jivkov, que estava no poder desde 1954, opôs-se tenazmente às reformas propostas por Gorbatchev. Em 1989, foi destituído por seus colegas de partido. Em 1991, foram realizadas eleições livres. Os antigos socialistas mudaram o nome do partido e ganharam as eleições, mas garantiram o pluripartidarismo e formaram o primeiro governo não socialista desde 1944.

## Romênia e Albânia

Na Romênia, uma revolução ocorrida em 1989 provocou a execução do ditador Nicolae Ceaucescu e a dissolução da Securitate (polícia secreta). No ano seguinte, realizaram-se eleições livres, e os novos governantes implantaram reformas econômicas.

A Albânia foi o último país do Leste Europeu a realizar a mudança de regime. O país foi governado pelo ditador Enver Hoxcha, de 1946 até sua morte, em 1985. Seu sucessor, Ramiz Alia, realizou reformas políticas e econômicas, mas as mudanças eram pequenas e, no início da década de 1990, o mercado interno ainda registrava a falta de produtos simples, por exemplo, absorventes. Diante disso, milhares de albaneses passaram a pedir asilo a embaixadas estrangeiras em busca de melhores condições de vida. O governo cedeu, permitiu a emigração e acelerou as mudanças possibilitando a entrada de capital estrangeiro. Nas eleições de 1991, o Partido do Trabalho, anteriormente de orientação comunista, rebatizado como Partido Socialista, obteve a maioria dos votos e acelerou as mudanças para a economia de mercado. Mesmo assim, naquele ano, mais de 22 mil albaneses tentaram migrar para a Itália, mas foram barrados pelo governo italiano, que alegou já ter recebido muitos albaneses. Nas eleições de 1992, a vitória coube ao Partido Democrata (não socialista), que iniciou um extenso programa de reformas econômicas e democráticas.

## O fim do bloco soviético

Pouco a pouco, os países do Leste Europeu se reintegraram à economia de mercado capitalista, no entanto, a distância econômica e social entre eles e os tradicionais países capitalistas ainda é visível. Em 2010, durante as comemorações dos 20 anos da queda do Muro de Berlim, os dados econômicos e sociais da parte oriental da Alemanha ainda eram bem inferiores aos da antiga Alemanha Ocidental.

> O mais impressionante [...] fora o fulminante desmoronamento do socialismo na área da Europa Central. Depois dos acontecimentos na Polônia e na Hungria, já referidos, o processo ganhou ritmo e força [...]. De sorte que, entre 1988 e 1990, em pouco mais de dois anos, e à exceção da Albânia, todo o chamado Leste Europeu, considerado por muitos como uma área destinada indefinidamente ao domínio soviético, não apenas saíra da órbita de Moscou, como abandonara o socialismo como projeto de sociedade. E a URSS nada fizera para detê-lo.
>
> A Guerra Fria terminara.
>
> Daniel Aarão Reis Filho. *As revoluções russas e o socialismo soviético.*
> São Paulo: Editora da Unesp, 2003. p. 149-150.

## AGORA É COM VOCÊ

1. Assinale somente os itens que correspondem ao fim do socialismo na União Soviética.

    a) (   ) A crise e o colapso das economias socialistas acabaram com a Guerra Fria.
    b) (   ) Não houve abertura política durante o governo Gorbatchev.
    c) (   ) Gorbatchev implementou mudanças na URSS com medidas como a *perestroika* (reestruturação econômica) e a *glasnost* (transparência política).
    d) (   ) Depois de crise econômica e política, a URSS deixou de existir em 31 de dezembro de 1991.
    e) (   ) Boris Iéltsin foi o líder da reunificação da URSS.

2. Associe à Rússia suas características depois do fim da URSS.

    Rússia •
    - O governo de Iéltsin foi populista e autoritário.
    - Iéltsin fez um governo democrático e de economia próspera.
    - No governo de Iéltsin cresceram o desemprego e a miséria.
    - Putin, ao assumir, reunificou a URSS.
    - Atualmente, faz parte do Brics, um grupo de países emergentes.

3. Complete o diagrama de palavras com o que você aprendeu.

    1. Práticas políticas econômicas que afastam do Estado às atividades econômicas.
    2. Moeda que após a segunda Guerra Mundial se firmou de forma internacional.
    3. Bloco econômico formado por Estados Unidos, Canadá e México.
    4. Governador russo populista e autoritário que dissolveu os sovietes.
    5. País do leste europeu que durante a Segunda Guerra Mundial, foi invadido por alemães, italianos, búlgaros e húngaros.
    6. Presidente norte-americano que enfrentou ameaça de *impeachment*.

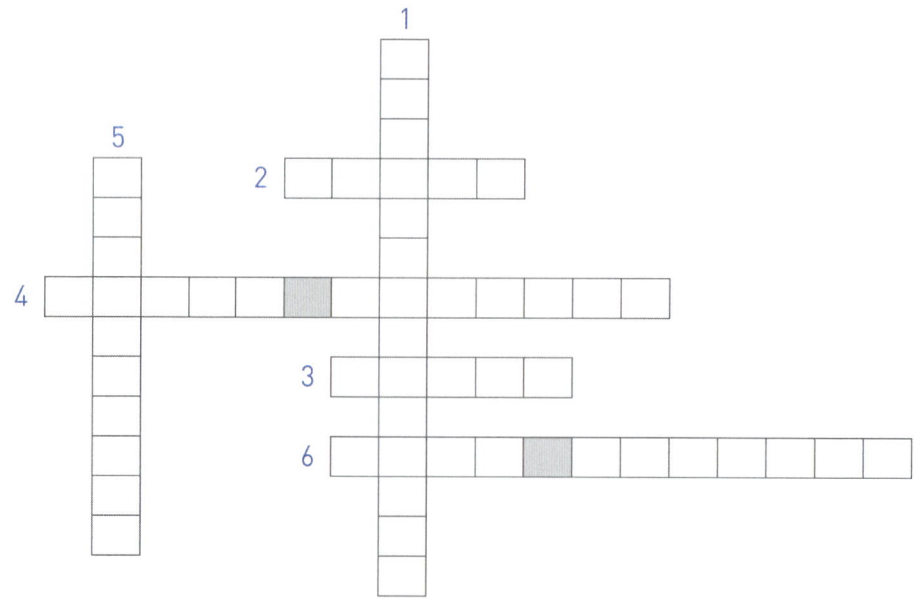

4 Faça as associações corretas.

a) Era de Ouro do capitalismo
b) Estado de Bem-Estar Social
c) Comunidade Econômica Europeia
d) Década de 1970

( ) crise mundial.
( ) período entre 1945 e 1973.
( ) infraestrutura, proteção social, redistribuição de renda.
( ) bloco econômico.

5 Circule os termos referentes às características do neoliberalismo.

> controle estatal   abertura de mercados   comunismo
> livre comércio   aumento de tarifas   redução de gastos públicos
> livre concorrência   estatização de empresas   privatização
> aumento de gastos públicos   redução de carga tributária

## SUPERANDO DESAFIOS

1 (Cesgranrio-RJ) Logo após a Segunda Guerra Mundial e, principalmente, nas duas últimas décadas do século XX, a comunicação e interdependência internacionais acentuaram-se de tal maneira que o mundo passou a funcionar como:

a) um sistema geopolítico.
b) um sistema global.
c) uma economia de base mundial.
d) uma economia única e uniformizada.
e) uma noção politicamente unida.

2 (Fatec-SP) Sobre o fim da União Soviética afirma-se:

I. Em 1985, o líder Mikail Gorbachev assumiu o cargo de secretário geral do partido comunista e atingiu o poder máximo na União Soviética. Ele fazia parte de uma nova geração de líderes comunistas que defendiam uma profunda reforma política e econômica para tirar a União Soviética da estagnação.

II. Gorbachev foi pressionado pela liderança tradicional do partido comunista (a chamada "linha dura") devido às experiências liberalizantes, e pelos liberais, por acharem as reformas lentas demais. No primeiro grupo encontrava-se Valentin Pavlov, primeiro ministro desde janeiro de 1991, e no segundo grupo encontrava-se Boris Ieltsin, presidente da República Russa, fervoroso defensor da rápida introdução da economia de mercado.

III. No dia 25 de dezembro de 1991, a bandeira vermelha com a foice e o martelo foi substituída pela velha bandeira czarista branca, azul e vermelha. Gorbachev renunciou, e a União das Repúblicas Socialistas Soviéticas desapareceu, dando lugar à Comunidade dos Estados Independentes (CEI). Das afirmações feitas,

a) todas são incorretas.
b) todas são corretas.
c) apenas a I é correta.
d) apenas a I e a II são corretas.
e) apenas a I e a III são corretas.

CAPÍTULO 13
# O Brasil da abertura política

Posse do presidente Ernesto Geisel, Brasília (DF), 15 mar. 1974.

Para suceder Emílio Garrastazu Médici, foi escolhido o general Ernesto Geisel (1974-1978).

Nas eleições de 1974, a escolha do presidente passou a ser feita por um Colégio Eleitoral formado pelo Congresso Nacional e por delegados das Assembleias Legislativas. E, pela primeira vez durante a Ditadura Militar, o MDB, partido de oposição, lançou um candidato civil: o deputado Ulysses Guimarães. A intenção era mostrar ao povo brasileiro que as eleições eram uma farsa, ou seja, o candidato do governo já entrava na disputa como vencedor. Mesmo derrotada, a candidatura da oposição foi um dos passos em direção ao fim do Regime Militar.

Geisel assumiu o poder em 15 de março de 1974. Ele fazia parte de um grupo de militares favoráveis ao retorno de civis ao poder, desde que a transição se fizesse por meio de um processo, nas palavras do próprio Geisel, "lento, gradual e seguro".

# Avanços e retrocessos da abertura

Para iniciar o processo de abertura, a administração Geisel começou a diminuir a censura sobre os meios de comunicação. As eleições parlamentares de 1974 demonstraram que a oposição ao Regime Militar era grande. A Arena, partido do governo, foi derrotada em quase todo o país. O povo, ao votar no MDB, demonstrava que estava descontente com a situação vigente.

O resultado das eleições causou um retrocesso no processo de distensão política. Em 1977, percebendo que o governo perderia as eleições de 1978, Geisel fechou o Congresso Nacional e impôs emendas à Constituição. Essas medidas ficaram conhecidas como Pacote de Abril, que, entre outras coisas, institucionalizou a figura do senador biônico (eleito indiretamente), para garantir a maioria de governistas no Senado Federal.

## A repressão continuava atuante

No comando da repressão não havia abertura. A violência que marcou os governos anteriores continuava dando o tom do regime.

Em 1975, nas dependências do Destacamento de Operações e Informações – Centro de Operações de Defesa Interna (DOI-Codi) de São Paulo, foi assassinado o jornalista Vladimir Herzog. Em janeiro de 1976, foi a vez do metalúrgico Manoel Fiel Filho. Em dezembro, as forças repressivas invadiram uma casa no bairro da Lapa, em São Paulo, onde estavam reunidos dirigentes do Partido Comunista do Brasil, matando Pedro Pomar e Ângelo Arroyo – além disso, João Batista Franco Dumont teria sido "atropelado" quando "tentava fugir". Portanto, a "linha dura" mostrava que ainda tinha poder.

Geisel demitiu o comandante do Exército em São Paulo para demonstrar punição aos desmandos, mas os casos de tortura e morte não cessaram. Ainda em 1976, o bispo de Nova Iguaçu, Dom Adriano Hipólito, considerado defensor dos perseguidos políticos da Baixada Fluminense, foi sequestrado e torturado por militares.

Nesses anos difíceis, a Igreja Católica – por meio da Conferência Nacional dos Bispos do Brasil (CNBB) –, a Ordem dos Advogados do Brasil (OAB), a Associação Brasileira de Imprensa (ABI), a União Nacional dos Estudantes (UNE), as universidades e alguns movimentos sociais se tornaram símbolos da resistência civil e da busca pela redemocratização no Brasil.

Em 1978, o movimento sindical, reprimido no período pós-1964, voltou a se manifestar com grande força. Na região do ABC paulista, que havia se tornado importante polo industrial, eclodiram as célebres greves lideradas por Luiz Inácio da Silva, o Lula. Nesse mesmo ano, começaram a proliferar no país os comitês brasileiros na eleição. Eram ventos de mudanças soprando no Brasil.

Metalúrgicos de empresa automobilística fazem greve da categoria em São Bernardo do Campo (SP), 31 maio 1978.

## A revogação do AI-5

**Palavra-chave**

**Lei Falcão:** decretada em junho de 1976, limitava a propaganda eleitoral no rádio e na televisão.

Nem com todas as medidas antidemocráticas, como a **Lei Falcão** e o Pacote de Abril, o governo conseguiu conter o avanço da oposição. Nas eleições de novembro de 1978, o MDB superou a Arena no número de candidatos eleitos para o Senado.

Ainda em 1978, pressionado pelos movimentos sociais, pela oposição política e pelo agravamento da crise econômica, o governo Geisel tomou uma medida importante para a abertura: com uma emenda constitucional aprovada pelo Congresso, revogou o AI-5 e todos os atos anteriores, símbolos do regime ditatorial. Por essa emenda, acabou a censura prévia à imprensa e foi restabelecido o *habeas corpus* para crimes políticos. Com a suavização da Lei de Segurança Nacional, houve a permissão de regresso ao país de 120 exilados políticos.

Era mais um avanço para o fim da ditadura.

Ainda eram proibidos debates, críticas ao regime e a exposição oral de propostas nos programas eleitorais televisivos. Na propaganda eleitoral, os partidos podiam mencionar a legenda, o currículo e o número do registro do candidato na Justiça Eleitoral, além de citar datas, horário e locais de comício e ainda divulgar, pela televisão, as fotografias dos candidatos.

### DOCUMENTOS EM ANÁLISE

O texto a seguir é parte de uma entrevista concedida pelo presidente Geisel. Leia-o e responda às questões no caderno.

> – Por que o senhor não deu a anistia no seu governo?
>
> – Não dei porque achava que o processo devia ser gradual. Era necessário, antes de prosseguir, inclusive com a anistia, sentir e acompanhar a reação, o comportamento das duas forças antagônicas: a área militar, sobretudo a mais radical, e a área política da esquerda e dos remanescentes subversivos. Era um problema de solução progressiva. O compromisso que o Figueiredo tinha comigo era prosseguir na normalização do país. Como fazer, a maneira de fazer e quando era problema dele. A anistia passou a ser assunto do governo dele, no qual eu não interferia.
>
> – O senhor não deixou nem indicações?
>
> – Não. Do ponto de vista ético era contraindicado. Médici também não deixou. Escolhido o Presidente da República, a decisão e a responsabilidade passam a ser dele. Como responsável, ele tem o direito de fazer o que lhe parecer mais adequado.

Maria Celina D'Araujo e Celso Castro (Org.). *Ernesto Geisel*. Rio de Janeiro: Fundação Getúlio Vargas, 1997. p. 398.

1. O que significa anistia? Se necessário, pesquise.

2. Geisel considerava a anistia um problema de solução progressiva. O que isso significou no contexto de seu governo?

3. Para Geisel, o presidente da República "tem o direito de fazer o que lhe parecer mais adequado". Você concorda com ele? Explique.

# O final do Regime Militar

O presidente João Baptista de Oliveira Figueiredo, sucessor de Ernesto Geisel, assumiu o compromisso de reestruturar a economia e instaurar uma democracia plena no país.

No entanto, havia grupos entre os militares que temiam uma abertura efetiva. Mas a situação fugia cada vez mais do controle deles, pois a sociedade, organizada em movimentos sociais, estava inquieta e exigia mudanças.

Dentre as pressões da sociedade, destacou-se o movimento sindicalista que, por causa da situação econômica do país (inflação, achatamento de salários) e pelo perfil oposicionista, deflagrou várias greves.

## Passos para a redemocratização

Em continuidade ao processo de abertura política e em razão da ampla campanha da sociedade civil, em 1979 foi aprovada pelo Congresso a Lei da Anistia. Com ela, houve o retorno de milhares de **exilados** ao país, presos políticos puderam ser libertados, cidadãos tiveram seus direitos políticos restabelecidos, mas também os agentes da ditadura obtiveram o perdão pelos crimes cometidos (torturas, assassinatos etc.).

Outra mudança aprovada pelo Congresso foi o fim do bipartidarismo. A Arena e o MDB foram extintos, medida tomada pelo governo para dividir a oposição. O novo quadro partidário passou a abranger seis partidos políticos:

- Partido Democrático Social (PDS) – Formado por membros da antiga Arena, era o partido da situação;
- Partido do Movimento Democrático Brasileiro (PMDB) – Reunia os antigos membros do MDB e fazia parte de uma frente ampla que lutava pela redemocratização do país;
- Partido Trabalhista Brasileiro (PTB) – Este partido nada tinha do PTB dos tempos de Getúlio e de Jango, pois, em troca de cargos, chegou a apoiar o governo Figueiredo em algumas situações;
- Partido Popular (PP) – Formado por alguns dissidentes da Arena e do MDB, teve vida curta e depois foi incorporado no PMDB;
- Partido Democrático Trabalhista (PDT) – Liderado por Leonel Brizola, intitulava-se o herdeiro do trabalhismo de Vargas;
- Partido dos Trabalhadores (PT) – Com bases sólidas em São Paulo, este partido nasceu com muita força perante o proletariado, os setores significativos da intelectualidade e a ala progressista da Igreja Católica.

O jornalista anistiado Fernando Gabeira foi recebido com comemoração ao retornar ao país. Rio de Janeiro (RJ), 1 set. 1979.

### Explorando

**O fim da Ditadura Militar**
Bernardo Kucinski, Editora Contexto.

Este livro aborda os passos que levaram o Brasil de volta ao regime democrático, das primeiras idealizações de abertura política até as eleições diretas para presidente da República.

**O Brasil da abertura: de 1974 à Constituinte**
Marly Rodrigues, Editora Atual.

Este livro foi escrito com base em documentos históricos, como textos oficiais, cartas e artigos de jornal. Traz a análise da autora sobre esses documentos, possibilitando nova visão desse período histórico.

### Palavra-chave
**Exilado:** expulso de sua pátria.

Foi restabelecida também a eleição direta para governadores dos estados nas eleições gerais de 1982.

Visando assegurar a vitória de seus aliados políticos nas próximas eleições, o governo Figueiredo acrescentou à reforma eleitoral o voto vinculado (o eleitor era obrigado a votar em candidatos de um mesmo partido) e a proibição às coligações partidárias.

Essas mudanças enfrentaram fortes opositores entre os militares radicais, que não queriam a redemocratização do país. Eles se uniram a grupos paramilitares que tinham a mesma concepção e, por diversos meios, tentaram impedir a abertura democrática do Brasil. Juntos executavam atentados que pretendiam atribuir à esquerda, como forma de instigar novamente a radicalização da opressão. Um dos atentados foi o envio de uma carta-bomba para a sede da OAB no Rio de Janeiro, que matou a secretária da instituição. Outra carta, enviada à Câmara de Vereadores do Rio de Janeiro, feriu gravemente um funcionário local. Bancas de jornais que vendiam materiais da oposição foram incendiadas. Dalmo Dallari, jurista, membro da Comissão Justiça e Paz da Arquidiocese de São Paulo, foi sequestrado e espancado.

Mas o atentado de maior repercussão foi realizado em 30 de abril de 1981 no Riocentro, centro de convenções localizado na capital fluminense. Durante um *show* em comemoração ao Dia do Trabalho (1º de maio), um capitão e um sargento, ambos servindo no DOI-Codi do Rio de Janeiro, colocaram duas bombas em carros no estacionamento do pavilhão de eventos. O atentado fracassou, pois as bombas explodiram antes do previsto, uma delas no colo do sargento, matando-o e ferindo gravemente o capitão. A outra provocou apenas danos materiais.

Um inquérito policial-militar foi instaurado, mas, para evitar maiores danos à já desgastada imagem dos militares, o governo abafou o caso e não houve punições.

## CONEXÕES

> Juristas divergem sobre a possibilidade de o STF (Supremo Tribunal Federal) rever o entendimento acerca da Lei da Anistia sedimentado em 2010. Na ocasião, a corte rejeitou ação em que a OAB (Ordem dos Advogados do Brasil) pedia que crimes praticados por agentes da repressão durante a ditadura militar (1964-1985) fossem considerados comuns, e não políticos (passíveis de perdão).
>
> O debate ganhou novo sopro porque integrantes da Comissão Nacional da Verdade passaram a defender a inclusão, no relatório que o grupo deve apresentar no ano que vem, de um pedido de revisão da lei, para que militares envolvidos em casos de desaparecimento, tortura e morte no período sejam punidos.

Lucas Neves. Revisão da Lei da Anistia divide juristas. *Folha de S. Paulo*. 10 jun. 2013. Disponível em: <www1.folha.uol.com.br/poder/2013/06/1292431-revisao-da-lei-da-anistia-divide-juristas.shtml>. Acesso em: jul. 2013.

A Lei da Anistia, apesar ser um dos símbolos do processo de redemocratização do Brasil, é considerada ambígua, pois, ao decretar a anistia de todos os crimes cometidos no período da ditadura, inocenta não apenas os exilados e presos políticos, como também militares e torturadores que cometeram inúmeros crimes contra os direitos humanos no período. Reunidos em grupos, reflitam a respeito dos prós e contras relacionados à promulgação da Lei da Anistia levando em conta os abusos cometidos no período. Que soluções vocês sugeririam para a resolução desse impasse?

# A campanha Diretas Já

A instabilidade política e o agravamento da crise econômica marcaram o início da década de 1980. A inflação batia recordes, prejudicando os já corroídos salários dos trabalhadores. A dívida externa crescia cada vez mais e os níveis de desemprego aumentavam assustadoramente. O clima era de descontentamento popular. Foi nesse contexto que ocorreram as eleições de 1982.

Nessas eleições, tanto oposição quanto governo conquistaram resultados importantes. Na Câmara e no Senado, a oposição conseguiu a maioria dos votos, mas, devido à representação parlamentar em vigência, o PDS ficou em vantagem, não numérica, mas representativa. Nos estados, o PDS conseguiu a maioria dos governos, mas a oposição saiu fortalecida com algumas importantes vitórias, como as detalhadas a seguir.

- PMDB: São Paulo, com Franco Montoro; Minas Gerais, com Tancredo Neves; Paraná, com José Richa; e Pará, com Jáder Barbalho.
- PDT: Rio de Janeiro, com Leonel Brizola.

O PDS ainda manteve a hegemonia, embora as eleições de 1982 tenham desestabilizado ainda mais o já fragilizado governo Figueiredo.

As primeiras eleições diretas para governador ocorridas desde a instauração do Regime Militar, aliadas ao contexto de crise econômica, provocaram um movimento para a redemocratização imediata do Brasil: a campanha das Diretas Já.

Partidos políticos, movimentos sociais, estudantes, intelectuais, imprensa, associações diversas, artistas, sindicatos e vários outros setores da sociedade se uniram à oposição política numa intensa campanha em prol de eleições diretas para presidente da República. A campanha começou em 1983 e cresceu em 1984, reunindo milhares de pessoas em comícios populares que aconteceram em muitas cidades brasileiras.

O início tímido – como era esperado num regime autoritário, que reprimia atos contrários ao governo – transformou-se num movimento de massa em busca de um objetivo comum: a volta da democracia.

Comício das Diretas Já na Praça da Sé, em São Paulo (SP), 1984.

> **Explorando**
>
> **Muda Brasil**
> Direção: Oswaldo Caldeira.
> Brasil, 1985, 105 min.
>
> Este documentário, realizado durante os últimos seis meses da ditadura, acompanha a disputa pela Presidência entre Tancredo Neves e Paulo Maluf.

A proposta de eleições diretas em 1985 foi do deputado mato-grossense Dante de Oliveira, que apresentou ainda em 1983. Ela foi votada em abril de 1984.

A maioria dos congressistas votou a favor da emenda Dante de Oliveira, mas não foram obtidos os dois terços de votos necessários para a aprovação.

As eleições diretas foram adiadas e o Colégio Eleitoral escolheria o novo presidente em janeiro de 1985. Para garantir a mudança, a oposição se articulou.

De maioria opositora ao Regime Militar, o PMDB lançou Tancredo Neves e José Sarney como candidatos a presidente e vice-presidente da República, respectivamente. O PDS tinha como candidato Paulo Salim Maluf, ex-governador de São Paulo.

No dia 15 de janeiro de 1985, o Colégio Eleitoral, criado pela ditadura, elegia um opositor do regime, Tancredo de Almeida Neves. Embora o novo presidente tenha sido eleito indiretamente, representava uma mudança no panorama político, no qual um civil assumia o poder pela primeira vez desde 1964, quando João Goulart sofrera o Golpe Militar.

Manifestação popular em vitória de Tancredo Neves nas eleições presidenciais, 15 jan. 1985.

## DIVERSIFICANDO LINGUAGENS

Leia os textos a seguir e responda às questões no caderno.

**TEXTO 1**

> A campanha das diretas foi, sem dúvida, a maior mobilização popular da história do país, se medida pelo número de pessoas que nas capitais e nas maiores cidades saíram às ruas. Ela começou com um pequeno comício de 5 mil pessoas em Goiânia, atingiu

depois as principais cidade e terminou com um comício de 500 mil pessoas no Rio de Janeiro e outro de mais de 1 milhão em São Paulo. Tentativas esporádicas de impedir as manifestações, partidas de alguns militares inconformados com a abertura, não tiveram êxito. A ampla cobertura da imprensa [...] tornava quase impossível deter o movimento. Interrompê-lo só seria possível com uso de muita violência, uma tática que poderia ser desastrosa para o governo.

Os comícios transformaram-se em grandes festas cívicas. Compareciam os líderes dos partidos de oposição, os presidentes de associações influentes como a ABI e a OAB, e, sobretudo, os mais populares jogadores de futebol, cantores e artistas de televisão. Músicas populares de protesto eram cantadas com acompanhamento da multidão, tudo sempre em perfeita ordem. As cores nacionais, o verde e o amarelo, tingiam roupas, faixas, bandeiras. A bandeira nacional foi recuperada como símbolo cívico. [...] Mais que tudo, o hino nacional foi revalorizado e reconquistado pelo povo. Ao final de cada comício, era cantado pela multidão num espetáculo que a poucos deixava de impressionar e comover.

José Murilo de Carvalho. *Cidadania no Brasil: o longo caminho*. Rio de Janeiro: Civilização Brasileira, 2008. p. 188-189.

### TEXTO 2

Tancredo, 342.

O povo reunido desde cedo em frente ao Congresso Nacional começa a cantar o Hino Nacional em ritmo de samba.

Tancredo, 343.

**Espoucam** rojões, a emoção cresce, é chamado para votar o deputado federal João Cunha (PMDB-SP).

Tancredo, 344.

**Palavras-chave**
**Espoucar:** rebentar, romper.
**Charanga:** conjunto musical improvisado que compõe a torcida nas partidas de futebol.

Às 11h34 deste 15 de janeiro, explode o grito parado no ar durante 21 anos. É o voto da vitória, o fim do regime militar. A multidão se abraça e chora, ergue os braços e pula, rompe os cordões de isolamento, atravessa rampas proibidas e escala a cúpula do Senado, agitando faixas e bandeiras. Trio elétrico, bumba meu boi, **charanga** do Atlético Mineiro, samba, frevo e maracatu, bandeiras do Brasil, do Corinthians, dos partidos comunistas, do PMDB, do Flamengo, gente moça e gente velha, de terno ou de calção, cantando e dançando, um homem grita:

'A liberdade chegou.' [...]

Ricardo Kotscho. Rojões, samba, Hino Nacional; é o desabafo. *Folha de S.Paulo*, p.7, 16 jan. 1985.

**1.** O que foi a campanha das Diretas Já e qual foi sua importância?

**2.** Por que o Regime Militar não impediu essa manifestação popular?

**3.** A bandeira e o hino são símbolos da pátria. Explique o uso deles na campanha das Diretas.

**4.** Qual é o assunto do texto 2 e o que representou e representa esse fato para o Brasil?

**5.** O que representava a festa da multidão no dia da eleição de Tancredo Neves?

## CONHEÇA O ARTISTA

### Cildo Meireles

Cildo Meireles (1948), um dos mais importantes artistas plásticos brasileiros, nasceu na cidade do Rio de Janeiro. Sua produção inclui desenhos, esculturas, objetos e instalações. Por volta de 1960, mudou-se para Brasília e estudou Arte na Fundação Cultural do Distrito Federal. Aos 19 anos, voltou para o Rio de Janeiro e estudou por dois meses na Escola Nacional de Belas Artes. Com Guilherme Vaz e Frederico Morais, fundou a Unidade Experimental do Museu de Arte Moderna do Rio de Janeiro, onde lecionou de 1969 a 1970. Morou em Nova York por dois anos e, quando retornou ao Rio de Janeiro, criou cenários e figurinos para teatro e cinema. Em 1975, tornou-se um dos diretores da revista *Malasartes*. Participou de diversas bienais de arte ao redor do mundo. Recebeu, do governo holandês, o Prince Clauss Award em 1999 e, do Ministério de Cultura da Espanha, o Premio Velázquez de las Artes Plásticas em 2008.

### Cildo Meireles
*Inserções em circuitos ideológicos: Projeto Coca-Cola*

O artista utilizou tinta branca, similar à do logotipo do refrigerante na garrafa de vidro.

"Ianque" é um termo depreciativo que se refere aos Estados Unidos e seu povo. A Coca-Cola, considerada símbolo do consumismo, do capitalismo e do imperialismo, também era símbolo dos Estados Unidos, que, na época da Guerra Fria, apoiava a Ditadura Militar no Brasil. Nesse contexto, a garrafa de refrigerante serviu de veículo para uma mensagem que se opunha ao que a marca representava no Brasil da década de 1970.

Ele usou o sistema de garrafas retornáveis para difundir sua mensagem. Nos anos 1970, para comprar uma garrafa cheia do produto, era necessário devolver uma vazia. A garrafa vazia retornava para a fábrica e, em um sistema mecanizado, era lavada, preenchida com a bebida, lacrada e voltava a circular no comércio.

A mensagem ficava quase imperceptível na garrafa vazia, mas tornava-se visível em contraste com a cor da bebida.

As mensagens podiam resumir-se à apresentação da proposta do trabalho ou a instruções para qualquer pessoa inserir a própria opinião. As principais mensagens, no entanto, tinham conteúdo político, por exemplo: "Yankees go home!" (Ianques, vão para casa!). A mensagem mais radical era a que ensinava como fazer um coquetel molotov (bomba caseira) com a garrafa.

A obra *Inserções em circuitos ideológicos: Projeto Coca-Cola* (1970) consiste em aplicações de mensagens em garrafas vazias do refrigerante e sua devolução ao sistema de circulação de vasilhames.

1. No que consiste a obra *Inserções em circuitos ideológicos: Projeto Coca-Cola*?

2. Qual era o tema das mensagens gravadas nas garrafas?

3. Que sistema o artista utilizou para difundir suas mensagens?

# AGORA É COM VOCÊ

**1** Complete o quadro com as informações corretas sobre o processo de abertura política.

| Presidentes da República que fizeram a transição para a democracia e período de seus governos | |
|---|---|
| Palavras de Geisel sobre o processo de abertura política | |
| Indícios da abertura política | |
| Retrocessos no processo de abertura | |

**2** Circule as expressões relativas ao processo de redemocratização.

censura    eleições indiretas para governador    eleições diretas para presidente    Diretas Já    anistia    pluripartidarismo    repressão    bipartidarismo

**3** No diagrama abaixo, copie as expressões circuladas na atividade anterior e escreva uma rápida explicação para cada uma delas.

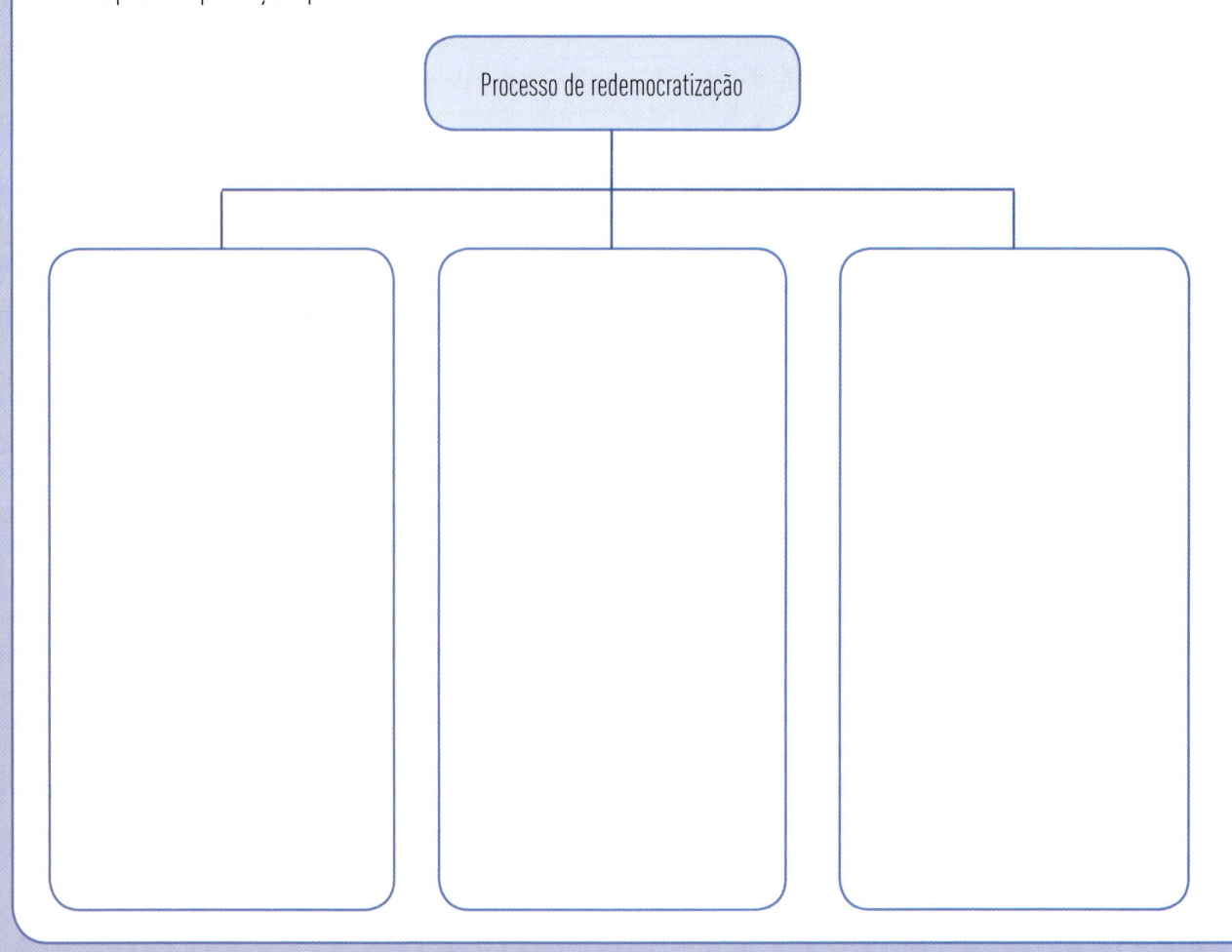

Processo de redemocratização

4 Assinale as alternativas corretas com relação à campanha Diretas Já.
   a) ( ) Foi deflagrada após as eleições diretas para governador, ocorridas em 1982.
   b) ( ) Teve grande adesão popular e de movimentos sociais, reunindo milhares de pessoas.
   c) ( ) Foi rapidamente desmantelada pelo governo, que temia o fim do Regime Militar.
   d) ( ) O Congresso não conseguiu aprovar as eleições diretas para 1985, ainda assim a oposição conseguiu eleger o presidente Tancredo Neves, finalizando o Regime Militar.
   e) ( ) O candidato do governo militar foi eleito indiretamente em 1985, postergando o fim do Regime Militar.

## SUPERANDO DESAFIOS

1 (FGV) O Movimento "Diretas Já", que promoveu em 1984 uma intensa mobilização popular a favor da eleição direta para Presidente da República, teve como resultado imediato:
   a) a eleição de um governo popular e democrático chefiado por José Sarney;
   b) a eleição do candidato da oposição, Tancredo Neves, pela via indireta;
   c) a primeira eleição direta do Presidente da República, a primeira em quase trinta anos, com a vitória de Fernando Collor de Mello;
   d) a anticandidatura de Ulysses Guimarães e a convocação da Assembleia Nacional Constituinte;
   e) a revogação dos Atos Institucionais, apesar da derrota da emenda das Diretas.

2 (Cesgranrio) Sobre o fim do Período Militar no Brasil (1964-1985), pode-se afirmar que ocorreu de forma:
   a) conflituosa, resultando em um rompimento entre as forças armadas e os partidos políticos.
   b) abrupta e inesperada, como na Argentina do General Galtieri.
   c) negociada, como no Chile, entre o ditador e os partidos na ilegalidade.
   d) lenta e gradual, como desejavam setores das forças armadas.
   e) sigilosa, entre o presidente Geisel e Tancredo Neves, à revelia do exército e dos partidos.

3 (Emescam-ES) O movimento popular conhecido como "Diretas Já" – marcou o fim do governo de:
   a) Costa e Silva;
   b) Ernesto Geisel;
   c) João Figueiredo;
   d) João Goulart;
   e) José Sarney.

# CAPÍTULO 14
# A redemocratização no Brasil

O primeiro passo para a redemocratização no Brasil foi a eleição indireta de Tancredo Neves para presidente da República.

A população brasileira aguardava esperançosa o início de seu governo. Conhecido por sua característica de conciliador, Tancredo era o símbolo da mudança que se iniciaria em 15 de março de 1985. Contudo, no dia 14, véspera da posse, acometido por grave enfermidade, Tancredo foi internado e, depois de ter passado por várias cirurgias, faleceu em 21 de abril do mesmo ano.

Sua morte causou grande comoção nacional.

Multidão acompanhando o cortejo fúnebre de Tancredo Neves em São Paulo (SP), 22 abr. 1985.

# A Nova República

Com a doença de Tancredo, seu vice, José Sarney, assumiu a Presidência do Brasil. Para muitos, apesar de ser um civil, ele representava a continuação do governo militar, já que Sarney havia sido apoiador direto ou indireto das administrações anteriores.

Mas Sarney se comprometeu com a redemocratização prometida por Tancredo e com a resolução dos problemas econômicos que assolavam o país.

O governo Sarney (1985-1990) constituiu o início da "Nova República", que trouxe alguns avanços. O principal deles foi a instituição de mecanismos democráticos, como restabelecimento de eleições diretas para presidente, fim da censura e uma nova Constituição.

Na economia, para conter a elevada inflação que assolava o país, foram adotados sucessivos planos de estabilização econômica. O Plano Cruzado foi lançado em fevereiro de 1986. Entre as principais medidas estavam:

- reforma monetária, com a substituição da moeda cruzeiro pelo cruzado;
- congelamento de preços por tempo indeterminado;
- congelamento de salários, com reajuste automático caso a inflação atingisse 20% (gatilho salarial);
- fim da correção monetária;
- congelamento de aluguéis e hipotecas por um ano;
- estabelecimento do seguro-desemprego.

O pacote de medidas foi bem recebido pelos brasileiros, que logo se tornaram "fiscais do Sarney", controlando os preços nos estabelecimentos comerciais.

O Plano Cruzado, porém, logo mostrou que seria um fracasso. Os preços foram congelados em um momento em que a economia se expandia, mesmo que norteada pelo processo inflacionário. Por isso, os trabalhadores receberam, com o gatilho, aumentos acima da inflação, o que estimulou o consumo e gerou uma crise de abastecimento que somou-se à subida dos preços. A produção industrial começou a sofrer com a falta de matéria-prima, e a população enfrentou escassez e até mesmo ausência de alguns artigos.

No entanto, politicamente, o plano contribuiu para que o PMDB, partido de Sarney, elegesse quase todos os governadores dos estados e a maioria dos membros do Congresso, que depois comporiam a Assembleia Constituinte.

Prateleiras vazias no supermercado por causa da crise de abastecimento. Brasília (DF), 11 mar. 1986.

A administração Sarney ainda tentou outros pacotes econômicos, como o Cruzado II, logo após as eleições (novembro de 1986), o Plano Bresser (1987) e o Plano Verão (1989), que também não obtiveram êxito. A inflação permaneceu muito elevada. Além disso, as dívidas externa e interna, herdadas do Regime Militar, eram problemas que se agravaram ainda mais no período.

## DIVERSIFICANDO LINGUAGENS

Leia o texto a seguir e responda às questões no caderno.

> Em 15 de janeiro de 1985, a oposição confiável chegava ao poder. A campanha, porém, havia sido exaustiva para o candidato vitorioso. Com mais de setenta anos e saúde debilitada, Tancredo Neves falece antes mesmo de tomar posse. Um momento de indecisão: quem deveria assumir a presidência, Ulisses Guimarães, líder histórico do PMDB, Senhor Diretas, e presidente da câmara dos deputados, ou o vice-presidente, identificado ao sistema político herdado da ditadura militar? Apesar da decepção política que envolvia, prevalece a determinação legal que garantia a posse do vice-presidente.
>
> O novo presidente dá início a uma política de contenção, ou pelo menos de tentativa de contenção, da inflação – que, em 1989, chega a atingir índice anual superior a 1000%. Os planos econômicos se sucedem. Alguns deles atendem a objetivos meramente eleitorais, acirrando ainda mais – após o período de votação – o processo inflacionário. A frustração frente ao presidente Sarney também se estende frente ao congresso nacional. Durante seu mandato, organiza-se um grupo parlamentar autodenominado Centrão, através do qual é barganhado apoio político como, por exemplo, o aumento em um ano do mandato presidencial – em troca de cargos públicos ou concessões de canais de televisão e emissoras de rádio.
>
> Durante o mandato do presidente José Sarney, a imprensa registra numerosos casos de corrupção e nepotismo. Apesar de tudo, o novo período é marcado por avanços democráticos significativos, o mais importante deles foi a convocação de uma constituinte, reunida em 1988 e destinada a pôr abaixo o que então denominava-se entulho autoritário do regime militar. Também nesse período, pela primeira vez, é facultado aos analfabetos e aos maiores de 16 anos o direito de voto. A participação eleitoral, dessa maneira, é ampliada profundamente. Para o leitor ter uma noção, basta dizer que na República Velha, em média, apenas 2,5% da população brasileira tinha direito a voto; em 1945, esse percentual havia aumentado para 16%; já em 1986, essa cifra havia aumentado extraordinariamente: 51% da população podia se expressar nas urnas. O Brasil, enfim, conhecia uma democracia de massa.

Mary Del Priore e Renato Pinto Venâncio. *O livro de ouro da História do Brasil: do descobrimento à globalização.* Rio de Janeiro: Ediouro, 2001. p. 379.

1. Por que houve dúvida sobre a posse de Sarney?
2. De acordo com o texto, a Constituição acabaria com o entulho autoritário?
3. Explique o significado de democracia de massa, de acordo com o texto.

# A Constituição Cidadã

Para consolidar a volta à democracia, era necessária a elaboração de uma Constituição que consolidasse e legitimasse os valores democráticos. Assim, os deputados e os senadores eleitos em 1986 formaram a Assembleia Nacional Constituinte, com a missão de elaborar uma nova Constituição, que foi promulgada em 5 de outubro de 1988.

Em vigor até hoje, essa Constituição – embora já tenha recebido muitas emendas – não teve sua essência alterada e representa a consolidação da democracia. Foi apelidada de Constituição Cidadã em razão dos amplos direitos concedidos aos cidadãos brasileiros. Entre outras questões, a Constituição de 1988 garante:

- eleições diretas para presidente, governadores e prefeitos, em dois turnos;
- voto obrigatório para os brasileiros com idade entre 18 e 70 anos, e facultativo para analfabetos, maiores de 70 anos e jovens de 16 e 17 anos;
- criminalização do racismo e da tortura, com punição para atos dessa natureza;
- proteção para os povos indígenas e direito à posse da terra que tradicionalmente ocupam;
- plena liberdade de pensamento, crença religiosa, expressão intelectual, locomoção e associação;
- direitos trabalhistas, como jornada semanal de trabalho de 44 horas, Fundo de Garantia por Tempo de Serviço (FGTS), abono de férias, 13º salário para aposentados, greve e outros.

## DOCUMENTOS EM ANÁLISE

Observe o documento a seguir e responda às questões no caderno.

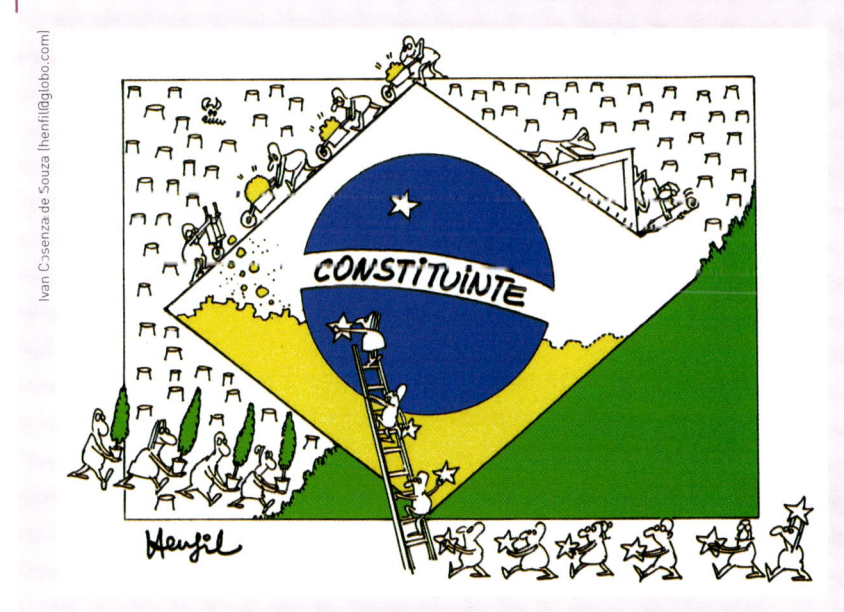

Henfil (1944-1988). *Constituinte*, s. d.

1. A que a imagem faz referência?
2. Que imagem está sendo construída? Relacione a imagem ao momento político brasileiro no final da década de 1980.

## Palavras-chave

**Marajá:** termo usado popularmente para referir-se ao funcionário público com vencimentos elevados e privilégios. Faz alusão aos verdadeiros marajás, antigos príncipes indianos que viviam com muita pompa e riqueza. Collor foi chamado de caçador de marajás porque, quando era governador de Alagoas, implementou uma política de combate a funcionários públicos com altos salários e muitas vantagens.

**Descamisado:** refere-se à pessoa pobre e sem oportunidade.

# Entre o novo e o maquiado

Após promulgação da Constituição o passo seguinte para o restabelecimento da democracia foi a eleição direta, realizada em 1989.

Nessas eleições concorreram alguns nomes fortes e com chances de vitória:

- Leonel Brizola, do PDT, que era forte politicamente no Rio de Janeiro e no Rio Grande do Sul;
- Paulo Maluf, do PDS, que conquistava apoio de parcelas da população com um discurso conservador;
- Mário Covas, do PSDB, senador mais votado da História do Brasil;
- Lula, do PT, que tinha um discurso dirigido à classe trabalhadora;
- Ulysses Guimarães, do PMDB, que tentava levantar o partido em torno da imagem da Constituição Cidadã.
- Fernando Collor de Mello, ex-governador do estado de Alagoas, do Partido da Reconstrução Nacional (PRN), com um discurso em que predominavam duas palavras: moralidade e modernidade. Mostrando uma imagem jovial e atlética, tentava passar a ideia de que não pertencia aos esquemas políticos tradicionais.

O processo eleitoral revelou que o povo brasileiro desejava mudança. Como as eleições ocorriam em dois turnos, foram para o segundo turno os candidatos Lula, do PT, e Fernando Collor, do PRN. De um lado, o sindicalista que liderou as greves que marcaram o início da abertura política e representava a classe operária. De outro, uma figura pouco conhecida, mas herdeiro político de um grupo conservador de Alagoas, que se tornou famoso ao se intitular "caçador de **marajás**" e protetor dos "**descamisados**".

Diante disso, o país se dividiu, e a vitória de Collor foi bastante apertada. O saldo foi uma grande festa democrática e o sentimento de recomeço. Com Collor, esperava-se um Brasil novo.

Fernando Collor de Mello (esq.) e Luiz Inácio Lula da Silva (dir.), mediados pelo apresentador Boris Casoy, no último debate antes das eleições, em 14 dez. 1989.

## TRABALHO EM EQUIPE

O Brasil é um país pluripartidário, ou seja, que admite a existência de mais de um partido político.

Em grupos, pesquisem os pré-requisitos necessários à fundação de um partido político no Brasil. Escolham algum dos partidos em atividade e pesquisem suas origens; descubram se derivam de alguma organização política já existente e listem seus principais ideais e propostas.

# O governo Collor

Fernando Collor de Mello foi o presidente mais jovem do Brasil, tinha 40 anos quando assumiu e anunciou uma nova era de modernidade e inovação política.

Assim que tomou posse do cargo, em 15 de março de 1990, Collor implantou no país o Plano Econômico Brasil Novo (Plano Collor), um pacote de contenção da crise inflacionária, liderado por Zélia Cardoso de Mello, ministra da Fazenda.

As medidas tinham o objetivo de acabar com a hiperinflação, que chegava a mais de 2500% ao ano. Veja a seguir algumas dessas medidas.

> **Palavra-chave**
> **Impeachment:** significa "impedimento". Em um regime presidencialista, é o ato do Poder Legislativo de destituir, por crime de responsabilidade, o ocupante de um cargo governamental.

- Confisco de cerca de dois terços do dinheiro circulante no país, incluindo depósitos em cadernetas de poupança.
- Corte de gastos estatais.
- Troca da moeda circulante, o cruzado, pelo cruzeiro.

O pacote foi impactante e impôs sacrifícios a muitos brasileiros, na tentativa de resolver a crise econômica em que o país estava mergulhado. Embora tenha sido inicialmente eficaz no combate à inflação, o Plano Collor foi pouco efetivo no médio prazo. Além disso, ocasionou uma série de consequências sociais, como a queda do consumo e milhares de demissões.

## A corrupção e o *impeachment*

Além de não conseguir resolver a crise econômica após dois anos de mandato, a administração Collor acabou envolvida em diversos escândalos de corrupção.

O irmão do presidente, Pedro Collor, denunciou uma grande rede de corrupção liderada por Paulo César Farias (conhecido como PC), tesoureiro da campanha presidencial. Com a instalação de uma Comissão Parlamentar de Inquérito (CPI), grande parte das revelações foi confirmada.

A mídia, diante da gravidade das denúncias, passou a dar ampla cobertura aos acontecimentos. Assim, iniciou-se uma campanha popular pelo *impeachment* de Collor.

Os estudantes foram às ruas com as cores da bandeira pintadas no rosto. Por isso, entraram para a história como "os caras-pintadas".

As manifestações de estudantes tiveram um papel de destaque no *impeachment* de Collor. Uns por convicção, outros atiçados pela imprensa, os cidadãos saíram às ruas e manifestaram sua indignação. Na fotografia, observa-se a manifestação dos "caras-pintadas" em São Paulo (SP), 18 set. 1992.

Assim, pressionados pela opinião pública, deputados e senadores votaram pelo impedimento do presidente, em 29 de setembro de 1992.

Collor deixou o cargo em 2 de outubro para ser julgado pelo Senado Federal. Antes do julgamento final, o presidente renunciou ao poder em 29 de dezembro. Desse modo perdeu, além do mandato, seus direitos políticos por oito anos, conforme previa a Constituição.

## DIVERSIFICANDO LINGUAGENS

Leia o texto a seguir e responda às questões no caderno.

❞❞ Vinte anos depois do início da crise que o levou ao *impeachment*, a história não teve piedade com o governo de Fernando Collor. Se em muitos de seus aliados havia a esperança de alcançar um lugar de destaque pela abertura econômica do País ou por outras políticas adotadas pelo primeiro presidente eleito pelo povo após 29 anos, esse futuro nunca chegou.

A maior herança dos anos Collor é a lição daquilo que não deve ser feito. E é pela sua face ora nefasta, ora arrogante, ora simplesmente equivocada que esse governo, paradoxalmente, acabou sendo positivo para o Brasil.

Se hoje os brasileiros falam com orgulho da necessidade de se respeitar contratos, é porque famílias inteiras foram humilhadas pelo confisco de suas economias com os bloqueios na poupança e nas aplicações financeiras.

Se os presidentes que o sucederam procuraram a todo custo (e alguns a um custo elevado demais) manter uma base aliada no Congresso, por pior que ela tenha sido em termos éticos e técnicos, é porque o governo Collor ensinou que não se governa sem Congresso.

Se as CPIs que vieram depois do Caso PC trabalharam com autonomia e levaram à cassação de inúmeros parlamentares, é porque o episódio de Collor gerou um modelo de eficiência, se não jurídica, ao menos política.

Se hoje a Polícia Federal promove operações de faxina dentro de ministérios, é porque a sociedade exigiu, no governo Collor, a abertura desse precedente.

Se o Ministério Público atualmente estende seus galhos para os mais diversos setores da sociedade, é porque fincou raízes legais, de respeito e de credibilidade, lá atrás, nos embates da Era Collor. [...] ❞❞

*Collor ensinou ao Brasil tudo o que não deve ser feito no poder.* 17 maio 2012. Disponível em: <colunistas.ig.com.br/lucianosuassuna/2012/05/17/collor-ensinou-ao-brasil-tudo-o-que-nao-deve-ser-feito-no-poder/>. Acesso em: jul. 2013.

**1.** De acordo com o texto, o governo Collor foi positivo por um motivo. Qual?

**2.** Explique a afirmação "a história não teve piedade com o governo de Fernando Collor".

# Itamar Franco: o vice tornou-se presidente

Com a renúncia de Collor, o vice-presidente, Itamar Franco, assumiu definitivamente o governo. Itamar vinha ocupando a Presidência interinamente, desde o afastamento de Collor, em outubro de 1992.

Efetivado no cargo, Itamar Franco reformulou o aparato político-administrativo, tendo como destaque a nomeação do sociólogo e então senador Fernando Henrique Cardoso para o Ministério da Fazenda.

Itamar recebeu de herança os graves problemas socioeconômicos que já vinham de várias gestões, como a hiperinflação, a alta concentração de renda, a recessão econômica e o desemprego, além do agravamento da situação de miséria no Brasil.

Eram problemas urgentes, que necessitavam de solução rápida. Mas todos os planos econômicos das administrações anteriores haviam fracassado.

# O Plano Real

Buscando solucionar as questões socioeconômicas, a equipe liderada por Fernando Henrique Cardoso iniciou um processo de estabilização econômica que prepararia o caminho para o lançamento do Plano Real. Com esse pacote, o Brasil passou a ter uma nova moeda a partir de 1º de julho de 1994: o real.

De acordo com a tendência neoliberal, o governo cortou diversos gastos estatais e privatizou empresas – como a CSN, a Cosipa, a Açominas e a Embraer –, seguindo a corrente econômica que defendia que a inflação se originava dos excessivos gastos estatais. Somado a isso, o real foi equiparado ao dólar.

Com as medidas implantadas, a inflação foi sendo controlada, chegando a menos de 20% no segundo semestre daquele ano. Era uma baixa significativa, visto que o ano anterior fechara com mais de 2.000% de inflação.

As mudanças econômicas também representaram a recuperação de salários, com o consequente aumento do poder aquisitivo e aquecimento do consumo.

A estabilização econômica garantiu o sucesso do Plano Real e também a indicação de Fernando Henrique Cardoso à sucessão de Itamar.

## CURIOSIDADES HISTÓRICAS

### O PLEBISCITO DE 1993

A Constituição de 1988, por meio do Ato das Disposições Constitucionais Transitórias, determinou que em 7 de setembro de 1993 se realizasse um plebiscito para que a população definisse a forma e o sistema de governo que deveriam ser implantados no país. Em 1992, decidiu-se pela antecipação do plebiscito para 21 de abril de 1993. Nessa data, os eleitores foram às urnas para escolher se o Brasil deveria ser uma monarquia ou uma república, e se essas formas de governo seriam presidencialista ou parlamentarista. Nesse plebiscito, o voto não era obrigatório, mas cerca de 70% dos eleitores compareceram. No final, venceu a república presidencialista com grande diferença de votos em relação à monarquia e ao parlamentarismo.

## DIVERSIFICANDO LINGUAGENS

Leia o texto a seguir e responda às questões no caderno.

❝ Criado com o objetivo de estabilizar a economia brasileira, o Plano Real completa 19 anos nesta segunda-feira. O plano foi desenhado pelo então ministro da Fazenda, Fernando Henrique Cardoso, durante o governo Itamar Franco, com a ajuda de economistas renomados, como André Lara Resende, Pedro Malan, Gustavo Franco, Pérsio Arida, Edmar Bacha, entre outros. O novo plano, que estabelecia uma nova moeda (o real), conseguiu aquilo que inúmeros outros planos econômicos fracassaram: acabou com a hiperinflação.

O Plano Real era baseado em três pilares: a liberalização comercial, câmbio fixo e desindexação. A abertura comercial do país ao capital estrangeiro fez com que o país começasse a participar do comércio internacional e ganhasse alguma competitividade, devido à concorrência com produtos estrangeiros. O aumento das importações também marcou o período e foi viabilizado, sobretudo, pela manutenção do câmbio artificialmente valorizado. Com uma moeda mais forte, o Brasil importou mais e a oferta de produtos cresceu. [...]

Segundo o Instituto Brasileiro de Geografia e Estatística (IBGE), entre julho de 1994 e junho de 2013, o Índice Nacional de Preços ao Consumidor Amplo (IPCA), o indicador oficial de inflação, mostrou avanço de 332%, em média.

Contudo, muitos itens calculados pelo IBGE subiram mais que esse porcentual. [...]

Apesar das inúmeras intervenções do governo para conter a alta dos preços dos combustíveis como forma de conter a inflação, o item foi o que mais subiu nos últimos 19 anos. Entre julho de 1994 e junho de 2013, a alta é de 865%.

A alta demanda por moradia, apesar da expansão do mercado imobiliário resultante do aumento do crédito, fez com que o item Aluguel acumulasse a segunda maior inflação do período: 773%.

Segundo o IBGE, preços dos serviços de comunicação subiram 709% no período. [...]

O item Serviços Pessoais, que faz parte do IPCA, tem entre seus componentes os serviços domésticos, de manicure, costureira e cabeleireiro. O aumento de preços no período é de 597%, segundo o IBGE. ❞

Plano Real completa 19 anos. *Veja*, 1 jul. 2013. Disponível em: <veja.abril.com.br/noticia/economia/plano-real-completa-19-anos-confira-os-precos-que-mais-subiram>. Acesso em: ago. 2013.

**1.** De acordo com o texto, o Plano Real promoveu a estabilização inicial da inflação no Brasil?

**2.** Apesar disso, é possível dizer que os preços dos produtos permaneceram estáveis?

**3.** Quais foram os produtos cujos preços mais aumentaram desde a implantação do Plano Real?

# O governo FHC (1995-2002)

Nas eleições presidenciais de 1994, Fernando Henrique Cardoso (FHC), tendo como principal "cabo eleitoral" o plano de estabilização econômica do governo (Plano Real) venceu no primeiro turno.

Em seu governo, iniciado em janeiro de 1995, o real manteve-se valorizado, a inflação controlada, foram promovidas privatizações, os juros da dívida externa foram pagos e, em 1997, foi aprovada pelo Congresso uma emenda constitucional que permitia a reeleição de presidente, governadores e prefeitos.

Com a reeleição aprovada, FHC se candidatou e venceu o **pleito** de 1998, tornando-se o primeiro presidente brasileiro a ocupar constitucionalmente duas vezes seguidas o mesmo cargo.

A privatização de companhias como a Vale do Rio Doce, líder mundial na área de mineração, a Telebrás e várias rodovias federais e bancos estatais foi muito criticada por diversos setores da sociedade brasileira.

Para regular os bens e os serviços prestados à população por empresas privadas, o governo FHC criou agências reguladoras, como a Agência Nacional de Telecomunicações (Anatel), a Agência Nacional de Energia Elétrica (Aneel) e a Agência Nacional do Petróleo, Gás Natural e Biocombustíveis (ANP).

> **Palavra-chave**
> **Pleito:** escolha de candidato para ocupar cargos públicos, postos ou desempenhar determinadas funções por meio de votação; eleição.

O Presidente da República, Fernando Henrique Cardoso, e o vice-presidente, Marco Maciel, durante cerimônia de posse do segundo mandato no Palácio do Planalto. Brasília (DF), 1 jan. 1999.

Em 1999, já no segundo mandato, o Brasil foi afetado por uma forte desvalorização do real. Como o governo havia equiparado a moeda ao dólar e eliminado diversas barreiras e medidas protecionistas, ficou desvantajoso para industriais e agricultores brasileiros concorrerem internamente com outras indústrias de países desenvolvidos ou exportarem, já que esses países adotavam medidas protecionistas e incentivos e a moeda equiparada gerava menos lucros. Dessa forma, o Brasil mais importava que exportava, sofrendo um processo de desindustrialização e, consequentemente, desemprego. Para manter a moeda estável em relação ao dólar, o governo teve de aumentar as taxas de juros em diversas ocasiões e, com isso, desestimulou o consumo. A inflação passou a ser uma das mais altas do mundo na época, atingindo uma média de 10% ao ano.

Além da crise econômica, o Brasil enfrentou problemas no setor de energia elétrica em 2001, que gerou blecautes chamados popularmente de "apagões". Em razão de uma seca inesperada, os reservatórios das hidrelétricas ficaram com níveis baixos e, por isso, havia o risco de falta de energia. Como não houve investimentos no setor, nem planejamento para evitar os apagões, a medida de emergência foi impor redução e estabelecer cotas de consumo de energia para toda a sociedade.

Diante dessa situação, FHC não conseguiu eleger seu sucessor no pleito de 2002.

## DOCUMENTOS EM ANÁLISE

Observe a charge a seguir e responda às questões no caderno.

Charge de Claudio, publicada na *Folha da Tarde*, 14 out. 1996.

1. Qual era o assunto da conversa entre Marco Maciel (vice-presidente à época) e Fernando Henrique?

2. Qual é a crítica a FHC nessa charge? Por que ela foi feita?

3. Qual é sua opinião sobre a reeleição? Justifique.

## Avanços e mazelas sociais

Entre os avanços sociais no governo de FHC estão o aumento na quantidade de famílias assentadas e de crianças matriculadas em escolas públicas.

Na área da saúde, foram implementados programas de combate à aids. A distribuição gratuita do **coquetel** contra essa doença foi reconhecida internacionalmente. Outra conquista nessa área foi a introdução de **medicamentos genéricos**, com preços mais baixos que os originais.

No entanto, mazelas sociais como a pobreza e suas consequências – por exemplo, a desnutrição e doenças – permaneceram em níveis elevados, pois persistia a grande desigualdade socioeconômica no país.

A gestão FHC também deixou como legado alguns programas para a população mais carente – como o Bolsa Escola, o Bolsa Alimentação e o Vale Gás –, que depois foram aproveitados e melhorados nos governos seguintes.

> **Palavras-chave**
> **Coquetel:** combinação de medicamentos utilizada para combater uma doença ou síndrome.
> **Medicamento genérico:** designado por seu princípio ativo, não por sua marca.

## DIVERSIFICANDO LINGUAGENS

Leia o texto a seguir e responda às questões no caderno.

### GENÉRICOS NO GOSTO DO POVO

> *Medicamentos sem marca, com preço menor, já representam 25% do mercado*

Eles foram criados para custar pouco e se tornaram alternativa para reduzir a conta da farmácia. Os medicamentos genéricos caíram no gosto popular e [...] já representam 25% do mercado total de fármacos no Brasil, segundo o IMS Health, empresa que **audita** o mercado farmacêutico do País.

Os medicamentos genéricos são, obrigatoriamente, no mínimo 35% mais econômicos que os de referência, o que resulta em economia para a população. Os fabricantes não precisam investir em pesquisas e propagandas do produto, por isso devem apresentar baixo custo. A exigência de comprovação de intercambialidade (substituição do medicamento de referência pelo seu genérico), a aprovação da Agência Nacional de Vigilância Sanitária (Anvisa) e o aval do Ministério da Saúde tornam os genéricos totalmente confiáveis. [...]

'Com toda certeza o genérico revolucionou a saúde no Brasil. Foi um movimento de democratização no País. Pessoas que não tinham acesso a medicamentos, pelo alto valor, agora têm, o que gerou uma melhora muito grande na qualidade de vida e bem-estar da população', explica o diretor de marketing do Laboratório Teuto, Ítalo Melo. [...]

*Diário da Manhã*. Disponível em: <www.progenericos.org.br/index.php/noticias/245-genericosnogostodopovo>. Acesso em: jan. 2012.

> **Palavra-chave**
> **Auditar:** realizar auditoria, ou seja, acompanhar as operações como forma de controle e fiscalização.

**1.** Qual foi a importância dos genéricos para os brasileiros?

**2.** Ítalo Melo diz que o genérico "foi um movimento de democratização no país". Explique a afirmação.

## HISTÓRIA E CIDADANIA

### Objetivos da Cúpula do Milênio

Em setembro de 2000, durante a Cúpula do Milênio – evento promovido pela ONU que reuniu representantes de 189 países para debater os principais problemas que afetam o mundo –, foi firmado um compromisso que ficou conhecido como Declaração do Milênio.

As oito metas estabelecidas no encontro foram chamadas de "objetivos do milênio" (ODM). No Brasil, ficaram conhecidas como "8 jeitos de mudar o mundo".

Para cada ODM foram definidas metas a ser cumpridas até 2015.

**8 JEITOS DE MUDAR O MUNDO**

1. ERRADICAR A EXTREMA POBREZA E A FOME
2. ATINGIR O ENSINO BÁSICO UNIVERSAL
3. PROMOVER A IGUALDADE ENTRE OS SEXOS E A AUTONOMIA DAS MULHERES
4. REDUZIR A MORTALIDADE INFANTIL
5. MELHORAR A SAÚDE MATERNA
6. COMBATER O HIV / AIDS, A MALÁRIA E OUTRAS DOENÇAS
7. GARANTIR A SUSTENTABILIDADE AMBIENTAL
8. ESTABELECER UMA PARCERIA MUNDIAL PARA O DESENVOLVIMENTO

www.objetivosdomilenio.org.br – acesso em: 9 mar. 2012.

*8 jeitos de mudar o mundo.* Objetivos de desenvolvimento do milênio (ODM).

**Acabar com a fome e a miséria:**

- metas – reduzir pela metade a proporção da população com renda inferior a um dólar por dia (que vive abaixo da linha da pobreza) e a proporção da população que passa fome.

**Educação básica de qualidade para todos:**

- meta – garantir que todas as crianças, de ambos os sexos, concluam o ciclo completo do Ensino Básico.

**Igualdade entre os sexos e valorização da mulher:**
- meta – eliminar a disparidade entre os sexos no Ensino Fundamental e no Ensino Médio, preferencialmente até 2005, e em todos os níveis de ensino, até 2015.

**Reduzir a mortalidade infantil:**
- meta – reduzir em dois terços a mortalidade de crianças menores de 5 anos.

**Melhorar a saúde das gestantes:**
- meta – reduzir em três quartos a taxa de mortalidade materna.

**Combater a aids, a malária e outras doenças:**
- meta – deter e começar a reverter a propagação da aids, da malária e de outras doenças.

**Qualidade de vida e respeito ao meio ambiente:**
- metas – integrar os princípios do desenvolvimento sustentável em políticas e programas nacionais e reverter a perda de recursos ambientais; reduzir à metade a proporção da população sem acesso sustentável à água potável segura; até 2020, ter alcançado melhora significativa na vida de pelo menos 100 milhões de habitantes de bairros degradados.

**Todo mundo trabalhando pelo desenvolvimento:**
- metas – avançar no desenvolvimento de um sistema comercial e financeiro aberto, com base em regras, previsível e não discriminatório, incluindo, nacional e internacionalmente, um compromisso de boa governança, desenvolvimento e redução da pobreza; atender às necessidades especiais dos países menos desenvolvidos, incluindo: regime isento de direito se não sujeito a quotas para as exportações dos países menos desenvolvidos; programa de redução da dívida dos países pobres muito endividados; ajuda pública para o desenvolvimento aos países empenhados na luta contra a pobreza; atender às necessidades especiais dos países sem acesso ao mar e dos pequenos Estados insulares em desenvolvimento; tratar globalmente o problema da dívida dos países em desenvolvimento mediante medidas nacionais e internacionais para tornar a dívida sustentável no longo prazo; em cooperação com os países em desenvolvimento, formular e executar estratégias que permitam aos jovens obter um trabalho digno e produtivo; em cooperação com as empresas farmacêuticas, proporcionar o acesso a medicamentos essenciais a preços razoáveis, nos países em desenvolvimento; em cooperação com o setor privado, tornar acessíveis os benefícios das novas tecnologias, em especial das tecnologias de informação e de comunicações.

Este objetivo visa diminuir a desigualdade entre os países, apoiar a capacitação profissional, principalmente de jovens de baixa renda, mobilizar voluntários para atuar nas áreas de educação e estimular projetos voltados ao empreendedorismo.

Os ODM contemplam justamente os obstáculos existentes hoje para a efetivação dos Direitos Humanos em sua plenitude.

Esses objetivos, traçados no último ano do século passado, já estão plenamente implantados? Reflita sobre o que já foi alcançado e o que falta alcançar. A maioria das ações dependem dos governos, mas de que maneira cada um de nós pode atuar para a real efetivação deles?

## AGORA É COM VOCÊ

1. Leia as frases e classifique-as como verdadeiro (**V**) ou falso (**F**).

   a) (   ) A eleição indireta de Tancredo Neves foi importante para a redemocratização do Brasil.

   b) (   ) Tancredo Neves governou de 1985 a 1990, efetivando a redemocratização do país.

   c) (   ) O governo de Sarney foi marcado por inflação alta, planos econômicos para estabilização da economia e uma nova Constituição.

   d) (   ) O Plano Cruzado resolveu definitivamente o problema da inflação e foi um grande avanço econômico para o Brasil.

2. Ligue corretamente.

   Constituição de 1988 •

   - • Eleições diretas para presidente.
   - • Revogação de direitos trabalhistas.
   - • Bipartidarismo.
   - • Criminalização da tortura e do racismo.
   - • Destituição das terras indígenas.
   - • Liberdade de expressão, crença, associação.
   - • Manutenção e ampliação de direitos trabalhistas.

3. Complete o quadro com o que se pede.

|  | Governo Itamar Franco | Governo FHC |
|---|---|---|
| Características da eleição |  |  |
| Tempo de mandato |  |  |
| Situação do Brasil no início da gestão |  |  |
| Questões relativas à economia |  |  |
| Características no fim do governo |  |  |

## SUPERANDO DESAFIOS

**1** (Unesp 2010) Desde a década de 1980 vários governos brasileiros adotaram planos econômicos que pretendiam controlar a inflação. Entre as características destes planos, podemos destacar:
a) o Plano Cruzado, implementado em 1986, que eliminou a inflação, congelou preços, proporcionou aumento salarial e gerou recursos para o pagamento integral da dívida externa.
b) o Plano Collor, implementado em 1990, que determinou o confisco de ativos financeiros e eliminou incentivos fiscais em vários setores da economia.
c) o Plano Real, implementado em 1994, que reduziu as taxas inflacionárias, estabilizou o valor da moeda, proibiu aumentos de preços no varejo e provocou forte crescimento industrial.
d) o Plano de Metas, implementado em 2006, que projetou um desenvolvimento industrial acelerado e a inserção ativa do Brasil no mercado internacional.
e) o Plano de Aceleração do Crescimento, implementado em 2007, que apoiou projetos imobiliários, determinou investimentos em infraestrutura e estimulou o crédito.

**2** (Unemat/MT) Durante a presidência de José Sarney, na década de 80, lançou-se um plano econômico que tinha por base a troca de moeda e controle dos preços no mercado.

Com relação a esse plano econômico, assinale a alternativa correta.

a) Plano Cruzado.
b) Plano Bresser.
c) Plano Collor.
d) Plano de Metas.
e) Plano Real.

**3** (Ufal) A gestão de Collor de Mello foi marcada pelos anúncios de processos de modernização da sociedade brasileira em amplos setores. No seu governo, Collor:
a) utilizou-se de um forte esquema de propaganda para convencer a sociedade que um novo país surgia.
b) adotou um plano econômico que conseguiu extinguir com a inflação galopante da época.
c) Bloqueou valores das contas correntes bancárias e não teve planos de privatizar as empresas públicas.
d) contou com apoio de partidos conservadores, embora houvesse críticas a sua postura democrática.
e) foi favorável à entrada do capital internacional, criando uma forte fiscalização nos órgãos ameaçados de corrupção.

**4** (Uergs) Em relação à economia brasileira durante o governo Fernando Henrique Cardoso (1995-2002) é incorreto afirmar que:
a) Foi lançado o Plano Real para estabilizar a economia e controlar a inflação.
b) Promoveu a privatização de grandes empresas estatais.
c) Para conseguir novas fontes de recursos, aumentou a carga tributária.
d) Elevou as taxas de juros, o que contribuiu para conter o consumo e manter os preços em baixa.
e) Ocorreu a quebra do monopólio estatal das telecomunicações e a quebra do monopólio da Petrobras.

CAPÍTULO 15

# Novos rumos da América Latina

Homem segura cartazes durante protesto solicitando a liberação de soldados e militares sequestrados pelo grupo guerrilheiro Farc, em Bogotá, na Colômbia, 18 maio 2011. Nos cartazes, lê-se "Vivos os levaram, vivos os esperamos", "Acordo sim, guerra não", "Por uma liberdade com dignidade".

No decorrer da década de 1980 teve fim o ciclo de ditaduras sul-americanas. Nos anos 1990, os países da América Latina buscaram consolidar seus regimes democráticos e enfrentaram, de forma geral, as mesmas questões: a aplicação de políticas neoliberais; relativa recuperação econômica; o surgimento de blocos econômicos regionais; políticas externas mais independentes em razão do final da Guerra Fria; e o agravamento das desigualdades sociais.

# Economia: sucessos e fracassos

Na maioria dos Estados latino-americanos, a década de 1980 foi marcada por uma crise econômica de graves proporções. A incapacidade de administrar seus recursos, a fragilidade infraestrutural, a crescente dívida externa, a inflação desenfreada, a crise estrutural da balança de pagamentos, a redução dos investimentos públicos e o desemprego colocavam os países redemocratizados numa situação desesperadora.

Tudo isso ocorreu concomitantemente à crise do socialismo real, da hegemonia norte-americana e do auge da teoria econômica neoliberal. Nesse contexto, o Fundo Monetário Internacional (FMI), o Banco Internacional de Reconstrução e Desenvolvimento (Bird) e especialistas em economia sugeriram às nações devedoras várias medidas, que ficaram conhecidas como **Consenso de Washington**. Entre elas estavam privatização de estatais; livre circulação de bens, pessoas e capitais; flexibilização das relações trabalhistas; redução tributária e reformas do Estado para reduzir despesas, bem como o nível de intervenção.

Os organismos financeiros internacionais só renegociavam dívidas ou faziam novos empréstimos depois de verificar se os países candidatos estavam adotando essas novas diretrizes.

Nenhum país aplicou as teorias neoliberais na íntegra – nem mesmo os Estados Unidos, que elevaram tarifas sobre produtos importados para proteger a indústria e a agricultura nacional. Nenhum político, nem mesmo o general Pinochet, ousou aplicar todas as sugestões oriundas dos grandes centros do capitalismo. O que muitos governos fizeram foi um meio-termo: de um lado, fizeram reformas para agradar o mercado e, de outro, preservaram um relativo grau de autonomia em relação às políticas públicas.

> [...] Mas a adoção dos vários pacotes nacionais apresentou resultados bastante diversos. Em alguns, o efeito parece ter sido relativamente positivo; em outros, o resultado parece ter misturado o pior do estatismo e do mercado, aprofundando a crise. No geral, quase todos os economistas dizem que, por todo o continente, as reformas ampliaram as desigualdades, em alguns casos substancialmente, em outros, de forma mais branda. Não se trata de uma boa notícia para um continente que já enfrenta grandes desigualdades e uma crescente violência.
> 
> Michael Mann. In: José Maurício Domingues e María Maneiro (Org.). *América Latina hoje: conceito e interpretações*. Rio de Janeiro: Civilização Brasileira, 2006. p. 186.

Os resultados dessas políticas variaram de acordo com cada país. No Peru, o presidente Alberto Fujimori (1990-2000) aplicou receitas neoliberais para acabar com a inflação e diminuir os gastos públicos. Apesar dos custos sociais, obteve sucesso relativo com estabilidade e crescimento econômico.

Na Argentina, Carlos Menem (1989-1999) estabeleceu a igualdade entre o dólar e o peso. Os produtos importados tornaram-se baratos, mas isso levou muitas indústrias argentinas à falência. O governo Menem deixou como herança a desindustrialização, o desemprego e a elevação da dívida externa.

## Palavra-chave

**Consenso de Washington:** conjunto de medidas de caráter neoliberal formulado por economistas ligados ao FMI, ao Bird e ao Tesouro dos Estados Unidos em 1989. A expressão foi cunhada pelo economista John Williamson.

No período de 1989 a 2002, o Chile continuou obtendo resultados positivos em relação ao crescimento econômico. Brasil, Colômbia, México e Uruguai também obtiveram melhorias significativas. Por outro lado, Argentina, Paraguai e Bolívia tiveram desempenhos bem piores.

Com a derrocada dos regimes socialistas do Leste Europeu, o fim da URSS e o endurecimento do bloqueio comercial estadunidense (Lei Helms-Burton), a economia de Cuba entrou em colapso. De 1989 a 1994, o Produto Nacional Bruto (PNB) teve uma redução de 41,4%, enquanto o comércio exterior (total de exportações e importações) sofreu queda de 75%. Eclodiram protestos, com o aumento do número de pessoas que deixavam o país em balsas improvisadas, os chamados balseiros.

Ocorreram diversas mudanças jurídicas: foram permitidas formas de propriedade com participação da iniciativa privada; foram incentivados os investimentos estrangeiros no turismo e na indústria extrativa; houve reorientação nas relações econômicas internacionais; e o dólar foi liberado para uso em transações comerciais. Os resultados na economia foram expressivos, pois a média de crescimento anual da ilha socialista entre 1994 e 2003 foi de 3,4%, enquanto a média da América Latina e Caribe nesse período foi de 2,31%.

## Distribuição de renda

Mesmo havendo crescimento econômico, a taxa de desemprego da América Latina aumentou substancialmente durante a década de 1990 e no início do século XXI. Quanto aos salários médios reais – com exceção do chileno –, as perdas foram significativas. Observe as tabelas a seguir.

| TAXA DE DESEMPREGO URBANO (%) | | | | | | |
|---|---|---|---|---|---|---|
| | 1980 | 1985 | 1990 | 1995 | 2000 | 2003 |
| América Latina | 6,2 | n.a. | 7,3 | 8,7 | 10,2 | 10,7 |
| Argentina | 2,6 | 6,1 | 7,4 | 17,5 | 15,1 | 17,3 |
| Brasil | 6,3 | 5,3 | 4,3 | 4,6 | 7,1 | 12,3 |
| Chile | 11,7 | 17,2 | 7,8 | 7,4 | 9,2 | 8,5 |
| Colômbia | 10,0 | 13,9 | 10,5 | 8,8 | 17,2 | 16,7 |
| Paraguai | 4,1 | 5,2 | 6,6 | 5,3 | 10,0 | 11,2 |
| Uruguai | 7,4 | 13,1 | 8,5 | 10,8 | 13,6 | 16,9 |
| Venezuela | 6,6 | 14,3 | 10,4 | 10,3 | 13,9 | 18,0 |

| SALÁRIOS MÉDIOS REAIS (1980 = 100) | | | | | |
|---|---|---|---|---|---|
| | 1985 | 1990 | 1995 | 2000 | 2003 |
| Argentina | 107,8 | 78,7 | 80,1 | 85,1 | 71,6 |
| Brasil | 120,4 | 142,1 | 136,0 | 142,5 | 121,0 |
| Chile | 93,5 | 104,8 | 129,5 | 147,2 | 154,0 |
| México | 75,9 | 77,9 | 88,4 | 87,6 | 96,5 |
| Peru | 77,6 | 36,5 | 42,6 | 38,9 | 41,0 |
| Venezuela | 84,2 | 46,2 | 33,5 | 32,9 | 25,3 |

Fonte: Cepal. In: Emir Sader e Ivana Jinkings (Coord.). *Enciclopédia contemporânea da América Latina.* São Paulo: Laboratório de Política Pública; Boitempo Editorial, 2006. p. 435.

No período de 1990 a 2002, países como Chile, Brasil, Colômbia, México e Uruguai conseguiram reduzir um pouco a porcentagem da população em situação de miséria. Entretanto, isso não aconteceu com Argentina, Bolívia, Paraguai, Peru e Venezuela, que viram aumentar o número de pessoas que vivem abaixo da linha da pobreza. Apesar do relativo crescimento econômico, em termos absolutos, a população que vivia nessa condição, na América Latina, aumentou de 136 milhões, em 1980, para 200 milhões, em 1990, atingindo 221 milhões em 2002.

> 🙶 O fato mais notável neste âmbito é o minguado avanço – pode-se até falar de fracasso – das políticas de desenvolvimento social no subcontinente na última década*. A despeito da relativa melhora da situação econômica e dos progressos no que tange à democracia política, setores importantes da sociedade continuam desfavorecidos. A dimensão da pobreza é evidenciada pelos efeitos de catástrofes naturais, como as chuvas diluvianas que arrasaram a região de Caracas e o litoral norte da Venezuela em fins de 1999, o furacão Mitch em El Salvador e nos países vizi-

nhos em 1998 e ainda a epidemia de cólera no Peru, em 1991. O mesmo aconteceu com fenômenos não causados pela natureza, mas pelos efeitos das políticas liberais, como os protestos da população rural em muitas regiões da Bolívia contra o projeto de privatização da água, em 1999, e os diversos surtos de violência na Argentina pela grave crise em que o país mergulhou em 2001, resultando no surgimento do movimento de **piqueteros**, que passou a simbolizar as ações de protesto popular contra o desemprego e a fome. 99

> **Palavra-chave**
>
> **Piqueteros:** manifestantes que foram às ruas durante a crise argentina de 2001. Os grupos compunham-se principalmente de desempregados, mas havia também a participação de outros grupos.

*O autor refere-se à década de 1990.
José del Pozo. *História da América Latina e do Caribe: dos processos de independência aos dias atuais*. Petrópolis: Vozes, 2009. p. 310-311.

Uma das consequências das políticas econômicas adotadas na década de 1990 foi o aumento da violência. No ano 2000, a Colômbia apresentava a elevada marca de 78 mortes por 100 mil habitantes. O país também detinha o maior número de sequestros do mundo. Por sua vez, Honduras, Guatemala, Peru e Brasil apresentavam número elevado de mortes violentas. A cidade do Rio de Janeiro teve, em 1997, 69 homicídios por 100 mil habitantes.

## DIVERSIFICANDO LINGUAGENS

Leia o texto a seguir e responda às questões no caderno.

### ONU PREVÊ CRESCIMENTO ECONÔMICO MODERADO NA AMÉRICA LATINA EM 2013 E 2014

66 A América Latina e o Caribe terão uma "modesta aceleração do crescimento econômico" nos próximos dois anos, com alta de 3,9% em 2013 e de 4,4% em 2014, segundo as projeções divulgadas nesta quinta-feira pela ONU.

Esses índices representam, no entanto, uma melhora com relação à notável desaceleração registrada em 2012, ano que terminou com um crescimento global do Produto Interno Bruto (PIB) da região de 3,1%, frente a taxas de 4,3% em 2011 e de 6% em 2010. [...]

O relatório indica que a desaceleração de 2012 foi causada pela queda do setor exportador e dos preços das matérias-primas não alimentícias, e considera que a recuperação virá através de "taxas moderadas de crescimento econômico", submissas à prevista confirmação da melhora das condições no Brasil. 99

*Folha de S.Paulo*, n. 71, jan. 2013. Disponível em: <www1.folha.uol.com.br/mundo/1216131-onu-preve-moderado-crescimento-economico-na-america-latina-em-2013-e-2014.shtml>. Acesso em: ago. 2013.

1. De acordo com a ONU, qual é a previsão econômica para a América Latina e o Caribe este ano?
2. O panorama econômico da região atualmente é considerado melhor ou pior que o dos anos anteriores?
3. De acordo com o texto, que fator influenciou o panorama econômico?

# Política

Durante a década de 1990, a democracia na América Latina passou por altos e baixos. Em alguns países, ocorreram avanços significativos; em outros, retrocessos. Em El Salvador e na Guatemala, acordos de paz puseram fim a décadas de guerras civis. No Chile, com o fim da ditadura Pinochet, instalou-se um regime democrático estável. Brasil e Uruguai também consolidaram suas democracias. Na Nicarágua, os sandinistas respeitaram o resultado das eleições e entregaram o poder à oposicionista Violeta Chamorro. No México, o Partido Revolucionário Institucional, no poder desde 1929, perdeu as eleições em 2000, pondo fim a um longo período de clientelismo e pleitos fraudulentos.

Nem tudo, porém, foram avanços. No Peru, Fujimori, sob pretexto de combater as guerrilhas, especialmente as promovidas pelo Sendero Luminoso, adotou medidas repressivas com sistemáticas violações aos direitos humanos. Na Colômbia, apesar de ostentarem uma fachada democrática, grupos paramilitares em conluio com forças governamentais reprimiram movimentos populares, acusados de ser aliados das guerrilhas e do narcotráfico.

As crises foram muitas. Em 1992 houve uma tentativa de golpe contra o governo de Carlos Andrés Pérez na Venezuela. O golpe militar fracassou, mas o líder do movimento, Hugo Rafael Chávez Frías, emergiu como uma forte liderança política. Em 1994, no México, surgiu no estado de Chiapas o Exército Zapatista de Libertação Nacional, que protestava contra a crise socioeconômica e contra a negligência do governo em relação à questão indígena. Entre as diversas reivindicações do movimento zapatista, vale destacar o reconhecimento do direito à autonomia dos povos indígenas.

No final da década de 1990, a situação da Argentina era crítica. Em 1999 a taxa de desemprego disparou, e a dívida com o FMI aumentou significativamente, atingindo 128 bilhões de dólares. Fernando de la Rúa, que assumiu o governo em meio a um clima de grande instabilidade, não foi capaz de contornar a crise sociopolítica e acabou renunciando diante dos protestos populares. O país mergulhou no caos, teve três presidentes em menos de dez dias e decretou **moratória** da dívida externa.

> **Palavra-chave**
>
> **Moratória:** suspensão do pagamento de uma dívida, neste caso uma dívida externa, decidida unilateralmente pelo devedor.

Fernando de la Rúa assumiu a presidência da Argentina em dezembro de 1999 e não conseguiu equilibrar a economia. Os distúrbios e os saques urbanos tornaram-se comuns, chegando ao ápice em dezembro de 2001. De la Rúa teve de renunciar.

Apesar dos problemas, alguns aspectos desse período são positivos. Em vários países as taxas de mortalidade infantil e de analfabetismo caíram, os gastos com a educação aumentaram e os crimes cometidos pelas ditaduras foram amplamente revelados. A liberdade de expressão avançou e eleições periódicas foram realizadas. Mesmo com limitações, representaram avanços.

## DIVERSIFICANDO LINGUAGENS

Analise os gráficos abaixo e responda às questões no caderno.

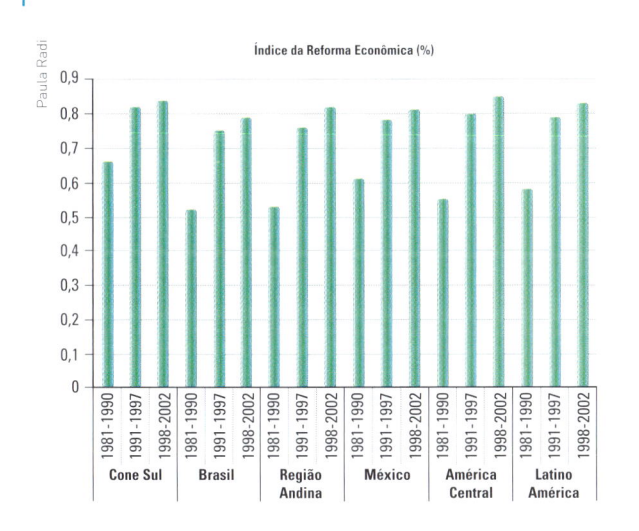

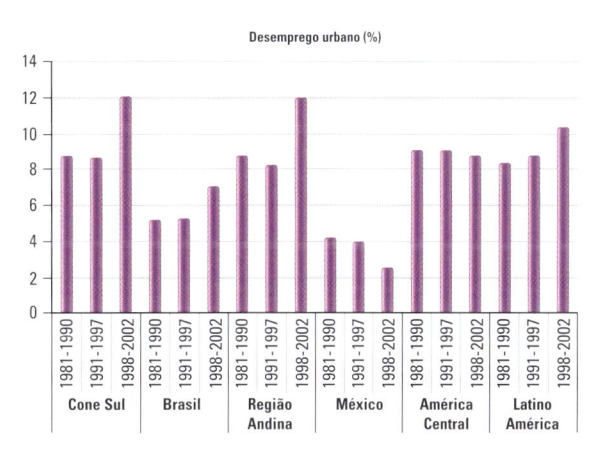

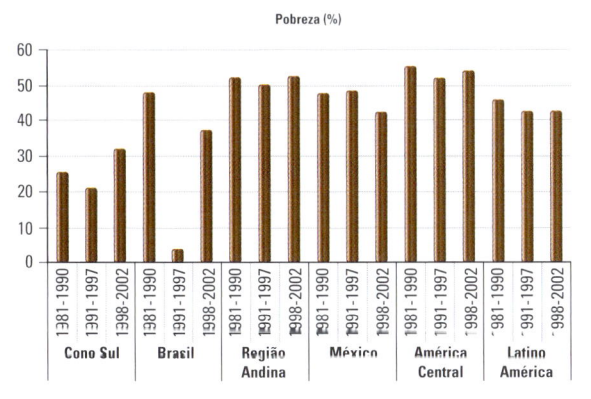

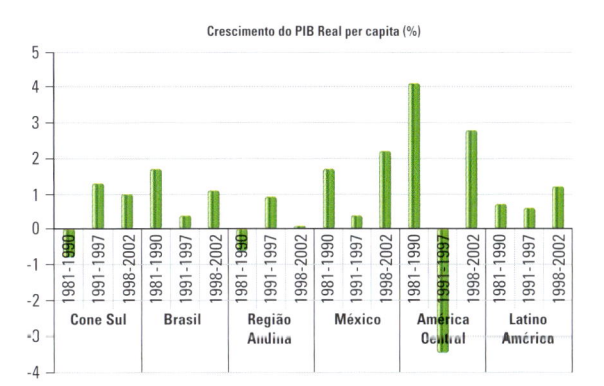

Fonte: Programa das Nações Unidas para o Desenvolvimento (PNUD). *A democracia na América Latina*. 2004. p. 42. Relatório.

1. De acordo com os gráficos, o que podemos dizer sobre o PIB da América Latina na última década?
2. Que região é considerada a mais pobre?
3. Onde há mais desempregados?
4. Podemos relacionar o Índice de Reforma com os outros fatores analisados? Como?

# O século XXI

De forma geral, a situação econômica dos países da América Latina melhorou substancialmente a partir de 2003. Venezuela, Peru e Chile apresentaram aumentos expressivos do PIB. Brasil, Colômbia, Uruguai, México e Argentina também progrediram, seguindo a tendência mundial.

A crise internacional de 2008 afetou desigualmente a América Latina. Venezuela, México e Chile sentiram mais seus efeitos, ao passo que Brasil, Argentina e Colômbia foram pouco afetados.

A maior integração econômica e política tem sido um fato extremamente positivo para um maior desenvolvimento da América Latina. Contudo, em termos econômicos, persistem problemas antigos, como:

- a dívida externa continua sendo um dos entraves ao desenvolvimento de muitos países;
- a maior parte das exportações dos países latino-americanos é de produtos primários;
- a carência de infraestrutura persiste;
- a elevada carga tributária e a burocratização excessiva tornam vários setores pouco competitivos;
- a falta de investimentos adequados em pesquisas causa dependência tecnológica em relação aos países desenvolvidos.

## Avanços nos direitos para todos

Um fato extremamente positivo das últimas duas décadas é o papel cada vez mais incisivo da mulher na vida econômica, cultural e política. Em vários países da América Latina, mulheres chegaram à Presidência da República, como Violeta Chamorro, na Nicarágua; Mireya Moscoso, no Panamá; Michelle Bachelet, no Chile; Cristina Kirchner, na Argentina; e Dilma Rousseff, no Brasil. Entretanto, a violência contra a mulher ainda existe.

No que diz respeito aos Direitos Humanos, países como Argentina e Uruguai têm se destacado. Torturadores do Período Militar têm sido julgados, condenados e presos. Já no Brasil, no Chile, na Guatemala e no Paraguai, pouco foi feito contra esses agentes. Leis de anistia foram aprovadas, mas criminosos ficaram impunes.

Em várias constituições, os direitos das populações indígenas têm sido garantidos. Em 2005, na Bolívia, Evo Morales, de etnia uru-aimará, chegou à Presidência e aumentou a representatividade política dos povos indígenas bolivianos. Em 2011, no Peru, a eleição de Ollanta Humala, de origem indígena, animou as comunidades nativas. Nos últimos anos, observa-se que em toda a América Latina os povos indígenas têm procurado se organizar para defender suas terras e seus valores culturais.

## Política: a onda esquerdizante

A primeira década do século XXI foi marcada por vitórias de candidatos de esquerda: Hugo Chávez, na Venezuela; Néstor Kirchner e Cristina Kirchner, na Argentina; Lula e Dilma Rousseff, no Brasil; Ricardo Lagos e Michelle Bachelet, no Chile; Tabaré Vázques e José Mujica, no Uruguai; Evo Morales, na Bolívia; Maurício Funes, em El Salvador; Fernando Lupo, no Paraguai; Rafael Correa, no Equador; Daniel Ortega, na Nicarágua; e Ollanta Humala, no Peru. Políticos de centro-direita também tiveram êxitos eleitorais: Felipe Calderón e Enrique Peña Nieto, no México; Álvaro Uribe e Juan Manuel Santos, na Colômbia; e Sebastián Piñera, no Chile.

Dividir as tendências políticas em esquerda e direita na história recente da América Latina não esclarece de forma satisfatória a realidade dos países da região. Os governos de Lula e de

Michelle Bachelet, por exemplo, não se indispuseram com os Estados Unidos, procurando conciliar políticas sociais com capitalismo de mercado. Já Hugo Chávez, Rafael Correa e Evo Morales adotaram posições contrárias aos EUA, bem como políticas populares e nacionalistas. Com uma política mais radical de antiamericanismo, Chávez, que morreu em 2013, era o principal aliado do regime cubano no continente e almejava criar "o socialismo do século XXI", o bolivarianismo.

Do outro lado, a direita democrática – caso de Piñera e Juan Manuel Santos – tem se comprometido com os processos democráticos adotando também algumas medidas de caráter popular.

O principal ponto positivo da última década foi a realização de eleições em todos os níveis, o que aprofundou o processo democrático. A violação da legalidade democrática no Paraguai fez o país ser suspenso do Mercosul.

## DIVERSIFICANDO LINGUAGENS

Leia o texto a seguir e responda às questões no caderno.

> Com o fim da Guerra Fria, na década de 1990, a 'indução' norte-americana e a **convergência** dos 'latinos' deslocaram-se para o campo das políticas econômicas. Como parte da renegociação de suas dívidas externas, quase todos os governos da região adotaram um programa comum de políticas econômicas nacionais, 'clonando' os governos neoliberais de Carlos Salinos, no México, Andrés Perez, na Venezuela, Carlos Menem, na Argentina, Fernando H. Cardoso, no Brasil, e Alberto Fujimori, no Peru, entre outros. Com o passar do tempo, entretanto, o novo modelo econômico instalado pelas políticas liberais não cumpriu sua promessa de crescimento econômico sustentado e diminuição das desigualdades sociais. Na virada do novo milênio, a frustração dessas expectativas contribuiu, decisivamente, para a nova inflexão sincrônica do continente, que está em pleno curso: uma virada democrática e à esquerda, dos governos de quase todos os países da América do Sul.
>
> A eleição para presidente do líder indígena e socialista Evo Morales, na Bolívia, no final de 2005, e da militante socialista Michelle Bachelet, no Chile, no início de 2006, foram apenas dois pontos de uma trajetória vitoriosa que começou, no Brasil, em 2002 e que seguiu na Argentina, Venezuela, Uruguai e Equador. Uma verdadeira revolução político-eleitoral, sem precedentes na história latino-americana e que coloca a esquerda frente ao desafio de governar democraticamente, convivendo – em geral – com a má vontade dos 'mercados' e a hostilidade permanente da grande imprensa. Um desafio que foi vivido pela esquerda europeia no século XX, mas que só foi experimentado, **tangencialmente**, pela esquerda latino-americana no século passado.

**Palavras-chave**
**Convergência:** direção comum, ida a um mesmo ponto.
**Tangencialmente:** superficialmente, de leve.

José Luís Fiori. Olhando para a esquerda latino-americana. In: Eli Diniz (Org.). *Globalização, Estado e desenvolvimento*. Rio de Janeiro: Editora FGV, 2007. p. 98-99.

1. De acordo com o texto, em que período os países da América Latina começaram a adotar políticas econômicas neoliberalistas? Por que isso aconteceu?
2. Que motivos influenciaram a inclinação dos governos latino-americanos para a esquerda política?
3. Que fatos marcaram a consolidação dos governos de esquerda na América Latina?

## AGORA É COM VOCÊ

**1** Classifique como verdadeira **V** ou falsa **F** cada afirmativa a seguir sobre o panorama da América Latina nas últimas décadas do século XX.

a) (   ) A década de 1980 foi marcada por um ciclo de ditaduras na América do Sul, e a década de 1990 foi de retorno da democracia.

b) (   ) Não houve crise econômica na década de 1980, houve grande estabilização econômica em vários países.

c) (   ) Houve grande pressão de organismos internacionais, como o FMI e o Bird, interferindo nas economias latino-americanas em troca de empréstimos aos devedores.

d) (   ) Houve a ampliação da aplicação de políticas neoliberais.

**2** Sobre as questões relativas à distribuição de renda nas economias latino-americanas, circule as informações verdadeiras.

> aumentos salariais    desemprego    aumento geral da miséria
>
> diminuição da miséria    perdas salariais    alta taxa de empregos

**3** Com relação à política latino-americana, assinale as informações corretas.

a) (   ) Houve avanços e retrocessos com fim de ditaduras, democratização e manutenção de regimes não democráticos.

b) (   ) Vários países enfrentaram crises políticas, com tentativas ou mesmo a realização de golpes de Estado.

c) (   ) A situação é de estabilidade política com todos os países restabelecendo ou mantendo democracias.

d) (   ) Houve aumento das eleições de políticos representantes da esquerda, dividindo as tendências políticas na região.

e) (   ) Todos os países adentraram o século XXI sem problemas políticos a resolver.

**4** Preencha a tabela sobre a distribuição de renda na América Latina.

| | |
|---|---|
| País com a maior taxa média de desemprego urbano. | |
| País com a menor taxa média de desemprego urbano. | |
| País com os salários médios mais baixos. | |
| País com os salários médios mais altos. | |

**5** Ligue as colunas corretamente.

Colômbia •

Venezuela •

Chile •

El Salvador e Guatemala •

México •

• Acordos de paz puseram fim a décadas de guerra civil.
• Com o fim da Ditadura Pinochet, instalou-se um regime democrático estável.
• Grupos paramilitares reprimiram movimentos populares com o apoio de forças governamentais.
• Tentativa de golpe contra o governo de Carlos Andrés Pérez em 1992.
• Exército Zapatista de Libertação Nacional protestava contra a crise socioeconômica e contra a negligência do Estado em relação à questão indígena.

**6** Preencha o diagrama com o nome do país correspondente a cada situação política da América Latina na década de 1990.

1. Acordos de paz acabaram com a guerra civil.
2. Fim da Ditadura Pinochet.
3. Consolidaram suas democracias.
4. Sandinistas respeitaram o resultado das eleições.
5. Partido no poder havia 20 anos perdeu as eleições em 2000.
6. Fujimori adotou medidas repressivas.
7. Grupos paramilitares reprimiram movimentos populares.

## COM A PALAVRA, O ESPECIALISTA

**Quem é**
Archibald Haworth Brown (conhecido como Archie Brown)

**O que faz**
Renomado cientista político, historiador britânico e professor emérito na Universidade de Oxford, na Inglaterra, desde 2005.

As políticas implementadas por Mikhail Gorbachev nos últimos anos da União Soviética teriam contribuído para a queda do regime comunista durante a Guerra Fria. De acordo com o professor de ciências políticas da Universidade Oxford Archie Brown, Gorbachev era a favor da transformação política. Vinte anos após a eleição de Boris Yeltsin como o primeiro presidente da Federação Russa, porém, ele acredita que a situação da liberdade política no país piorou. A seguir, trechos da entrevista concedida por Brown por telefone ao Estado [jornal O Estado de São Paulo].

### O fim do comunismo na Rússia foi inevitável?

Não acredito que tenha sido inevitável. Depois de 1985, quando Mikhail Gorbachev tornou-se o líder soviético, o regime ainda usava todos os instrumentos de coerção e poderia ter continuado assim por um longo tempo. Aliás, se a União Soviética não tivesse entrado em colapso, o regime comunista teria se beneficiado do grande aumento nos preços de petróleo e do gás que ajudaram a consolidar a popularidade de Vladimir Putin.

### Quais foram os fatores que contribuíram para o fim do comunismo na Rússia?

Não acredito que tenha sido uma crise que tornou a reforma inevitável, mas sim uma reforma que provocou a crise. Em 1988, Gorbachev era a favor da transformação política e chegou a abraçar a ideia de pluralismo. Então, se tivesse de dar uma razão pela qual o comunismo acabou na União Soviética seria a implementação de suas novas políticas.

### Entre essas políticas estavam medidas econômicas?

Não. A área mais fraca no plano de governo de Gorbachev era a economia. Ele deu prioridade para o fim da Guerra Fria e para a reforma do sistema político soviético. Então, nos dois últimos anos da União Soviética, a economia estava em uma espécie de limbo, porque já não seguia o antigo modelo, mas também ainda não era uma economia de mercado.

**Na sua opinião, o que mudou da Rússia comunista para a Rússia governada por Vladimir Putin e Dmitri Medvedev?**

Nos dois últimos anos da União Soviética havia mais liberdade e pluralismo político do que há hoje na Federação Russa. Atualmente, a Rússia tem um modelo híbrido de governo. Há certos elementos de pluralismo político e alguns jornais que são relativamente livres. No entanto, as eleições ainda são bastante previsíveis. Os partidos políticos - tirando a legenda do governo Rússia Unida - são fracos. A Duma (Câmara Baixa) é subserviente ao Executivo. E, no geral, houve um movimento para longe da democracia. Eu diria que a Rússia nunca conseguiu se transformar em uma democracia plena.

**Por que, na sua opinião, a Rússia não se tornou uma democracia plena? O que faltou para concretizar o processo?**

A cultura política da Rússia fez com que uma democracia plena fosse difícil de ser concretizada. Um grande problema, porém, é que Boris Yeltsin não estava interessado em construir instituições democráticas. Por isso, acredito que Yeltsin é, em parte, responsável pelo fato de a democracia na Rússia não ter se desenvolvido completamente após o fim do comunismo.

**Países como Cuba e Coreia do Norte ainda mantêm regimes comunistas. Na sua opinião, esse tipo de governo ainda é viável?**

Não acho que é uma forma boa de governo, mas acho que é um tipo de regime que pode continuar por um longo tempo porque os líderes desses países estão preparados para utilizar todos os meios de coerção, tornando assim quase impossível a sobrevivência de uma oposição forte. Só depois de ocorrer a liberalização de regimes assim é que esse modelo de governo corre o risco de ser desmantelado. Do contrário, esses regimes podem ter um longo tempo de vida. É só olharmos para a Coreia do Norte, por exemplo. É um país com um sistema de governo ineficiente, onde as pessoas passam fome, e, mesmo assim, o comunismo persiste.

**Há exemplos positivos?**

Um caso bastante diferente é o da China, que teve uma reforma econômica bem-sucedida. O regime cubano também teve alguns sucessos, como o excelente serviço de saúde da ilha. No entanto, Cuba também está mudando e até chegou a fazer algumas concessões recentemente. Quando o regime cubano começar a se liberalizar – especialmente tendo em conta a idade avançada de Raúl Castro e o afastamento de Fidel do poder –, o modelo comunista na ilha corre sério risco de ser extinto. É verdade também que, logo após o colapso da União Soviética, muitos acharam que o comunismo acabaria em Cuba em questão de dias. Então, é bastante notável que hoje, 20 anos depois, ainda exista um regime comunista na ilha.

O Estado de S. Paulo. Disponível em: <www.estadao.com.br/noticias/impresso,urss-era-mais-livre-do-que-a-russia-de-hoje,731232,0.htm>. Acesso em: ago. 2013.

# Para não esquecer

- Crise da economia mundial
- Endividamento da América Latina, África e Ásia
- Crescimento do neoliberalismo
- Enfraquecimento e fim do bloco socialista

## Abertura política brasileira

- retorno dos exilados
- revogação do AI-5
- abertura para que houvesse diferentes partidos políticos
- lei de Anistia

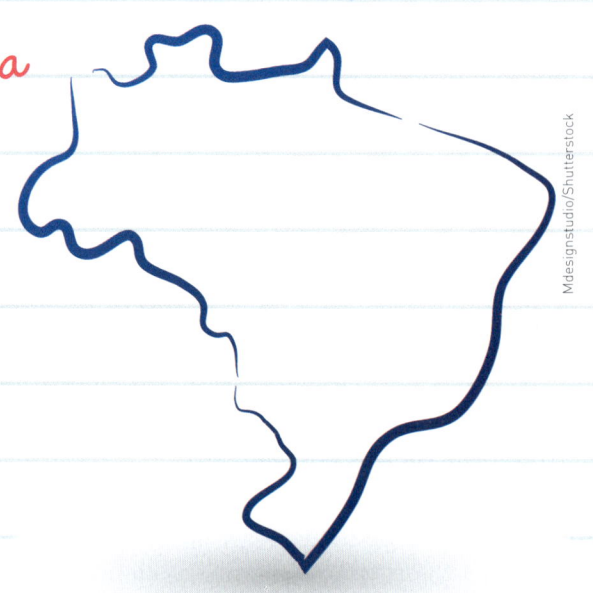

## Governo Sarney – Nova República

- 1ª reforma econômica – de cruzeiro para cruzado
- Congelamento de salários
- Fim da correção monetária
- Congelamento de aluguéis
- Congelamento de preços
- 2ª reforma econômica – de cruzeiro para cruzado
- Criação do seguro-desemprego
- Criação da Constituição cidadã

# Governo Collor

Medidas para acabar com a inflação → Plano Collor → Confisco, corte de gastos e troca de moedas → Fracasso e denúncias de corrupção → **Impeachment**

# Plano Real

Busca da solução para a inflação → Nova moeda em 1994 → Equiparação com o dólar → Privatização de empresas estatais → Sucesso do plano → **Candidatura e vitória de FHC nas eleições**

# América latina

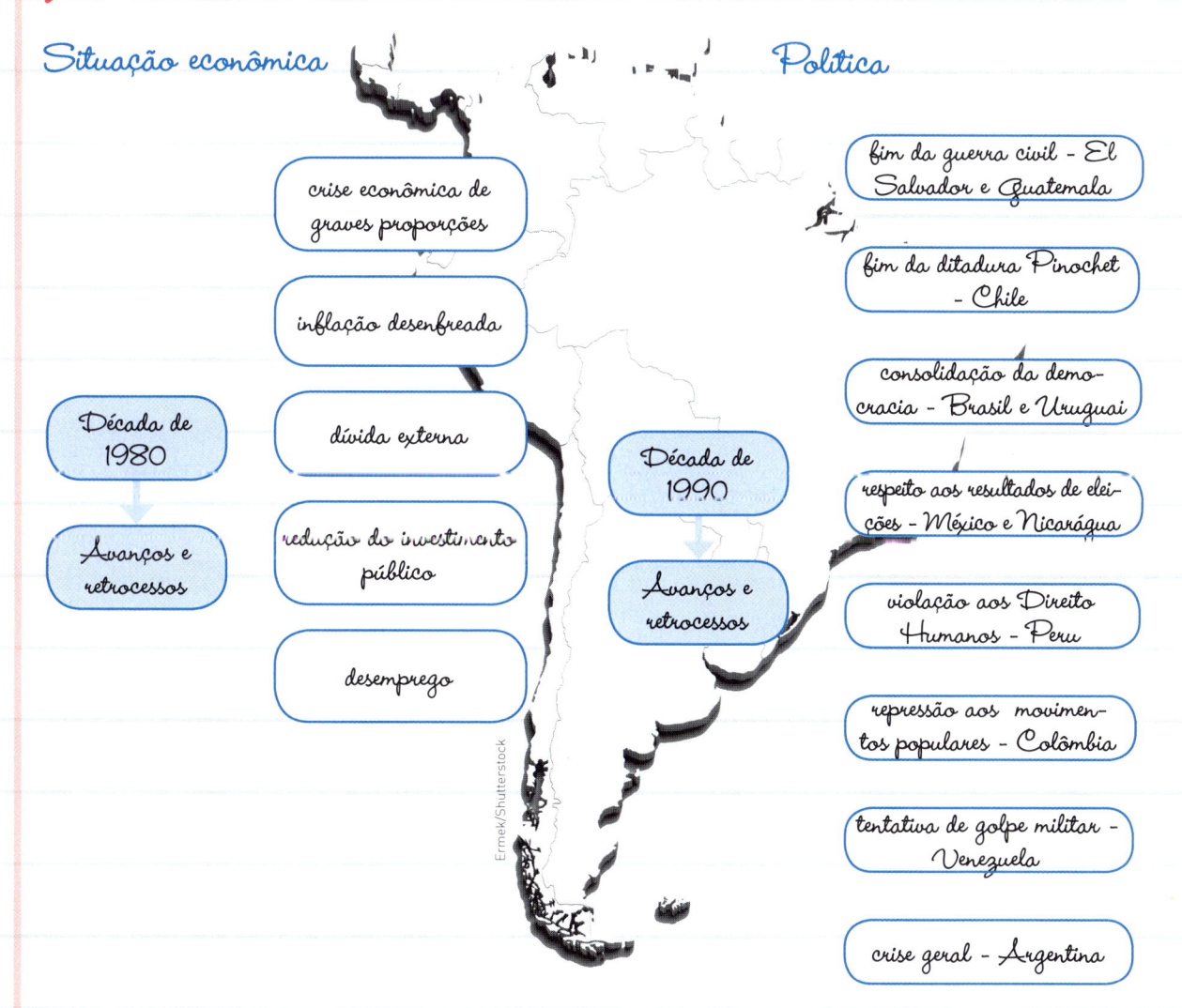

## Situação econômica

- crise econômica de graves proporções
- inflação desenfreada
- dívida externa
- redução do investimento público
- desemprego

**Década de 1980** → Avanços e retrocessos

**Década de 1990** → Avanços e retrocessos

## Política

- fim da guerra civil - El Salvador e Guatemala
- fim da ditadura Pinochet - Chile
- consolidação da democracia - Brasil e Uruguai
- respeito aos resultados de eleições - México e Nicarágua
- violação aos Direito Humanos - Peru
- repressão aos movimentos populares - Colômbia
- tentativa de golpe militar - Venezuela
- crise geral - Argentina

## RESGATANDO CONTEÚDOS

1. Assinale as alternativas **corretas** sobre o neoliberalismo.

   a) (   ) Abertura de mercados para possibilitar a circulação global de mercadorias e serviços.
   b) (   ) Aumento de taxas alfandegárias e defesa do livre comércio.
   c) (   ) Liberdade para circulação de capitais.
   d) (   ) Flexibilização das leis trabalhistas.
   e) (   ) Aumento da carga tributária.
   f) (   ) Diminuição de gastos em áreas sociais.
   g) (   ) Livre concorrência.
   h) (   ) Aumento do intervencionismo estatal na economia.

2. Procure no diagrama de palavras as respostas das questões a seguir.

   1. Presidente norte-americano que estabeleceu uma política de combate ao avanço comunista e definiu a União Soviética como o "Império do Mal".
   2. Reação aos ataques de 11 de setembro de 2001, nos Estados Unidos, empreendida pelo então presidente George W. Bush.
   3. Conjunto de medidas que pretendia promover mudanças políticas e econômicas na União Soviética.
   4. Presidente que governou a Rússia após a queda da União Soviética.
   5. País em que o socialismo foi implantado com um forte sentimento nacionalista e sob grande influência da Igreja Católica.
   6. Apelido do período entre 1945 e 1973, auge do modo de produção capitalista.
   7. Conjunto de ideias e práticas políticas e econômicas que propõe o afastamento do Estado da economia dos países.

```
M N A B S A R G E S O R O N A L D R E G A N
Ô N E L Ô T I Ô N Ô I D L Ô N M I S T G R S
S E U M D A B I R G D R T U I N K Ô B L Ô N
A O R G U E R R A A O T E R R O R B Ó U B A
I L T B N S I O Ô N E P S S D Ô T L R S P T
L I Ô E R L T U B I D A Ô K D M E G I D E O
Ô B G N I Ô U R E Ô T U L Ô I A R I S I R R
S E D G S M S D G T B P N S G E D B I P E S
E R A D E O U R O S O I L B D T I Ô É U S E
N A S G R S D L M I E U Ô D N A T N L K T B
T L E T B U R Ô D N A T I A K D U G T I R N
I I G L Ô O R A N U D P R K S Ô I L S P O T
L S R A T N S U I P P O L Ô N I A K I N I E
Ô M E S P R U L Ô N O S D T D D D R N K K U
M O D U Ô M O S G A T B E A G N K Ô N I A T
```

**3** Complete as frases corretamente.

a) A _____, que ocorreu em 1973, atrapalhou o crescimento interno brasileiro, que dependia muito de capital estrangeiro na época.

b) A abertura política no Brasil começou a se efetivar durante o governo do presidente _____.

c) A _____ acabou com a censura prévia à imprensa e restabeleceu o *habeas corpus* para crimes políticos.

d) O presidente _____ assumiu o governo do Brasil com o compromisso de restaurar a economia e instaurar a democracia no país.

e) Em 1979 foi aprovada pelo Congresso a _____, que permitia o regresso de milhares de exilados pela ditadura ao país.

f) Em 1978, o _____, reprimido no período pós-1964, voltou a se manifestar com grande força.

g) As primeiras eleições diretas para governador ocorridas desde a instauração do regime militar, aliadas ao contexto de crise econômica, provocaram um movimento para a redemocratização imediata do Brasil: a campanha das _____.

**4** Ligue as palavras aos seus devidos significados.

a) Produto Nacional Bruto •

b) Mercado Comum Europeu •

c) *Impeachment* •

d) Produto Interno Bruto •

e) Salt •

• Bloco econômico composto por 15 países que abriram suas fronteiras alfandegárias, de modo que pudessem vender suas mercadorias sem pagar impostos.

• É a quantidade de bens e serviços nacionais produzidos por um país em um dado período de tempo (o cálculo geralmente é efetuado por ano).

• Discussões ou conversações sobre limitações de armas estratégicas.

• em um regime presidencialista, é o ato do Poder Legislativo de destituir, por crime de responsabilidade, o ocupante de um cargo governamental.

• É a soma de todas as riquezas produzidas no país, independentemente do destino final dessa renda.

**5** Complete os quadros com os países que fazem parte do Brics e do Mercado Comum Europeu.

Brics

Mercado Comum Europeu

# UNIDADE 4

# O mundo contemporâneo

Era da tecnologia, mundo globalizado, guerras transmitidas em tempo real e intolerância são algumas questões que estão em pauta neste início do século XXI.

Estamos no século da tecnologia avançada, que nos possibilita viver em um mundo interligado, mas, ao mesmo tempo, convivemos com instabilidade econômica, miséria e violência. Temos de enfrentar ainda enormes desafios, como procurar diminuir a desigualdade social e oferecer a todos acesso a essa tecnologia.

Manifestação do Movimento Passe Livre na Avenida Alberto Andaló, São José do Rio Preto (SP), jun. 2013.

1. O que essa imagem representa?

2. Como essa cena, que acontece em diferentes lugares do mundo, chega até você? Que mudanças possibilitam?

3. Qual é seu papel na sociedade?

# CAPÍTULO 16
# Globalização

## Palavras-chave

**Cunhado:** inventado, adotado, introduzido na língua do país.

**Indústria cultural:** termo relacionado à produção e à distribuição de bens e serviços culturais, como obras de arte, espetáculos de entretenimento, divulgação de ideias, circulação e informação, entre outros, em escala industrial. Ou seja, é a cultura difundida para grandes contingentes populacionais ou grandes parcelas da população de um ou mais países, por isso denominada cultura de massas.

Globalização é um termo muito utilizado para caracterizar a atual situação mundial. **Cunhado** recentemente, esse termo ganhou força depois de ter sido usado para designar o movimento de abertura de fronteiras econômicas que ocorria no final da década de 1980 com o fim da ordem bipolar. A partir de então, as atividades econômicas passaram a interligar diversos setores econômicos mundiais, criando uma grande interdependência entre eles.

Essa integração é visível em diversos aspectos da vida humana, que abrangem política, economia, cultura, sociedade etc. Em alguns países, o termo usado é **mundialização**.

Sob o ponto de vista cultural, a globalização promoveu a integração mundial por meio de diferentes aspectos, que vão da vestimenta ao entretenimento, passando pelos mais variados setores. A difusão de uma cultura planetária ocorre por intermédio da **indústria cultural** a fim de envolver novos mercados consumidores. Essa difusão é feita principalmente pelos meios de comunicação, seja em comerciais, seja na própria programação.

*Show* da banda norte-americana Pearl Jam, apresentado para 68 mil pessoas no Estádio do Morumbi, São Paulo (SP), em 4 nov. 2011. Os grandes eventos musicais são exemplos da influência da indústria cultural. É comum músicos de popularidade mundial firmarem contratos com produtoras multinacionais de eventos, as quais se encarregam do agendamento, da logística e da divulgação de *shows* em vários países.

A ideologia da globalização é o neoliberalismo, doutrina fundamentada nos princípios do liberalismo.

No que se refere ao setor de comunicações, a chamada "era da tecnologia" possibilitou a expansão da rede mundial de computadores (internet), e trouxe grande desenvolvimento à área de telecomunicações, meios de transmissão de informações (cabos, satélites). Assim, o acesso rápido às informações tornou todos os setores mais ágeis. Por exemplo, um acontecimento na Ásia pode, em poucos minutos, ser transmitido para os países da América, influenciando-os diretamente.

# Um histórico da globalização

A globalização, tal como a entendemos hoje, ou seja, como integração planetária, remonta às Grandes Navegações dos séculos XV e XVI. Essas navegações possibilitaram a interligação dos continentes e integraram mercados antes desconhecidos entre si.

A Revolução Industrial constituiu uma nova fase da globalização. Com o desenvolvimento na área dos transportes e de comunicação nesse período, as mercadorias produzidas em escala industrial puderam ser levadas e trazidas de um lugar para outro com mais rapidez.

O imperialismo também facilitou a expansão econômica e ajudou a impulsionar o processo de mundialização, que se desenvolveu ainda mais no século XX. A globalização ganhou novo impulso após a Segunda Guerra Mundial, quando houve a expansão de grandes empresas pelo mundo. Essas empresas, e depois os bancos, buscavam condições vantajosas de investimento e passaram a estabelecer suas filiais em diversos lugares do mundo, facilitando assim a integração econômica em escala planetária, concretizada na década de 1980.

O fim do bloco soviético em 1991 fortaleceu ainda mais o processo de mundialização econômica, já que acabou com a barreira política, conhecida como Cortina de Ferro, e possibilitou aos países do Leste Europeu que também entrassem no processo de integração.

O atual nível de integração é bastante amplo. Hoje, por exemplo, são consumidos, tanto no Brasil como em países europeus, produtos norte-americanos, como celulares e calçados, fabricados em indústrias chinesas, o que mostra claramente como ocorre a integração mundial.

## DIVERSIFICANDO LINGUAGENS

Leia o texto a seguir e responda às questões no caderno.

> Não há uma globalização, mas sim globalizações, nem todas **convergentes**. Essas globalizações manifestam a realidade de um mundo que se tornou comum. Elas correspondem a um processo que não é nem novo nem dotado de um sentido único, e no qual frequentemente se alternam abertura e fechamento. Durante muito tempo, as civilizações da América pré-colombiana, da Índia ou da China se desenvolveram de maneira isolada. Os grandes descobrimentos, a constituição dos impérios coloniais europeus e depois a exploração da África e das ilhas do Pacífico extinguiram de modo **irrevogável** a **compartimentação** das civilizações. Assim, o mundo tornou-se na prática um mundo unificado. [...]
>
> Durante cerca de dois milênios, o mundo humano foi palco de histórias paralelas, de histórias diversas, que por muito tempo permaneceram como histórias separadas. Com a globalização de hoje, tomada no sentido estrito, passou-se progressivamente da separação das histórias ao seu relacionamento no espaço.

Monique Canto-Sperber. A globalização com ou sem valores. In: Françoise Barret-Ducrocq. *Globalização para quem?* Trad. Joana Angélica D'Ávila Melo. São Paulo: Futura, 2004. p. 50-51.

**Palavras-chave**

**Convergente:** que segue ou tem orientação, conduta ou ideias e objetivos similares aos de outras pessoas.
**Irrevogável:** que não se pode voltar atrás.
**Compartimentação:** separação, divisão em partes.

**1.** O texto afirma que há várias globalizações. Qual é a opinião expressa nesse texto?

**2.** Para a autora, quais foram as mudanças geradas pelas Grandes Navegações?

# Os blocos econômicos

## Palavras-chave

**Tarifa alfandegária:** imposto cobrado na importação e exportação de produtos.

**Aduana:** mesmo que alfândega; refere-se à administração ou repartição pública encarregada de cobrar taxas de entrada e saída de mercadorias.

**Zona do euro:** refere-se à unificação monetária de parte da Europa, na qual alguns países-membros adotaram oficialmente o euro como moeda comum.

Um aspecto importante da globalização é a organização dos países em grandes blocos econômicos. Essa configuração surgiu nos países europeus na década de 1950, e nos países da América Latina na década de 1980. Com o fim da "divisão" do mundo entre socialismo e capitalismo na década de 1990, essa tendência tornou-se ainda mais forte.

A união de países em um mesmo bloco ocorre quando há interesses econômicos comuns entre eles, inclusive o de alcançar competitividade no mercado internacional. A seguir, alguns exemplos de configuração desses blocos.

▸ **Área de livre-comércio:** os países-membros da organização diminuem ou suspendem as **tarifas alfandegárias** para que a circulação de mercadorias entre eles seja mais rápida e intensa; consequentemente os produtos desses países terão vantagens em relação àqueles que provêm de zonas não pertencentes ao acordo.

▸ **União aduaneira:** é um acordo mais amplo que o anterior, no qual são adotadas medidas comerciais idênticas referentes ao comércio exterior entre os países-membros, que facilitam a entrada e saída de mercadorias entre eles.

▸ **Mercado comum:** de todas as configurações, é a mais abrangente. Desse modo, há total integração econômica entre os países-membros. São definidas regras para o comércio exterior, moeda única, leis e instituições comuns que busquem suprimir qualquer tipo de barreira.

Entre os blocos econômicos, o mais antigo é a União Europeia (UE), formado em fevereiro de 1992, que engloba vários países da Europa. Os habitantes dos países-membros são considerados cidadãos da UE. Foram criadas instituições para gerir essa organização, como o Parlamento Europeu, o Tribunal de Justiça da União Europeia e o Banco Central Europeu. Os países que aderiram à **zona do euro** contam com moeda única e sistema bancário e financeiro comum.

Banco Central Europeu, localizado em Frankfurt, na Alemanha, com destaque à escultura que representa o símbolo do euro na entrada, 2011.

Há ainda outros blocos, entre eles o Tratado Norte-Americano de Livre-Comércio (Nafta), formado por Estados Unidos, Canadá e México; a União Africana (UA), que reúne 53 países da África (dados de 2011); o Mercado Comum do Sul (Mercosul), constituído por Argentina, Brasil, Uruguai e Paraguai; e a Cooperação Econômica da Ásia e do Pacífico (Apec), composto pelos países da Ásia, Oceania e América banhados pelo Oceano Pacífico.

Embora esses acordos tenham sido firmados com o intuito de consolidar interesses econômicos, eles podem também ter motivações políticas. Em 2004, foi criada a Aliança Bolivariana para as Américas (Alba), idealizada pelo presidente venezuelano Hugo Chávez, com o objetivo de formar um bloco livre da influência dos Estados Unidos e da Europa, no qual as economias de seus membros conseguissem desenvolver-se em cooperação. Esse bloco tem forte conotação política, já que os representantes dos países-membros, como Hugo Chávez e Raúl Castro (Cuba), opõem-se fortemente à dominação econômica e política exercida pelos Estados Unidos e países europeus sobre o restante do mundo. Nos dados de 2011, Antígua e Barbuda, Bolívia, Cuba, Dominica, Equador, Nicarágua, São Vicente e Granadinas e Venezuela eram membros da Alba.

A divisão em blocos econômicos engloba vários países, porém muitos não pertencem a nenhum deles, e portanto podem ser considerados à margem desse processo de cooperação econômica.

Embora não seja um bloco econômico, é importante destacar os Brics, sigla criada com as iniciais, em inglês, de Brasil, Rússia, Índia, China e África do Sul. Esses países apresentam situação econômica e índice de desenvolvimento parecidos. Estima-se que até 2050 se tornem economias poderosas, superando as que hoje dominam o mundo.

Os Brics não firmaram acordos políticos, comerciais ou militares, mas economistas acreditam que a união entre eles poderia alavancar suas economias em escala global. Como agrupamento, os Brics favorecem o diálogo e a discussão de temas comuns entre seus cinco membros, além de contatos e cooperação para temas específicos.

## DIVERSIFICANDO LINGUAGENS

Leia o texto a seguir e responda às questões no caderno.

> A integração da economia mundial é um dos principais responsáveis pela constituição dos diversos blocos econômicos em várias partes do globo. Sua existência atende ao mais elevado interesse das empresas multinacionais por favorecer uma maior liberalização do mercado mundial, principalmente intra-blocos. Em outras palavras, a formação de blocos econômicos abre caminhos à constituição de um mercado mundial sem barreiras no futuro para as empresas multinacionais. É evidente que, na constituição dos blocos econômicos na atualidade, são levados em conta também os aspectos geopolíticos e os objetivos nacionais dos países que os compõem.

Fernando Alcoforado. *Globalização e desenvolvimento*. São Paulo: Nobel, 2006. p. 46.

**1.** De acordo com o texto, que fator influencia a criação de blocos econômicos?

**2.** A que interesses os blocos atendem?

## Palavras-chave

**Aldeia global:** termo cunhado pelo teórico canadense Marshall McLuhan na década de 1960. O autor defendia que o progresso tecnológico havia criado a possibilidade de qualquer pessoa do planeta se comunicar. O termo consagrou-se e atualmente designa o mundo interligado pela comunicação de massa, como a internet etc.

**Sazonal:** que ocorre por período determinado.

**Automação:** uso de máquinas para realizar as tarefas com pouca interferência humana.

# Aspectos positivos e negativos da globalização

Ao transformar o mundo em uma **aldeia global**, a globalização traz vários benefícios, como facilidade de comunicação, de comércio e de circulação de pessoas.

É evidente que as tecnologias nas áreas de informática e telecomunicações – como o *e-mail*, a telefonia móvel e os sistemas de transmissão de dados – possibilitaram negócios que antes eram praticamente impossíveis de serem realizados e facilitaram a comunicação entre os indivíduos. Portanto, essa tecnologia estimulou a globalização.

Os aspectos positivos da globalização incluem a criação de oportunidades e abertura de mercados, facilidade de comunicação, maior fluxo de pessoas e de informações e intensificação do comércio. A internet, por exemplo, auxilia na divulgação de campanhas ambientais e sociais e mobiliza o mundo em torno dos mesmos problemas.

No entanto, a globalização também é fonte de problemas. Veja a seguir alguns deles.

▸ **Concentração de renda:** com o crescimento e a expansão de empresas multinacionais, entre outras questões econômicas, houve aumento na acumulação de riquezas de alguns e consequentemente aumento da pobreza de outros. Milhões de pessoas não têm espaço no mundo globalizado e permanecem à margem da sociedade, muitos não conseguem ter acesso ao consumo nem mesmo dos produtos mais básicos e necessários.

▸ **Redução dos empregos formais, desemprego, condições inadequadas de trabalho:** com a globalização difundiu-se a prática da terceirização, ou seja, a contratação de uma empresa que vende o serviço a outra, em vez de contratar funcionários. Assim, diminui a oferta de empregos formais (com carteira assinada e direitos trabalhistas garantidos), pois o ramo terceirizado é **sazonal**, e consequentemente aumenta o número de trabalhadores informais e de desempregados. O desemprego é um problema decorrente da fusão de grandes empresas, pois a empresa comprada geralmente remaneja ou demite parte de seus funcionários, e também da **automação** da produção. Além disso, a instalação de grandes empresas em países onde os salários são baixos, como a China, facilita e aumenta o lucro do empresário, mas cria um mercado de trabalhadores que vivem em condições inadequadas e sem a proteção de legislação trabalhista.

Propaganda de refrigerantes norte-americanos em um caminhão que transita pelas ruas de Mazar-e Sharif, na província de Balkh, Afeganistão, 2009.

▶ **Danos culturais:** a imposição de costumes e de valores dos países mais poderosos pode prejudicar e até destruir culturas locais e favorecer a homogeneização de preferências, comportamentos e manifestações culturais, principalmente dos jovens, induzidos pela indústria cultural.

▶ **Danos ecológicos:** a busca por uma produção cada vez maior e com menor custo faz com que grandes empresas se instalem em países com legislação ambiental flexível, que permite a produção sem controle ambiental rígido, o que gera prejuízos ecológicos incalculáveis.

▶ **Movimentos migratórios:** o desemprego leva pessoas a saírem de sua pátria em direção a países mais ricos, buscando melhores condições de vida. Muitas vezes, essas pessoas acabam servindo de mão de obra barata, sujeitas à exploração trabalhista e à discriminação. Há casos, veiculados nos meios de comunicação, em que muitos imigrantes são submetidos a condições de trabalho semelhantes à escravidão.

Portanto, a globalização abre fronteiras, divulga tecnologia, facilita a comunicação, amplia mercados e intensifica o contato entre pessoas. Por outro lado, é um processo excludente, que deixa milhões de pessoas à margem da sociedade.

> **Palavra-chave**
> **Ecológico:** que diz respeito à natureza e ao meio ambiente.

> **Explorando**
> **Um dia sem mexicanos**
> Direção: Sérgio Arau.
> EUA, 2004, 91 min.
> Certo dia, no estado da Califórnia, 14 milhões de pessoas, todas de origem hispânica, desaparecem. Com o sumiço inexplicável, a sociedade e o Estado percebem o quanto esses estrangeiros eram responsáveis por movimentar a economia e organizar a sociedade local.

## DOCUMENTOS EM ANÁLISE

Analise as duas charges e, no caderno, responda às questões.

**DOCUMENTO 1**

*Miséria.com*. Charge de Angeli, 2004.

**DOCUMENTO 2**

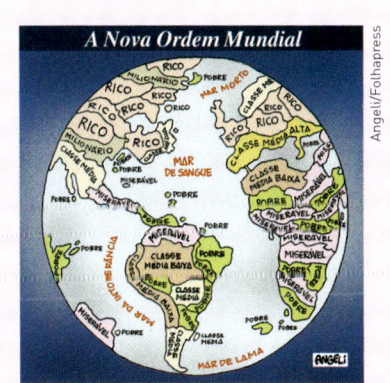

*A Nova Ordem Mundial*. Charge de Angeli, 2003.

1. O que é representado em cada um dos documentos acima?

2. O humor na primeira charge está relacionado diretamente a um contraste. Que contraste é esse? Justifique.

3. Relacione o documento 2 com a globalização.

4. Estabeleça uma relação entre a primeira e a segunda charge.

## Explorando

**Globalização – Estado nacional e espaço mundial**
Demétrio Magnoli, Editora Moderna.

A globalização é um fenômeno que causa euforia em diversos setores da sociedade desde a década de 1990, com promessas de grande crescimento e desenvolvimento socioeconômico. Este livro explica o fenômeno e suas consequências, mostrando também as mudanças políticas que parecem levar a globalização a seu fim.

**Encontro com Milton Santos ou O mundo global visto do lado de cá**
Direção: Sílvio Tendler.
Brasil, 2007, 89 min.

Documentário produzido com base em entrevista de 2001 com o geógrafo Milton Santos, e no qual é abordado o tema da globalização e seus efeitos nos países e cidades do planeta.

## Palavras-chave

**Mercado imobiliário:** ramo do comércio que se dedica à compra e venda de imóveis: apartamentos, casas, moradias, prédios, terrenos etc.

**Recessão:** redução do índice de crescimento econômico em um ou vários países, acarretando a queda de produção e, consequentemente, o desemprego.

# A ciranda financeira

Bolsa de Valores de Frankfurt, em 14 dez. 2011. As bolsas financeiras são o palco da economia contemporânea, onde são negociados ações e títulos das mais variadas origens.

A globalização teceu uma rede econômica internacional. Transformações tecnológicas, como a automação, possibilitaram um grande desenvolvimento industrial a partir da década de 1990. O desenvolvimento na área de comunicação também foi decisivo para a expansão das atividades econômicas.

O desenvolvimento tecnológico da década de 1990, porém, não ocorreu de maneira igual em todo o mundo, pois houve benefícios muito mais significativos para algumas poucas nações e empresas. As atividades financeiras continuavam a gerar crises em diversos países de tempos em tempos.

As crises regionais da década de 1990 (1994, no México; 1997, em Hong Kong, Coreia do Sul, Cingapura, Taiwan e no Japão; 1998, na Rússia) chamaram a atenção da comunidade econômica internacional, pois seus desdobramentos afetaram diversas nações.

O Fundo Monetário Internacional (FMI), entidade criada para garantir a estabilidade econômica dos países por meio de assistência técnica e financeira (fundos concedidos em regime de empréstimos) tomou medidas para controlar e prevenir essas crises.

Entretanto, em 2007, o fantasma da crise voltou a assombrar o mundo, e dessa vez de forma mais grave e ampla. Essa crise, que se iniciou no **mercado imobiliário** e financeiro dos Estados Unidos, alastrou-se num efeito cascata, gerou problemas na maioria das economias do globo e causou uma **recessão** mundial.

# O início da crise

Até 2007, as instituições financeiras dos Estados Unidos aproveitaram a grande demanda do mercado imobiliário interno e começaram a oferecer juros baixos e boas condições para financiamentos de imóveis. Com essas facilidades, muitas pessoas, mesmo as que não tinham condições econômicas estáveis, adquiriram imóveis e, com isso, contraíram grandes dívidas. A prática de conceder empréstimos a pessoas que não oferecem garantias suficientes para quitá-los é chamada de *subprime*.

Quando o governo dos Estados Unidos aumentou a **taxa básica de juros** – que em 2004 era de 1%, e em 2006 chegou a 5,25% – para conter a inflação, as prestações dos imóveis subiram. Como consequência, muitos devedores deixaram de pagar seus compromissos, o que gerou um alto índice de **inadimplência**.

Os imóveis foram sendo retomados pelos **credores** e recolocados no mercado; em decorrência disso, a oferta deles aumentou e seus preços caíram.

O prejuízo dos bancos foi bilionário, o que causou inclusive a quebra de instituições importantes, como o banco norte-americano Lehman Brothers.

Diante disso, o governo norte-americano decidiu intervir e auxiliou muitas instituições financeiras para que não houvesse mais quebras. Na Europa, em decorrência da crise nos Estados Unidos, países como Alemanha, França, Espanha e Portugal tiveram de socorrer financeiramente seus respectivos bancos que estavam diretamente ligados às instituições americanas.

Os bancos que não quebraram pararam de emprestar dinheiro. Sem crédito, o consumo caiu vertiginosamente, causando **retração** econômica nos Estados Unidos.

O setor produtivo foi afetado e, em 2008, devido ao número de falências e de demissões, aumentou significativamente o número de desempregados em várias partes do mundo.

A crise se espalhou, causando quedas de bolsas de valores em vários países. Os prejuízos de investidores e de empresas foram enormes.

A desaceleração da economia fez com que vários países entrassem em recessão. O FMI chegou a declarar que a crise de 2008 era a mais grave desde a Quebra da Bolsa de Nova York em 1929.

Para resolver ou amenizar a crise, os governos voltaram a intervir mais diretamente em suas economias regulamentando o mercado de capitais. Alguns bancos foram estatizados e empresas receberam socorro financeiro para se manterem ativas. Essas medidas, contrárias ao neoliberalismo vigente, foram uma tentativa de solucionar o problema e evitar que o impacto da crise fosse ainda maior.

## Palavras-chave

**Taxa básica de juros:** é um referencial dado pelo governo de determinado país para a menor taxa de juros praticada pelas instituições financeiras.

**Inadimplência:** não cumprimento de um contrato. No caso, refere-se ao não pagamento das prestações do imóvel.

**Credor:** pessoa ou instituição que empresta dinheiro ou faz venda por crediário.

**Retração:** retrocesso; retorno a uma condição anterior.

Veja no infográfico a seguir a explicação detalhada do início da crise.

## COMO COMEÇOU A CRISE

**1 IMÓVEIS VALORIZADOS**
Com juros baixos e crédito farto, os preços dos imóveis nos EUA tiveram forte valorização, encorajando mutuários a refinanciar suas hipotecas. Os bancos davam aos mutuários uma diferença em dinheiro, utilizada para consumir

**2 TÍTULOS LASTREADOS**
Para captar dinheiro, os bancos criaram instrumentos financeiros complexos chamados títulos lastreados em hipotecas (uma espécie de nota promissória garantida pelas hipotecas) e venderam para investidores que também emitiram seus próprios títulos lastreados nesses títulos e passaram-nos para frente, espalhando-os por todo o sistema bancário

**3 JUROS ALTOS E QUEDA DOS PREÇOS**
As taxas de juros começaram a subir para combater a inflação enquanto os preços dos imóveis passaram a cair, fazendo com que as mensalidades da casa própria ficassem mais caras. A inadimplência disparou e, assim, os títulos que eram garantidos por essas hipotecas perderam valor

**4 PERDA DOS BANCOS**
Além dos prejuízos com a inadimplência, os bancos tiveram fortes perdas com os títulos. Os bancos com maiores problemas se viram à beira da falência e precisaram da ajuda do governo americano

**Crise de confiança**
Instalou-se uma grave crise de confiança e os bancos não querem mais emprestar, com medo de calotes

Como começou a crise. *Folha de S.Paulo*, 30 set. 2008. Disponível em: <www1.folha.uol.com.br/folha/dinheiro/ult91u450226.shtml>. Acesso em: fev. 2013.

### Explorando

**Trabalho interno**
Direção: Charles Ferguson.
EUA, 2010, 108 min.

O documentário, premiado com o Oscar 2011, traz uma perspectiva crítica da crise de 2008, a qual aborda como fruto de um sistema de desregulamentações financeiras relacionadas à política neoliberal.

Essa crise evidenciou a fragilidade e a interdependência da economia mundial. Diante dessa nova realidade, houve aumento da influência de outros países na condução da economia mundial, antes restrita ao G7 – grupo que reunia as sete maiores economias mundiais (Estados Unidos, Reino Unido, Canadá, França, Alemanha, Japão e Itália). O debate mundial para solucionar a crise passou a ser do G20, que inclui, além do G7, o Brics, a Argentina, a Arábia Saudita, a Austrália, a Coreia do Sul, o México, a Indonésia, a Turquia e o Banco Central da União Europeia.

No Brasil, os reflexos da crise tiveram proporções bem menores do que no restante do mundo, pois o país já tinha um controle mais rigoroso do mercado financeiro em razão do histórico de planos econômicos e de mudanças de moeda pelo qual havia passado em décadas anteriores.

Ainda assim, a recessão mundial chegou a reduzir a exportação de produtos brasileiros para os países onde a crise foi mais forte. Além disso, países em crise, como os Estados Unidos e Espanha, grandes investidores no mercado brasileiro, diminuíram seus investimentos por aqui.

O ponto positivo da crise para o Brasil foi a oportunidade de ganhar espaço nas decisões da economia e política mundiais.

## DIVERSIFICANDO LINGUAGENS

Leia o texto a seguir e responda às questões no caderno.

### A ASCENSÃO DO RESTO DO MUNDO: OS DESAFIOS DA NOVA ORDEM MUNDIAL

"Os Estados Unidos não são mais capazes de suportar a crise mundial. Mas quem assumiria seu lugar? A Rússia, o Brasil, a China e a Índia estão em ascensão, mas eles estão competindo também com a Europa e os Estados Unidos por recursos naturais finitos.

[...]

Estamos vivendo uma era na qual não há uma única potência dominante. O globo está **acossado** por crises – mudança climática, escassez de recursos, crises de alimento e financeira, proliferação nuclear e Estados fracassados. Nenhum país é capaz de elaborar soluções para problemas desse tipo. Nem mesmo as Nações Unidas estão à altura dessa tarefa. De fato, conforme admitiu o primeiro-ministro britânico, Gordon Brown, [...] as organizações internacionais criadas logo após a Segunda Guerra Mundial não atendem mais às necessidades atuais.

[...] a Guerra do Iraque esfacelou o sonho de uma era de 'imperialismo liberal', na qual os Estados Unidos disseminariam os seus valores ideais utilizando meios **coercivos**. A crise financeira dos últimos dois anos acelerou ainda mais o deslocamento de poder – dos Estados Unidos e Europa para a Índia, a China e a Rússia, bem como para os Estados árabes do Golfo Pérsico.

[...]

Quais são as potências decisivas nesta nova ordem mundial? Os Estados Unidos, a Rússia, a Índia, a China, o Brasil e a União Europeia estão sem dúvida entre elas. É interessante que estes países estejam se aproximando cada vez mais.

[...]

Novas alianças que jogam os países uns contra os outros não serão capazes de resolver os desafios do século 21. Novas formas de cooperação internacional, consulta e compromisso precisarão desempenhar um papel central em um mundo **multipolar**. É um absurdo que a Itália pertença ao G8, mas a China e o Brasil não. [...]

São necessárias novas formas de governança: em um mundo com cada vez menos recursos e no qual há uma mudança climática acelerada, os Estados podem sentir-se tentados a atender aos seus próprios interesses a fim de obter vantagens de curto prazo. O desafio será elaborar uma nova estrutura internacional e um equilíbrio organizado de interesses. Somente um futuro comum – 'mudança através do bom relacionamento' e não 'um choque de futuros' – poderá nos impulsionar para adiante."

Wolfgang Nowak. Disponível em: <www.sinprocampinas.org.br/?q=node/2322>. Acesso em: dez. 2013.

> **Palavras-chave**
> **Acossado:** atacado; atormentado com insistência; incomodado; importunado.
> **Coercivo:** que age obrigando alguém, por meio da força, a fazer alguma coisa.
> **Multipolar:** que tem mais de dois polos.

**1.** Qual é o questionamento principal do autor do texto?

**2.** Segundo o autor, como o mundo poderá resolver os desafios do século XXI?

**3.** O que significa dizer que o mundo é multipolar?

## A expansão da crise

Em 2010, a crise da Grécia desencadeou um grande temor de aumento da crise mundial. O país, que havia crescido com base em endividamento com outras nações da Europa, entrou em uma crise econômica sem precedentes (reflexo da continuidade da crise de 2007/2008). Assim, seu endividamento aumentou, e o risco de não pagar os credores também. Os bancos europeus, credores da Grécia, ficaram em alerta.

Em seguida, outras economias europeias passaram pela mesma situação da Grécia, agravando ainda mais o temor no mercado financeiro internacional. Portugal, Espanha, Irlanda, Itália e outros países europeus mostraram situações fragilizadas e de risco.

Para piorar, os Estados Unidos, ainda considerados a maior economia mundial, continuavam em situação instável, com alto índice de desemprego e sem resolver os efeitos da crise de 2008.

Diante dessa continuidade da crise, os países europeus precisavam agir rapidamente para minimizar os impactos mundiais. Nem todos o fizeram.

Hoje, o sistema financeiro mundial é globalizado. Portanto, as crises locais causam impacto não só nas economias próximas geograficamente, como também nas de outros continentes que estão ligadas em uma grande teia de relações comerciais e financeiras.

O fato de economias como os Estados Unidos, o Japão e as potências europeias não terem conseguido vencer completamente a crise de 2007/2008 acentua os prejuízos e mantém a crise em 2011.

Para os países emergentes, como China e Brasil, essa é a oportunidade de diminuir as diferenças em relação aos países desenvolvidos.

Novamente, a intervenção dos Estados e do sistema financeiro mundial na economia é imprescindível para que a crise não se agrave ainda mais e o mundo não seja levado a uma grande depressão.

Protesto de servidores públicos franceses contra as medidas de austeridade implementadas pelo governo de Nicolas Sarkozy, em Marseille, 13 dez. 2011. Nos cartazes lê-se: "Eu penso, logo estou envergonhado" e "A revolução não será privatizada".

## DIVERSIFICANDO LINGUAGENS

Leia o texto a seguir e responda às questões no caderno.

O FMI prevê que a recuperação econômica dos EUA seguirá sendo 'morna' em 2013 com um crescimento de 1,7%, e terá uma aceleração de 2,7% no próximo ano, quando também haverá uma queda gradual do desemprego, segundo a última avaliação do país [...].

Após ter crescido 2,2% em 2012, o Produto Interno Bruto (PIB) americano aumentou 1,8% no primeiro trimestre e os indicadores 'sugerem um crescimento mais lento no segundo trimestre', acrescentou.

Por isso, a previsão do Fundo é que neste ano os EUA experimentem um 'crescimento moderado' de 1,7%, abaixo de 1,9% previsto em abril e junho.

Para 2014, quando os 'legados negativos' da crise 'diminuirão ainda mais', o FMI mantém sua perspectiva de crescimento de 2,7%.

Com relação ao desemprego, atualmente em 7,6%, o organismo acredita que se manterá 'praticamente estável' neste ano e 'cairá gradualmente' em 2014.

A 'natureza' da recuperação dos EUA 'parece estar mudando', segundo o Fundo, dado o aumento de mais de 10% nos preços dos imóveis nos últimos 12 meses e o apoio à demanda privada.

'Ao mesmo tempo, a construção de casas acelerou e as condições do mercado de trabalho melhoraram', em grande medida graças à 'política monetária flexível' do Federal Reserve (Fed), o banco central americano.

Os riscos para a economia seguem baixos, mas o crescimento poderia ser menor do que o previsto por um impacto mais forte do que o previsto da consolidação fiscal, um aumento mais rápido do que o esperado nas taxas de juros, um entorno externo débil e um aumento do desemprego estrutural. [...]

O órgão também insistiu que a 'plena aplicação' da reforma financeira iniciada pelo presidente Barack Obama 'continua sendo essencial para aumentar a capacidade de resistência do sistema financeiro americano'.

<sub>FMI afirma que recuperação econômica dos EUA em 2013 seguirá lenta. *Época Negócios*. 26 jul. 2013. Disponível em: <epocanegocios.globo.com/Informacao/Dilemas/noticia/2013/07/fmi-afirma-que-recuperacao-economica-dos-eua-em-2013-seguira-lenta.html>. Acesso em: ago. 2013.</sub>

**1.** De acordo com o texto, com que velocidade os Estados Unidos vêm se recuperando da crise de 2011?

**2.** O cenário de recuperação é positivo? Por quê?

**3.** Que medidas tomadas pelo governo americano têm sido úteis na superação da crise?

## AGORA É COM VOCÊ

1. Assinale as alternativas corretas.
   a) ( ) O termo **globalização** refere-se à integração mundial de mercados, de comunicação e de outros setores.
   b) ( ) A ideologia política da globalização é o socialismo.
   c) ( ) A expansão mundial não tem relação com a internet e nem com o desenvolvimento de meios de transporte como o avião.
   d) ( ) Culturalmente, a globalização promove a integração mundial em diversos aspectos como música, cinema e outros.

2. Sobre o processo histórico da globalização, preencha o quadro corretamente.

| Período/acontecimento histórico | Consequências |
|---|---|
| Grandes Navegações – séculos XV e XVI | |
| Revolução Industrial – séculos XVIII e XIX | |
| Após a Segunda Guerra Mundial – 1945 em diante | |
| Fim do bloco soviético – 1991 | |

3. Relacione as colunas corretamente sobre os aspectos da globalização.

   (1) Positivos
   
   (2) Negativos

   ( ) Facilidade de comunicação.
   ( ) Concentração de renda.
   ( ) Redução de empregos formais.
   ( ) Maior circulação de pessoas e bens de consumo.
   ( ) Danos culturais e ambientais.
   ( ) Abertura de mercados.

4. Identifique se as frases são verdadeiras **V** ou falsas **F** no que se refere à crise financeira de 2008.
   a) ( ) Iniciou em 2007, no mercado imobiliário dos Estados Unidos, e se alastrou pelo mundo.
   b) ( ) Não chegou a causar recessão mundial.
   c) ( ) A expansão da crise pelo mundo gerou desemprego, quebras de bolsas de valores e recessão.

d) (   ) A crise foi rapidamente controlada sem causar grandes prejuízos ao mercado financeiro.

e) (   ) A situação de crise se estendeu, e a partir de 2010 países europeus como a Grécia tiveram sua situação financeira piorada, ameaçando a economia europeia e mundial.

## SUPERANDO DESAFIOS

**1** (Belas Artes) O Mercado Comum do Sul (MERCOSUL) foi criado em 26/03/1991 com a assinatura do Tratado de Assunção, no Paraguai. Os membros deste importante bloco econômico da América do Sul são os seguintes países: Argentina, Brasil, Paraguai, Uruguai e Venezuela (entrou em julho de 2006). Embora tenham sido criados apenas em 1991, os esboços deste acordo datam da década de 1980.

A formação do MERCOSUL pode ser associada à:

a) coincidência de interesses econômicos e políticos, existente desde o início do século XIX entre os países que dele fazem parte.

b) necessidade dos países que o integram de enfrentar a reordenação do comércio internacional e a globalização crescente.

c) ideia de destino histórico solidário, nascida no século XIX, a partir da identidade cultural de algumas nações da América do Sul.

d) decisão dos EUA de exercer efetivamente o controle econômico imperialista sobre os países que o integram.

**2** (UFG-GO) Leia o texto a seguir.

A questão regional retoma hoje sua força, em primeiro lugar, pela proliferação efetiva de regionalismos, identidades regionais e de novas-velhas desigualdades regionais (que, de uma maneira ou de outra, devem ser atacadas por políticas de base regional), tanto no nível global, mais amplo, como no intranacional. Nesse sentido, apesar da propalada globalização homogeneizadora, o que vemos, concomitantemente, é uma permanente reconstrução da heterogeneidade e/ou da fragmentação via novas desigualdades e recriação da diferença nos diversos recantos do planeta.

HAESBAERT, Rogério. Regional e global – Dilemas da região e da regionalização na Geografia contemporânea. Rio de Janeiro: Bertrand Brasil, 2010. p. 15. [Adaptado].

Considerando-se o texto, dentre as desigualdades regionais (novas e velhas) que se manifestam no mundo globalizado, evidencia-se

a) a existência de uma ordem mundial bipolar, nas relações entre os países, baseada na hegemonia estadunidense e na liderança econômica chinesa.

b) a expansão da doutrina chamada de "coexistência pacífica", que se traduz no esforço das lideranças russas de se aproximarem dos países emergentes.

c) a superação, no contexto da União Europeia, dos conflitos seculares, como a questão irlandesa e a dos bascos.

d) a emergência de um grupo de países que possuem importantes recursos naturais, humanos e econômicos e são chamados de Brics.

e) o fortalecimento dos países da América do Sul, articulados no Mercosul, aumentando a capacidade de negociação junto ao mercado europeu.

CAPÍTULO 17
# Os conflitos atuais

*Cameraman* filmando as tropas russas durante a ocupação da Geórgia, ago. 2008. A era da tecnologia trouxe a guerra para dentro dos lares. No final do século XX, os conflitos passaram a ser transmitidos em tempo real para o mundo todo.

Sempre houve guerras. Elas são um fenômeno tão antigo quanto as sociedades humanas. O armamento, a motivação, a estratégia usada pelos opositores e os objetivos nem sempre são os mesmos. As guerras se diferenciam em razão da época e do espaço em que ocorrem, mas sempre provocam mudanças fundamentais – sejam territoriais, econômicas, sociais ou políticas – para a história da humanidade.

O século XX é considerado por muitos historiadores o século da "guerra total". As duas grandes guerras mundiais e as tensões constantes foram determinantes para que algumas nações se consolidassem como potências mundiais. Esses conflitos e tensões impulsionaram o desenvolvimento de novas tecnologias, principalmente durante a Segunda Guerra Mundial e a Guerra Fria. O século XXI já começou marcado por guerras cujos motivos vão das disputas territoriais e do combate ao terrorismo a lutas separatistas e conflitos étnicos; enfim, motivos não faltam para que os conflitos armados continuem.

Entretanto, o cenário mudou, a maioria das guerras não ocorre entre países, e sim dentro deles. Isso não significa que as guerras entre países não ocorram mais, apenas que elas são diferentes das guerras do século XX.

# A guerra sempre presente

As guerras atuais têm sido protagonizadas por grupos separatistas, pelo crime organizado, por organizações terroristas e por grupos armados. Nem sempre elas são travadas entre exércitos estatais, pois hoje se destacam as **Empresas Militares Privadas (EMPs)**, que são contratadas pelos grupos em guerra, ou seja, é a terceirização da guerra.

Esses conflitos têm como principais causas os interesses econômicos, as rivalidades étnicas, religiosas e nacionalistas e a delimitação de fronteiras.

Os confrontos muitas vezes causam grande número de vítimas civis. Outro problema são os refugiados, ou seja, pessoas que precisam deixar o lar para fugir da violência, dos embates ou das perseguições.

Por outro lado, países que vendem armas, como os Estados Unidos, obtêm grandes lucros com a proliferação de conflitos pelo mundo. Os chamados "senhores da guerra", geralmente líderes tribais ou étnicos, também se aproveitam dessas contendas para defender seus interesses.

A grande oferta mundial de armamentos e a facilidade para comprá-los favorecem a ocorrência de conflitos entre Estados e grupos independentes.

### Palavra-chave

**EMPs:** são empresas que comercializam serviços intrinsecamente ligados à arte da guerra, que vão desde o apoio logístico até o combate. As EMPs oferecem serviços como suporte operacional, aconselhamento e treinamento militar, fornecimento de armas, apoio logístico, serviços de segurança e informações e até a prevenção ao crime. São contratadas legalmente pelos países, organismos ou grupos envolvidos e firmam contratos de prestação de serviço de guerra.

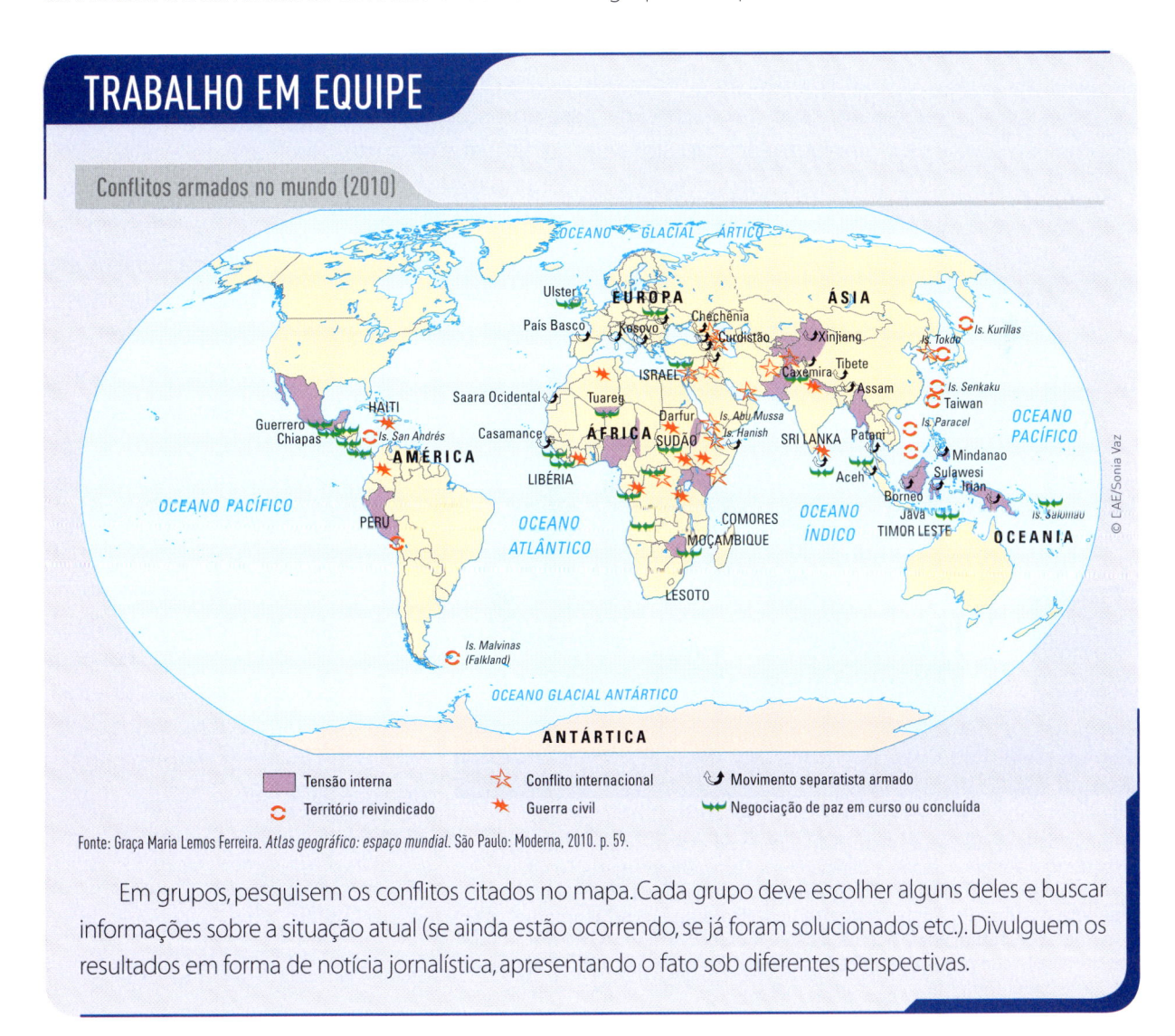

## TRABALHO EM EQUIPE

**Conflitos armados no mundo (2010)**

Fonte: Graça Maria Lemos Ferreira. *Atlas geográfico: espaço mundial*. São Paulo: Moderna, 2010. p. 59.

Em grupos, pesquisem os conflitos citados no mapa. Cada grupo deve escolher alguns deles e buscar informações sobre a situação atual (se ainda estão ocorrendo, se já foram solucionados etc.). Divulguem os resultados em forma de notícia jornalística, apresentando o fato sob diferentes perspectivas.

## Palavras-chave

**Arma nuclear:** arma que destrói pela liberação de energia proveniente da fissão (divisão) ou fusão do núcleo atômico de certos elementos, como urânio, hidrogênio etc.

**Arma biológica:** arma que usa organismos vivos (vírus, bactérias etc.) para disseminar doenças, provocando a morte do inimigo.

**Arma química:** arma que dissemina substâncias químicas tóxicas (como gases).

# As armas de destruição em massa

Nas guerras atuais o uso de armamentos de alta precisão é bastante comum. Assim os conflitos não ocorrem mais em campos de batalha com soldados se digladiando. O emprego de mísseis capazes de destruir fábricas ou até cidades inteiras em segundos é um exemplo das novas tecnologias.

As armas de destruição em massa são causa de apreensão, já que têm grande poder de extermínio. Seus efeitos podem se estender por anos, como ocorre quando se utilizam **armas nucleares**, **armas biológicas** ou **armas químicas**.

## Arma nuclear

A energia nuclear foi uma das mais importantes descobertas da humanidade. Com a tecnologia nuclear é possível produzir energia elétrica e movimentar grandes motores, como os de submarinos. Por outro lado, foi possível também produzir bombas de intenso poder de destruição, como as usadas em Hiroshima e Nagasaki, no Japão, ao final da Segunda Guerra Mundial.

Durante a chamada Guerra Fria, as duas potências do período, URSS e Estados Unidos, protagonizaram tensões – como a crise dos mísseis em Cuba, de 1962 – que poderiam levar a uma guerra nuclear. Desde o término da Guerra Fria, essa ameaça parece não existir mais. O fim da bipolarização não significa, porém, que as armas nucleares foram deixadas de lado. Na verdade, elas continuam existindo e são muito mais potentes que as utilizadas na Segunda Guerra Mundial.

Acidentes em usinas nucleares – como o de Chernobyl, na Ucrânia, em 1986, e o de Fukushima, no Japão, em 2011 – demonstram que o uso dessa energia, mesmo para fins pacíficos, pode ser extremamente perigoso.

Desde 1968, está em vigor o Tratado de Não Proliferação Nuclear (TNP), cujos objetivos são impedir a proliferação de ogivas nucleares, promover o desarmamento nuclear e garantir o uso pacífico da energia nuclear. O tratado, porém, não conta com a adesão de todos os países capazes de produzir e utilizar essa energia. Mesmo entre os signatários, nem todos cumprem as determinações do acordo.

Fumaça emanando na região do gerador nuclear que explodiu em Fukushima, no Japão, 21 mar. 2011. Em 11 de março de 2011, um forte terremoto atingiu o Japão e danificou o sistema de refrigeração de seis reatores da Central Nuclear Fukushima Daiichi, provocando seu superaquecimento. Com a temperatura alta demais, o revestimento de metal derreteu, liberando radiação e hidrogênio, gás altamente inflamável. Isso provocou explosões que danificaram as paredes do reator e, consequentemente, causaram a liberação de radiação no ambiente.

## Armas químicas e biológicas

Uma arma química ou biológica também tem efeitos devastadores.

As armas químicas foram usadas pela primeira vez na Primeira Guerra Mundial, quando ficou claro o perigo que representavam.

Desde então, foram assinados tratados internacionais que proíbem o uso de armas químicas e biológicas. Com o crescimento do terrorismo internacional, porém, o perigo dessas armas ainda é real.

Atualmente, as armas químicas são ainda mais letais e sofisticadas. Muitas delas usam componentes encontrados em inseticidas e podem ser espalhadas por aviões, por exemplo, atingindo grandes áreas em pouco tempo.

O maior perigo das armas químicas é que elas são facilmente manuseáveis e não precisam, necessariamente, ser lançadas por mísseis ou bombas. Já houve ataques com gases letais, como o de um grupo terrorista contra a cidade de Tóquio em 1995. O gás tóxico foi liberado dentro do metrô, causando 13 mortes e milhares de intoxicações.

As armas biológicas, por usar elementos vivos (vírus ou bactérias), também têm disseminação rápida e grande poder de destruição. Podem ser utilizadas de várias maneiras, e há registros de seu emprego há séculos. Um exemplo foi a distribuição de roupas contaminadas com varíola aos indígenas norte-americanos no século XIX, que causou inúmeras mortes.

Tanto as armas químicas como as biológicas podem ser transmitidas pelo ar, pela água ou pelos alimentos, atingindo rapidamente grande número de pessoas. Portanto, são muito perigosas e seu poder de extermínio é incalculável.

Força pública japonesa higienizando o metrô de Tóquio após ataques terroristas com gases letais, 20 mar. 1995.

## DIVERSIFICANDO LINGUAGENS

Leia o texto abaixo sobre os riscos das armas nucleares e responda às questões no caderno.

**Consequências e riscos à saúde**

[...]

Na década de 80, cientistas avaliaram os possíveis efeitos de uma guerra nuclear, isto é, bombas nucleares explodindo em diversos locais do planeta, e propuseram a teoria de que o **'inverno nuclear'** pudesse ocorrer. Em um cenário de inverno nuclear, as explosões de muitas bombas levantariam muitas nuvens de poeira e material radioativo, que teriam uma rápida penetração na atmosfera terrestre. Estas nuvens poderiam bloquear a luz solar. O nível baixo de luz solar poderia diminuir a temperatura do planeta e reduzir a fotossíntese realizada pelas plantas e bactérias. A redução da fotossíntese romperia a cadeia alimentar, causando a extinção em massa da vida (incluindo a vida humana). [...]

Craig C. Freudenrich. Como funcionam as Bombas Nucleares.
Disponível em: <http://ciencia.hsw.uol.com.br/bomba-nuclear2.htm>. Acesso em: jun. 2012.

**1.** O que é o inverno nuclear?
**2.** Quais seriam as consequências se um inverno nuclear acontecesse?

# Guerra e mídia

O século XX foi marcado por grandes guerras de repercussão mundial em razão de seu alcance e do número de países envolvidos. Já o século XXI apresenta guerras locais ou regionais, mas que de certa forma se tornam mundiais pelo número de espectadores. Isso se dá graças à tecnologia de informação, que envolve direta ou indiretamente cidadãos de quase todo o mundo. A guerra *on-line* como ocorre hoje, ou seja, transmitida em tempo real, mobiliza as pessoas e se torna assunto de conversas, tema de programas transmitidos na televisão, objeto de comentaristas e especialistas de diferentes áreas. Enfim, a guerra "do outro" passa a ser a guerra de todos.

A transmissão de conflitos pela televisão iniciou-se na década de 1970, com a Guerra do Vietnã (1959-1975). Desde então, as pessoas observam a guerra de dentro de casa. A partir da Guerra do Golfo (1990-1991), com transmissão ao vivo de bombardeios e cenas de combate pela televisão e por outros meios de comunicação, a guerra passou a fazer parte do cotidiano dos cidadãos de diversas partes do mundo. É importante recordar, porém, que a cobertura jornalística apresenta apenas um olhar sobre determinado fato, que pode ser influenciado por ideologias e tendências políticas. Portanto, é de fundamental importância receber e avaliar criticamente as notícias, sempre buscando mais de uma fonte ou perspectiva.

Há vários conflitos em que os próprios grupos envolvidos usam a mídia para se defender ou passar uma ideia de guerra necessária e, assim, obter apoio popular.

Com linhas editoriais bem distintas, as duas publicações geralmente divergem na análise da maioria dos fatos e acontecimentos.

## DIVERSIFICANDO LINGUAGENS

Em 2011 ocorreu no Egito um episódio conhecido como Revolução Egípcia, em que a população do país saiu às ruas para reivindicar melhores condições de vida, com o objetivo principal de derrubar o regime do presidente Hosni Mubarak, que estava no poder havia 30 anos. Diante da intensa onda de manifestações, que, fortemente reprimida, culminou em uma série de conflitos na cidade do Cairo, o Conselho Supremo das Forças Armadas do país interviu na situação, passando a controlar o governo.

Leia as reportagens abaixo sobre o conflito e responda às questões no caderno.

### TEXTO 1

❝ Irmandade Muçulmana considerou como 'um golpe de Estado' a decisão [...] do Supremo Tribunal do Egito de considerar o atual Parlamento, dominado pelos islamitas, inconstitucional e a sua composição ilegítima. O Egito é governado por um alto conselho militar desde a queda de Mubarak, em fevereiro de 2011.

'A decisão do tribunal é um golpe de Estado, com o qual o Conselho Militar quer apagar o período mais honroso da história da nossa pátria', disse Mohammed Beltagui, dirigente da Irmandade. Segundo o deputado e dirigente do Partido da Liberdade e Justiça, braço político da confraria, este 'golpe de Estado começou com a absolvição de altos responsáveis pela segurança' julgados com o ex-presidente Hosni Mubarak. ❞

Disponível em: <operamundi.uol.com.br/conteudo/noticias/22442/anulacao+do+parlamento+egipcio+e+golpe+de+estado+diz+irmandade+muculmana.shtml>. Acesso em: ago. 2013.

### TEXTO 2

❝ O embaixador do Egito em Washington disse [...] que não houve um golpe militar no seu país e que o Exército precisava intervir para que o conflito das ruas não saísse do controle.

O embaixador Mohamed Tawfik afirmou em entrevista à rede de TV ABC que os militares egípcios derrubaram o presidente Mohamed Mursi na semana passada depois que a resposta do presidente aos protestos foi estimular a violência entre os seus simpatizantes.

Tawfik disse não acreditar que o Egito corre o risco de perder a ajuda anual que recebe dos Estados Unidos, o que, pela lei, poderia ser cortada se os militares derrubassem um líder eleito.

'O Egito não teve um golpe militar e não é comandado por militares', declarou.

[...]

Segundo o embaixador, nomeado por Mursi, o presidente deposto não agiu como mandatário de todos os egípcios. ❞

Disponível em: <exame.abril.com.br/mundo/noticias/embaixador-do-egito-nos-eua-diz-que-nao-houve-golpe-militar>. Acesso em: ago. 2013.

1. Os textos apresentam diferentes versões para o fato ocorrido no Egito. O que eles discutem?
2. Qual é a visão da Irmandade Muçulmana sobre o conflito? E a visão do embaixador do Egito nos Estados Unidos?
3. Qual é o papel da mídia na divulgação dessas opiniões?

## Explorando

**O fundamentalista relutante**
Direção: Mira Nair.
EUA/Qatar/GB, 2012, 130 min.

Logo após terminar os estudos nos Estados Unidos, um jovem paquistanês inicia sua carreira como analista financeiro no país. No entanto, sua vida estável se transforma depois do ataque terrorista do dia 11 de setembro de 2001.

# Fundamentalismo

As mudanças ocorridas nas décadas de 1950 e 1960 refletiram-se também nos países muçulmanos. Foi nesse período que surgiram grupos religiosos radicais politizados, conhecidos como fundamentalistas, que, desde então, recorrem ao terror, por meio de atentados suicidas, por exemplo, para enfrentar o que consideram ameaça a seus valores culturais, éticos, políticos e religiosos.

A partir da Guerra do Golfo, em 1991, grupos fundamentalistas islâmicos começaram a atuar além da região do Oriente Médio. Assim, acirraram-se os conflitos étnicos e religiosos entre islâmicos e não islâmicos, principalmente na Europa, Ásia e África.

Os ataques de 11 de Setembro aos Estados Unidos, em 2001, foram executados por um desses grupos extremistas, a Al Qaeda. Esse acontecimento desencadeou uma reação dos Estados Unidos que ficou conhecida como Guerra ao Terror.

# Fundamentalismo islâmico

Fundamentalismo é a observância rigorosa às crenças religiosas tradicionais. Há fundamentalistas em todas as religiões. Nas últimas décadas, ganhou expressão o fundamentalismo islâmico, que pode ser definido como movimentos religiosos ortodoxos que buscam, no Islã, orientações para a vida prática e as atividades políticas.

Encontramos as origens do fundamentalismo islâmico nas obras do egípcio Sayyid Qutb (1906-1966) e do paquistanês Abul A'ala Mawdudi (1903-1979). O movimento ganhou força após a Revolução Iraniana e com as ações suicidas do grupo extremista Hezbollah.

O fundamentalismo islâmico condena os rumos tomados pela modernidade, pois, segundo as crenças desses grupos, com a urbanização, os valores familiares foram enfraquecidos; o individualismo avançou; as crenças religiosas perderam seu rigor; a mentalidade ocidental ganhou força e o mundo parece ter fugido de controle.

Um especialista no mundo muçulmano, o historiador Peter Demant, fez uma lista indicativa das características do fundamentalismo islâmico, detalhada a seguir.

- Ideologização e politização da fé.
- O projeto de transformação sociopolítica está previsto na religião: "É preciso destruir o mundo para salvá-lo".
- Dualismo simplificador: há uma luta entre o "Bem" e o "Mal". Os fundamentalistas veem inimigos em todos os lugares. Para um fundamentalista sunita, por exemplo, os xiitas, os ocidentais, os judeus, o comunismo e o capitalismo representam as forças do mal que corrompem a sociedade.
- Separatismo: é necessário constituir um grupo de "puros", que se isolam da sociedade para salvá-la voluntariamente.

▸ **Sede de sacrifício**: a **Jihad** passou a ter um sentido unicamente militar. Sacrificar-se pela causa é a suprema glória para o militante e, por extensão, para sua família.

▸ **Monismo**: para os fundamentalistas, não há várias verdades, e sim uma única, a deles.

Com a tomada do poder por Khomeini no Irã (1979), os fundamentalistas ganharam força. Atualmente, estão presentes no Sudão, no Egito, na Argélia e, sobretudo, no Oriente Médio. No sul do Líbano, o Hezbollah é bastante atuante. Em 2006, quando Israel invadiu o Líbano, enfrentou uma resistência obstinada das milícias do Hezbollah. Entre os palestinos, os grupos Hamas e a Jihad Islâmica se opuseram ao processo de paz entre palestinos e israelenses. Há grupos fundamentalistas de várias tendências atuando também no Iêmen, na Indonésia, nas Filipinas, nas ex-repúblicas soviéticas da Ásia Central, na Rússia e ainda em outros países africanos e asiáticos.

> **Palavras-chave**
> **Jihad:** vem do termo árabe *jahada*, que significa "lutar, esforçar-se ou empenhar-se". Traduzida como Guerra Santa, é sempre associada à guerra dos muçulmanos contra qualquer inimigo do Islã. Mas o significado de Jihad vai além. Como um conceito central para a religião muçulmana, pode ser definido em dois princípios: a luta interna de cada um para a melhoria pessoal sob as normas doutrinárias do islamismo e também a luta pela melhoria de toda a humanidade com a difusão do islamismo.
>
> **Monismo:** sistema segundo o qual a realidade se reduz a um princípio único.

Integrantes do grupo islâmico Hezbollah marcham em protesto contra as intervenções francesas e norte-americanas no país. Beirute, Líbano, 24 jul. 1987.

## O fundamentalismo no Afeganistão

Em 1979, o recém-instalado regime marxista no Afeganistão pediu o apoio da URSS para enfrentar seus opositores. Os soviéticos invadiram o país e foram intensamente combatidos por grupos políticos afegãos. Os *mujahedins* (guerrilheiros) recorriam a técnicas de emboscada para enfrentar o exército soviético, apoiados financeiramente pelos Estados Unidos, pela Arábia Saudita e pelos Emirados Árabes Unidos.

Em abril de 1988, a URSS, sem conseguir derrotar a guerrilha e com um saldo de mais de 15 mil soldados mortos, retirou-se do Afeganistão.

Após a saída dos soviéticos, o país mergulhou numa guerra civil. Os diversos grupos políticos passaram a lutar entre si para conquistar o po-

### Palavras-chave

**Talibã:** significa "estudante". Refere-se ao grupo político nacionalista e fundamentalista islâmico que surgiu no Paquistão e no Afeganistão em 1994.

**Sharia:** conjunto dos preceitos morais islâmicos, inspirado pelo Alcorão, que orienta a vida civil e religiosa dos muçulmanos.

der, que passou a ser exercido pela milícia **talibã** em 1996. O Talibã infligiu ao país um regime teocrático e autoritário, com a imposição da **sharia**, interpretando-a de maneira literal, portanto, com valores ultrarrigorosos.

Para as mulheres, as proibições eram ainda maiores: foram obrigadas a usar burca e excluídas dos serviços públicos; só poderiam sair de casa acompanhadas por um homem da família; o adultério feminino era punido com morte e humilhação. Além disso, os talibãs proibiram cinemas, computadores, internet, videocassete e até o porte de câmeras sem autorização. Também se tornou crime possuir pinturas, desenhos e fotografias, e ainda dançar e ouvir música.

Para controlar a população, a polícia punia rigorosamente quem ousasse violar as proibições.

Mulheres afegãs comprando bijuterias.

## A formação da Al Qaeda

Durante o conflito contra a URSS, destacou-se um jovem árabe que abdicou de sua fortuna para lutar e comandar a resistência *mujahedin*: Osama Bin Laden. Quando a guerra acabou, ele voltou como herói para sua pátria, a Arábia Saudita.

Na década de 1990, Bin Laden rompeu com o governo saudita, pois não concordava com a aproximação de seu país aos Estados Unidos. Foi então para o Afeganistão e, com o apoio dos talibãs, organizou a Al Qaeda ("A base", em árabe), uma organização terrorista.

A lista de atentados atribuídos à Al Qaeda é extensa. Os atentados de 11 de setembro de 2001 nos Estados Unidos – cuja autoria foi assumida por Osama e pela Al Qaeda – são considerados suas mais ousadas ações.

Cartaz propagandístico da Al Qaeda com o retrato de Osama Bin Laden, encontrado em uma escola no vilarejo de ZhawarKili, no Afeganistão, em 2002. Em 2011, um comandante norte-americano executou Bin Laden no Paquistão.

## DIVERSIFICANDO LINGUAGENS

Leia o texto a seguir e responda às questões no caderno.

### O QUE É FUNDAMENTALISMO?

> É o termo usado para se referir à crença na interpretação literal dos livros sagrados. Fundamentalistas são encontrados entre religiosos diversos e pregam que os dogmas de seus livros sagrados sejam seguidos à risca.
>
> O termo surgiu no começo do século 20 nos EUA, quando protestantes determinaram que a fé cristã exigia acreditar em tudo que está escrito na Bíblia. Mas o fundamentalismo só começou a preocupar o mundo em 1979, quando a Revolução Islâmica transformou o Irã num Estado teocrático e obrigou o país a um retrocesso aos olhos do Ocidente: mulheres foram obrigadas a cobrir o rosto e festas, proibidas. 'Para quem aprecia as conquistas da modernidade, não é fácil entender a angústia que elas causam nos fundamentalistas religiosos', escreveu Karen Armstrong no livro *Em Nome de Deus: o fundamentalismo no judaísmo, no cristianismo e no islamismo*.
>
> Os ataques de 11 de setembro, organizados pelo grupo Al Qaeda, reacenderam a preocupação contra fundamentalistas e criaram 2 mitos frequentes: o de que todo fundamentalista é muçulmano e terrorista. 'Poucos grupos apelam para a violência', diz o antropólogo Richard Antoun, autor de *Understanding fundamentalism: christian, islamic and jewish movements* ('Entendendo o fundamentalismo: movimentos cristãos, islâmicos e judaicos', inédito no Brasil).

O que é fundamentalismo? Publicado na revista *Superinteressante* edição 215, em 01/07/2005, página 2#25.
Crédito: Adriana Küchler/Abril Comunicações S/A

**1.** De acordo com o texto, o que é fundamentalismo? Ocorre em que tipo de agrupamento social?

**2.** Quando esse termo passou a ser utilizado?

**3.** Quais são os grandes mitos a respeito do fundamentalismo citados no texto?

## Explorando

**11 de Setembro**
Direção: Claude Lelouch, Samira Makhmalbaf, Sean Penn e outros.
EUA, 2002, 134 min.

Onze documentários reunidos recontam os ataques terroristas de 11 de setembro, de diversos pontos de vista. Onze diretores, de 11 países diferentes, têm 11 minutos para refletir sobre os eventos, contextualizá-los em seu país, em sua história e em suas vidas.

Coleção particular

# Guerra ao Terror

Assim que tomou conhecimento dos atentados de 11 de setembro de 2001, o presidente dos Estados Unidos, George Walker Bush, procurou reagir com firmeza. Declarou guerra ao terror e conquistou solidariedade interna e externa. Em nome do combate ao terrorismo, a administração Bush decidiu intervir onde julgasse necessário. As ações militaristas dos Estados Unidos levaram a denúncias de violação dos Direitos Humanos, inclusive de cidadãos norte-americanos. Os bombardeios contra países acusados de promover o terrorismo atingiram muitos civis.

# Invasão do Afeganistão

Logo após os atentados de 11 de setembro, o governo norte-americano exigiu que o regime talibã do Afeganistão entregasse os principais líderes da Al Qaeda, especialmente Bin Laden. A negativa afegã deu a justificativa para que uma força multinacional, liderada pelos Estados Unidos, invadisse o país árabe.

A milícia talibã foi derrubada, e um governo sustentado por tropas internacionais foi imposto. A resistência às forças de ocupação tornou-se um problema crescente para os governos Bush e de seu sucessor, Barack Obama. Os gastos elevados, as baixas e o desgaste causado pela guerra tornaram impopular a administração Bush.

Soldados das forças especiais norte-americana e britânica observam a luta entre as tropas da aliança multinacional e as forças pró-talibãs em uma fortaleza próxima à cidade de Mazare-Sharif, no Afeganistão, 27 nov. 2001.

Oleg Nikishin/Getty Images

# Invasão do Iraque

Em 2003, o presidente George W. Bush procurou obter apoio para invadir o Iraque. As alegações principais eram que o ditador iraquiano, Saddam Hussein, possuía armas de destruição em massa (químicas, biológicas e talvez até nucleares) e era aliado da Al-Qaeda.

Mesmo sem o aval da ONU e com a oposição de vários países (entre eles França, Alemanha e Rússia), Bush ordenou a invasão em março de 2003. No início houve forte resistência iraquiana. Contudo, a superioridade tecnológica das Forças Armadas dos Estados Unidos se fez sentir, e no dia 9 de abril de 2003 foi anunciado o fim da ditadura de Saddam, que fugiu.

Nos anos seguintes, as forças de ocupação e seus aliados enfrentaram resistência de insurgentes sunitas que se opunham a um governo majoritariamente de xiitas e às concessões feitas aos curdos. Em 2006, Saddam foi localizado pelos norte-americanos, preso, julgado, condenado e executado.

Os motivos alegados pelos Estados Unidos para iniciar a guerra nunca se confirmaram. Não foram encontradas armas de destruição em massa. Embora nunca tenha admitido publicamente, o governo Bush ficou convencido de que Saddam não apoiava a Al Qaeda.

Tanto no Iraque como no Afeganistão, houve morte e destruição. No Afeganistão, estima-se que 38 mil pessoas morreram, entre civis e militares. No Iraque, a guerra causou cerca de 40 mil mortes somente durante o conflito. Mais de 100 mil civis morreram de forma violenta desde o início da Guerra ao Terror.

Em 18 de dezembro de 2011, as últimas tropas norte-americanas se retiraram do Iraque.

Soldados americanos patrulhando a pista de pouso de Harir, localizada na zona do Curdistão, Iraque, 30 mar. 2003.

## DIVERSIFICANDO LINGUAGENS

Leia o texto a seguir e responda às questões no caderno.

### TERRORISMO

> Terrorismo é a ação armada contra civis; é a violência usada para fins políticos, não contra as forças repressivas de um Estado, mas contra seus cidadãos. Uma classificação atual distingue o terrorismo em pelo menos quatro categorias: terrorismo revolucionário; terrorismo nacionalista; terrorismo de Estado; e terrorismo de organizações criminosas. O terrorismo de cunho revolucionário pode englobar grupos como as Brigadas Vermelhas e o Ordine Nuovo, que atuaram na Itália durante o século XX; a Fração Exército Vermelho, da Alemanha; Ação Direta, na França; o Sendero Luminoso, no Peru. Esses grupos pregam o uso da ação terrorista como ferramenta para a instalação de uma revolução. Já o terrorismo nacionalista é aquele praticado por grupos que pretendem fundar um Estado-nação com a separação de uma região de um Estado preexistente, como o Setembro Negro palestino, o grupo basco ETA e o irlandês IRA, entre outros. O terrorismo de Estado, por sua vez, como o próprio nome diz, é aquele praticado por Estados Nacionais, como o promovido pela Líbia na segunda metade do século XX. Por fim, o terrorismo criminoso se refere a grupos criminosos, como a Máfia, a Camorra, o Cartel de Medellín, entre outros. [...]
>
> Ao falar em terrorismo de Estado, podemos abordar duas vertentes do terror: a primeira é o terrorismo de Estado praticado contra sua própria população, como no modelo clássico totalitário; a segunda, os alvos são os civis, na maioria das vezes considerados estrangeiros, como ocorre no modelo norte-americano. O modelo clássico totalitário ocorreu em particular no século XX. O regime nazista na Alemanha exerceu uma política de terror, perseguição e morte aos judeus; o regime stalinista, por sua vez, fez uso da força do Estado centralizado para minar qualquer dissidência, por menor que fosse, por meio de prisões e milhões de assassinatos; por fim, as ditaduras latino-americanas do Chile, Brasil e Argentina, por exemplo, e a ditadura de PolPot no Camboja, também exerceram o terrorismo de Estado com perseguições, extermínios, torturas e deportações. Não seria errôneo dizer que os EUA e Israel do século XXI praticam terrorismo de Estado. A ideia de George W. Bush de guerra preventiva e as frequentes ações militares israelenses contra os palestinos são formas de terrorismo de Estado que, sob a desculpa do combate a grupos terroristas, espalham a morte por meio de tecnologias do terror para alcançar ou consolidar espaços geopolíticos. [...]

Kalina Vanderlei Silva e Maciel Henrique Silva. *Dicionário de conceitos históricos*. São Paulo: Contexto, 2006. p. 397-399.

**1.** É possível classificar o terrorismo combatido pelos Estados Unidos na Guerra ao Terror em uma das categorias definidas no texto? Explique.

**2.** De acordo com o texto, os Estados Unidos também praticam terrorismo? De qual categoria? Explique.

**3.** A divulgação do terrorismo é feita pela mídia. Observando as notícias recentes sobre terrorismo, é possível afirmar que a mídia pode tanto auxiliar o combate quanto divulgar e promover os grupos terroristas. Levante hipóteses a respeito dessa questão.

# A Primavera Árabe

Emancipados politicamente, os países árabes tomaram caminhos diferentes. Durante a Guerra Fria, esses países flertaram ora com a URSS, ora com os Estados Unidos. As monarquias conservadoras (Arábia Saudita, Marrocos, Jordânia, Líbia, Emirados Árabes Unidos, Kuwait, Omã, Bahrein e Qatar), continuaram com regimes fechados, ditatoriais e alinhados com os Estados Unidos.

No final de 2010 e durante todo o ano de 2011, ocorreram protestos em diversos países árabes, de tal forma que se cunhou a expressão "Primavera Árabe", numa alusão a outros movimentos libertários ocorridos na História: "Primavera dos Povos", 1848 (Europa Central e Ocidental); "Primavera de Praga", 1968 (Tchecoslováquia), e "Primavera de Pequim", em 1989 (China).

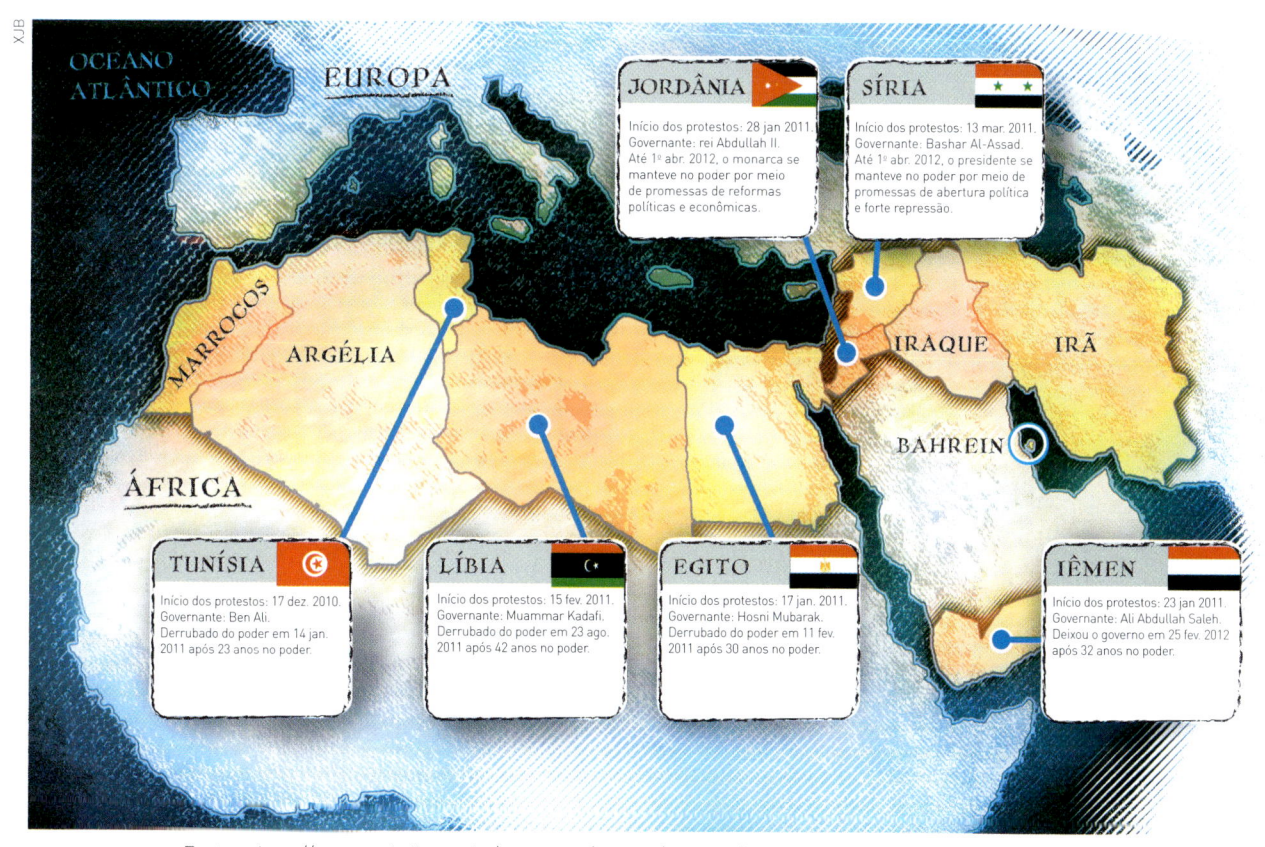

Fonte: <http://exame.abril.com.br/economia/mundo/noticias/a-pegada-da-primavera-arabe>. Acesso em: abr. 2012.

As razões para os protestos diferiam de país para país, mas a luta por liberdade pontuou todas as manifestações. A crise econômica e social impulsionou movimentos que abalaram o Egito e a Tunísia. Em outros países, houve disputas tribais (caso da Líbia) e conflitos religiosos (caso do Bahrein – de maioria xiita, governado por uma minoria sunita).

É importante destacar que parte da desestabilização desses regimes se deve a um fenômeno inteiramente novo na região – o uso em larga escala de instrumentos de comunicação de massa: telefones celulares, internet e redes sociais, como Twitter e Facebook.

Governos ditatoriais como o de Zine El-Abdine Ben Ali (23 anos no poder), na Tunísia, de Hosni Mubarak (30 anos no poder), no Egito, e de Muammar Kadafi (42 anos no poder), na Líbia, foram derrubados.

O caminho da liberdade, porém, será longo e pontuado por muitos obstáculos. Derrubar os regimes autoritários é apenas o início de uma jornada que levará anos para alcançar patamares que deem aos povos da região as mudanças almejadas.

## DIVERSIFICANDO LINGUAGENS

Leia o texto a seguir e responda às questões no caderno.

### IEMENITA DIZ QUE SEU NOBEL DA PAZ É VITÓRIA DA PRIMAVERA ÁRABE

A ativista iemenita Tawakul Karman, uma das ganhadoras do Nobel da Paz de 2011, disse [...] que o prêmio é uma vitória para o Iêmen e para todas as revoluções da Primavera Árabe, e uma mensagem de que a era das ditaduras árabes terminou.

'Esta é uma vitória para o povo iemenita, para a revolução iemenita e todas as revoluções árabes. Esta é uma mensagem de que a era das ditaduras terminou. Esta é uma mensagem a este regime e a todos os regimes despóticos de que nenhuma voz pode sufocar a voz da liberdade e da dignidade', disse Karman, 32 anos, mãe de três filhos.

'Esta é uma vitória para a Primavera Árabe na Tunísia, no Egito, na Líbia, na Síria e no Iêmen. Nossa revolução pacífica vai continuar até derrubarmos Saleh e estabelecermos um Estado civil.'

Tawakul é uma figura central entre os jovens ativistas desde o início do acampamento deles, em fevereiro, em um espaço urbano apelidado de 'Praça da Mudança', no centro de Sanaa, exigindo o fim das três décadas do regime de Saleh. Ela muitas vezes aparece falando na TV árabe em nome dos ativistas.

A premiação foi recebida com euforia pelos manifestantes acampados. 'O Iêmen entrará para a história graças a Tawakul Karman. Ela merece o prêmio. Ela continuou lutando pela liberdade do seu povo', disse Abdulbari Taher, um dos líderes do protesto.

Um funcionário do governo também cumprimentou Karman pelo prêmio, dizendo esperar que ele contribua com a solução da crise no país.

'Estou muito feliz com a notícia de que ela ganhou o Nobel da Paz, e é algo de que todos os iemenitas podem se orgulhar', disse o vice-ministro da Informação, Abdual Janadi. 'Espero que o prêmio possa ser um passo na direção da racionalidade.'

Karman disse que dedica o prêmio 'ao povo iemenita e à juventude da Primavera Árabe, e ao mundo árabe e a cada mártir que morreu pela liberdade'.

Os iemenitas se rebelaram contra Saleh no rastro da chamada Primavera Árabe, que desde o início do ano já levou à derrubada de governos autoritários na Tunísia, no Egito e na Líbia. A monarquia do Bahrein reprimiu em março um movimento pró-democracia, e ativistas da Síria e do Iêmen há meses mantêm seus protestos contra os respectivos governos.

Ahmed Jadallah. Disponível em: <www.estadao.com.br/noticias/geral,iemenita-diz-que-seu-nobel-da-paz-e-vitoria-da-primavera-arabe,782409,0.htm>. Acesso em: jan. 2012.

1. Explique a frase da ativista iemenita "a era das ditaduras árabes terminou" no contexto da Primavera Árabe.

2. Por que Karman associa seu prêmio a uma vitória da Primavera Árabe?

# HISTÓRIA E CIDADANIA

## Islamismo na África

O Islamismo é, hoje, uma das religiões mais importantes no continente africano, especialmente no norte. Sua expansão teve início por meio da Península Arábica no século VII graças ao intenso comércio entre árabes e mercadores locais. Os fiéis da mais nova das três grandes religiões monoteístas saíam da Ásia com lâmpadas de óleo, vidro e cerâmica fina e voltavam com ouro, marfim e outros produtos valiosos. Esse processo acabou por difundir o credo nos países já formados, além das tribos nômades. A expansão islâmica na África só acabaria séculos mais tarde, quando mercadores, em busca em escravos para vender na Europa, levaram a religião às demais regiões no continente africano.

O Islã tem uma lei própria, denominada Sharia, que influencia a legislação de muitos países, como o Irã e a Arábia Saudita. Nas nações africanas, no entanto, ela é usada principalmente em casos civis – casamento, divórcio, heranças e custódia de filhos. Mesmo nas exceções, como alguns estados da Nigéria que adotaram o sistema penal da Sharia, as punições, de fato, são raras. Em 2002, por exemplo, Tambari Usman foi condenada por um tribunal islâmico à morte por apedrejamento por trair seu marido com o vizinho, mas acabou sendo absolvida pouco depois.

Pesquisas indicam que, dos dez países com maior concentração muçulmana, quatro estão no continente africano: Nigéria, Egito, Argélia e Marrocos. Na África, quatro em cada dez pessoas são muçulmanas, o que evidencia a força da religião no continente. Considerando a disseminação do Islã no mundo, encontra-se no continente africano um quarto do número total de fiéis.

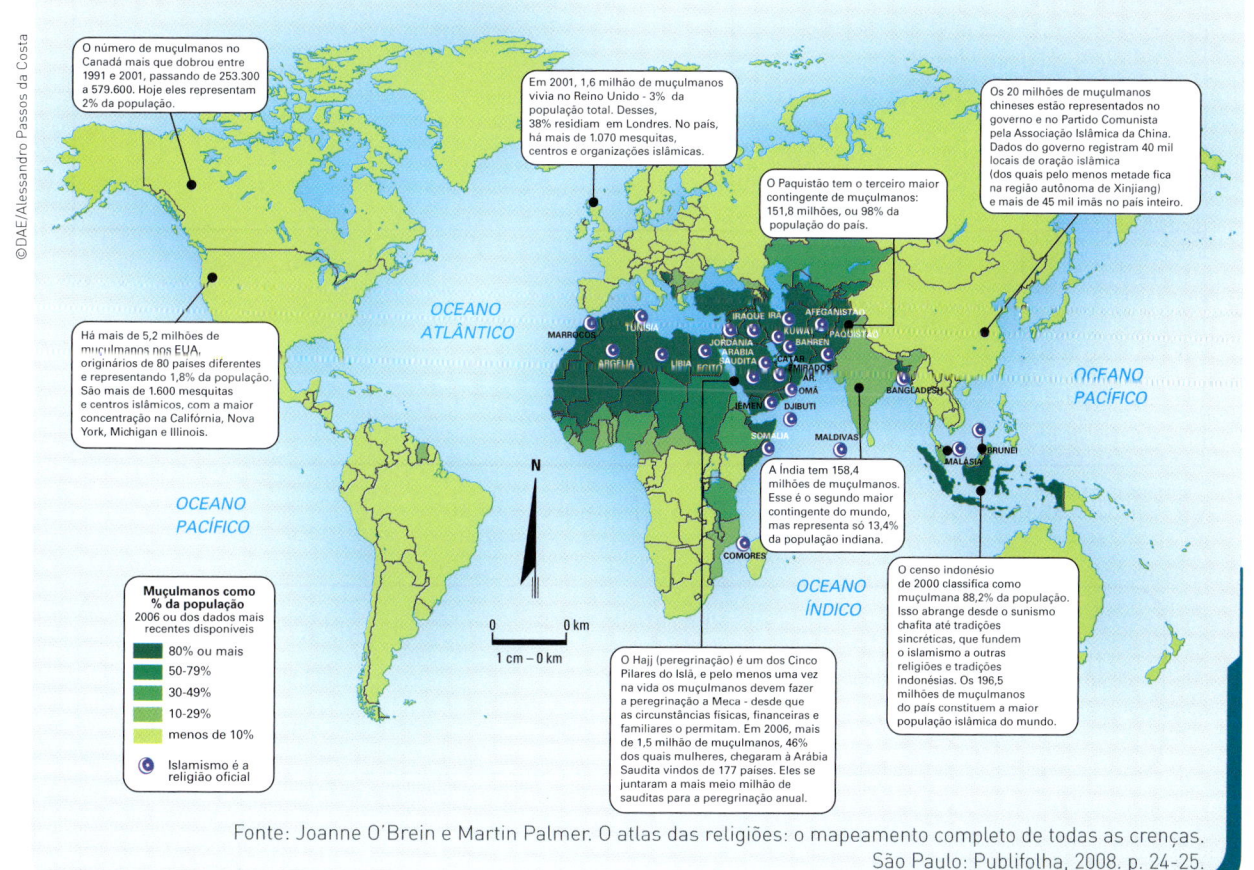

Fonte: Joanne O'Brein e Martin Palmer. O atlas das religiões: o mapeamento completo de todas as crenças. São Paulo: Publifolha, 2008. p. 24-25.

## AGORA É COM VOCÊ

**1** Complete as frases corretamente usando as palavras do quadro.

| armamentos | terrorismo | terceirização | guerra total | conflitos étnicos |

a) O século XX é considerado por historiadores como o século da _____.

b) Dentre os motivos das guerras estão disputas territoriais, lutas separatistas, _____, superioridade militar, combate ao _____.

c) Uma das novidades nas guerras atuais é contratar empresas militares privadas para lutar executando a chamada _____ da guerra.

d) Entre as questões que facilitam as guerras está a grande oferta mundial de _____.

**2** Preencha o quadro com o que se pede.

| Tipos de armas | Componentes principais | Poder de destruição | Situação mundial atual |
|---|---|---|---|
| Arma nuclear | | | |
| Armas químicas | | | |
| Armas biológicas | | | |

**3** Circule as expressões corretas relativas à Primavera Árabe.

| países árabes | uso de redes sociais | países do Ocidente |
| destituição de regimes ditatoriais | atos terroristas | luta por liberdade |
| fim da democracia | uso de arma nuclear | protestos |

## SUPERANDO DESAFIOS

**1 (UFGD)** Leia o texto a seguir para responder à questão.

"Os protestos opositores na Tunísia que levaram à renúncia do presidente Zine El Abidine Ben Ali, no poder desde 1987, deram força para os egípcios conseguirem derrubar o ditador Hosni Mubarak, depois de quase 30 anos na presidência, e inspiraram movimentos populares em diversos países da região. No Oriente Médio e na África, a identidade árabe encontrou força na voz contrária aos governos opressores e à situação econômica precária, com inflação, desemprego e falta de perspectivas para os jovens. 'O que aconteceu na Tunísia rompeu o costume do medo e mostrou que era possível - com uma velocidade surpreendente - derrubar um regime, com uma dificuldade menor do que a imaginada', disse Bourhan Ghalioun, diretor do Centro de Estudos sobre o Oriente Contemporâneo (CEOC), em Paris. Além de Tunísia e Egito, Líbia, Marrocos, Argélia, Iêmen, Bahrein e Jordânia foram alguns dos países palcos da revolta que tomou conta do mundo árabe nas últimas semanas".

Disponível em: <http://ultimosegundo.ig.com.br>.
Acesso em: 10 out. 2011.

O texto faz referência às recentes revoltas no mundo árabe, especialmente no Norte da África e no Oriente Médio. Assinale a alternativa que indica corretamente a denominação dada aos levantes populares nessa região.

a) Setembro Vermelho.
b) Primavera Árabe.
c) Domingo Sangrento.
d) Diáspora Árabe.
e) Intifada Árabe.

**2 (Enem)** No mundo árabe, países governados há décadas por regimes políticos centralizadores contabilizam metade da população com menos de 30 anos; desses, 56% têm acesso à internet. Sentindo-se sem perspectivas de futuro e diante da estagnação da economia, esses jovens incubam vírus sedentos por modernidade e democracia. Em meados de dezembro, um tunisiano de 26 anos, vendedor de frutas, põe fogo no próprio corpo em protesto por trabalho, justiça e liberdade. Uma série de manifestações eclode na Tunísia e, como uma epidemia, o vírus libertário começa a se espalhar pelos países vizinhos, derrubando em seguida o presidente do Egito, Hosni Mubarak. Sites e redes sociais — como o Facebook e o Twitter — ajudaram a mobilizar manifestantes do norte da África a ilhas do Golfo Pérsico.

SEQUEIRA, C. D.; VILLAMÉA, L. A epidemia da Liberdade.
IstoÉ Internacional. 2 mar. 2011 (adaptado).

Considerando os movimentos políticos mencionados no texto, o acesso à internet permitiu aos jovens árabes:

a) reforçar a atuação dos regimes políticos existentes.
b) tomar conhecimento dos fatos sem se envolver.
c) manter o distanciamento necessário à sua segurança.
d) disseminar vírus capazes de destruir programas dos computadores.
e) difundir ideias revolucionárias que mobilizaram a população.

# CAPÍTULO 18
# África: um continente de desafios

A África é um continente que abriga grande diversidade cultural, onde convivem diferentes etnias, religiões e tradições. Quando se fala em África, pensa-se na unidade, mas a diversidade é sua principal característica.

A ocupação africana, realizada pelos europeus, no período do imperialismo, determinou as fronteiras políticas que hoje dividem o continente em 54 países, como é apontado neste texto:

> Com mais frequência, o próprio conceito de uma entidade política permanente, com fronteiras fixas separando-a de outras entidades políticas, e sujeita exclusivamente a uma autoridade permanente, ou seja, a ideia de Estado soberano independente que temos como certeza, não fazia sentido para as pessoas, pelo menos (mesmo na área de agricultura permanente e fixa) acima do nível de aldeia. Na verdade, mesmo onde existia um 'povo' que claramente se tinha ou era reconhecido como tal, e que os europeus gostavam de descrever como uma 'tribo', a ideia de que ele podia ser territorialmente separado de outro povo com o qual coexistia, se misturava e dividia funções era difícil de captar, porque fazia pouco sentido. Nessas regiões, a única base para tais Estados independentes do tipo do século XX eram os territórios nos quais a conquista e a rivalidade imperial os haviam dividido, em geral sem qualquer respeito às estruturas locais. O mundo pós-colonial está assim quase inteiramente dividido pelas fronteiras do imperialismo.
>
> Eric Hobsbawm. *A era dos extremos*. São Paulo: Companhia das Letras, 2009. p. 206.

Desse modo, o continente africano pode ser dividido em seis macrorregiões.

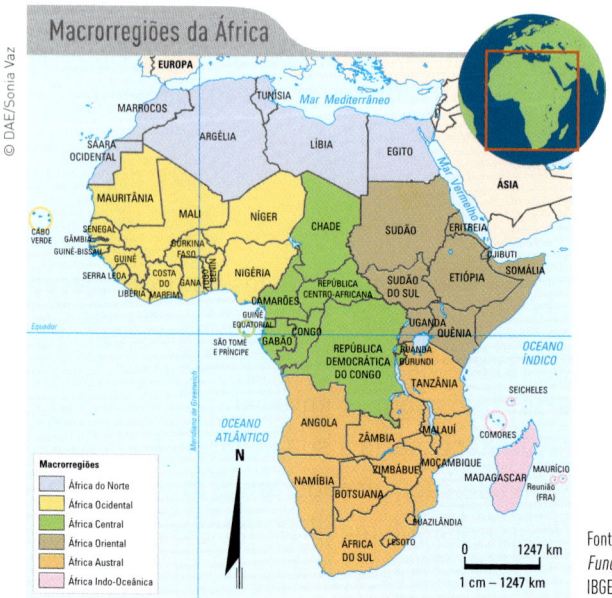

Fonte: *Atlas geográfico escolar. Ensino Fundamental – do 6º ao 9º ano*. Rio de Janeiro: IBGE, 2010.

## África do Norte

É a parte ao norte do Deserto do **Saara**, onde há predominância árabe, de maioria muçulmana. Assim, os países têm grandes afinidades histórico-culturais e linguísticas. Fazem parte dessa região Líbia, Egito, Tunísia, Argélia, Marrocos e Saara Ocidental. De modo geral, apresenta unidade religiosa (islamismo) e uma língua comum, o árabe.

Considerada a porção mais homogênea do continente, apresenta índices de desenvolvimento socioeconômico que a colocam no topo das regiões africanas.

Demograficamente, apresenta a maior taxa de ocupação urbana, no Vale do Rio Nilo e na faixa costeira, sendo também a região mais industrializada do continente. Além disso, três países dessa região são exportadores de petróleo: Argélia, Líbia e Egito.

## África Ocidental

É formada por Benin, Burkina Faso, Cabo Verde, Costa do Marfim, Gâmbia, Gana, Guiné, Guiné Bissau, Libéria, Mali, Mauritânia, Níger, Nigéria, Senegal, Serra Leoa e Togo.

A maioria desses países se situa na costa do Oceano Atlântico. Apenas três deles não têm saída para o mar (Burkina Faso, Mali e Níger), que junto com Mauritânia e Chade formam uma região de grande desertificação denominada de Sahel, área de comércio de ouro e de interligação com as regiões ao norte do Saara.

Historicamente, a região teve reinos importantes, como o de Gana e os impérios de Mali e Songhai. Foi também por ela, precisamente pela Guiné, que se iniciou o tráfico escravo para as Américas.

Olhando o mapa da página ao lado, percebe-se que nessa região se concentram os menores países africanos, resultado da divisão no período colonial.

Há forte presença islâmica, mas muitos cristãos ainda habitam a faixa litorânea.

### Palavra-chave

**Saara:** região desértica de grande extensão, que praticamente divide a África. Toda região ao sul do Saara é chamada de África Subsaariana.

### Explorando

**África: terra, sociedades e conflitos**
Nelson Bacic Olic e Beatriz Canepa, Editora Moderna.

A participação dos povos africanos na formação da cultura brasileira é essencial para nossa identidade cultural. Esta coletânea apresenta toda a riqueza do continente africano, seus vários povos e tradições, além de facetas de sua história, como os conflitos étnicos e religiosos, o Período Colonial e as lutas pela emancipação de diversos países.

Mulher da etnia fulani visita o mercado em Segou, no Mali, em 16 jan. 2009.

## África Central

Fazem parte dessa região Burundi, Camarões, República Centro-Africana, Chade, Congo (ou Congo-Brazzaville), República Democrática do Congo (ou Congo-Kinshasa), Gabão, Guiné-Equatorial, Ruanda e São Tomé e Príncipe.

Historicamente, o reino do Congo foi um dos maiores e mais famosos da região e teve contato com os portugueses a partir de 1482.

No período de colonização europeia, houve grande exploração do marfim e da borracha, além de cobre, diamantes e outros minérios.

É uma região rica em petróleo, urânio, diamantes e manganês.

Na África Central convivem muçulmanos, cristãos e grupos que preservam as antigas tradições locais.

## África Oriental

Voltada para o Oceano Índico, é dividida em duas sub-regiões: a norte-oriental, conhecida como o Chifre da África, formada por Etiópia, Eritreia, Djibuti, Somália, Sudão e Sudão do Sul, e a centro-oriental, onde estão Uganda e Quênia.

É a região menos homogênea do continente. Graças à proximidade e às relações com o mundo árabe e asiático (indiano), sua cultura é bastante influenciada por esses povos.

Por não apresentar recursos minerais expressivos, sustenta-se economicamente com a agricultura e a exploração do turismo ecológico no Quênia.

A África Oriental sofre com a chamada Guerra da Água, pois devido a questões climáticas, as secas são constantes, o que gera disputas por nascentes e fontes. Essa questão também atinge outras regiões africanas.

## África Austral

Esta região abrange África do Sul, Angola, Botsuana, Lesoto, Malauí, Moçambique, Namíbia, Suazilândia, Tanzânia, Zâmbia e Zimbábue.

Economicamente, apresenta grandes reservas minerais e localização privilegiada, entre os oceanos Índico e Atlântico. A África do Sul destaca-se como nação mais industrializada do continente.

A religião cristã é predominante na região.

Igreja central da cidade de Harare, no Zimbábue, 2011.

## África Indo-Oceânica

Conhecida também como África do Oceano Índico, é frequentemente agregada à África Oriental. É formada pelas ilhas de Madagascar, Maurício, Reunião (ainda colônia pertencente à França) e os arquipélagos de Comores e Seicheles.

Sua ocupação ocorreu com a imigração de africanos vindos do continente, bem como de asiáticos. Nas ilhas Comores, Maurício e Seicheles, há povos de origens árabe, africana, indiana e europeia, o que torna a cultura local bastante peculiar.

Destaca-se economicamente a República de Maurício, grande produtora de açúcar e de confecções, com alta tecnologia.

### DIVERSIFICANDO LINGUAGENS

As imagens abaixo são usadas em cartões-postais como representativas da África. Analise-as e depois responda às questões no caderno.

Mulheres da etnia masai em um vilarejo próximo ao Parque Nacional Masai Mara, no Quênia, 2010.

Elefante na Savana. Ao fundo, o Monte Kilimanjaro, na Tanzânia, 2011.

Kasbah (castelo fortificado) no Vale Dades, no Marrocos, 2010.

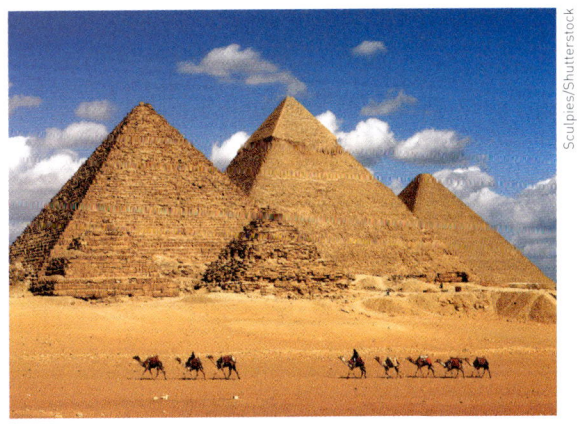

Pirâmides de Gizé, no Egito, 2011.

1. É possível dizer que essas imagens representam todo o continente africano? Justifique sua resposta.
2. Como é possível mudar essa visão da África?
3. Procure informações sobre a Lei nº 10.639/03. De que trata essa lei? Relacione-a com sua resposta à questão 2.

# Os Estados Nacionais africanos

A divisão política imperialista não respeitou os espaços étnicos e culturais dos vários grupos que habitavam o continente. Sendo assim, etnias com longa tradição de rivalidade foram colocadas em um mesmo território e grupos étnicos foram separados em áreas diferentes. O interesse das metrópoles criou divisões administrativas nas quais a realidade local não foi considerada.

Com a descolonização, as fronteiras foram mantidas, já que os Estados tinham estruturas constituídas, mas isso gerou a instabilidade que ainda permanece na maior parte das regiões africanas. A independência dos países trouxe tensões internas, pois os novos Estados passaram a ter no governo representantes de um dos muitos grupos étnicos presentes no território. Com isso os demais ficaram excluídos do poder e, muitas vezes, sofreram perseguições e extermínios em massa devido às rivalidades.

Além disso, a instabilidade se agravou com disputas por reservas minerais e petrolíferas e conflitos religiosos entre muçulmanos e cristãos.

Nos países independentes da África, os novos governantes tiveram pela frente problemas para os quais as soluções não eram rápidas.

Essa realidade era compartilhada pela maioria das novas nações, e isso criou impasses e dificuldades para a construção dos Estados Nacionais africanos. Veja a seguir alguns desses problemas.

**Impasses econômicos:**

- a base da economia era a exportação de produtos primários; a industrialização era limitada;
- a pilhagem ocorrida desde o século XVI pelas nações europeias deixou uma herança de exploração desordenada de riquezas minerais, atualmente dominada por empresas multinacionais, que se aproveitam da instabilidade política do continente. A população local pouco se beneficia com os lucros da exploração dos minérios.

**Impasses políticos:**

- os novos Estados herdaram o aparato político e administrativo colonial repressivo. A maneira como funcionavam anteriormente à descolonização consistia no estabelecimento de um governo estrangeiro que mantinha, geralmente por meio da força, uma ordem que permitisse a livre exploração da metrópole. Após a independência das nações africanas, o panorama mudou, mas a essência permaneceu. Grandes multinacionais patrocinaram – e ainda patrocinam – a ascensão e a manutenção de líderes políticos que impediam a participação política de grupos rivais. Por essa razão, os novos Estados investiram pouco na implementação de mudanças tanto na administração pública como nos setores de gerenciamento da economia. Não havia engenheiros, médicos, administradores, magistrados, nem mesmo oficiais para as Forças Armadas;
- a nomeação para cargos públicos não foi feita pela qualificação, e sim por pressões e acordos políticos, gerando, portanto, um governo corrupto, que, ao atuar, favorecia apenas uma camada social da população;
- na maioria, os partidos políticos se organizaram pelas identidades étnicas. Com isso, não se criou uma identidade nacional, ou seja, não havia programas ou estratégias de ação pensadas para o Estado como um todo, e sim para os grupos representados por esses partidos.

**Impasses sociais:**

- o crescimento populacional acelerado e a urbanização desordenada criaram uma situação de desemprego. Com isso, cresceu o número de marginalizados nos centros urbanos. Sem casa, sem emprego, sem condições mínimas para sobrevivência, problemas como alcoolismo e prostituição se tornaram graves;

- na década de 1980, a epidemia de aids agravou ainda mais os problemas da população;

- com o crescimento populacional desordenado, houve aumento significativo das mazelas urbanas, como doenças ocasionadas pela falta de saneamento básico (cólera, febre tifoide, verminoses etc.), moradias precárias, criminalidade, entre outras.

### Explorando

**Moçambique**
Júlio Emílio Braz, Editora Moderna.

Moçambique é um grande país africano localizado na costa oriental do continente. Com ele temos em comum a língua portuguesa. Conheça melhor Moçambique e sua cultura por meio de seus contos e lendas, reunidos pelo autor mineiro Júlio Emílio Braz, um apaixonado pelo conhecimento.

Mulheres somalis observam os soldados ugandenses integrantes das forças de paz da União Africana na Somália, 5 dez. 2011.

Logo, conclui-se que a independência não significou, de imediato, a melhoria nas condições de vida das populações dos novos Estados africanos.

Após a descolonização, a África passou a ser palco de guerras civis, golpes e contragolpes de Estado, numa situação de permanente tensão.

## DIVERSIFICANDO LINGUAGENS

Leia o texto abaixo e responda às questões no caderno.

No que se refere à primeira geração de líderes políticos surgida depois da independência, alguns aspectos devem ser ressaltados. Primeiramente, grande parte deles provinha de grupos sociais que, durante o período colonial, tiveram oportunidade de estudar nas metrópoles ou nos Estados Unidos, levando-os a um distanciamento em relação às reais aspirações das sociedades nativas. Ademais, durante o processo de luta pela independência, muitas dessas lideranças, anteriormente organizadas em grupos e partidos clandestinos, começaram a sofrer pressões da parte de antigos companheiros de militância, que reclamavam recompensa pelos esforços durante o período de luta, postulando cargos públicos para si próprios e para parentes. Por fim, grande parte das nomeações seguiam critérios étnicos e não de competência e adequação, criando conflitos e disputas que apenas agravavam as dificuldades.

O resultado foi que, após a primeira década de independência, a maioria das nações africanas constituíam-se em ditaduras militares, com parlamentos fechados e sem o menor resquício de democracia. [...]

Quanto aos líderes dos primeiros tempos da independência, diante das dificuldades de atendimento das aspirações populares, foram, gradativamente, perdendo prestígio político. Aqueles que permaneceram numa posição de luta contra o neocolonialismo foram reprimidos ou simplesmente eliminados [...].

Nesse contexto, não surpreende o número de ditaduras militares implantadas depois da primeira década de independência. Na verdade, as Forças Armadas passaram a se constituir num instrumento de grupos alternativos, diante de tantos conflitos e problemas. O Exército, assim, assumia o papel de fiador da integridade da nação. Uma nação formada, na verdade, a partir das instituições impostas e das fronteiras traçadas pelo sistema colonial.

Apesar disso, os governos militares não diferiam muito dos civis a que sucederam. De fato, eles também se mostraram voltados para o atendimento dos interesses das elites instruídas e socialmente ascendentes, bem como das chamadas 'burguesias nacionais'. Porém, estas são essencialmente subdesenvolvidas e dependentes, não tendo qualquer resquício de poder real. Sua concepção de nação se resume à transferência, para alguns africanos, de privilégios anteriormente desfrutados pelos representantes do poder colonial, os quais, por sua vez, são enviados para bancos estrangeiros.

Marina Gusmão de Mendonça. *Histórias da África*.
São Paulo: LCTE, 2008. p. 240-241.

**1.** De onde provinham os primeiros líderes dos novos Estados africanos e por que isso causava problemas?

**2.** De acordo com o texto, o que justifica a presença de tantas ditaduras militares após a primeira década de independência?

**3.** Segundo a autora, houve uma continuidade no poder. Explique-a.

# Entre a miséria e os conflitos

Com o fim da colonização, não houve um preparo ou um plano para a estruturação política e econômica do continente; os países estrangeiros somente se retiraram oficialmente. Sem planejamento político adequado para resolver os problemas dos Estados recém-criados, a população permaneceu excluída do processo político, passando a conviver com governos corruptos, omissos e pouco eficientes, que quase nada fizeram para enfrentar problemas como o acelerado crescimento demográfico e seus consequentes prejuízos, por exemplo, a precarização do trabalho, o desemprego, a fome e os constantes conflitos étnicos.

Na década de 1980, a imprensa internacional começou a noticiar as mazelas em algumas nações africanas. Imagens chocantes da cruel realidade na Etiópia correram o planeta; fotografias de crianças agonizantes em consequência da fome mostraram ao mundo a grave situação de miséria em algumas regiões da África.

Conflitos armados, instabilidade econômica e ditaduras impiedosas fortaleciam o clima de caos e desespero em diversos países. Além disso, a situação climática de seca e desertificação em algumas regiões só contribuiu para agravar esse quadro. Nos combates, plantações eram destruídas, como aconteceu na Somália, em Angola, em Serra Leoa e em Ruanda.

Os conflitos e a miséria criaram um cenário crítico em várias nações, e a permanência dessa situação por muitos anos criou um novo problema: os campos de **refugiados**.

Ainda que esses campos sejam uma solução temporária para a falta de infraestrutura e uma forma de auxiliar as populações afetadas, há muitas dificuldades. Faltam, na maioria das vezes, saneamento básico, comida suficiente, água, médicos, remédios, enfim, condições mínimas para garantir a sobrevivência digna.

Moradias do campo de refugiados de Dadaab, no Quênia, próximo à fronteira com a Somália, 31 ago. 2011.

## Palavra-chave

**Refugiado:** pessoa forçada, por diversas situações (fome, guerra, perseguições, desastres naturais), a deixar o local onde mora e buscar abrigo, na maioria das vezes, em outros países.

## Explorando

**Ouro azul: a guerra mundial pela água**
Direção: Sam Bozzo.
Canadá, 2008, 89 min.

Este documentário investiga os problemas que enfrentaremos no futuro, causados pela má administração da água, e também a luta dos cidadãos contra os gigantes corporativos e governos corruptos que controlam os recursos hídricos, colocando em risco a sobrevivência da humanidade.

O acampamento de Dadaab, no Quênia, construído para abrigar até 90 mil pessoas provindas da guerra civil da Somália, foi considerado o maior campo de refugiados do mundo. Em julho de 2011, esse campo já acolhia mais de 350 mil somalis. Ao final desse ano, o Alto Comissariado das Nações Unidas para os Refugiados (Acnur) já previa uma população de 450 mil.

Além das guerras, a seca em várias regiões da África agrava as migrações em busca de água e comida.

Os que procuram refúgio caminham às vezes mais de 30 dias até os acampamentos. Muitos morrem no trajeto, principalmente crianças. Quando chegam ao campo, precisam esperar do lado de fora por uma vaga ou, se têm parentes no local, podem se juntar a eles.

## DIVERSIFICANDO LINGUAGENS

Leia o texto a seguir e responda à questão no caderno.

### ÁFRICA SECA

**Pior seca em 60 anos afeta países do "Chifre da África"**

Genebra, 28 jun (EFE). Os países do chamado 'Chifre da África', grupo formado por Etiópia, Somália, Quênia, Uganda e Djibuti, sofrem a pior seca dos últimos 60 anos e 10 milhões de pessoas espalhadas nesses cinco países já sofrem as consequências, afirmou nesta terça-feira a Organização das Nações Unidas (ONU).

A região experimentou 'a maior crise de alimentos da atualidade', acrescentou em entrevista coletiva a porta-voz do Escritório de Assuntos Humanitários do organismo, Elizabeth Byrs.

As previsões meteorológicas apontam que não haverá melhora na situação da seca até 2012, por isso que a ONU pediu uma mobilização internacional que permita evitar uma nova crise humanitária.

Em algumas das regiões mais afetadas, a taxa de desnutrição infantil alcançou 30%, o dobro do nível de emergência estabelecido pela ONU, mas teme-se que a situação piore ainda mais.

Byrs assinalou que outro aspecto preocupante é que, também como consequência da seca, os preços dos grãos que representam uma parte essencial da alimentação local dispararam e no caso do Quênia custam entre 30% e 80% — dependendo da região — a mais do que a média dos últimos cinco anos.

Na Etiópia, a inflação relacionada com os alimentos superou 40% no mês passado.

A seca também teve um impacto no aumento do fluxo de refugiados e deslocados internos, segundo os dados do Escritório de Assistência Humanitária.

Entre as consequências indiretas da seca extrema estão o aumento da taxa de abandono escolar, assim como de doenças em humanos e animais de fazenda, e uma maior tensão e conflitos entre comunidades que competem pelos poucos recursos que ficam, disse Byrs. EFE

O texto foi publicado em 28 de junho de 2011, uma terça-feira. Agência EFE.

**1.** O texto jornalístico relata os problemas causados pela seca durante o ano de 2011. Quais foram as consequências da seca para a população?

# África e africanidades

Mesmo diante das influências culturais externas, os africanos vêm conseguindo manter e resgatar sua diversidade cultural como forma de resistência e afirmação da **africanidade**.

As manifestações artísticas são muito variadas. Os países africanos têm procurado reafirmar sua identidade cultural e resgatar suas tradições. Dessa forma, preservam e valorizam suas origens e seus valores.

Vejamos algumas dessas manifestações em diversas áreas.

## Música

São muitos os estilos e ritmos africanos. Assim como essa diversidade influenciou a música de outros países, também foi influenciada por gêneros musicais deles.

Tradicionalmente, a música na África é um elemento indispensável nos ritos sociais e religiosos. Para tanto, é utilizada grande variedade de instrumentos musicais.

A música reflete a realidade da África, um continente extenso e com diversidade de povos e línguas. Há músicas tradicionais de diferentes etnias que constam do patrimônio cultural de seus grupos de origem. Ainda assim, é possível perceber elementos comuns, fruto de contato e intercâmbio entre os grupos.

Com base na presença e fixação árabe no continente (século VI), a influência dessa cultura se fez presente nos instrumentos e ritmos musicais, principalmente na África do Norte.

Em geral, a música tradicional africana não utiliza escalas e partituras. Como se diz no **jargão** musical, toca-se "de ouvido", ou seja, as músicas são ensinadas e aprendidas quando são tocadas e cantadas.

Há canções tradicionais que acompanham atividades sociais, bem como cantos de trabalho ainda bastante executados, principalmente por mulheres. Um exemplo é o canto entoado pelas mulheres enquanto moem o trigo no pilão. Essas canções têm por finalidade coordenar o esforço e marcar a cadência, para que todas façam o movimento de bater o pilão no mesmo ritmo.

Membros da etnia ugandense batwa, dançam em um rito típico da cultura local no Parque Nacional Bwindi, em Uganda, 25 mar. 2009.

### Palavras-chave

**Africanidade:** sentimento de afinidade ou de amor pela África.

**Jargão:** linguagem própria de um grupo profissional ou sociocultural, com vocabulário específico.

### Explorando

**Arte africana**
Hildegard Feist, Editora Moderna.

Este livro mostra a arte de diversos povos do continente africano, revelando suas tradições e expressões culturais por meio de peças produzidas em diversos materiais, como argila, metal e madeira. Em seus trabalhos, os artistas, quase sempre anônimos, falam de sua religião, seus mitos e também da história e do costume de seus povos.

## Cinema

**Palavras-chave**

**VHS:** abreviatura de Video Home System. É um tipo de fita de vídeo de meia polegada para uso doméstico.

**VCD:** abreviatura de Video Compact Disc. É um formato que permite reproduzir vídeos com base em um CD gravado.

A África apresenta significativa produção cinematográfica, mas ainda pouco conhecida mundialmente. As novas produções procuram combater estereótipos constantemente veiculados no cinema ocidental, em que os africanos são retratados de maneira preconceituosa. As produções atuais procuram destacar a realidade local em todos os seus aspectos: social, político, econômico, cultural e religioso.

A produção do cinema documental é expressiva no continente africano. Desde a descolonização há forte tendência para documentar a África e os africanos. Essa tendência é consequência de os africanos, após a independência, terem se tornado atores de sua própria história.

A terceira maior indústria cinematográfica do mundo está na Nigéria e perde apenas para Bollywood, na Índia, e Hollywood, nos Estados Unidos. Nesse mercado, chamado de Nollywood, os cineastas produzem filmes com poucos recursos financeiros, editados em computadores domésticos e vendidos em **VHS**, DVD ou **VCD**. Como não há muitas salas de projeção, as produções são exibidas nas residências.

A principal temática dos filmes de Nollywood são as transformações culturais e políticas locais, assim como as mazelas sociais, além de folclore, comédias e romances. Os críticos de cinema dizem que nessas produções não há preocupação com a qualidade. No entanto, os cineastas nigerianos rebatem dizendo que o importante é a massificação dessa arte em um continente onde grande parte da população sobrevive com menos de 1 dólar por dia.

O cinema de Nollywood já se estende para além das fronteiras da Nigéria, mas ainda se restringe ao continente africano.

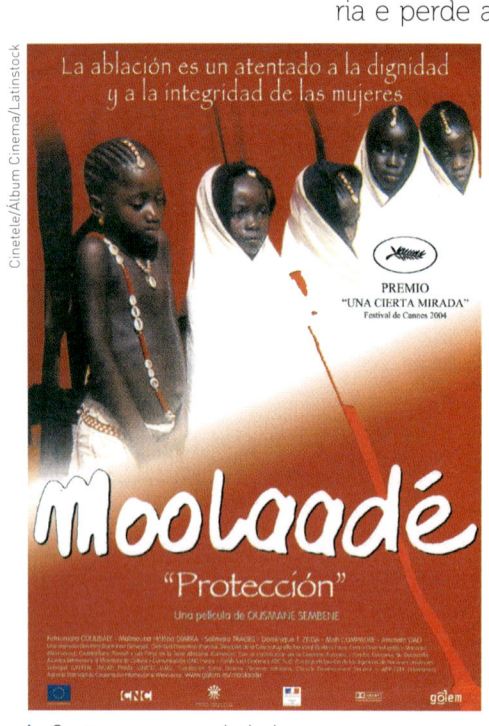

Cartaz, em espanhol, do filme *Moolaadé*, do diretor senegalês Ousmane Sembene, lançado em 2004.

## Literatura

A literatura africana contemporânea teve início nos movimentos anticoloniais. O primeiro congresso de escritores da África foi realizado em Paris, em 1956. Naquele momento, a literatura africana tinha um caráter emancipacionista.

A produção literária, assim como todas as outras expressões artísticas do pós-independência, é marcada pelos temas de afirmação africana e de críticas ao imperialismo e às ditaduras vigentes em vários países do continente.

A variedade linguística torna a literatura africana muito diversificada.

As mulheres têm papel bastante significativo nessa área, pois relatam suas experiências complexas e peculiares. Abordam temas como a poligamia – ainda existente em vários países –, a repressão e a submissão a que estão sujeitas e outras questões, como ser mãe e ser mulher na África.

# Pintura e escultura

A pintura e a escultura dos países africanos também procuram traduzir as mudanças, porém sem perder os laços com a identidade cultural dos diferentes grupos que formam o continente.

Antigas tradições foram resgatadas com obras de arte inspiradas em narrativas folclóricas ou mitológicas que remontam aos grupos tradicionais africanos.

Vinculada à expressão da tradição dos antepassados ou recriada nas diversas escolas de arte espalhadas pelo continente, a pintura apresenta temas variados, que vão desde formas geométricas até a reprodução de cenas de caça e guerra. É utilizada também no acabamento de uma das artes mais conhecidas da África, as máscaras. Além disso, é usada em diversos adornos e no corpo dos africanos, em festas e em rituais.

Talvez a escultura possa ser considerada a mais importante manifestação da arte local. São esculpidas várias formas, mas as mais tradicionais são as máscaras feitas de madeira.

Aprendizes de escultor seguram suas obras recém-esculpidas em Foase, Gana, 2003.

O turismo na África tem sido um dos responsáveis pelo aumento da demanda na produção artística, principalmente de máscaras decorativas e esculturas feitas de madeira (em especial ébano) e marfim.

## DIVERSIFICANDO LINGUAGENS

Leia o texto a seguir e responda às questões no caderno.

> Para muitos povos africanos, [...] as máscaras têm uma função quase sagrada, pois eles as veem como intermediários entre o mundo dos vivos e dos mortos.
>
> Com frequência as máscaras representam uma divindade, um ancestral (legendário ou histórico), um animal (mítico ou real), um herói, um espírito. Elas são usadas em diversas ocasiões, festivas ou solenes, para celebrar os antepassados, espantar os maus espíritos, pedir às divindades paz em tempos de guerras e fartura em tempos de escassez, e por aí afora. Existem muitos tipos e muitos tamanhos de máscara, porém o material básico é a madeira.
>
> Assim que decide fazer uma máscara, o escultor realiza uma cerimônia de purificação. Depois, vai para a floresta procurar a árvore e, ao dar o primeiro **talho**, toma um pouco da **seiva**, porque acredita que com isso estabelece uma relação de irmandade com o espírito da árvore.

**Palavras-chave**
**Talho:** corte, sulco.
**Seiva:** líquido nutritivo que circula nos vegetais.

Hildegard Feist. *Arte africana*. São Paulo: Moderna, 2010. p. 24-26.

**1.** Para alguns povos africanos, as máscaras são apenas esculturas comerciais? Explique.

**2.** Explique o último parágrafo do texto.

## AGORA É COM VOCÊ

1. Sobre a situação da África, com relação a mazelas sociais e conflitos, é **incorreto** afirmar que:
   a) (   ) o continente ainda sofre com muitas mazelas sociais, como miséria, instabilidade econômica, situação climática de seca em muitos lugares.
   b) (   ) os problemas sociais foram sanados em quase todas as regiões e não há situação que expõe a população à fome e miséria.
   c) (   ) perduram conflitos étnicos, guerras civis, governos ditatoriais em muitos países ou regiões.
   d) (   ) desde 1980 não são registrados conflitos armados e foram extintos os campos de refugiados após essa paz duradoura.

2. Complete o diagrama de palavras com base nas informações a seguir.
   1) Sentimento de afinidade e amor pela África.
   2) Os diferentes ritmos são indispensáveis nos ritos sociais e religiosos.
   3) Em extensa produção, sendo a terceira maior indústria do mundo, visa combater estereótipos.
   4) Nome da indústria cinematográfica africana.
   5) É marcada por temas de afirmação africana e de críticas ao imperialismo e às ditaduras vigentes. Muitas mulheres fazem parte desta manifestação cultural.
   6) Representa temas variados, desde figuras geométricas até cenas de guerra e caça.
   7) Mais importante manifestação artística da África, tendo as máscaras de madeira como as mais expressivas.

## SUPERANDO DESAFIOS

**1** (Cesgranrio) "Morre um homem por minuto em Ruanda. Um homem morre por minuto numa nação do continente onde o *Homo Sapiens* surgiu há um milhão de anos... Para o ano 2000 só faltam seis, mas a Humanidade não ingressará no terceiro milênio, enquanto a África for o túmulo da paz."

(Augusto Nunes. *O Globo*, 6 ago. 1994)

A situação de instabilidade no continente africano é o resultado de diversos fatores históricos, dentre os quais destacamos o(a):
a) fortalecimento político dos antigos impérios coloniais na região, apoiado pela Conferência de Bandung.
b) declínio dos nacionalismos africanos causado pelo final da Guerra Fria.
c) acirramento das guerras intertribais no processo de descolonização que não respeitou as características culturais do continente.
d) fim da dependência econômica ocorrida com as independências políticas dos países africanos, após a década de 50.
e) difusão da industrialização no continente africano, que provocou suas grandes desigualdades sociais.

**2** (Puc-Rio)

> "O continente condenado"
> "África em chamas"

As manchetes que atualmente são publicadas sobre a África, como as apresentadas acima, expressam o trágico quadro socioeconômico desse continente. Assinale a opção que NÃO inclui um aspecto desse quadro.
a) A baixa expectativa de vida de grande parte da população.
b) O número significativo de africanos contaminados com a aids.
c) Os conflitos e guerras tribais envolvendo nações africanas.
d) As guerras civis estimuladas pelas potências imperialistas europeias.
e) O contingente de africanos fora de seus países de origem, em busca de trabalho.

**3** (Unesp) O termo "africanização" designa países que, mesmo não pertencendo ao continente africano, apresentam as seguintes características: fome crônica, elevada dependência de ajuda humana externa e mortalidade causada por doenças já erradicadas na maioria dos países. Assinale a alternativa que contém todos os países que se enquadram nessa classificação.
a) Etiópia, Somália, Ruanda, Moçambique, México.
b) Bangladesh, Haiti, Colômbia, Etiópia, Somália.
c) Moçambique, Ruanda, Panamá, Somália, Haiti.
d) Etiópia, Somália, Bangladesh, Haiti, Ruanda.
e) Somália, Ruanda, Turquia, Bangladesh, Haiti.

CAPÍTULO 19

# Rumos do Brasil contemporâneo

**Palavra-chave**

**País do futuro:** expressão que surgiu em 1941 formulada pelo escritor austríaco Stefan Zweig. Naquele ano, ele lançou um livro chamado *Brasil, país do futuro*. Vivendo no Brasil desde 1940, Zweig, que parece ter se apaixonado pelo país, enalteceu nossas belezas e criticou nossas mazelas. Previu um grande futuro, com desenvolvimento econômico e social.

Nas últimas décadas do século XX, o Brasil passou por transformações marcantes. Encerrou-se o Período Ditatorial, foi implantado o regime democrático, o fantasma da inflação foi afastado e a estabilidade monetária se tornou uma realidade. O século XXI começou com um país em ritmo de mudanças.

É um novo Brasil, mas que ainda se vê às voltas com velhos problemas, que são um desafio para a sociedade e os governantes do "**país do futuro**".

Cataratas do Iguaçu, Foz do Iguaçu (PR), 2011. As mudanças que aconteceram na política, na economia e na sociedade vêm atraindo inúmeros turistas estrangeiros para apreciar as belezas naturais de nosso país. Cabe aos brasileiros apreciar e preservar seu patrimônio. Em 2012, as Cataratas do Iguaçu foram consideradas uma das Sete Maravilhas da Natureza.

**Explorando**

**O contador de histórias**
Direção: Luiz Villaça.
Brasil, 2009, 100 min.

O filme faz uma reflexão sobre o acesso à cidadania no Brasil atual, tendo como base a história de um menino que, aos 6 anos, foi deixado pela mãe em uma instituição assistencial.

Estação Sé do metrô de São Paulo (SP), 4 jan. 2010. O transporte coletivo no Brasil ainda carece de investimentos e melhorias. Na imagem ao lado, vemos um acontecimento que se repete nas grandes cidades do país: enormes filas para utilizar o transporte público. Quem o usa diariamente sente-se desrespeitado como cidadão, e com razão. Esse ainda é um dos grandes desafios do Brasil atual.

# Um operário na Presidência

As eleições de 2002 foram marcantes para a consolidação definitiva da democracia: depois de 42 anos (a última havia sido em 1960), um presidente eleito pela população passaria a faixa presidencial a outro presidente também escolhido nas urnas.

Os mais fortes candidatos à eleição daquele ano eram José Serra (PSDB), apoiado pelo então presidente da República, Fernando Henrique Cardoso, e Luiz Inácio Lula da Silva (PT), que disputava o cargo pela quarta vez. Lula venceu.

A primeira gestão do presidente Lula (2003-2006) foi marcada por questões como avanços significativos nas áreas sociais, inflação sob controle, **risco-país** em níveis baixos, balança comercial com superávits significativos, expansão do Ensino Superior e política externa mais voltada para os países subdesenvolvidos.

O presidente assumiu o compromisso de erradicar a fome do Brasil com o programa Fome Zero, que, no entanto, não obteve o êxito esperado e acabou sendo incorporado ao programa Bolsa Família, criado no governo anterior. Segundo o Bolsa Família, as famílias carentes com crianças e jovens em idade escolar recebem mensalmente um benefício em dinheiro, tendo em contrapartida o dever de mantê-los na escola.

Na educação, Lula deu continuidade a programas da gestão anterior, como o Exame Nacional do Ensino Médio (Enem), que passou a ser utilizado como prova de seleção para faculdades, e o Exame Nacional de Desempenho de Estudantes (Enade), que avalia os cursos de Ensino Superior e ampliou o número de vagas nas universidades federais. Foram criadas mais universidades públicas, como a Universidade Federal da Fronteira Sul (UFFS) e a Universidade Federal da Integração Latino-Americana (Unila). Outra ação importante foi o Programa Universidade para Todos (ProUni), que concede bolsas de estudos a alunos carentes em faculdades privadas.

A administração petista manteve a política econômica do governo anterior, baseada no controle da inflação por meio de taxas de juros elevadas e metas, além de estímulo às exportações. Em consequência da estabilidade econômica, a distribuição de renda melhorou, pequenos e médios empreendimentos receberam incentivos e a geração de empregos aumentou.

Durante o governo Lula, o Brasil aproximou-se de países emergentes, como China, Índia, Rússia e África do Sul. Além disso, estreitou relações com o Irã. Nesse aspecto, diferenciou-se da política externa de FHC, que adotava uma agenda mais vinculada às nações desenvolvidas.

Em 1º de janeiro de 2003, Luiz Inácio Lula da Silva recebe a faixa presidencial de Fernando Henrique Cardoso e se torna o primeiro presidente eleito no Brasil do século XXI.

## Palavra-chave

**Risco-país:** indicador cujo objetivo é estabelecer o grau de instabilidade econômica de determinado país. Criado por agentes econômicos internacionais, serve de medida do risco para o investidor.

## Palavra-chave

**Programa de Aceleração do Crescimento:** conjunto de medidas administrativas criadas com o objetivo de promover maior crescimento econômico do país. Engloba iniciativas públicas nas áreas de infraestrutura, habitação, transportes e geração de energia, com a aplicação de dinheiro público nas obras.

## Explorando

**Entreatos: Lula a 30 dias do poder**
Direção: João Moreira Salles Júnior. Brasil, 2002, 117 min.

Nesse documentário, é possível acompanhar a campanha de Lula à Presidência entre 25 set. e 27 out. 2002.

A administração federal foi atacada intensamente por setores da imprensa e por seus opositores, tendo de enfrentar denúncias de vários atos ilícitos praticados por representantes do PT, de partidos aliados e por alguns membros do governo. Um dos principais casos foi o "mensalão", quando pessoas ligadas ao presidente foram acusadas de comprar apoio de parlamentares, que recebiam pagamentos mensais para apoiar o governo.

Hostilizado por setores da classe média, do empresariado e da imprensa, Lula se candidatou à reeleição enfrentando momentos difíceis. Mesmo assim, venceu seu adversário Geraldo Alckmin, do PSDB.

No início do segundo mandato (2007-2010), Lula deu continuidade às políticas desenvolvidas, sendo também beneficiado pela situação do cenário econômico mundial até meados de 2008, quando estourou uma crise financeira mundial. Consequentemente, o governo precisou atuar com mais firmeza na tentativa de evitar que a crise atingisse o Brasil. Para isso, baixou as taxas de juros, reduziu impostos em alguns setores e incentivou a construção civil, conseguindo um quadro de relativa estabilidade no cenário de crise global.

Nesse mandato, destacaram-se: início do **Programa de Aceleração do Crescimento** (PAC); manutenção do controle da inflação, redução das taxas de desemprego e aumento do número de empregados com carteira assinada; diminuição do número de pessoas em situação de miséria; elevação do número de crianças matriculadas no ensino público; ascensão de setores das classes baixas para a classe média.

Até o fim de sua administração, Lula manteve altos índices de popularidade, mas foi criticado por não conter a corrupção.

## DOCUMENTOS EM ANÁLISE

— Tenha calma, mulher! A propaganda eles já lançaram, agora só resta criarem o produto!

Analise a imagem e depois responda às questões no caderno.

1. Descreva a charge identificando os personagens e a situação em que vivem.

2. Analise o título da charge. A que se refere? Se necessário, pesquise ou converse com os colegas e o professor.

3. Pode-se dizer que essa charge é uma crítica ao governo Lula? Justifique sua resposta.

A alma do negócio. Charge de Angeli publicada no jornal *Folha de S.Paulo*, 2 mar. 2003.

# A primeira mulher presidente do Brasil

Nas eleições de 2010, usando sua popularidade, Lula participou ativamente da campanha de Dilma Rousseff à Presidência. Na disputa com o candidato do PSDB, José Serra, Dilma foi eleita no segundo turno. A indicação de Michel Temer à vice-presidência foi proveniente de uma aliança entre PT e PMDB.

Em 1º de janeiro de 2011, Dilma Rousseff assumiu como a primeira mulher eleita presidente do Brasil. Dilma nunca havia disputado uma eleição, mas ocupara cargos nas esferas estadual e federal.

A indicação de Dilma como candidata se deu após sua atuação à frente de dois ministérios: de Minas e Energia e da Casa Civil.

Na primeira pasta, foi encarregada de evitar o colapso do setor elétrico e os apagões que ocorreram no final do governo FHC. Além disso, implantou o programa Luz para Todos, criado para atender áreas rurais sem acesso à energia elétrica.

Quando assumiu a Casa Civil, em 2005, a ministra ficou responsável pelo PAC. Por isso foi chamada pelo presidente Lula de "mãe do PAC".

A presidente eleita Dilma Rousseff, acompanhada de seu vice, Michel Temer, na subida da rampa do Palácio do Planalto durante cerimônia de posse na Esplanada dos Ministérios, 1º jan. 2011.

Dilma Rousseff assumiu a Presidência prometendo dar continuidade aos programas do governo anterior, buscando o desenvolvimento, o combate à miséria e o estímulo à educação. Em seu primeiro ano de mandato, procurou estreitar relações internacionais, principalmente com os Brics.

## DIVERSIFICANDO LINGUAGENS

Leia o texto e responda às questões no caderno.

> Analisar a performance de um governo não é tarefa simples. Todo governo atua em diversas frentes, muda ao longo do tempo e tem altos e baixos. Alterações no ministério, com a entrada ou saída de figuras-chave, podem afetar de maneira significativa o desempenho conjunto. A ação consiste essencialmente em tomar decisões, em escolher entre alternativas, e toda escolha cria descontentamentos. Há, assim, também a interferência do fator **subjetivo**, uma vez que nenhum governo é avaliado de maneira homogênea por seus interlocutores mais relevantes, muito menos pela sociedade em geral.

Bolívar Lamounier e Rubem Figueiredo (Org.). *A Era FHC: um balanço*. São Paulo: Cultura Editores Associados, 2002. p. 17.

**Palavra-chave**
**Subjetivo:** individual, pessoal.

**1.** Quais são as dificuldades para analisar um governante?
**2.** O que significa a interferência do fator subjetivo na análise?

# Os desafios do Brasil contemporâneo

O Censo Brasil de 2010, promovido pelo Instituto Brasileiro de Geografia e Estatística (IBGE), constatou que o país tinha naquele ano uma população de 190 milhões de habitantes. Diante dessa realidade, os desafios da atualidade são promover o desenvolvimento, erradicar a miséria e diminuir a desigualdade.

Alguns avanços vêm se consolidando desde o retorno à democracia, em 1985:

▶ o controle da inflação gerou uma relativa estabilidade financeira, que permitiu maior acesso a bens de consumo, inclusive para as classes mais baixas;

▶ alguns serviços essenciais, como saneamento básico, energia elétrica e coleta de lixo, foram estendidos a um número maior de brasileiros. Mas ainda não atendem a todos nem de maneira satisfatória;

▶ a educação tem sido ampliada em vários programas de governo. O Ensino Fundamental, por exemplo, passou a ter nove anos.

Lancha de transporte escolar na barranca do Rio Madeira, em Porto Velho (RO), nov. 2009. Em muitos locais, principalmente na Região Norte, a infraestrutura urbana e rural ainda é muito precária e gera dificuldades no acesso a variados serviços, como à educação.

Entretanto, é preciso atingir algumas metas: reduzir a desigualdade; erradicar a pobreza e a miséria; zerar o analfabetismo; melhorar os índices de educação; estimular o desenvolvimento tecnológico e científico; erradicar a corrupção; proporcionar saúde pública de qualidade para todos; aumentar e melhorar a malha viária; investir na preservação ambiental; desenvolver políticas públicas eficientes em todas as áreas; pôr fim à violência em todas as instâncias; e acabar com o trabalho infantil. Enfim, resolver os problemas que violam os direitos humanos dos brasileiros.

Diante de tantos desafios, a sociedade civil tem se organizado em movimentos que buscam diminuir os problemas sociais e reivindicar melhorias. As manifestações de junho de 2013 denotam que parte da sociedade brasileira não está satisfeita com os serviços públicos – transportes, saúde e educação –, bem como exige uma postura mais ética da classe política. O combate à corrupção tem ecoado em todas as manifestações populares recentes.

## DIVERSIFICANDO LINGUAGENS

Leia o poema a seguir e responda à questões no caderno.

## O OUTRO BRASIL QUE VEM AÍ

Eu ouço as vozes
eu vejo as cores
eu sinto os passos
de outro Brasil que vem aí
mais tropical
mais fraternal
mais brasileiro.

O mapa desse Brasil em vez das cores dos Estados
terá as cores das produções e dos trabalhos.

Os homens desse Brasil em vez das cores das três raças*
terão as cores das profissões e das regiões.

As mulheres do Brasil em vez de cores boreais
terão as cores variamente tropicais.

Todo brasileiro poderá dizer: é assim que eu quero o Brasil,
todo brasileiro e não apenas o bacharel ou o doutor
o preto, o pardo, o roxo e não apenas o branco e o semibranco.

Qualquer brasileiro poderá governar esse Brasil
lenhador
lavrador
pescador
vaqueiro
marinheiro
funileiro
carpinteiro
contanto que seja digno do governo do Brasil
que tenha olhos para ver pelo Brasil,
ouvidos para ouvir pelo Brasil
coragem de morrer pelo Brasil
ânimo de viver pelo Brasil
mãos para agir pelo Brasil [...].

Gilberto Freyre. Casa-grande & senzala. São Paulo: Global, 2005. p. 9-10.

*O autor, ao citar "três raças", faz referência à origem étnica do Brasil, que era originalmente habitado por indígenas, foi colonizado por portugueses (europeus) a partir do século XV e posteriormente recebeu também africanos.

**1.** Qual era o Brasil almejado por Gilberto Freyre nesse texto, escrito em 1926?

**2.** O Brasil atual corresponde ao imaginado ou sonhado por Freyre? Explique.

**3.** Qual é seu papel para alcançar esse Brasil?

## AGORA É COM VOCÊ

1. Sobre o governo Lula, identifique se as frases são verdadeiras **V** ou falsas **F**.
   a) (   ) Foi eleito indiretamente em 2002 e permaneceu no governo por 4 anos.
   b) (   ) Seu primeiro mandato foi marcado por avanços nas áreas sociais e pela inflação sob controle.
   c) (   ) Enfrentou turbulências como escândalos de corrupção que envolviam membros de sua equipe e derrotas no Congresso Nacional.
   d) (   ) Erradicou por completo a fome no Brasil com programas como o Fome Zero.
   e) (   ) Deu continuidade a programas de educação, como o Enem e o Enade, e ainda implementou outros, como o ProUni.

2. Assinale as frases **incorretas** sobre o segundo governo de Lula.
   a) (   ) Acabou com programas como o Bolsa Família e elevou as taxas de inflação.
   b) (   ) Criou o PAC, manteve o controle da inflação, reduziu o desemprego.
   c) (   ) Reduziu o número de alunos matriculados nas escolas, aumentou o número de pessoas na miséria.
   d) (   ) Aumentou o número de empregados com carteira assinada, conseguiu a ascensão de setores da classe baixa para a classe média.

3. Complete o diagrama de palavras com base nas dicas abaixo.
   1. Expressão criada em 1941 por um austríaco em referência ao Brasil.
   2. Programa do governo brasileiro que visa acabar com a fome no país.
   3. Regime político implantado no Brasil após o fim da Ditadura.
   4. Vice-presidente do governo Lula.
   5. Principal caso de denúncia de corrupção ocorrido no governo Lula.
   6. Primeira mulher presidente do Brasil.
   7. Grupo econômico com o qual o governo Dilma buscou estreitar relações.

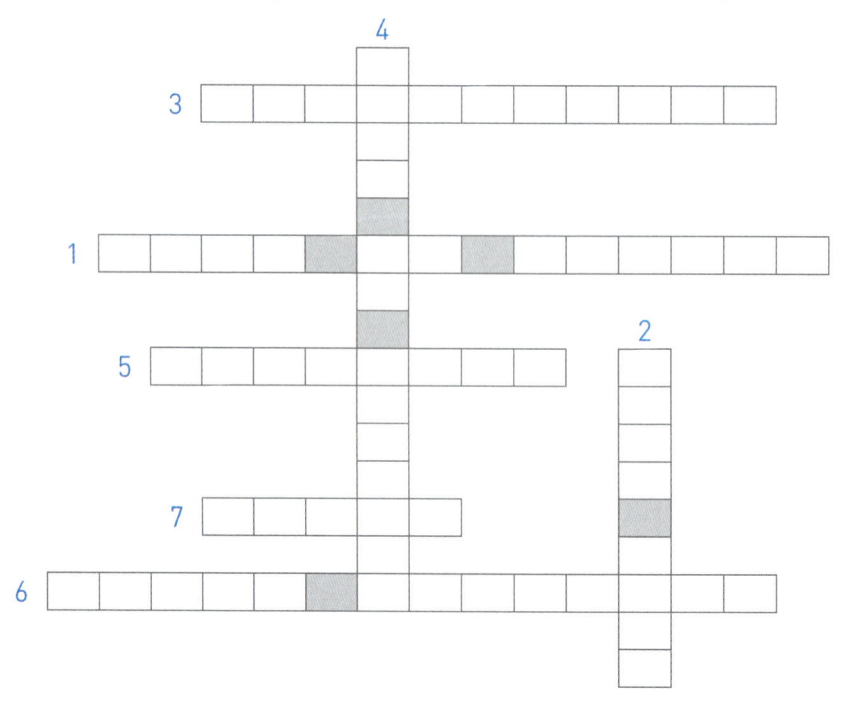

**4** Circule as palavras ou expressões referente ao governo Dilma.

> eleita no primeiro turno    primeira mulher presidente
> eleita em segundo turno    combate à miséria    aumento do analfabetismo

**5** Complete as lacunas corretamente usando as palavras do quadro.

> trabalho infantil    saneamento básico    analfabetismo    miséria
> movimentos sociais    coleta de lixo    desigualdade
> saúde pública    estabilidade    científico    desenvolvimento

a) Entre os desafios para o Brasil atual estão promover o _____, erradicar a _____ e diminuir a _____ social.

b) O Brasil está numa relativa _____ financeira.

c) Nem todos os brasileiros dispõem de serviços essenciais como _____, energia elétrica e _____.

d) Ainda é preciso acabar com o _____, estimular o desenvolvimento tecnológico e _____, proporcionar _____ de qualidade para todos, acabar com a violência e com o _____.

e) Na tentativa de superar os desafios, a sociedade tem se organizado em _____ _____ para cobrar e reivindicar os direitos.

## SUPERANDO DESAFIOS

**1** (Cásper Líbero) "O giro do presidente Luiz Inácio Lula da Silva pelo Oriente Médio, iniciado na terça-feira, 2, e que será encerrado nesta quarta-feira 10, além de fazer com que seja o primeiro líder brasileiro a visitar a região desde D. Pedro II, em 1871, marca a sua 17ª viagem internacional (...)".

Isto É, 10/12/2003.

Sobre a política externa desenvolvida no primeiro ano do governo Lula, é correto afirmar que:

a) segue as orientações ideológicas que caracterizaram a história do Partido dos Trabalhadores (PT), isto é, o terceiro mundismo, como demonstra a aliança preferencial com os governos colombiano e cubano.

b) marca uma ruptura clara com as estratégias levadas a cabo durante o governo Fernando Henrique Cardoso, como a desistência de lutar pelo assento definitivo no Conselho de Segurança da ONU.

c) caracteriza-se pela tentativa de tornar o país um ator relevante nas relações internacionais e exercer um papel destacado na agenda internacional.

d) investe no papel de líder regional, aprofundando as velhas rivalidades com a Argentina por meio da competição em setores estratégicos, como a indústria siderúrgica.

e) a criação do G-22, em Cancún, demonstra o esforço em merecer a confiança do governo norte-americano e obter relações bilaterais privilegiadas.

# COM A PALAVRA, O ESPECIALISTA

- **Quem é**
  Maurício Parada
- **O que faz**
  Leciona História Moderna e Contemporânea na PUC-Rio.

O desejo de uma verdadeira reforma política no Brasil cresceu nos acalorados debates das redes sociais, passou pelas ruas e chegou à boca da presidenta Dilma Rousseff em anúncio oficial [...]. Em entrevista à Revista de História da Biblioteca Nacional (RHBN), o historiador Maurício Parada [...] comentou a urgência do tema: "A população quer mais do que uma televisão de 42 polegadas."

Parada defendeu ainda a importância dos protestos, como agentes fortalecedores da democracia, mas, segundo ele, é preciso ter cautela quando o assunto se desloca para o apartidarismo. Já sobre a passividade do povo brasileiro, o professor acredita que o "gigante" nunca esteve adormecido. Veja a entrevista abaixo.

### O que você pensa sobre os protestos? São efetivos?

Sim, os protestos tem sido efetivos em demonstrar às instituições da República uma nova pauta política que não estava encontrando meios para ser exposta de forma clara. Nos últimos 20 anos, o país passou por uma mudança significativa na composição da sociedade, transformação ocorrida especialmente pelo deslocamento de parte da população para fora da zona de pobreza. No entanto, a incorporação dessa massa a uma cidadania definida apenas pelo consumo tem um limite, a população quer mais do que uma televisão de 42 polegadas. Trata-se de reivindicar, ainda que nesse momento de forma pouco clara, a construção de um estado de bem-estar social que nunca se instalou no Brasil. Parece que estamos vivendo em uma sociedade integrada ao espetáculo global do consumo sem termos estabilizado modelos sólidos de educação, saúde, transporte e segurança pública. As manifestações são por direitos e isto é claro.

### O que você acha do apartidarismo defendido nas manifestações? Isso pode indicar uma espécie de falência do nosso sistema de democracia representativa?

Sem dúvida que o sistema político representativo no Brasil precisa de uma reforma, mas não me parece nada saudável que essa mudança descarte o lugar legítimo dos partidos políticos. Os partidos são parte organizada da sociedade civil, muitos deles com histórias de lutas por uma sociedade mais justa muito dignas. É um equívoco reprimir sua participação em uma manifestação.

### Como você percebe a atuação da polícia na contenção das manifestações?

A polícia está atuando de forma negativa na contenção das manifestações. Uma polícia militar criada para ser uma força de contenção e de enfrentamento não parece entender o sentido das manifestações. Sua compreensão se limita ao sentido da luta para manter ou conquistar os territórios conflagrados dentro das cidades e traduzir toda ação em crime. Essas manifestações são políticas e não criminosas. Poderia ser esperado que a polícia atuasse defensivamente em certos casos, mas não é aceitável que ela haja como força de repressão. Se a polícia, em um estado de direito em que manifestações políticas são legítimas, criminaliza a atuação dos cidadãos, é esperado, então, que a sociedade encaminhe como reivindicação a desmilitarização da polícia.

**Toda causa é digna de ir para as ruas?**

Sim, todas as causas são dignas de ir à rua. Na rua e nos espaços públicos é que essas causas se tornam legítimas como aspirações coletivas de uma sociedade. O debate deve ser aberto e extenso. É assim que se constrói uma sociedade de direitos, quanto maior a participação melhor. Nesse momento aparecem muitas demandas e, aos poucos, elas estão construindo sua trajetória e sua legitimidade. É preciso entender que manifestação e participação democrática não são uma ameaça ao estado de direito e sim sua força.

**Temos que ter medo de um possível golpe de Estado?**

Não.

**Houve uma mudança na pauta original, de um processo ligado ao ideário de esquerda para um recrudescimento de direita?**

Não me parece que os protestos tenham sido pautados pela esquerda ou pela direita. O Brasil já passou por ditaduras de direita, crises econômicas, guerrilhas e parece que a população é madura o suficiente para fazer suas escolhas. Não devemos temer as ideologias e sim discuti-las.

**Há possibilidades de que o movimento se perca na difusão?**

O movimento não é difuso, é diverso. Há uma grande diferença entre os dois, o primeiro termo indica imprecisão e não creio que seja o caso. A diversidade é esperada e positiva e com a discussão ela se tornará consistente, a agenda está cada vez mais clara e não me parece perdida.

**Este é um movimento elitista?**

Não é um movimento de elites. Gerações e grupos sociais diversos se misturaram nas ruas e isso não é um problema.

**A mobilização desse grupo é única na trajetória política do Brasil ou repete a organização de outras manifestações já realizadas?**

Não é uma repetição, mas uma continuidade. A imagem do "gigante que acorda" é de uma liberdade poética interessante, mas no fundo falsa. Em momento nenhum a sociedade brasileira esteve adormecida. O Movimento dos Sem Terra, o movimento negro, o movimento dos povos indígenas, entre outros, esteve atuando no país sem descanso nas últimas décadas. Por outro lado, essa mobilização tem a marca de seu tempo e, portanto, inova. Os usos das redes sociais para ampliar a organização e criar canais alternativos de informação estão sendo importantes e são novidades na história política do país.

Disponível em: <www.revistadehistoria.com.br/secao/entrevista/mais-que-televisao>. Acesso em: ago. 2013.

# Para não esquecer

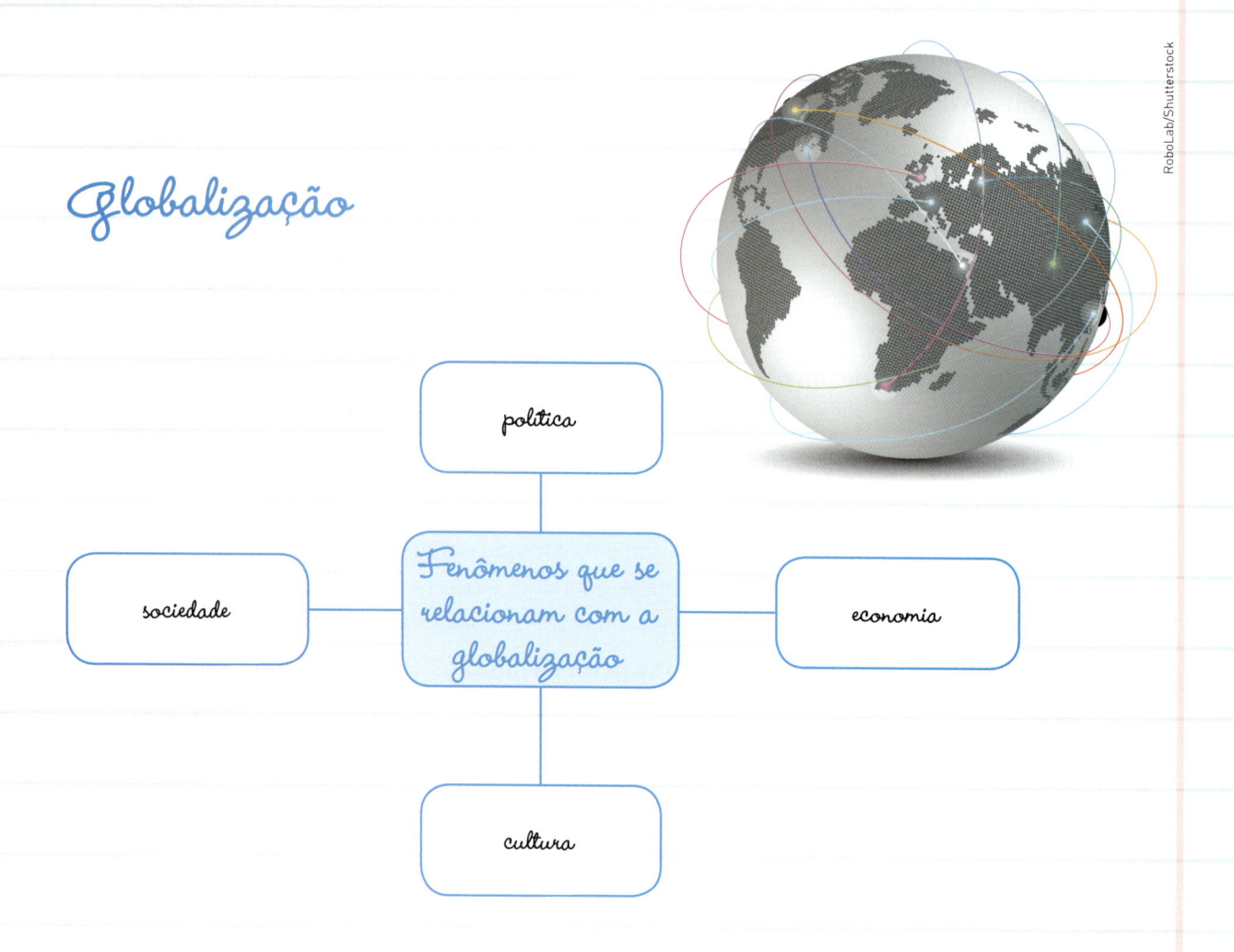

## Globalização

Fenômenos que se relacionam com a globalização:
- política
- sociedade
- economia
- cultura

### Consequências da globalização
- Promoveu a integração mundial.
- Criou padrões nos mais variados setores, da vestimenta ao entretenimento.
- Difundiu a "cultura planetária" por intermédio da indústria cultural.

# Continente africano e globalização

### Divisão
A forma como a África foi dividida não respeitou questões étnicas, o que gerou muitos conflitos em diversas partes do continente.

### Reorganização
Os países africanos têm procurado reafirmar sua identidade cultural e resgatar suas tradições. Dessa forma, preservam e valorizam suas origens e seus valores.

# Novos desafios para o Brasil

Em 2010, Dilma Rousseff se tornou a 1ª mulher presidente do Brasil. Seu governo fez avanços em programas sociais deixados por seus antecessores, principalmente na área educacional e na erradicação da pobreza.

# RESGATANDO CONTEÚDOS

1. Encontre no diagrama as palavras correspondentes às dicas a seguir.

   1. Nome dado ao fenômeno que interligou diversos setores econômicos mundiais, criando grande interdependência entre eles.
   2. Termo relacionado à produção e distribuição de bens de serviços culturais.
   3. A interdependência econômica entre os países do globo foi responsável por seu surgimento.
   4. Bloco econômico formado por Argentina, Brasil, Paraguai e Uruguai.
   5. Uso de máquinas para realizar tarefas com pouca interferência humana.
   6. Prática de conceder empréstimos a pessoas que não oferecem garantias suficientes de que poderão pagá-los.
   7. País participante da União Europeia que mais sofreu as consequências da crise econômica de 2010.

| M | O | S | C | E | Ã | Ç | N | L | R | M | É | I | U | A | Ú | B | G | P | Z | Ô | T |
|---|---|---|---|---|---|---|---|---|---|---|---|---|---|---|---|---|---|---|---|---|---|
| Ã | D | M | Ã | E | Ç | T | S | Ã | S | É | O | Ã | E | Ú | T | Ã | D | P | M | A | C |
| Ú | R | P | Z | Ã | O | Ú | I | D | A | N | Ã | Ç | O | S | Ô | A | U | N | E | G | S |
| B | L | O | C | O | S | E | C | O | N | Ô | M | I | C | O | S | Z | L | Ú | R | E | Ã |
| É | Ú | B | R | Ô | A | Ô | Ã | G | Ô | R | O | Ç | Ô | C | U | I | P | Ã | C | O | Z |
| N | D | U | Ã | Z | P | N | L | Z | O | T | D | Ã | N | A | B | G | C | O | O | L | D |
| E | P | G | T | D | D | Ç | I | P | Ô | I | P | E | R | O | P | Ç | S | É | S | N | R |
| Ã | G | Ú | Ô | L | R | Ú | B | É | R | Ç | O | Ú | M | Ô | R | Ã | G | A | U | É | G |
| G | L | O | B | A | L | I | Z | A | Ç | Ã | O | L | U | D | I | O | R | C | L | C | U |
| U | P | I | Ú | Ã | E | M | G | U | Ú | Ô | Ú | E | T | R | M | Ô | É | Ú | M | Z | L |
| Z | R | Ç | D | A | T | Ã | C | T | N | Ã | D | P | Ú | D | E | Ç | Ç | Ã | O | Ç | N |
| Ú | P | E | Z | C | B | E | N | O | Ô | A | M | Ã | Z | E | Ç | M | I | Ô | D | M | I |
| Ç | Ô | N | É | D | P | Ô | R | M | Ã | C | Ç | L | E | B | R | Ã | A | Ú | Z | U | E |
| I | N | D | Ú | S | T | R | I | A | C | U | L | T | U | R | A | L | É | S | M | D | O |
| S | É | Ú | G | Ô | Ã | C | I | Ç | O | C | S | E | R | Ú | B | O | I | L | O | S | É |
| N | Ã | R | P | S | D | M | E | Ã | É | Ç | T | A | Ã | É | A | Z | D | P | P | R | Ç |
| E | Ú | Z | C | D | N | Ã | É | O | G | L | D | Ã | E | D | Ã | I | Ô | N | C | Ã | M |
| A | É | M | Z | R | C | Ã | N | E | I | D | S | O | U | Ç | G | P | L | B | Ô | I | A |

2. Circule no quadro os países que fazem parte do G7.

| Estados Unidos | Brasil | Reino Unido | Argentina |
| Austrália | Japão | Rússia | China | Itália |
| África do Sul | França | Canadá | Índia | Alemanha |

3 Preencha os quadros com as principais características das regiões africanas.

| África do Norte | |
| África Ocidental | |
| África Central | |

4 Preencha os quadros com as características de cada tipo de acordo econômico.

| Área de livre-comércio | União aduaneira | Mercado comum |

5 As armas citadas abaixo são causa de apreensão, pois têm grande poder de extermínio e seus efeitos podem se estender por anos. Associe-as às suas definições.

a) armas nucleares •

b) armas biológicas •

c) armas químicas •

• arma que usa organismos vivos (vírus, bactérias etc.) para disseminar doenças, provocando a morte do inimigo.

• arma que dissemina substâncias químicas tóxicas (como gases).

• arma que destrói por liberar energia proveniente da fissão (divisão) ou fusão do núcleo atômico de certos elementos, como urânio, hidrogênio etc.

## BAGAGEM CULTURAL

# Carros no Brasil

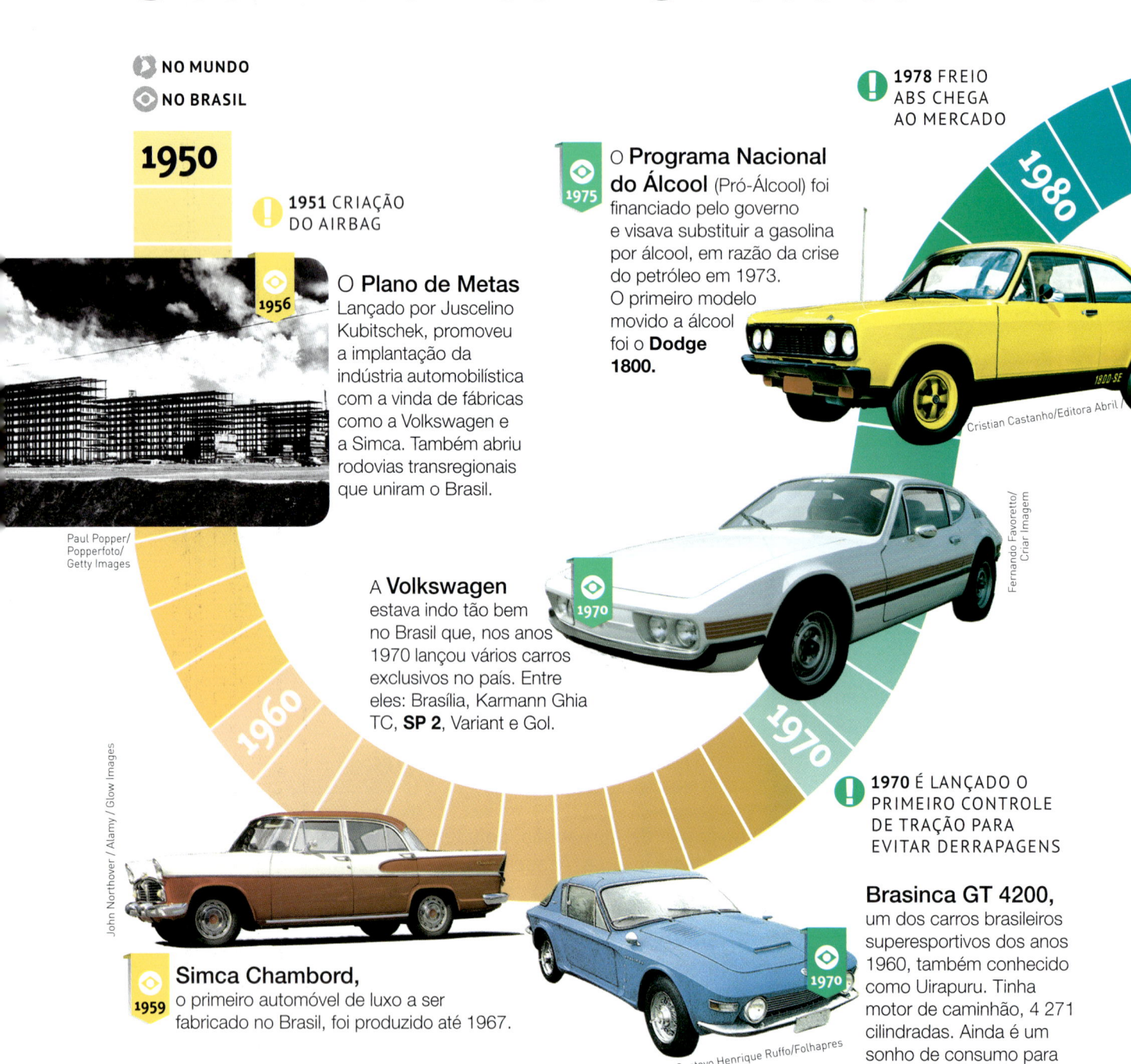

◆ NO MUNDO
◉ NO BRASIL

**1950**

❗ **1951** CRIAÇÃO DO AIRBAG

◉ **1956** O **Plano de Metas**
Lançado por Juscelino Kubitschek, promoveu a implantação da indústria automobilística com a vinda de fábricas como a Volkswagen e a Simca. Também abriu rodovias transregionais que uniram o Brasil.

Paul Popper/Popperfoto/Getty Images

◉ **1975** O **Programa Nacional do Álcool** (Pró-Álcool) foi financiado pelo governo e visava substituir a gasolina por álcool, em razão da crise do petróleo em 1973. O primeiro modelo movido a álcool foi o **Dodge 1800**.

❗ **1978** FREIO ABS CHEGA AO MERCADO

**1980**

Cristian Castanho/Editora Abril

◉ **1970** A **Volkswagen** estava indo tão bem no Brasil que, nos anos 1970 lançou vários carros exclusivos no país. Entre eles: Brasília, Karmann Ghia TC, **SP 2**, Variant e Gol.

Fernando Favoretto/Criar Imagem

**1960**

**1970**

❗ **1970** É LANÇADO O PRIMEIRO CONTROLE DE TRAÇÃO PARA EVITAR DERRAPAGENS

◉ **1970** **Brasinca GT 4200**, um dos carros brasileiros superesportivos dos anos 1960, também conhecido como Uirapuru. Tinha motor de caminhão, 4 271 cilindradas. Ainda é um sonho de consumo para colecionadores.

John Northover / Alamy / Glow Images

◉ **1959** **Simca Chambord**, o primeiro automóvel de luxo a ser fabricado no Brasil, foi produzido até 1967.

Gustavo Henrique Ruffo/Folhapress

### VOCÊ SABIA?

O primeiro lote de **Fuscas** chegou ao Brasil em 1950. Fabricados na Alemanha, 30 unidades foram importadas pela família Matarazzo.

O brasileiro **Gurgel Itaipu**, de 1974, foi o primeiro carro elétrico da América Latina, mas não saiu do protótipo: a recarga levava dez horas.

**1980** Nos anos 1980, o *design* dos carros priorizava linhas retas, que davam um aspecto "quadradão" aos veículos. Isso pode ser notado no **Gol**, no Monza e no Opala Diplomata.

Claudio Larangeira/Editora Abril

**1989** Depois da onda dos carrões possantes surgem alguns modelos de carros compactos e econômicos. O Fiat Uno estreou no Brasil em 1984. Mais econômico, com acabamento inferior e motor 1.0, o **Uno Mille** foi lançado em 1989.

Phil Talbot/Alamy/Glow Images

**1990** Até 9 de maio de 1990, quando a importação de automóveis foi liberada, o mercado automotivo no Brasil era dominado pelas Quatro Grandes: Fiat, Volks, GM e Ford.

**1993** **Fusca Itamar**
Para aumentar a adoção de carros populares, o então presidente Itamar Franco ressuscitou o Fusca, que havia deixado de ser produzido no Brasil em 1986. O plano foi considerado um fiasco e foi abandonado em 1996.

Eduardo Knapp/Folhapress

**1994** O **Plano Real** trouxe estabilidade, pela paridade entre real e dólar, possibilitou a importação de veículos.

Sneiht/Shutterstock

**1994** SÃO PAULO TORNA OBRIGATÓRIO O USO DO CINTO DE SEGURANÇA

Picture Alliance/Easypix Brasil

**1997** **Toyota Prius**, o primeiro veículo híbrido produzido em série. Equipada com um motor de combustão interna, normalmente a gasolina, e um motor elétrico que possibilita reduzir o esforço do motor de combustão.

**2014** A **Kombi**, primeiro veículo produzido pela Volkswagen no Brasil, deixará de ser fabricada em 2014, porque uma mudança na lei obriga todos os veículos a terem airbags e freios ABS.

Fernando Favoretto/Criar Imagem

**2003** INICIA-SE A COMERCIALIZAÇÃO DE VEÍCULOS FLEX NO BRASIL

367